Iñaki Uriarte fotografiado por Vicente Almazán
en Zaragoza en 2011

Diarios

Diarios. 1999-2010
seguidos de un epílogo

Iñaki Uriarte

Pepitas de calabaza s.l.
Apartado de correos n.º 40
26080 Logroño (La Rioja, Spain)
pepitas@pepitas.net
www.pepitas.net

Grafismo: Julián Lacalle
Fotografía de portada: Carlos Torres

ISBN: 978-84-17386-40-5
DEP. LEGAL: LR-1025-2019

Primera edición, octubre de 2019

Diarios
1999-2010

seguidos de un epílogo

Iñaki Uriarte

Para María y mis hermanos

1999

Mientras me hacen el escáner la doctora repite mi nombre: «¿Qué tal estás, Ignacio?». «Ponte aquí, Ignacio». «Ahora un poco más a la derecha, Ignacio». «Ya está, Ignacio». «Ahora vendrán a buscarte, Ignacio». «Adiós, Ignacio». Ya sé que es un truco para tranquilizarme, pero funciona. Aunque todo el mundo me llama Iñaki, no me habría venido mal incluso algún don Ignacio. Sin embargo, solo me relajo de verdad cuando llega el celador para subirme a la habitación, gira la camilla de golpe y arranca al grito de: «¡Vamos, moreno!».

Pla dice que hay que escribir como se escribe una carta a la familia, pero con un poco más de cuidado. Aquí voy a hacerlo como si hasta las cartas fueran un alarde de retórica. Como si hablara solo.

Una vez escribí para el periódico:

«La observación es de Nietzsche: "Se aprende antes a escribir con grandilocuencia que con sencillez. Ello incumbe a la moral". Es fácil señalar unos cuantos defectos morales que empujan a ser grandilocuente. El primero es la falta de aplicación. A quien escribe con descuido se le llena la página de expresiones que tal vez fueron elocuentes en su origen, pero que hoy son tópicos grandilocuentes. Otros enemigos de la escritura sencilla son la vanidad y el miedo. Quien escribe para publicar y ser leído tiende a adornar o proteger su pensamiento con grandes palabras.

Y esto de las grandes palabras hay que entenderlo literalmente. Gracias a un artilugio del ordenador, veo que el tamaño medio de los vocablos de los "Puntos de vista" que publico a veces en *El Correo* es de 4,6 letras. Las mismas teclas aseguran que el tamaño medio de los que empleo en otros textos que escribo y guardo en privado, sin pensar en su publicación, es de 4,3 letras. He aquí un 0,3 de grandilocuencia añadida del que podría corregirme. Por ejemplo, siendo más fiel al consejo dado una vez por Valéry a un aprendiz de escritor: "Entre dos palabras semejantes, escriba usted la más corta". Todo un precepto ético».

LEER EL PERIÓDICO hasta la última coma, o prescindir absolutamente de él, entretenerme con novelas baratas, seguir con atención programas birriosos en la tele, ser afable con todo el mundo, esos son mis síntomas más claros de bienestar.

YO LE SEGUÍA atento y cordial, y le decía que seguro que su libro estaría muy bien y tendría éxito, pero por dentro pensaba que con esa cara nadie puede escribir una buena novela. De cualquier modo, siempre considero un buen síntoma el que al leer un libro me sienta impulsado a mirar la foto del autor en la solapa. Algo tiene para mí ese libro, aunque la mayoría de las caras de los autores no lo haría suponer.

UN DOCUMENTAL DE la tele muestra una aldea de masáis hartos de los elefantes. Les comen las cebollas, los tomates, los puerros, destrozan sus poblados, matan a gente. Los masáis quieren acabar de una vez con esta especie en extinción. No son pocos los que opinan lo mismo con respecto al euskera.

Ama ha tardado casi una hora en contarme su operación de cataratas. No me ha preguntado por lo mío. No quiere saberlo. No se lo he impuesto. Borges dijo una vez que el único deber que tienen los hijos para con sus padres es el de ser felices, no el de obedecerlos o respetarlos. «Ese médico está chiflado», le dijo a María su madre cuando se enteró de que su hija tenía cataratas.

Dos días después de la muerte de la suya, Borges escribió un poema que comienza con unos versos célebres: «He cometido el peor de los pecados que un hombre puede cometer, no he sido feliz». Más tarde, María Kodama dijo que se había quedado descontento con ese poema porque le parecía demasiado sentimental. Esos primeros versos no lo son. Tal vez resulten algo aparatosos los siguientes. Supongo que a quien no le gustan es a María Kodama, que no soportaba a la madre de Borges.

No veo claro que el único deber que tengamos para con nuestros padres sea el de ser felices. Ni que constituya un deber nuestro, ni que ellos se conformen con eso. Suelen querer otras cosas, por encima de nuestra felicidad. Por ejemplo, que nos convirtamos en personas prestigiosas, importantes, y que nuestro relumbrón les alcance, aunque solo sea para presumir delante de sus amigos. «El Estado son las amigas de mi madre», he comentado a veces. Las mayores presiones para que te mantengas dentro del sistema y logres un lugar importante en él provienen de las relaciones sociales de tu madre. Recuerdo una película de James Cagney que termina con el pobre hombre rodeado por la policía, subido al tejado de una refinería en llamas, a punto de explotar, mientras grita: «¡Mira, "mam", mira! ¡Estoy en la cima del mundo!».

La primera vez que me encontré con los versos de Borges: «He cometido el peor de los pecados que un hombre puede cometer, no he sido feliz», fue en un *drugstore* que había en la calle Velázquez de Madrid, a las cinco o seis de la madrugada. Estábamos allí un grupo de amigos con muchas copas encima. Algunos se acercaron a una máquina que por unas monedas proporcionaba «tu horóscopo personalizado». Yo fui hacia la mesa donde se exponían las novedades literarias. Había un libro nuevo de Borges. Lo abrí por una de sus páginas al azar y leí esos dos versos. Aquello sí que me pareció un «horóscopo personalizado». No sin cierta aprensión, lo compré y me lo llevé a casa como un tesoro.

Muchas personas han pedido a lo largo del tiempo consejo o augurio a la Biblia, al *I Ching*, a las obras de Virgilio, abriendo esos libros por cualquiera de sus páginas. En general, creo que es verdad lo que ocurre en una película de Godard de la que no recuerdo el título. La escena es más o menos así: varios personajes se encuentran discutiendo apasionadamente en un salón. De pronto, uno de ellos se levanta, alcanza un libro cualquiera de la biblioteca y lo abre al azar. Lee un párrafo en voz alta, todos los personajes asienten con respeto y se acaba la discusión. «Los buenos libros funcionan siempre», sentencia el que ha leído mientras devuelve el libro a su estante. Tal vez lo que sucede es que los buenos libros tratan siempre de lo mismo, de unas pocas cosas que no solo son las más importantes, sino que son las cosas que nos pasan todos los días.

San Agustín se convirtió una mañana al abrir la Biblia por una cualquiera de sus páginas y leer ciertas palabras que creyó dirigidas expresamente a él. A Petrarca le sucedió algo semejante al hojear al azar las *Confesiones* de san Agustín, mientras descansaba en la punta del Mont Ventoux después de una penosa ascensión. Pero la verdad es que ni siquiera hace falta que el libro sea bueno para que se produzcan estos milagros. No hay lector con algún problema muy particular que no lo encuentre mencionado en la primera novela que se decida a leer. La novela no es «un espejo a lo largo del camino», como dijo Stendhal. Es un espejo que nos ponemos delante para mirarnos. Es como una foto o una película en la que también salimos nosotros. Aunque en ella aparezcan Claudia Schiffer o el papa en pelotas, lo primero que hacemos es buscarnos y mirarnos.

M. G. le regaló a su madre una novela que describía la relación entre una chica maravillosa y su malvada progenitora.

M. G. me dijo: «Así se va a enterar por fin esa bruja de lo que pienso de ella. Se va a ver exactamente retratada en la novela». Unos días más tarde, cuando la madre terminó de leer el libro, le comentó encantada a M. G.: «Qué novela tan estupenda me regalaste, hija. Refleja exactamente la relación que yo tuve con mi madre».

Todos estos párrafos podría resumirlos con el título: «Sobre la imposibilidad de tener madre».

HUBO UNA ÉPOCA en que no bostezaba nunca. Los nervios y la tensión me mantenían siempre alerta y entretenido. Bostezar me llegó a parecer un lujo solo al alcance de la gente feliz. Un día vi por la ventana a un hombre que abría la boca en un gran bostezo mientras esperaba el cambio del semáforo. Sentí tanta envidia que escribí: «Bostezaba mientras leía el periódico, bostezaba en las conversaciones con sus amigos, bostezaba al ver la televisión o pasear por la playa, bostezaba cuando estaba con su novia, bostezaba hasta en la ducha, bostezaba mientras le insultaban o le dolían las muelas. Era imbatible. Bostezaría ante el pelotón de fusilamiento, ante el mismo Dios habría bostezado».

LEO QUE EN 1962 hubo una epidemia de risa en Tanganica. Empezó en una escuela con dos chicas que comenzaron a reírse como histéricas. Se extendió a los demás alumnos, luego al pueblo, al distrito, al país entero. Solo remitió totalmente seis meses más tarde. ¿Cómo no se conoce más este bendito episodio de la historia?

LA GENTE MÁS activa, la más enérgica y dinámica, es la que más se queja. Los que más se mueven, los que más hacen, son quienes más despotrican.

«En el principio fue la acción», escribió Goethe. No me extraña que una vez le confesara a Eckermann que en toda su vida solo había sido feliz durante cuatro semanas. Por mi parte, si un día hago muchas cosas, vuelvo a casa angustiado y con la sensación de que me han robado un día. Aunque me lo haya pasado bien, es un día menos.

Abderramán III fue todavía más coqueto que Goethe. Dicen que, a la hora de su muerte, mandó escribir: «He reinado más de cincuenta años, en victoria o paz, amado por mis súbditos, temido por mis enemigos y respetado por mis aliados. Riquezas y honores, poder y placeres aguardaron mi llamada para acudir de inmediato. No existe terrena bendición que me haya sido esquiva. En esta situación, he anotado diligentemente los días de pura y auténtica felicidad que he disfrutado: suman catorce».

Pero, para coqueterías, prefiero la de La Fontaine, que escribió este «Epitafio»:

Jean s'en alla comme il était venu,
Mangea le fond avec le revenu,
Tint les trésors chose peu nécessaire.
Quant à son temps, bien su le dépenser :
Deux parts en fit, dont il soûlait passer
L'une à dormir, l'autre à ne faire rien.[1]

¿Quién eres tú para tomarte en serio, incluso al pie de la letra, a tipos como Epicuro, Montaigne o La Fontaine?, me digo a veces. Pero el caso es que lo hago. A menudo creo que he sido incluso más perfecto que mis maestros, que eran un poco hipócritas al acusarse, o al presumir, de sus defectos.

---

1. «Jean se fue como había venido, / Se comió el capital y los intereses, / Tuvo los tesoros por cosa poco necesaria. / En cuanto a su tiempo, lo supo gastar bien: / Hizo dos partes, que solía emplear / Una en dormir, la otra en no hacer nada».

Casualidades. Me llamó Enrique Vila-Matas. «No te llamo para nada, solo para charlar». En ese momento me encontraba releyendo un cuento de Roberto Bolaño dedicado a él. Y el libro de Bolaño se titula *Llamadas telefónicas.*

De todos modos, la mejor casualidad que me ha ocurrido con Vila-Matas hizo que me lo ganara para siempre. Desde entonces lo tengo como en prisión provisional. Fue en Boccaccio, en Barcelona, hace más de quince años, el día que nos presentaron. Hablamos de un libro suyo, el primero o el segundo. Le comenté que la descripción del apartamento donde vivía uno de sus personajes era igual a la que hacía Truman Capote en ya no recuerdo qué novela. Se sobresaltó. Pero la casualidad había querido que yo leyera su libro y el de Capote con dos días de diferencia. «Es que no se me dan muy bien las descripciones», dijo y, según me ha recordado alguna vez él mismo, salió corriendo. Supongo que plagiar algo de vez en cuando no es tan grave. Supongo, incluso, que habrá algún gracioso que diga que nadie es un buen escritor si no ha plagiado nunca.

Compra libros de viejo carísimos, primeras ediciones de millones de pesetas. Me habla de no sé qué Biblia que solo la tienen cinco o seis en España. Como se las da de muy católico, le indico: «Comprar eso es pecado». Ni me oye. «Un vicio como otro cualquiera —dice—. Otros se van al bingo, o se gastan el dinero con mujeres. Hay días que pierdo en la bolsa 40 o 50 millones. Hoy no he querido ni mirar las cotizaciones, con esta puta guerra de Kosovo. Tengo un libro de Juan de Icíar». «¿De quién?». «De Juan de Icíar, el polígrafo de Felipe II. El mejor polígrafo del mundo». «¿Calígrafo?», insinúo. «Sí, eso, calígrafo. Los japoneses pujan muy alto por estos libros». «¿Y dónde los tienes?». «Los guardo en cajas fuertes. O en el banco». «Eso es tristísimo». «A veces los saco», dice.

«PAR COEUR», «BY HEART», o sea, «de corazón», así se dice en francés y en inglés «de memoria». En Benidorm, en el piso 19 de un edificio de apartamentos, como en una nave espacial sobre el mar, me llega el recuerdo del poema «De vita beata», de Gil de Biedma, y de los versos de Rimbaud: *«Elle est retrouvée. Quoi ? L'éternité. C'est la mer allée avec le soleil»*. Palabras almacenadas de corazón en la memoria y que vienen de vez en cuando. Creo que las de Gil de Biedma me llegaron por los versos «en una casa junto al mar» y, sobre todo, «no leer...». Llevaba unas horas sin leer, mirando el mar y el cielo del atardecer. Cómo me agarro a la lectura, hasta acabar medio mareado, cuando no estoy bien.

HUYO DE DESARROLLAR las ideas. Como si tuviera miedo, impaciencia, pereza, incapacidad para la lentitud. Solo es falta de talento. No sé quién ha dicho que escribir es hablar sin ser interrumpido. Pero yo me interrumpo de continuo a mí mismo. Tampoco soy lo suficientemente charlatán, ni me gusta mucho escucharme. Hablo a trompicones. Escribo de la misma manera. Y como dijo Machado: «Nunca estoy más cerca de pensar una cosa que cuando he escrito lo contrario».

EL AZAR Y la necesidad me llevaron a hacer crítica literaria en los periódicos. Llegar a Bilbao deprimido, sin dinero, trabajo, casa, novia ni amigos, me había hundido. Pasar directamente del más impresentable «fracaso» a exhibir mi firma en el periódico fue un buen modo de saltarme muchos pasos y aparentar «ser alguien». Resultaba una buena coartada. Lo cuento tal como fue, pero se ríen cuando digo lo de la coartada. Creen que es un chiste. Ahora que ya no publico prácticamente nada en el periódico, debería inventarme que estoy escribiendo un libro.

Un tipo brillante, de no mucha inteligencia, con muy mala leche, rápido y plástico en su manera de expresarse, pasa por ser alguien gracioso, entretenido, que anima las conversaciones, pero nunca alcanza el respeto social que obtiene, con las mismas artes, un escritor. La gente, como no tiene práctica de escribir, otorga más mérito a lo dicho por escrito que a lo hablado.

Otra presentación de Juaristi. Una novela de J. I. Como es su costumbre, Juaristi la pone mal, ironiza sobre el autor, que empalidece poco a poco ante el asombro y la piedad del público. Juaristi concluye asegurando que escribir novelas es una tarea baladí, que lo que hay que hacer es lo suyo, escribir ensayos. Al final del acto, alguien sugiere tomar unas copas. Juaristi dice que sí, encantado. Su mujer lo coge del brazo y se lo lleva, advirtiéndole: «Aquí no podemos quedarnos. No vamos a seguir haciendo el ridículo».

Leo lo que sea. Con los libros me sucede como con los amigos: no tengo muchos que conozca bien y a los que recurra de continuo. Pero cuento con infinidad de amistades menores, muchas de ellas puro lumpen, o de esas que a la gente le parecerían sin interés.

Lo mismo que quien pasa gran parte de su tiempo en sociedad conoce a personas muy variadas, yo he conocido de todo entre los libros. Tengo amigos hoy famosos con los que me sucede lo que supongo le ocurre a la gente con los suyos. Los conocimos hace muchos años, y no con una gran intimidad, pero luego, como se hicieron célebres por llegar a ministros u ocupar otros puestos de relevancia en la sociedad, y los vemos constantemente en los periódicos o en la tele, nos convencemos de que son muy amigos nuestros. Hablamos de ellos como si fueran íntimos, pero no es verdad. Algo de eso me ocurre con ciertos escritores, Cervantes y Shakespeare, por ejemplo, no digamos Dante u Homero. Una vez, hace ya mucho tiempo, dedicamos diez o doce horas a Balzac y ya nos pasamos toda la vida citándolo como si fuera una inseparable amistad. Yo he ocupado esas mismas horas con muchísima gente de la que no guardo el mínimo recuerdo.

En la cena salieron Baroja, Unamuno, Azorín, Pemán, Castresana, Cela, etc. Parecía el colegio. En parte porque ninguno lee ya casi nada de lo nuevo. Pero también porque de estos escritores, aunque tampoco sean muy leídos, con los años, después de tantas conversaciones, alguna opinión se le va pegando a todo el mundo. Todos tenemos algo que decir sobre ellos. Todos somos un poco como aquel que no paraba de hablar de Stendhal y al que algún impertinente preguntó: «¿Pero ha leído usted a Stendhal?», a lo que respondió, tan tranquilo: «Hombre, claro. Bueno, personalmente, no, pero...».

De aita puedo hablar poco. Lo cuidamos unos días en la clínica. Pobre hombre. Tere y yo pensamos que habría que disponer de algo para suicidarse. O por lo menos de algún tipo de droga que provocara la tranquilidad. Murió a los pocos días. Tere y yo coincidimos en que la muerte no es para tanto. Pero sí lo es la agonía. Pobre hombre. Pobres todos. Era como un fuego que no terminaba de apagarse. No quedaban más que brasas, pequeñas llamas, algo aquí y allí que aún ardía. Pero no se consumía del todo. Qué tristeza. Respiraba mal, le pusieron una mascarilla de oxígeno. En vez de avivarse, se apagó del todo.

No ha habido un derrumbamiento lacrimógeno. Es la suerte de tener una familia así. Nos hemos reído contando cosas y viendo los absurdos que se producen en estas situaciones. Ama bajó al tanatorio con Antón y se dio un buen susto al levantar la sábana de la camilla de otro creyendo que era la de aita. Iñaki Rotaetxe, que no está muy bien de la cabeza, vino a la clínica, vio a aita muerto, volvió al trabajo y les contó a todos que estaba estupendamente. Si a Tere y a mí, un día en que lo cuidábamos, nos hubieran filmado con una cámara oculta y sin sonido, los espectadores podrían haber pensado que estábamos practicando algún ritual sádico o que, por el contrario, en la cama había un bebé recibiendo muestras de cariño. Nos reíamos de él, le cuidábamos con la máxima ternura, pero nos reíamos de él, de nosotros, de la impresentable condición humana. Quería la radio, pedía la radio, se la pegaba de mala manera al oído y escuchaba con toda atención los últimos avatares de Clinton y la Lewinsky. Parecían interesarle muchísimo. Se estaba muriendo.

ADEMÁS DEL GÉNERO policíaco, fantástico, erótico, rosa, de ciencia ficción, histórico, etc., existe otro género en la novela, el de las novelas literarias. En él se encuentran las mejores, pero la mayoría son malas. Este género es el más representado en los suplementos culturales y el que más daña la afición a la lectura.

NO BEBO. LA conversación evoluciona a medida que los otros toman copas. No cambian tanto los temas como el mismo mecanismo de la conversación, que poco a poco te va excluyendo. Suben la voz, parecen entender frases, palabras y argumentos a los que tú no ves mucho sentido. Pero es que ya no hablan como al principio. Ahora es como si se escucharan sobre todo a sí mismos, cada uno con su charla particular, que a veces se entrecruza en algún punto con la del otro. No argumentan. Cada uno se oye a sí mismo, se regodea en sus propias opiniones, lo que dice el de al lado no es más que un punto de apoyo para coger impulso y continuar cada uno a lo suyo.

Confirmo que la tranquilidad y la ausencia de dolores me llevan a una especie de pasividad estupenda. A tumbarme en el sofá, mirar el techo, las plantas, las moscas. Hoy ha brotado la primera flor en la buganvilla de la ventana.

Presenté la novela de R. tras una semana de pánico y una pastilla de Sumial tomada una hora antes. Lo llevaba muy pensado y más o menos escrito, pero preferí hablar. Resulta que soy bueno en esto de hablar en público. Me felicitaban al final como si fuera un cantante. Me doy cuenta de que lo más importante no es el contenido de lo que dije, aunque lo llevaba bien preparado, sino el modo. El caso es que me senté, me puse las gafas, miré a la gente, empecé a hablar y no paré en media hora. «Has dominado», me dijo Santi Cámara al final. «Ha sido muy cálido», dijo otro. «Serías un estupendo profesor en una universidad americana», añadió M., misteriosamente. «Cuando escriba un libro, te pediré que lo presentes», ha gritado un empleado de la librería, que no sé cómo se llama, al despedirse.

Cuando he leído biografías (ahora acabo de comenzar una de Proust), siempre las he empezado por las páginas en que el biografiado tenía ya mi edad (pero Proust no la alcanzó nunca). Hay un momento absurdo en la vida: cuando te das cuenta de que todos los grandes de este mundo son más jóvenes que tú. Ayer leí que hasta Atila se murió con menos años de los que yo tengo ahora.

He pasado unos días releyendo casi todo Borges.

Borges suele asimilar lo prodigioso a lo ordinario, lo fantástico a lo trivial. *El Aleph* es una cosa asombrosa, pero para contemplarlo hay que ir a casa de un imbécil, someterse a sus groserías, bajar al sótano, tumbarse de espaldas en la oscuridad y dirigir la mirada hacia un determinado peldaño de la escalera.

Funes es un ser extraordinario cuya mente le permite recordar con pelos y señales cualquier cosa que pasa por su vida. Es un tipo portentoso, pero a la vez no es más que un tullido, el hijo de la planchadora de un pueblo perdido en el campo, que se pasa el día tumbado en la cama, mirando una higuera o una telaraña.

Esta es una técnica de Borges. En parte supongo que la tomó de Kafka. Cuando dijo que el relato «Walkfield», de Hawthorne, prefiguraba el mundo de Kafka por la «profunda mediocridad del héroe, que contrasta con la magnitud de su maldición», estaba hablando de sus propios cuentos.

Lo eminente y lo mínimo vienen a ser lo mismo en los cuentos de Borges. Todos los habitantes de Babilonia han sido alguna vez procónsules y alguna vez esclavos. Los sacerdotes de la Secta del Fénix se nombran entre los esclavos, los leprosos y los pordioseros. El orden inferior no es más que el reflejo del orden superior, y viceversa.

Nada más zarandeado que el lugar de Dios, o de los dioses, en los libros de Borges. Es posible hallarlos en la mancha de la piel de un jaguar o en una letra minúscula escondida en un mapa de la India hallado al azar entre los cuatrocientos mil tomos de una biblioteca. Hay un cuento donde los dioses irrumpen en un aula universitaria y resultan ser unos sujetos de aspecto bestial, que ya no saben ni hablar. En uno de los relatos creo que hasta Judas es Dios.

Los Judas, los traidores, son un tema favorito de Borges. Un guerrero lombardo deja a los suyos durante el asedio de Rávena y muere defendiendo la ciudad. Tadeo Isidoro Cruz abandona la fila de los soldados en plena batalla y se pone a pelear junto a Martín Fierro, que también es un desertor. La vindicación, o por lo menos una cierta rehabilitación poética de la traición, la defensa de lo más vil, me parece que es para Borges una forma extrema de aludir a la compasión, a la identificación con el otro, a la fuente de cualquier moral.

Si algo de poder he disfrutado en esta vida, no ha ido mucho más allá de cierta influencia sobre los camareros y algunas mujeres. Pero sin contar a las interinas. P. acaba de ordenarme de nuevo los libros desparramados por toda la casa. Ya no hay ninguno en la mesilla de noche, los montoncitos del sofá y de la otra mesa han desaparecido. Los ha puesto en las baldas de la biblioteca que ha encontrado más a mano, como coloca los cacharros y los platos en los armarios de la cocina. Para ella todos son iguales. Un libro es igual a otro libro, como un plato a otro plato. Al principio me he enfadado. Luego, no. Los que tengan que volver, volverán. Ya han empezado a germinar nuevos montoncitos.

El otro día, en el Carlton, Pérez Reverte le quiso dar un cabezazo a E. porque en una ocasión se había burlado de él en un artículo. «La próxima vez te vas a inspirar en tu puta madre», le dijo. Como E. se escabulló, Pérez Reverte amagó con el cabezazo.

Disfruto con las polémicas entre escritores, sobre todo cuando se arremeten con saña. Primero, porque disponen de una lengua especialmente apta para el ataque brillante y malvado («cual mozos de camino»). Segundo, porque esto ocurre en un mundo supuestamente más tolerante, noble y desinteresado que el del común de los mortales. Por eso, aunque ya sé que está mal, me reí cuando me enteré de que unos cuantos a los que S. O. satirizaba y despreciaba en una de sus novelas, un día lo agarraron en un bar y le dieron unos golpes. No me parece del todo reprochable. ¿Qué iban a hacer? ¿Aguantar? ¿Escribir otra novela?

¿Contraatacar, como el conde de Greffulhe, cuando se publicó «*À la recherche...*», se vio caricaturizado en el personaje del duque de Guermantes, y avisó: «Salgo de París. Me marcho a mi castillo a escribir un libro para contestar a Proust»?

CONOZCO A MUCHOS escritores que dicen tener en su mujer a su mejor crítico. Supongo que siempre ha sido así. Proust, en una carta sobre su amante y chófer Agostinelli: «Un ser extraordinario, ¡que posee quizá las más grandes dotes intelectuales que he conocido en mi vida!». Hay citas para todo en Proust.

ALGUIEN ACABA DE tocar el timbre del portal con una insistencia impertinente. Como me dice que viene de la parroquia contesto que bien, que le abro, pero que no vuelva a tocar el timbre así. Escucho sus pasos por el pasillo. Le voy a mandar a tomar por culo, pienso. Le voy a decir que estoy escribiendo un mensaje por correo electrónico y que no puedo interrumpirlo. Oigo ladrar al perro del vecino. Suena el timbre. Es un cura. Se presenta como el padre Saturnino y va acompañado por uno que parece seglar. Dicen que vienen de la parroquia a hablar porque «el Señor ha resucitado». Me alegro, les digo, me alegro mucho, pero estoy trabajando. Les doy la mano y se van. «Por lo menos usted nos ha atendido», se despiden con una sonrisa.

Hasta los ateos tenemos cierto miedo a que la fe se desvanezca por completo del mundo. De ahí llega parte del placer que sentimos al ver en la televisión a gente que asegura creer en las historias más peregrinas.

VUELVO A HABLAR con Miguel sobre lo de escribir o no escribir. Resumo lo que le digo: yo no escribo bien, no he escrito cuentos ni se me ha ocurrido empezar una novela, no tengo voluntad, talento ni ambición suficientes para meterme en ese berenjenal de angustias y montaña rusa de vanidades y humillaciones que supone intentar publicar un libro. En fin, que no dispongo del arsenal necesario para ir a esa guerra.

¿Que me hubiera gustado ser un escritor? Si hay obligación de ser algo, tal vez más que otra cosa, pero solo eso.

Hay gente que lleva sus rencores, envidias y resentimientos a flor de piel. Hay otros que los esconden y se esfuerzan por parecer que no los tienen, y de pronto les traicionan y surgen como serpientes o conejos entre la hierba.

Ni la novela erótica ni la cómica parece que sean obras respetables. No sé por qué. Nunca lo han sido. Borges dice que el humor no es un talento literario, sino algo así como un género oral, un favor que se nos depara en las conversaciones. Dice que el humor español consiste sobre todo en retruécanos. Siempre me ha parecido que los juegos de palabras hacen parecer más listos a los tontos y más tontos a los listos. El humor demasiado explícito resulta en literatura como el maquillaje excesivo en una mujer. Mihura a Mingote al terminar *Melocotón en almíbar*: «Ahora le estoy quitando los chistes».

Para actuar en política te tiene que interesar la política, no las ideas. La política no es más que una lucha personal por el poder entre ciertos hombres, a hostia limpia. «El mejor libro de política que conozco es la *Vida de los doce césares*, de Suetonio», dice Robert Harris. Don DeLillo define la política como «un asunto de hombres reunidos en cuartos». Es posible que en la política haya un componente homosexual. Por lo menos, seguro que hay cuartos oscuros.

«La cita, confesión de debilidad, recita con predilección los discursos de la melancolía» (Starobinski).

Es verdad. La mayor parte de las citas que se salvan en el tiempo y se repiten en una y otra época son más bien tristes, melancólicas. Confesiones o advertencias sobre la debilidad humana, avisos para navegantes, consuelos para el herido, bálsamos. A Peru, en Washington, los funcionarios de la DEA le decían siempre que las drogas con un mayor pasado y un mayor futuro son las analgésicas y las tranquilizantes, no las excitantes. El opio y la heroína, no la cocaína o las anfetaminas.

Todavía no he llegado a aprender que un cabrón no piensa nunca, ni en el fondo, en el fondo, que es un cabrón. Lo que piensa siempre es que el cabrón eres tú.

Tengo muy mal oído. A veces me he preguntado si el ritmo o la musicalidad del estilo literario tendrán algo que ver con el oído y el sentido musical propiamente dichos. Pero grandes estilistas como Umbral o Flaubert han asegurado carecer de cualquier sensibilidad para la música. Borges contaba que él y Lugones tenían un oído tan malo que siempre que empezaba a sonar alguna pieza se ponían de pie por miedo a que se tratara del himno nacional.

Nunca me acostumbraré a la distancia que existe en algunas personas entre sus peroratas morales para el público y la deshonestidad con que actúan en la vida privada. A lo que sí me he acostumbrado es a que sean amigos míos.

Avilés. En la primera página del periódico viene una chica en tanga anunciando una sala de *strip-tease*. Las pintadas en las calles siguen siendo rojas, algunas anarquistas. «Fondo Monetario Internacional, asesinos». Aquí, el periódico todavía trae los movimientos del puerto: «Entradas: RYSUM, con pabellón de Antigua y Barbuda, procedente de Bayona, a embarcar 55.000 toneladas de zinc, para Rotterdam». «Alpine Girl: con pabellón de Bahamas, para cargar 5.200 toneladas de ácido sulfúrico, para Agadir». Aquí, en los funerales, se encuentran todas las amigas del colegio. Acacia, a sus ochenta y cuatro años, merienda todas las semanas con un grupo de chicas de su clase. Ahora está encima de la cama, antes de dormirse, de pie, tocando y besando una imagen de Jesús. Pienso en Wittgenstein. En algún sitio defiende la devoción religiosa, y dice que no es más rara que, por ejemplo, dar un beso a la fotografía de alguien ausente.

Como otras veces, he aprovechado para leer a algunos autores de los de siempre en esos libros de colecciones de oferta que hay en casi todas las casas. Libros a veces baratos y a veces espléndidamente editados en ediciones muy decorativas. En casa de la madre de María hay una colección de clásicos encuadernados en un blanco inmaculado, que son como grandes breviarios de primera comunión. He leído algo de Gabriel Miró. Pobre hombre, con qué ardor y con qué vocación literaria y hasta gran talento se equivocaba. ¿Por qué escribía eso? También he vuelto a leer algo de Azorín, de la época en que comenzaba. En un artículo de *Tiempos y cosas* compara a Baroja con los grandes pesimistas de la historia del pensamiento: «Gracián, Hobbes, La Fontaine, La Rochefoucauld y Stendhal». Dice que Baroja, por su contundencia y concisión, se encuentra a la altura de ellos en frases como esta, pronunciada por un personaje de *Mala hierba*:

«La civilización está hecha para el que tiene dinero, y el que no lo tenga, que se muera». Al leer a estos articulistas de otros tiempos, sacas la misma conclusión que con los de ahora. Que eran muy charlatanes y que la mayor parte del tiempo escribían porque tenían que ganar dinero llenando su columna cada día, con lo que fuera. Abro una página de *El espectador*, del famoso Ortega, y leo: «Dudo mucho que en ningún porvenir próximo vuelva el paisaje alpino a conquistar nuestra preferencia... Es lo más probable que hacia 1940 el europeo buscará sus paisajes favoritos en el Sahara, fecundo en serranías. (A los baños de mar sucederán los baños de arena, mucho más tónicos y desinfectantes)».

La última página de *La Voz de Avilés* está dedicada a Atxaga, que ayer dio una conferencia en Gijón. En el supermercado de enfrente de casa destacan los ejemplares de *El bucle melancólico*, de Jon Juaristi. Son tal vez los dos embajadores intelectuales más relevantes del País Vasco. Los dos reciben más reconocimiento del que merece su obra. En ambos casos, por ser vascos. Lo vasco es el gran tema obsesivo hasta la repugnancia de los últimos años. Atxaga viene a ser el representante étnico (aunque no nacionalista) del país, y Juaristi el antinacionalista furibundo. Creo que prefiero tener como embajador a Atxaga. Desde luego, las ventas de *El bucle* en toda España son desmedidas y absurdas. Es un libro aburridísmo para quien no sea un estudioso de ciertas particularidades. Pero ha sido aclamado por considerarse a Juaristi como un enemigo radical del nacionalismo.

Están construyendo una autopista entre Llanes y Ribadesella. A esto, en Asturias, lo llaman el Oriente: no me entrará nunca en la cabeza que avanzando hacia Bilbao nos dirigimos hacia China, pero así es. Nos reímos al pasar por la zona. Se ve a muy pocos trabajando. Cada bastantes kilómetros —con muchos coches aparcados alrededor, como si ocurriera algo importante— hay grupitos compuestos por tres o cuatro personas. Se ve a uno que barre, a otro que cruza la carretera con una pala al hombro, a alguien con una cinta métrica. En general están de charla, comen un bocadillo, miran el horizonte. «*Eppur*», la autopista avanza. Pero nadie me convencerá de que su construcción está planeada racionalmente. Hay algo incongruente entre la magnitud de la obra, el escándalo en la naturaleza que supone semejante tarea y lo minúsculo del número de personas ocupadas en ella.

Las vacas pastan al lado del mar, sobre el pequeño acantilado, entre las rocas y la hierba, por Llanes. Siempre que paso por aquí me acuerdo de Gustavo Bueno. En algún prado, entre esos árboles, tal vez rodeada de vacas y con un bonito huerto, tiene una casa ese filósofo defensor de la pena de muerte y que un día dijo que estaría dispuesto a estrangular con sus propias manos a cualquier terrorista de ETA. Creo que no se lleva bien con los vecinos.

Aquí antes había bisontes, le digo a María. Hace millones de años, responde. No, hace solo veinte mil años, cuando pintaron Altamira. Te parecerá poco. Sí, es poco. Y pienso en la exposición de Chillida y Serra en el Guggenheim. Chillida tiene un comienzo de Alzheimer, está deprimido y no hace más que recibir premios. Los recibe con la cara abobada de no entender lo que sucede, o con el gesto tristísimo de entender demasiado bien lo que entendemos todos. Como si tal vez se hubiera dado cuenta al final de su vida de que su obra no ha sido más que un juego de niños sin sentido. Como si se viera protagonista de una farsa monumental. Entendemos mejor «el misterio» de los pintores de Altamira, que también vivían aquí cerca, que el misterio de Chillida Leku. Cuando el Guggenheim no sea más que herrumbre, vendrán expediciones desde Marte a visitar Altamira.

EL GUSTO ES el estilo del lector. Cada uno tiene el suyo. El mío es muy raro. Y el poético lo tengo totalmente hecho. Es difícil que me gusten nuevos poetas. Casi todo lo nuevo que leo en poesía me parece obra de intrusos o imitadores.

Llega cuando estoy viendo en la tele *Lawrence de Arabia*. «Me gustó mucho esta película —dice—. Lo que más me gustó es la hostia que se pega el tío al principio en moto». Probablemente es lo único que vio. Las críticas de libros las hace igual, solo lee unas pocas páginas. En fin, existe una teoría que dice que los críticos son como los degustadores de vinos, que no necesitan beberse la botella entera para catalogarla. Boswell decía algo así del Dr. Johnson. El caso es que este las hace bien. Nadie nota nada, o eso parece. El otro día, en la cena, hubo un gran lío. Dije que en la sección de deportes del periódico no admitirían a gente con la caradura y la ignorancia de muchos de los que escriben en la de cultura. Nadie podría escribir sobre un partido de fútbol sin haberlo visto. Lo descubrirían enseguida. Los deportes en el periódico están sujetos a un control mucho más amplio y democrático que los libros, que nadie ha leído ni leerá.

He llorado muchas veces en el cine, pero nunca leyendo una novela.

Hay escritores que son como esos chicos que patinan en los parques. No van a ningún lado, pero da gusto ver lo ágiles que se mueven.

He estado en la cárcel, he hecho una huelga de hambre, he sufrido un divorcio, he asistido a un moribundo. Una vez fabriqué una bomba. Negocié con drogas. Me dejó una mujer, dejé a otra. Un día se incendió mi casa, me han robado, he padecido una inundación y una sequía, me he estrellado en un coche. Fui amigo de alguien que murió asesinado y fue enterrado por los asesinos en su propio jardín. También conocí a un hombre que mató a otro hombre, y a uno que se ahorcó. Solo es cuestión de edad. Todo esto me ha sucedido en una vida en general muy tranquila, pacífica, sin grandes sobresaltos.

Me quejo de la soledad en la que vivo ahora. Pero es mi soledad de siempre, la que tantas veces he buscado, la que me ha permitido decirle a Mochales esta tarde: «Únicamente en soledad se vive a lo grande. Los mejores momentos de mi vida los he pasado solo». Me ha mirado como si fuera un extraterrestre.

Siempre recuerdo que lo peor de la cárcel era tener que estar constantemente acompañado. Creo que cuando mejor lo pasé fue cuando hicimos una huelga de hambre por el juicio de Burgos y nos llevaron «a celdas», es decir, nos encerraron en una celda para cada uno durante un mes. Esto no impide que a menudo, demasiado a menudo a lo largo de mi vida, me haya quejado de la soledad. Me ha gustado tanto que muchas veces me he enfangado en ella. No es fácil encontrar un término medio entre la querencia por el aislamiento y el gusto por estar con gente.

Desconfío de los que emplean las palabras lealtad y generosidad. Siempre está en boca de los que piden favores o acaban de cometer una fechoría. Tampoco me gusta la palabra gratitud.

Impaciencia con los otros. Cualquier opinión que nos desagrada se convierte en una imperdonable afrenta personal, en un insulto a la dignidad de todo el género humano, cuyo causante merecería por lo menos un fusilamiento inmediato.

Escribir día a día, con la lentitud y la mecánica de un labrador. Me da envidia esa posibilidad. Pero también hay algo ahí que me repugna.

En la película, la rubia coquetea con el hombre y le roba una llave del bolsillo de la chaqueta. María y yo, simultáneamente: «Desde luego, todos los tíos son gilipollas»; «desde luego, todas las tías son unas putas».

Un requisito para sentirse envidiado es creerse un tipo magnífico y con suerte. Este ha hecho mil perrerías en su vida y se ha ganado otros tantos enemigos, pero él cree que le tienen manía porque envidian sus grandes cualidades.

En los alrededores de la casa de María, un pordiosero joven vende *La farola*. María lo ha visto muchas veces, pero nunca le ha comprado la revista. Ayer, al cruzarse por la calle con él, que estaba «fuera de servicio», María lo saludó, pero sin recordar muy bien a quién saludaba, como pasa a veces cuando te encuentras con alguien al que no sueles ver fuera de su trabajo habitual. Solo al doblar la esquina se dio cuenta de quién era. Hoy se ha vuelto a encontrar con él, que esta vez sí estaba en activo, con un fajo de *La farola* bajo el brazo. María ha ido a echar mano al bolso para, por fin, y dado el saludo del día anterior, comprarle de una vez un número de la revista. Pero él ha levantado el brazo en un gesto negativo de complicidad, como diciéndole: «No, mujer, a ti cómo te voy a vender esto».

María estaba encantada de su hazaña. Los mendigos e incluso muchos componentes del lumpen disponen de una autoridad moral que les está negada a otros miembros supuestamente más prestigiosos de la comunidad. La amistad de un mendigo o de un criminal enorgullecen más que otras de las corrientes. Le he contado a María lo de Proust. Durante la guerra, una noche en que volvía a casa a pie, un transeúnte malencarado se ofreció a ir con él. Proust sospechó algo y en el camino se convenció poco a poco de que su solícito acompañante no era otra cosa que un malhechor. Por fin, al llegar a su portal, como no había sucedido nada, se atrevió a preguntarle: «¿Y usted por qué no me ha atracado?» «No, hombre, no —respondió el otro—. Cómo voy a agredir a una persona como el señor». Decía Céleste que estos éxitos le ufanaban más que los obtenidos en los salones.

Hoy leemos muchas veces las novelas más para juzgar la destreza de su autor al ejecutarlas que para participar en la ilusión de las vidas de los personajes que nos proponen. Hoy ya es difícil que nos creamos a los protagonistas de las ficciones literarias, al menos de la manera completa en que pasaba antes, o pasa todavía con las novelas de antes. La novela del siglo XIX nos parece más real que la actual, sus personajes, más terminados y vivos. Aquella ilusión se esfumó un poco.

De Edmund Wilson, uno de los mejores críticos del siglo, se dice que era un tipo asqueroso, repugnante. Que leyó muchísimo y que cada vez fue un tipo peor.

Escribir aquí, apuntar cosas, me tranquiliza. Me aferro a esto como el barón de Münchhausen a sus pelos. Lo curioso es que, tirando de ellos, salgo un poco del pozo (creo que esta comparación es de Gide). Los tirones más patéticos los he borrado de este archivo, claro.

Éxito en la presentación del libro de Pedro. Por nada de lo que he hecho en mi vida he recibido tantas alabanzas como por algunas presentaciones de libros. Preparo bastante lo que voy a decir. Prácticamente lo escribo todo y lo digo en voz alta varias veces en casa. Cuando llega el momento me lo sé casi de memoria. Pero se me debe de notar la timidez.

No leo, miro al público y alguna vez echo un vistazo a lo que llevo escrito. No tengo una manera de hablar segura y fluida, lo que crea un cierto suspense en los oyentes (¿a dónde va?, ¡ya se ha perdido!), pero como llevo apuntado lo que voy a decir, acabo diciéndolo, y además de manera bastante precisa. El oyente se tranquiliza cuando ve que consigo terminar la frase. Incluso se admira de que después de tanto titubeo logre encontrar al final un adjetivo mejor de lo que él esperaba. Esto es lo que gusta.

Plinio decía de un conferenciante romano que su voz quedaba mejorada «por su modestia y su nerviosismo» y que «a un autor le sienta mejor la timidez que la confianza». A propósito de Borges, que fue durante mucho tiempo incapaz de hablar en público, Savater dice que «los mejores conferenciantes no son los que hablan sin miedo, sino los que vencen su miedo a hablar: esa secreta fragilidad hace su discurso más delicado, más precioso».

La novela de P. la ha publicado Anagrama. En la mesa estaba también Jorge Herralde. Empecé así:

«Hace tiempo, hace muchos años, cuando yo vivía en Barcelona, conocí a Jorge Herralde. No es que seamos estrechos amigos, pero la verdad es que las circunstancias en que por entonces nos vimos algunas veces, ocasiones más de tipo festivo y espiritoso que literario, son propicias para que surjan relaciones que la memoria guarda con afecto. Para entonces yo ya era amigo de Anagrama, la editorial que Herralde dirigía. Quiero decir que ya era un fervoroso seguidor de su catálogo. Y también era amigo de algunos de los escritores que él publicaba, o que publicó más tarde. Pienso, por ejemplo, en Enrique Vila-Matas, o en Ignacio Martínez de Pisón...».

Y así seguí. Luego expliqué cómo, ya instalado en Bilbao, continué mi relación con la editorial debido a mi actividad de crítico literario, y cómo, por otro lado, conocí a Pedro. Todo confluía en aquella presentación.

En un momento defendí la lectura de novelas y llevé la contraria a Pla, cuando dice que las novelas son la literatura infantil de los mayores y que quienes las leen a partir de cierta de edad son una especie de cretinos. (No creo en lo que dice Pla, pero me inquieta. Y no llegué a decir que no es una opinión original de Pla, sino de Paul Léautaud, como lo indica el propio Pla en una de sus *Notas dispersas*. Las opiniones no son del primero ni del que mejor las expone, sino del más famoso. En Francia seguro que se la atribuyen a Léautaud).

Continué la presentación y expuse mi convicción de que las novelas son el mejor instrumento que se ha inventado para conocerse a uno mismo y entender lo que son las relaciones con el resto de las personas. Proclamé que nadie me ha convencido de que leer a Dickens o a Tolstói sea algo menos valioso que leer a Kant, o a Hegel, o un tratado de física cuántica. No maticé semejantes lugares comunes para no sembrar más dudas sobre los beneficios de la lectura. (Ahora que anoto esto, recuerdo a Orwell, quien, cuando le preguntaron si había algún libro que hubiera cambiado su vida, respondió que sí, que uno donde aprendió que un aficionado al té debe tomarlo siempre sin azúcar). Luego hablé de la novela de P. y de sus temas constantes: el trabajo, las mujeres, la ciudad, las relaciones conflictivas entre todo ello. Es decir, la materia prima con la que P. elabora una y otra vez su literatura, en un tono cada vez más oscuro y pesimista. Dije, textualmente: «Las humillaciones, frustraciones, infortunios, desengaños, vejaciones, miedos, decepciones, ansiedades, incertidumbres, angustias, que todo eso produce, es decir, la basura que todos esos dolores van acumulando en el alma, es a lo que P. prende fuego en su libro para librarse de ello. Y empleo esta expresión de "prender fuego" porque recuerdo un documental que vi hace unos meses sobre Philip Roth, el gran novelista americano, donde explicaba cómo hacía sus libros. Aseguraba Roth que, para escribir, lo que hay que hacer es coger basura, luego echar gasolina, luego más basura y luego darle fuego. Decía que si la basura es tuya, la hoguera prende bien y eso es el libro. Pero que tiene que ser basura propia. Roth insistía en que el escritor debe ser honesto con su basura. Supongo que quería decir que el único método científico de hallar una buena basura es buscarla dentro de uno mismo. Esa es la basura de verdad y aquella que más tarde el buen lector reconocerá como basura auténtica, y logrará también hacer arder en la segunda fase de todo libro, la lectura». (Aquí no solo habría podido matizar, sino tal vez llevarme la contraria).

(El documental sobre Roth lo vi en la televisión francesa, en Cordes, una especie de peñasco-fortaleza medieval situado unos kilómetros al norte de Albi. Estábamos en un hotel que tenía a gala haber acogido a dos de las personas con las que menos esperaría uno encontrarse en un hotel, la reina madre de Inglaterra y el emperador del Japón, Akihito. Había fotos que lo atestiguaban. Allí vi el reportaje. Roth vive en una especie de granja en el campo. Tiene un estudio con grandes ventanas. Escribe de pie, a mano, en un atril situado junto a una pared. Luego se da la vuelta y camina unos pasos hasta llegar a un ordenador pegado a la pared de enfrente. Me pareció que solo apuntaba una frase cada vez. Recordé que también Nabokov escribía de pie. Y que alguna vez también lo hizo Pessoa. Primero pensé que era una manera de escribir distinguida, pero luego que a lo mejor sería por algún problema en la espalda, o de almorranas).

Más adelante dije también, textualmente: «Para manejar todos estos fangos, basuras y fogatas de los que estoy hablando, hay que disponer de dos instrumentos fundamentales que P. emplea estupendamente. Me refiero a la elegancia y a la ironía. Estas dos facultades son una suerte de guantes imprescindibles para alguien decidido a trabajar con materiales tan sucios. En realidad, sucede como en la novela negra. Todas las buenas novelas negras que he leído están escritas por autores de gran elegancia y finura humorística». (Esta frase es la que más me gustó de toda la presentación).

Había tomado hacia las cuatro de la tarde una pastilla de Sumial 10, y luego otra a las siete. El acto fue a las ocho. (Recuerdo que Vila-Matas me contó que la primera vez que tomó Sumial fue en Roma, hace muchos años, en una conferencia que dio con Soledad Puértolas. Los italianos se admiraron de la serenidad de ambos y les dijeron que «se notaba que los españoles estaban más tranquilos desde la muerte de Franco»). Cenamos en el Perro Chico H., M. B., M. M., P., G., M. y yo. H. estuvo muy amable y relajado. Contó anécdotas de la época en que lo conocí en Barcelona y todos se quedaron bastante impresionados. La verdad es que no era yo el que sacaba los temas, sino H., y al final parecía que habíamos sido casi íntimos amigos durante muchos años. Mencionó una bronca en una fiesta en la que Gil de Biedma le arreó una bofetada a Lola. Yo no estaba, pero él aseguró que sí.

31 DE JULIO, san Ignacio. Eran el cumpleaños de amama y los santos de aita, mío, del tío Iñaki y de mi primo Iñaki. Había una gran comida familiar en el jardín de Villa Izarra. Comíamos langosta y ensaladilla rusa, la mejor langosta y la mejor ensaladilla rusa que he comido en mi vida. Las muchachas, con cofia e impecablemente uniformadas hasta el último lazo, servían también una gran bandeja de fritos, especialidad de Ángela, la cocinera. Las chuletas de cordero, rebozadas de bechamel y pan rallado, llegaban con el palo envuelto en unos papelitos de seda con los colores de la ikurriña (de la bandera vasca, se decía entonces). Siempre venía a comer Juan Ajuriaguerra, a quien nosotros queríamos mucho y solo conocíamos por el alias de Juan Arana. Fumaba sin parar, con los dedos amarillos por la nicotina, y discutía exaltado de religión con el tío Gabriel, que a cada copita de anís levantaba más la voz.

«¡El papa es un barbarote!», gritaba el tío Gabriel, y nosotros nos reíamos escandalizados. «¡Lo que a usted le pasa es que tiene un cerebro de mosquito!», le chillaba a Juan, al que conocía bien porque había vivido unos años escondido de la policía en una especie de zulo en Villa Izarra. Muchas veces he recordado esta frase al pasar por la calle Juan de Ajuriaguerra, aquí cercana. También otra que ama suele citar a menudo. Estaban bailando en alguna fiesta y Juan permanecía sentado. Y dijo: «Yo no sé bailar, pero si bailara, lo haría estupendamente». Juan siguió yendo a comer a Villa Izarra todos los días 31 de julio hasta un año antes de su muerte.

Hoy viene en *El País* un reportaje con una foto de los que llaman «los vascos del FBI»: Antón Irala, Monzón, Manu Sota, José Antonio Aguirre. Aita siempre contaba que la noche de bodas de Antón Irala durmieron juntos. Antón Irala se casó por poderes en Nueva York, y aita y él pasaron la noche de bodas en la misma habitación. A José Antonio llegué a conocerlo cuando era muy pequeño. En nuestros veranos infantiles, había un día extraordinario. Aquel en que aita y ama nos llevaban a Francia. Nos bañábamos en la playa de piedras de San Juan de Luz (¡una playa de piedras!), comíamos en un restaurante que se llamaba Los Motels (¡un restaurante!) y paseábamos por la calle Gambetta (¡ama, un gofre!). Una vez nos encontramos en el malecón de la playa con José Antonio Aguirre. Aita nos lo presentó y creo que tuvimos la impresión de que nos habían presentado a un santo, pero no a uno cualquiera, sino a san Pedro o a san Pablo, por lo menos. Años más tarde, cuando murió, en el sesenta y tantos, a José Antonio lo trajeron de París y lo enterraron en la tumba de aitita del cementerio de San Juan de Luz. Allí estuvo hasta que le hicieron la suya al lado. A Monzón también lo vimos alguna vez. Tenía un palacete en el centro de San Juan de Luz. Siempre le tuve manía. Manu Sota era el íntimo amigo de aita en Nueva York. (Y algún día tendré que apuntar algo aquí sobre Galíndez, con el que se puede decir que tengo una foto. Está aquí detrás, en una balda de la biblioteca. La imagen muestra a un grupo de una docena de personas de pie, alrededor de una mesa en la que han comido o van a comer. Al lado de Galíndez se encuentra ama. A mí no se me ve, porque aún estaba en su tripa). «¡Tú siempre conoces a gente más famosa que tú!», me ha dicho alguna vez María Bengoa. Creo que a aita le pasó lo mismo.

En mí no funcionaron lo que Juaristi llama «las voces ancestrales». Y vaya si las hubo (amama decía que lo primero que haría al llegar al cielo sería ir a ver a su marido, y luego a Sabino Arana; a Madrid, juró que no volvería hasta que no necesitara pasaporte). Es verdad que esos sonidos de ultratumba a los que se refiere Juaristi llegaron hablando de cariño y sin ningún doctrinarismo ideológico.

Cuando éramos pequeños, el día de Nochevieja, a las doce en punto, subíamos al cuarto del piano de Villa Izarra, cerrábamos herméticamente las persianas para que no se oyera nada desde la calle, y cantábamos primero «La Marsellesa» y luego el «Gora ta Gora». Era una costumbre que por lo visto venía de aitita. El tío Gabriel tocaba el piano. Lo hacía fatal. Yo me gané mis primeras 25 pesetas, un billete azulado, por aprenderme la letra del «Gora ta Gora». Nos las dio la tía Tere a cada uno de los primos.

Sin embargo, nunca he sido muy sensible a la emoción nacionalista. La noto viva cuando escucho «La Marsellesa» (el primer himno nacional, por cierto, aunque no «nacionalista»), pero supongo que el estímulo está muy reforzado por tanta película de nazis y sobre todo por *Casablanca*. Ahora la estoy aprendiendo a tocar con un dedo en el piano de María. El concepto de nación solo me conmueve cuando evoca a la francesa de la resistencia y a la de la Revolución. Y ahí está también el recuerdo de los indios de las películas americanas. Me emocionaban mucho aquellas reuniones a las que llegaban los representantes de las «naciones» *sioux*, apache, chiricagua, pies negros, cheyene, cheroqui y tantas otras, para decidir si había que hacer la guerra o la paz con los blancos. En ellas sonaba bien la palabra «nación», completamente distinto a aquello otro tan atosigante de la «formación del espíritu nacional» que nos enseñaban en el colegio. Más que atosigante, en realidad un poco ridículo, pues las clases de esa asignatura nos las daba el profesor de gimnasia.

De la «nación» vasca yo no había oído hablar nunca en casa. Todo lo más de «Euskadi», «los vascos», o «el pueblo vasco». Creo que la española no dejaba entonces sitio para más naciones. Una vez, en Pamplona, durante las fiestas de san Fermín, ligué con una americana que se llamaba Pam y tenía una abuela sioux. Pam era rubia y muy guapa, sin ningún rasgo aindiado, pero yo creo que su principal atractivo para mí fue su abuela. Además, aquellas tres noches dormimos en una tienda de campaña.

Cuenta ama que, siendo aún muy pequeño, le pregunté a aita si yo también tenía que ser nacionalista, como toda la familia. Aita dijo que podía ser lo que quisiera. Supongo que entonces yo no sabía ni lo que era ser nacionalista. Pero algo debía de olerme de que por ahí podía venir alguna imposición. Mucho más tarde, la tía Lola le dijo a ama, una maketa de Nueva York al fin y al cabo, que si nosotros habíamos salido tan rebeldes no era por su culpa, sino por el liberalismo de aita. Entre americano, español y vasco, creo que nunca me sentí nada. De Nueva York y de San Sebastián, eso sí. Pero es curioso cómo otros de mi alrededor por lo visto sí eran más nacionalistas que yo. Antonio Masip me recordaba hace poco su estupor cuando a los dieciocho años decidí conservar mi nacionalidad americana y prescindir de la española para no hacer la mili. Le escandalizó la frialdad, o la frivolidad, con que renuncié a algo tan esencial como ser español. Es lo mismo con lo que pretendió menospreciarme el fiscal del juicio que tuve años más tarde en el Tribunal de Orden Público, en Madrid: «¿Y usted dejó de ser español simplemente para no hacer la mili?». «Pues sí», le respondí, sin ni siquiera comprender qué es lo que quería insinuar con aquella pregunta, cuya respuesta me parecía de cajón.

Del libro *Juan Ajuriaguerra*, de Miguel Pelay Orozco:

> Pero hubo también por aquel difícil entonces en Donostia una familia de la que cabría decir, creo que con absoluta propiedad, que participó colectivamente en la dramática lucha por la supervivencia nacional de Euskadi. Esta familia, la familia Valdés Uriarte, tomó la decisión de convertir la seguridad de su confortable mansión, nada menos que en refugio del jefe de la Resistencia —de la perseguida, vilipendiada y odiada Resistencia—, asumiendo con entereza los estremecedores riesgos que implicaba tan aventurado paso. Riesgos que, considerados a través del metafórico túnel del tiempo, acrecían considerablemente, al convivir muchas personas con el insólito huésped de Villa Izarra. Que yo sepa, allí vivían, a la sazón, doña Concha, la madre de Lola, el matrimonio Valdés; sus hijos Lolita, Conchita y Álex; Gabriel Uriarte, hijo de doña Concha, y las muchachas de servicio.
>
> Es evidente que cualquier imprudencia, cualquier indiscreción, el menor descuido, en la tienda de la esquina, en el parque cercano o en la playa, por parte de uno solo de los moradores de Villa Izarra, podía acarrear consecuencias trágicas.

Vaya «voces ancestrales». Qué mal se oyeron en casa. Yo ahora voto al PSOE, Luis a Izquierda Unida y Antón al PP. Solo Tere sigue fiel a lo que ella ha llamado alguna vez, chantajista y espectacularmente, «nuestros muertos».

Y algún día debería apuntar también aquí algo sobre el barrio al que se refieren las palabras de Pelay Orozco: Ondarreta. De cómo Juan venía a veces en zapatillas a dormir a Toni Etxea, sorteando a todo tipo de veraneantes madrileños del alto franquismo (los Primo de Rivera veraneaban en una villa a dos o tres de la nuestra, junto a la de Conchita Piquer, en la misma calle). De cómo nuestro toldo era el último de la playa antes de la carpa de rayas azules y blancas, más cercana al paseo del Tenis, donde hacían flanes con arena mojada las nietas de Franco, vigiladas por un policía con zapatos, traje y corbata. Ondarreta: menos de una hectárea de privilegiados económicos en la que jugábamos todo el día sin darnos cuenta de la tensa (plácida, hilarante) complejidad del mundo de los mayores que nos rodeaba.

Por ahora, copio un «Punto de vista» que escribí una vez para el periódico:

Un milagro

Al comienzo de su libro *Claros del bosque*, María Zambrano reconoce en una nota su gratitud a la Fundación Fina Gómez, de Caracas, «por su constante colaboración en la posibilidad de este mi escribir».

Hace años, cuando leí esa nota, el corazón me dio un vuelco. Era una casualidad asombrosa. Yo conocía a Fina Gómez, la mecenas de María Zambrano. Fina Gómez no podía ser otra que doña Josefina Gómez (más tarde lo comprobé), aquella misteriosa señora mayor venezolana que vivía justo enfrente de mi casa, en la avenida Infante don Juan, de San Sebastián, cuando yo era niño.

Doña Josefina era evidentemente muy rica y vivía sola en Matilde Enea, un enorme caserón de Ondarreta del que no salía sino para ir a la parroquia. Cuando no lo hacía se pasaba las horas en un balcón, siempre vestida de negro, acompañada a veces por un cura muy elegante que tenía coche y se llamaba don Antonio, rezando el rosario, seguramente pidiendo perdón a Dios por los crímenes de su diabólico padre.

Porque lo bueno del milagro al que me refiero no es que yo conociera a doña Josefina, la protectora de María Zambrano. Lo bueno es que doña Josefina Gómez (nunca supe cómo había ido a parar a San Sebastián) era la única hija reconocida entre cientos de bastardas, y la única heredera, del dictador venezolano Juan Vicente Gómez, el más cruel de los dictadores en la historia de Sudamérica (García Márquez se basó en él para *El otoño del patriarca*). El milagro es que sobre la tenebrosa fortuna reunida por aquel tirano hubiera llegado a crecer un día un libro precioso y puro como *Claros del bosque.*

En el Huerto del Cura, en Elche, todo lleno de palmeras. Un poco agobiante. He recordado lo que decía Gautier. «No se puede ser desgraciado debajo de una palmera». Debajo de muchas, creo que sí.

En una cena, cuando alguien se ausenta para ir al baño, regresa siempre con más ímpetu a la conversación, con los argumentos que se le han ocurrido mientras meaba en soledad. Proust hablaba de «la exaltación fortificante de la soledad». Este *esprit des toilettes* que me invento es semejante al ya famoso *esprit de l'escalier* de los franceses, con la ventaja de poder regresar al campo de batalla.

De los malos se dice que son divertidos. Las maldades divierten porque son como chistes. Rompen lo esperado, el código, lo mecánico de la moral. La mayoría de los chistes tienden más a atentar contra la moral que contra la lógica.

Los hombres creyeron primero en Dios, luego dejaron de hacerlo y comenzaron a creer en cosas como la Razón, la Historia, el Progreso. Ahora empiezan a no creer ni en ellas. Algo me suena mal en este resumen. Es un poco raro que la historia de siglos de la Humanidad coincida con mi historia personal.

En cincuenta y tres años no he conocido a nadie que viva con mi sistema. Sin trabajar y con una renta pequeña.

Quedamos a cenar. Llega gritando.

«Si me pasa algo, avisad a mi hija. Decidle de quién es la culpa. Estoy sin médico. Con el traslado de casa me han cambiado el de cabecera. Fui al nuevo y me encontré con que tenía sobre su mesa una imagen de la Virgen con el Niño Jesús. Quite eso de ahí, por favor, le dije. ¿Le hace daño? me preguntó. No, no me hace daño, pero me molesta. Yo he venido aquí en busca de ciencia y no de supercherías. Me largué de allí. Y eso que la enfermera estaba buenísima. O eso me pareció al principio. Luego me di cuenta de que era como una *drag queen*. Todo tacones, todo postizo. Aquella tía era una *drag queen*. Bajé a la secretaría e intenté cambiar de médico. No me dejaron. Me atendió una chica estupenda, me aseguró que era imposible. Era muy amable, pero le dije que cuidado, que yo era profesor universitario y que me podía presentar allí con las cámaras de la televisión para denunciarles. O sea, que avisad a mi hija si me pasa algo. Soy hipertenso».

AGOSTO EN BENIDORM. Es bueno tener un lugar del que siempre vuelvo mejor de lo que fui.

AÑOS SESENTA. HABÍA que vivir de otra manera. No se trataba de instalarse en el tinglado social, sino de salirse de él. Se podía vivir de otro modo, con menos cosas, pero igual de bien. El placer era más fácil de obtener de lo que los mayores nos decían. El trabajo, el prestigio social y el dinero no podían serlo todo. La idea de la fama ni existía. Con el poder no se contaba. La ideología de la época coincidió con mi carácter. Había un gran optimismo.

La visión actual sobre los sesenta es pesimista. O se considera, desde la derecha, que fueron un desastre para los valores «naturales» de la sociedad, o, desde la izquierda, que fueron un juego frívolo de unos burguesitos, que no sirvió para nada y desvió la atención y las energías de la «política real».

Lo más raro de aquellos tiempos fue que mucha gente mayor y con larga experiencia en la vida se creyó en parte lo que los jóvenes soñaban. Mantener la visión pesimista sobre lo que pasó entonces es apuntalar el pesimista consenso que hoy existe sobre la total imposibilidad de cualquier cambio.

Hubo muchas tonterías en aquella época, pero, según escribieron Deleuze y Guattari, lo que cuenta es que fue un fenómeno de videncia colectiva, como si una sociedad viera de pronto todo lo que contenía de intolerable y viera también la posibilidad de otra cosa.

Los cambios bruscos de tiempo animan la ciudad. Una granizada, por ejemplo, es excelente para aumentar la cordialidad en el ascensor.

Ser guapo ayuda a obtener buenas notas en el colegio. Más tarde, no favorece el reconocimiento intelectual.

Escribir tiene un efecto anestésico. Tranquiliza, como una pastilla ansiolítica. Pero, además, produce una cierta embriaguez. Esto hace que, según decía Cyril Connolly, tantos malos escritores no consigan dejarlo.

Hay poca literatura escrita en días de sol. Pocos libros te despejan el día. Lo más que hacen es proporcionarte un paraguas.

Odiaba los exámenes. Me parecían siempre una humillación. Escribir en el periódico tiene algo de examen. ¿Por qué sigo? Típico problema mío. Supongo que para la mayoría escribir en el periódico no es someterse a un examen, sino pronunciar una clase magistral.

Por fin una respuesta adecuada a esa pregunta tan estúpida que hacen algunos en los restaurantes: «¿Es fresca la merluza?». «Sí, no te jode», contestó el camarero.

E-mail a M.:

La llamada satanización del nacionalismo tiene algo que ver con la llamada satanización de las drogas. No solo porque el nacionalismo es como una droga, sino porque los que son nacionalistas o indulgentes con el nacionalismo hasta cierto punto, son acusados de cómplices de las barbaridades a que puede inducir. Es lo mismo que ocurre con los partidarios de la despenalización de las drogas, que suelen aparecer como cómplices e incluso causantes de que un heroinómano mate a su madre para conseguir el dinero con el que pagarse su droga.

Los de ETA y los chavales de Jarrai son como esos drogadictos tirados, que roban y hasta matan por su dosis diaria. Están enganchados y no tienen mucho más que hacer en esta vida. Pero se puede ser algo nacionalista del mismo modo que se puede ser un consumidor de drogas moderado. Se pueden vivir muchos años llevando una vida normal y consumiendo una cierta dosis de nacionalismo, del mismo modo que fumando porros o tomando cantidades no excesivas de cocaína o heroína. («De Quincey: decadente ensayista inglés, quien, a los setenta y cinco años, falleció a causa de haber ingerido opio durante medio siglo»).

La prohibición puede ser perjudicial. Y no hablo de la prohibición legal, que no existe para la defensa de las ideas nacionalistas, y que todo el mundo sabe que, de producirse, ocasionaría un incremento del nacionalismo y de sus posibles barbaridades (lo mismo que ha sucedido con las drogas). Hablo de una cierta prohibición mental que se ejerce en nombre de una supuesta racionalidad ilustrada y cosmopolita. En vez de condenar todo atisbo de nacionalismo, habría que intentar que el nacionalismo se dispensara en establecimientos públicos como los *batzokis*, del mismo modo que creo que la heroína podría venderse en las farmacias. Estos lugares se forrarían, como las multinacionales farmacéuticas si se legalizaran las drogas, pero mejor es que lo hagan ellos que las grandes mafias de narcotraficantes (equiparables a ETA, etc.).

«Empiezan haciendo poemillas y folklore, y acaban llevando al desastre a los pueblos a los que quieren tanto», dices. El argumento es muy parecido al de los que aseguran que se empieza fumando un porro e indefectiblemente se acaba matando a alguien para robar o muriendo de una sobredosis en una cuneta.

Doy por supuesto que el nacionalismo es como una droga. Pero no es la religión o el nacionalismo o el fútbol lo que vuelve al hombre fanático o loco. La locura y el fanatismo son anteriores y los hombres encuentran en esas ideologías y actividades formas de organizar su locura y de ponerla en práctica. Si no existieran esas, habría otras.

No voy a ponerme ahora a defender el nacionalismo. Yo también lo considero nocivo, pero decir solo «todo nacionalismo es pernicioso» me parece tan inútil como decir «toda religión es perniciosa». Respecto a «lo que dicen todos los tratadistas» de que cualquier nacionalismo necesita un enemigo, puede ser cierto, pero también tengo claro que en los últimos tiempos he visto a mucha gente, muchos articulistas, tertulianos, etc., cuya razón de vivir y carrera profesional parecen basarse en su odio al nacionalismo. Ellos también parecen necesitar un enemigo.

Tratadista no sospechoso es Ernest Gellner, quien vio el nacionalismo bajo una u otra forma como destino inevitable del mundo moderno. En el prólogo a *Nacionalismos*, su hijo dice que acabó «sintiéndose más optimista que muchos autores, al esperar una alianza impía de consumismo y nacionalismo moderado de carácter no territorial» como una alternativa posible y probable a los horrores nacionalistas y a «la inútil soflama moralista en contra de los nacionalismos invocando la hermandad de todos los hombres».

En fin, que en tu abominación de todo nacionalismo veo algo del espíritu ese tan puro que tanto aborreces en los pacifistas.

«Puritanismo», según Mencken: «El obsesivo miedo a que alguien, en algún lugar, tal vez sea feliz». Aunque sea con la ayuda de algo de droga.

NOS CREEMOS MUY particulares, pero somos iguales que nuestros contemporáneos. Basta mirar una foto de época. Aquel tipo de allí con el sombrero podría ser un trabajador de una fábrica, el dueño de la empresa o Cézanne.

DISTINGUEN MUY BIEN la novela seria de la popular, como esos que distinguen muy bien el erotismo de la pornografía.

SEGÚN CHAMFORT, EL mundo (*«le monde»*, supongo que se refiere a la alta sociedad) nunca se puede llegar a conocer a través de los libros. Afirma que la razón estriba en que ese conocimiento es el resultado de mil observaciones *«fines»* (de mil pijadillas) que nadie se atreve a contar a nadie, ni siquiera a su mejor amigo, por amor propio. Se teme quedar como alguien preocupado por tonterías, aunque esas tonterías son muy importantes para el éxito social. Esto podría aplicarse también no solo al mundo de la alta sociedad, el poder y la riqueza, sino al mundo en general y a la literatura en su sentido amplio. Los libros no nos hablarían realmente del mundo, porque pocos se atreven a hablar de esas supuestas bobadas.

Leo una entrevista con José Ángel Valente en *El País*, que le dedica la portada y un gran artículo interior. Se titula: «Mi lema es nadar contracorriente». Misterios de la hidrodinámica.

Esa costumbre de colocar la poesía por encima de todos los géneros y aún en la cúspide de la actividad espiritual... ¿A qué se refieren? ¿Quiénes son esos a los que llaman «guardianes de las palabras de la tribu», «legisladores ocultos de la sociedad», etc.? ¿Valente?

Si repasara las cosas que dicen sobre la poesía gente como Paz, Valente y tantos otros, ¡qué cantidad de exageraciones y de tonterías sin sentido!

Valente farda de místico. Dice que una vez se le apareció el demonio en Silos. «Una noche sentí la presencia del demonio en mi habitación. Lo vi de perfil y era como un animal extraño, que defecó en mi habitación. La habitación se llenó de un olor malísimo y pestilente». «¿Vio los excrementos al día siguiente?», le pregunta con agudeza el entrevistador. «No. Me quedé rendido después de esta tensión visionaria, pero al alba no había nada. Entró la luz, y la luz —ya se sabe— deshace los monstruos».

Otro tópico bobo. Lo emplea hoy de nuevo S. en su columna de *El Correo*. La frase célebre de Harry Lime (Orson Welles) en la película *El tercer hombre*: «En la Italia de los Borgia reinaban el crimen y la depravación. Pero trajo el Renacimiento. En Suiza llevan cuatrocientos años en paz y ¿qué han producido?: El reloj de cuco».

Tengo una foto en el portal de la casa de Ginebra en que nació Rousseau. ¿Dónde concibió Einstein la Teoría de la Relatividad? ¿Cuál es el país con más premios Nobel por habitante?

Esta «apreciación incorrecta de uno mismo», que es, según Ambrose Bierce, la autoestima, es lo que ama se reprocha a veces no habernos inculcado suficientemente. Por mí, está más que disculpada.

Ha muerto un escritor. Le preguntan si quiere dar dinero para poner una esquela entre todos los amigos. «A mí me van a sacar un duro para eso», contesta. Luego escribe en el periódico un artículo muy sentido en memoria del muerto. Cobrando, claro.

Intenta organizar una tertulia literaria para ir en contra de la tertulia literaria que se reúne en otro bar. No le sale. No va nadie. Escribe en el periódico un artículo furibundo contra las tertulias literarias.

Hay personas de cajón.

Llega borracho y dice: «Esta tarde me he comprado dos libros de Walter Benjamin. Uno se lo he regalado a un borracho». «¿Y el otro?». «Ya me ves». De noche y con copas se aprende a resumir, se depura el estilo.

El gran pesimista es Nietzsche. Él sí tiene un instinto de muerte terrible. No Schopenhauer, a quien con todo su pesimismo y sus mezquindades se le ve atado a la tierra por lo más fuerte.

Uno de los que comían habitualmente en la misma taberna que Schopenhauer (él lo hacía solo en una mesa todos los días, y a la hora del café quizás se unía a alguna tertulia) lo describió así: «Entre desabrido y buen hombre, gruñón y cómico a menudo, inofensivo en el fondo». La verdad es que es la imagen que de él me han dado sus libros, a pesar de que esté considerado como uno de los mayores pesimistas de la historia.

Es una de las personas que más veo en Bilbao. «No, no», me dice, «vivo en Ibiza». Decididamente, veo a poca gente.

Casi todos mis amigos se llevan mal entre ellos.

Repaso unos cuadernos viejos antes de tirarlos. Casi todo lo que apunté en ellos me parece ahora demasiado patético, ingenuo. Vulgares arrebatos del momento. Lo que me parecerá esto que escribo ahora dentro de diez años. Solo me reconozco en las citas. Sigo siendo el mismo que las apuntó entonces.

Esta frase, contra mí, de Valéry, por ejemplo: «Para cada persona, existe un criterio de tiempo perdido. Para mí toda duración no marcada por una adquisición funcional y por la sensación de atrapar una presa interna que sea alimento más que degustación para mi curiosidad, es tiempo perdido». Para mí la vida ha sido sobre todo degustación, buena o mala. Aunque reconozco que ahora me ha entrado cierta ansiedad y he empezado a leer para llenar algunas de mis tremendas lagunas culturales.

También apunté en su día esta frase de Leopardi, a mi favor: «Encuentro muy razonable la costumbre de los turcos y de otros pueblos orientales que se contentan con sentarse sobre sus piernas todo el día para mirar estúpidamente a la cara de esta ridícula existencia». Esto yo lo hago muy bien en Benidorm y mucho peor en Bilbao. Pero creo que ni a los turcos ni a mí nos parece estúpido lo que hacemos, ni ridículo lo que vemos.

Y otra frase de Cernuda en el mismo sentido: «¿Acción igual a vida? Bien. Mas si abandono el diván en que yacían, alerta, mis sentidos, me remuerde dejar no sé qué desinteresada vida perfecta».

La encuestadora era jovencita, guapa, simpática, de voz ronca. Se sentó en el sillón de enfrente, sacó sus papeles y empezó a preguntar. Era para un sondeo sobre drogas del Gobierno vasco. Contesté a todo. Le expliqué lo que había probado y lo que no, cuántas veces, si sabría dónde conseguirlo, si lo tomé ayer, cuánto cuesta, desde cuándo lo consumo. Parecía una entrevista. Vanidoso, canté de plano.

«Hay trozos de Turner en Poussin, una frase de Flaubert en Montesquieu» (Proust, *Sodoma y Gomorra*).

Leo esto y recuerdo un «Punto de vista» que escribí en el periódico:

> Hacia 1910, Karl Kraus escribió en uno de sus aforismos sobre literatura: «Hay imitadores que son anteriores a los originales. Cuando dos tienen una idea, esta no pertenece al primero que la tuvo sino al que la tiene mejor».
>
> Imaginemos ahora una escena que pudo ocurrir en 1951, en Buenos Aires. Jorge Luis Borges ha pensado dedicar la tarde a preparar su conferencia del día siguiente en la Asociación Argentina de Cultura Inglesa. Pero, en lugar de eso, está leyendo a su admirado Léon Bloy. De pronto, en uno de los cuentos de Bloy, Borges cree reconocer la voz de Kafka. Otro «imitador», se le ocurre. Más tarde, al terminar de leer, se sienta a la mesa y se pone a escribir.
>
> Esa tarde Borges escribe «Kafka y sus precursores». Un par de páginas en las que explica cómo cada escritor «crea» a sus precursores, cómo él ha tenido la impresión de reconocer la voz de Kafka en Zenón de Elea, en el prosista chino Han Yu, en Kierkegaard, en Lord Dunsany, en Léon Bloy, escritores heterogéneos y anteriores a Kafka, pero unidos entre sí por la futura voz de Kafka.
>
> Borges ha tenido unos cuarenta años después la misma idea que Kraus tuvo hacia 1910. Pero «la ha tenido mejor». La idea será ya siempre de Borges. «Kafka y sus precursores» será uno de sus escritos

más originales y famosos, y el aforismo de Kraus quedará tan olvidado como confirmado.

Pedro me halaga en su columna de *El País*. Trata sobre el tabaco y cita algo que escribí una vez en un artículo. Dice: «Otro excelente escritor, Iñaki Uriarte, dio hace algunos años con la fórmula: «Entre actuar y no actuar, existe una tercera opción: fumar».

Pero yo fumo tanto que parezco mano de obra de la industria tabaquera.

Montaigne estaba una vez con el rey cuando a este le presentaron un autorretrato de alguien. Los autorretratos no eran por entonces muy comunes. «¿Por qué no podría uno pintarse uno mismo con la pluma, como se hace con un lápiz?», se le ocurrió a Montaigne. Tal vez aquella ocurrencia fue el origen de los *Ensayos*: «El bobo proyecto de pintarse a uno mismo», como diría luego Pascal en una famosa bobada.

Del prólogo de los *Ensayos*:

«Es este, un libro de buena fe, lector.

»De entrada te advierto que con él no me he propuesto más fin que el doméstico y privado. En él no he tenido en cuenta ni el servicio a ti, ni mi gloria. No son capaces mis fuerzas de tales designios. Lo he dedicado al particular solaz de parientes y amigos: a fin de que, una vez me hayan perdido (lo que muy pronto les sucederá), puedan hallar en él algunos rasgos de mi condición y humor, y así alimenten más completo y vivo el conocimiento que han tenido de mi persona...».

Se dice que la pintura de retratos surgió como un paliativo para el dolor provocado por la ausencia. Creo que es Plinio quien cuenta que todo empezó con aquella chica de Corinto que dibujó en la pared el perfil de la sombra de su amado, que partía de viaje.

Dejar un recuerdo: estas instantáneas, por ejemplo, aunque el fotógrafo sea malo y el modelo no pueda evitar la pose.

2000

A ESTE LE GUSTA la carne. Va a Inglaterra para acostarse con una de esas forzudas rebosantes de músculos que aparecen en Internet. Paga el viaje y 50.000 pesetas más por pasar con ella una noche en su gimnasio de Londres. Al otro le atraen los huesos. Acude por la noche con la chica a la consulta del padre de ella y se masturba mientras contempla su esqueleto bailar a través de la pantalla de rayos x. Los dos me lo cuentan encantados. Son de esos secretos que no tienen sentido si no se revelan a alguien.

ESTOY LEYENDO UNA enorme biografía de Hitler. A la vez, retomo a Pessoa, al que hace tiempo que no leía. Cuando lo hice por primera vez, lloraba de emoción. Hace un par de años volví al *Libro del desasosiego* y me pareció demasiado quejica. Ahora lo encuentro de nuevo genial, aunque no me conmueve como al principio. Hitler y Pessoa tenían la misma edad. Nacieron con un año de diferencia. Hitler: un maestro del simplismo psicológico, un brutal manipulador de masas. Pessoa: un sabio de los recovecos personales, un delicado espejo para individuos. Pero tal vez para individuos tristes, tirando a enfermizos.

Recuerdo aquel día de 1984 en que se publicó en castellano el *Libro del desasosiego* (en Portugal había salido dos años antes). Lo compré de inmediato. Creo que es la única vez que he llorado leyendo un libro. Entre las lágrimas y el entusiasmo, llamé a E. S. al periódico para decirle que la publicación de ese libro era noticia de primera página. No todos los días nace un clásico.

E. me explicó de modo paciente que no era costumbre dar en portada cosas así. Sin embargo, veinte años más tarde, me parece que habría sido una honra para *El Correo*.

El fumador ejemplar.

En Las Vegas se refugian maleantes huidos de todo el país. La policía entró en el apartamento donde se había guarecido uno de ellos. Estaba oculto en el interior de un armario y no lograban hallarlo. Lo cazaron porque el hombre no pudo más de los nervios y encendió un pitillo.

No tiene vídeo porque está seguro de que se haría un adicto a las películas porno. Internet le ha durado dos días. El primero que se conectó estuvo tres horas navegando por las zonas x. El segundo, hasta las ocho de la mañana. Lo quitó todo. Ya no tiene ni correo electrónico.

Sexual intercourse began
In nineteeen sixty-three...

son dos versos famosos de Philip Larkin. Pero yo creo que ha vuelto a comenzar, no se sabe aún de qué forma, con Internet.

Cambio de casa. Estoy expectante. He tenido algunos momentos de aprensión, por lo que supone de variación de costumbres, pero ahora ya tengo ganas de que pasen estas dos semanas y empezar con el lío.

Comienza «De vita beata»:

... no salir, no tomar copas

y vivir como un noble arruinado
entre las ruinas de mi inteligencia.

TERTULIANOS Y COLUMNISTAS y taxistas, *même combat.* Ese despliegue de indignación moral con el taxímetro en marcha.

«EN EFECTO, LAS ideas claras sirven para hablar; pero casi siempre obramos movidos por alguna idea confusa. Ellas son las que conducen la vida». Me parece un exceso de optimismo el de Joubert. Las ideas no suelen estar claras ni al hablar.

«Cuando se escribe con facilidad siempre se cree tener más talento del que se tiene». Aquí creo que acierta.

ES COMÚN DECIR que nunca nos entenderemos sobre la felicidad, el bien, la verdad o la belleza, y que algo conocemos de lo contrario.

«Siempre es exacto cuando decimos que algún hombre es un hombre infeliz, le dije a Wertheimer, pensé, mientras que nunca resulta exacto cuando decimos que alguno es un hombre feliz» (Bernhard, *El malogrado*).

«Sabemos que existe la felicidad, pero como ese borracho que va dando tumbos por la calle, sabiendo que tiene una casa, pero sin encontrarla» (Voltaire).

Sin embargo, *«Le plus beau des courages est celui d'être heureux»*[2] (Joubert). Parece blando el objetivo de la felicidad. Pero no lo es. Hoy mismo dice Trías en el periódico: «Odio el término

2. «La más hermosa de las valentías es la de ser feliz».

felicidad». Savater al menos lo utiliza bastante. Se menosprecia la felicidad porque es un baremo implacable para juzgarse.

La felicidad parece un objetivo débil, insípido, pero cuando llega le da sabor a todo. Algún día no lejano se inventarán una especie de termómetros de felicidad. La gente se los pondrá casi todos los días y sabrá cómo anda de ella. Si va mal, se tomará alguna pastilla o decidirá hacer algo que sepa por experiencia que le pone contento. Pero por lo menos se preocupará. Ahora se aguanta todo con una resignación primitiva y casi inexplicable.

Tu felicidad es lo mejor para ti y para todos. Los que la desdeñan por considerarla un objetivo mezquino o cursi suelen sustituirla por otros fines supuestamente más dignos, heroicos, nobles que, como decía Bertrand Russell, no son más que salidas inconscientes para el afán de poder o excusas para la crueldad. «Los hombres que hicieron más por fomentar la felicidad humana fueron —como era de esperar— los que consideraban importante la felicidad, no los que la despreciaban en comparación con algo más sublime».

Yo siempre he sido partidario de las éticas innobles, muy poco sublimes, empezando por la de Epicuro. Entre otras cosas porque creo que tenía razón Oscar Wilde: «Si eres bueno no tienes por qué ser feliz, pero si eres feliz tiendes a ser bueno».

Lo malo que tiene declararse discípulo de Epicuro es que se te ve en la cara si lo haces bien o mal. Y yo creo que tengo unos ojos algo tristes, que cada vez se parecen más a los de aita. Lo de que uno es «epicúreo» hay que guardarlo en secreto.

«Tienes buena cara». Tener buena cara es un índice bastante exacto de que uno pasa por un buen momento. Cada vez que nos viéramos mala cara en el espejo, deberíamos hacer algo de lo que nos suele llevar a tener buena cara. No por coquetería, sino como un verdadero cuidado del alma.

Llegan a casa y buscan sus libros en la biblioteca. Se entusiasman al hallarlos. Al principio les parece casi un milagro. Pero enseguida empiezan a quejarse si alguno falta o está colocado en un lugar poco aparente.

La mendiga que veo en el parque va a la última moda de las *bag women* de Nueva York: las mismas ropas encima unas de otras, el mismo carrito, las mismas bolsas de plástico. Exhibe un *look* idéntico al de sus semejantes neoyorquinas, que no ha copiado de ninguna revista de moda.

Estuvimos otra vez en Benidorm, una semana. De nuevo muy bien. Allí me siento siempre despejado y tranquilo. Sin hacer casi nada. No sé qué pasaría si estuviera una temporada larga. En cualquier caso, es bueno tener un lugar así. En S. S., en cambio, donde estuvimos el fin de semana, siempre me entra una especie de melancolía algo opresiva. No sé estar en S. S. Se mezcla el momento actual con estratos muy antiguos de la infancia, lo que produce una cierta confusión y un estado de ánimo que no es ni de lejos tan relajante como el de Benidorm. Ama sabe lo que hago a los diez minutos de llegar a Toni Etxea. Salgo a mirar la playa. Miro, compruebo que todo está ahí, pero vuelvo a casa —cosa que ama no sabe— sin haber visto lo que buscaba.

Se le pueden decir burradas. No se inmuta. Está siempre en contacto con lo peor del ser humano. Es el agua de su piscina.

La naranja mecánica, *Bonnie and Clyde*, *Grupo salvaje*. Vimos entonces las primeras películas violentas. Hoy se ven cosas tremendas en cuanto enciendes la tele. ¿Estamos ante una degeneración social? Una vez leí la explicación de un experto en técnicas de efectos especiales. Lo que hay es una feroz competición entre los maestros en esas técnicas. De lo que se trata es de ver quién hace estallar mejor una cabeza.

«A mi entender, cuando se ve algo que es técnicamente seductor (*sweet*), te lanzas y lo haces; las preguntas sobre lo que se hará con ello solo se hacen después de haber obtenido el éxito técnico. Así ocurrieron las cosas con la bomba atómica» (Oppenheimer).

Me voy al piso grande de abajo. María vendrá dentro de un par de meses. Mudarse es más que viajar. Son días en que uno no está en su casa y tampoco tiene una a la que regresar.

Subsiste la idea de un examen final, de un juicio final. Y no tanto como una prueba en la que seremos aprobados o suspendidos por alguna autoridad máxima, sino como un método de saber cómo habremos quedado en relación con los demás. Hay que sofocar esa idea y ahogarla.

Hasta cuando piensas que te vas a morir, en un ataque de hipocondría, por ejemplo, lo primero que te viene a la cabeza es la opinión de los demás. Incluso morirse es quedar mal, sobre todo si sucede de una enfermedad de esas que llaman «largas y penosas».

Puede ser falso, pero en este momento pienso que si me anunciaran mi muerte, sabría afrontarla con una cierta serenidad. Pero imaginar lo que dirían los otros, su supuesta compasión, su horror ante la mala pinta que se me iría quedando, me pone enfermo.

Los médicos deberían decirle al paciente la verdad y engañar a la familia y los amigos.

Hay quien dice que lo mejor es morir rodeado de los tuyos, entre familiares y amigos. No sé a quién le leí que lo mejor, si sabes que se acerca el final, es irte lejos, donde nadie te vea. Yo creo que me moriría más a gusto en una gran habitación muy luminosa, un día de sol, con un fondo de palmeras y el mar, aunque estuviera solo, que en un cuarto pequeño, o en la habitación de un hospital, rodeado por mis seres más queridos.

El desbarajuste en que leo es inmenso. Basta que me empeñe en leer o estudiar algo que me interesa, para que surja de inmediato otra cosa que también me interese y me desvíe. Así, soy incapaz de acumular un capitalito cultural en algo en especial.

Si mi cabeza fuera una ciudad, no tendría ningún edificio que llegara más arriba del primer o segundo piso. Estaría llena de portales, escalinatas de acceso, montones de ladrillos y cemento seco, cascotes. Ni un amago de calle urbanizada, alguna tienda de campaña para pasar el rato, ni un solo jardín decente, una planta por aquí o por allá, bastantes geranios, que resisten porque casi no necesitan riego. Sería como una ciudad bombardeada, pero eso sí, considerablemente extensa, lo que aumentaría la impresión de catástrofe.

Ni «espíritu de sacrificio», ni «afán de superación», ni «aspiración a la excelencia». Ni ningún respeto o simpatía por tales cosas.

¿Es Swann el personaje de novela que más me ha impresionado, al que con más respeto observo? ¿El conde Mosca ? ¿Pierre Bezujov ? Al que mejor conozco es por supuesto Marcel, el narrador de Proust, y maravillosos son el barón de Charlus, o Francisca.

De Pierre Bezujov recuerdo cómo X me gritaba durante una conversación: «¡Es que Pierre soy yo! ¡Pierre soy yo!».

X estaba entonces cerca de Herri Batasuna y se había hecho musulmán. Ahora es imam. Se casó con una chica feminista. Le puso chador y hacía que le lavara los pies. Luego se separaron. Él es seguidor del escocés Ian Dallas, llamado también jeque Abdelkader as Sufi al Murabit, del grupo islámico de los «morabitún», con sede en el Albaicín de Granada.

Esto parece un tebeo.

X estudió Náutica en Portugalete, escribió una novela con la que ganó el premio Café Gijón y se fue unos años a California. Allí asistió incluso a alguna clase de Jack Kerouac, pero cuando volvió de América se había convertido en una mezcla de *abertzale* batasuno y musulmán. Vino a casa para charlar. Me enseñó un cuento que había escrito y que sucedía en Bermeo. Le dije que el argumento era una vieja historia sufí que yo ya conocía. Se quedó un poco cortado y me preguntó qué era lo más interesante que había leído en los últimos tiempos. Se llevó muchos libros de Bernhard y de Jünger. El segundo le entusiasmó, supongo que en parte porque había sido un nazi, no de los peores, pero un nazi, y X era ahora un musulmán que culpaba de todos los males del mundo a los judíos. Obtuvo un puesto de profesor de Literatura en la Facultad de Periodismo de Lejona y fue a Alemania a visitar a Jünger. Lo invitó a la Universidad del País Vasco para ser investido doctor *honoris causa*. Asistí a una comida de celebración en el hotel Villa de Bilbao. Alguien me dio un ejemplar de *El autor y la escritura*. Jünger me lo firmó y estreché su mano, que a lo mejor un día también estrechó la de Hitler (aunque creo que no).

«¡Es que yo sé admirar, yo sé admirar!», me dice cuando ve que pongo cara rara y no me sumo a su entusiasmo. Y no es que siempre me parezca despreciable aquello a lo que se refiere, incluso puede que me guste, pero no tanto como para ponerme a dar gritos por la calle. Sus comentarios tan exagerados y sus exclamaciones hacen que incluso comience a detestar el objeto de su admiración. No es la primera vez que me pasa con él.

Tampoco soporto a la otra cuando dice que tal novela, o cuento, o película, «es sublime». Ya no se puede emplear esa palabra, como no sea para decir, por ejemplo, «esta purrusalda está sublime». Es verdad que es una persona con poco sentido del humor y, como dijo ya no sé quién, «el humor es lo contrario de lo sublime».

Una de las cosas que más gracia me han hecho en mi vida es conocer lo que comentó muy serio y muy solemne Mr. Prudhomme, el personaje de Monnier, la primera vez que vio el mar: «Tal cantidad de agua roza el ridículo».

Supongo que exactamente lo contrario de lo que piensa el personaje de Friedrich.

Pasábamos junto a unos naranjales por Valencia. Me fijé en unas construcciones de ladrillos o de hormigón que se veían entre los árboles. Hemos cruzado por ahí mil veces y nunca me había dado cuenta de su presencia. Parecían hornos pequeños. Pensé que tal vez fueran para quemar las ramas podadas de los naranjos, si se podan, que no lo sé. También se me ocurrió que podrían servir para encender hogueras cuando hiciera mucho frío. Algo así como un sistema de calefacción al aire libre. Pero la idea me pareció absurda.

Luego, por la noche, comencé a leer una novela que sucede en Nueva York y, al cabo de unas páginas, me encontré con un señor que poseía unos naranjales en Florida y explicaba que, cuando llegaban los fríos helados del norte, encendían fogatas entre los árboles para elevar la temperatura del aire. Esto pasa mucho cuando lees, y es bastante asombroso. Lo explicarán las leyes de la estadística, pero da la impresión de que se ha producido un efecto telepático que otorga a la lectura un aura casi mágica.

Si se trata de ideas, es todavía más grave. Estoy seguro de no haber pensado ni dicho nada en mi vida que no pudiera encontrar en algún libro al cabo de unas pocas horas.

Me preguntó si había ido a la manifestación convocada por el PNV y el PSE y se indignó cuando le dije que sí. «No tienes criterio. Estás totalmente manipulado por *El País*, Polanco y Felipe González». Me gustó eso de que no tengo criterio.

Voy a todas las manifestaciones contra ETA, por lo menos un rato. Álvaro se asombraba ayer no de que fuese a todas, sino de que fuese a alguna. Ignoro qué imagen tiene de mí. No me ofende que piense que todo esto me es extraño. Pero no es así. «Es que no tengo criterio», le dije.

Pese a que son, o eran, «de los míos», no soy un devoto de todos estos «movimientos cívicos» que han surgido en contra de ETA y el nacionalismo. Voy a las manifestaciones que convocan, en alguna no hemos pasado de cien personas, y creo que sirven para algo. Pero no me convence su radicalidad tan próxima a lo peor del PP, y he sido testigo de cosas feas.

Los del «Foro de Ermua» y los de «Basta ya» no se llevan nada bien. Con respecto a una manifestación de «Basta ya», me dijo alguien del «Foro»: «Las que va a llevar en cabeza no son las víctimas del terrorismo de verdad. Esas son unas víctimas que se ha buscado Savater para tapar a Mayor Oreja».

Azúa terminaba su columna de ayer en *El País* diciendo que, o se está con la defensa de las libertades, o se está colaborando con un golpe de Estado propiciado por el PNV con vistas a crear un sistema de *apartheid* en el País Vasco. O yo no me entero de nada, o a algunos les han dado alguna droga.

El antinacionalismo es tan embriagador como el nacionalismo. R. y S. aseguraban aquí, en casa, el otro día, que Arzalluz ya ha propuesto la creación de unas listas voluntarias en los ayuntamientos para inscribirse como vascos y poder luego votar. Que los que no se apunten, a la puta calle, o a vivir como vascos de segunda. Estas cosas las dicen algunos de los más listos. Y yo me llevo unos disgustos tremendos por explicarles que no es así, disgustos que luego no me los compensa nadie, aunque el tiempo demuestre que la razón estaba de mi parte. «Sería útil que apostáramos en la decisión de nuestras disputas» (Montaigne). Yo estaría forrado.

He leído docenas de libros sobre ética y creo que ninguno me ha servido para avanzar más allá de la primera frase: «No hagas sufrir y procura comportarte con los demás como querrías que se comportaran contigo».

«Mis condiciones favoritas, la ociosidad y la libertad», escribe Montaigne, y se queda tan pancho. *«La liberté et l'oisiveté qui sont mes maîtresses qualités».* En estos tiempos no es tan sencillo decirlo. Uno de los insultos más demoledores que hoy se pueden recibir es el de «no dar un palo al agua», expresión que nunca he sabido de dónde viene, tal vez tenga algo que ver con los galeotes, pero que parece definitiva.

En Deusto tuve un profesor de Derecho Natural, el Pulpo, que, al jubilarse, se recluyó en su habitación y decidió no comer, siguiendo la máxima de san Pablo: «El que no trabaje, que no coma». Me impresionó. Yo era más de la rama del Jesucristo de las aves del cielo y los lirios del campo, del que reconvenía a la hacendosa Marta y elogiaba a su contemplativa hermana María.

De los tiempos universitarios recuerdo también la estupefacción que me producía el que algunos de mis compañeros llamaran «trabajar» a estudiar. Para mí «trabajar» era una cosa más complicada. Por una parte era algo más serio que la tontería aquella de «estudiar». Era lo que hacían los pobres, los obreros, los oprimidos, los que se levantaban a las seis de la mañana para ir a la fábrica, los de Altos Hornos. Y, por otra parte, era algo horrible de lo que había que librarse y de lo que había que ayudar a librarse a los que lo padecían ¿Cómo? Para mi desesperación, no tenía ni idea. Luego me enteré un poco de las ideas de Marx y durante un par de años deliré con la Revolución. No medité mucho en lo de la dictadura del proletariado. Me la salté y pasé directamente a la parte bonita, a pensar que el paraíso descrito por Marx estaba muy bien y no costaría mucho llegar a él. Solo se trataba de dar unos cuantos gritos y algún pequeño susto para que la gente se enterara de que aquello era lo mejor para todos.

«En la sociedad comunista, en la que nadie tiene una esfera exclusiva de actividad, sino que cada uno puede realizarse en el campo que desee, la sociedad regula la producción general, haciendo a cada uno posible el hacer hoy una cosa y mañana otra distinta: Cazar por la mañana, pescar después de comer, criar ganado al atardecer y criticar a la hora de la cena; todo según sus propios deseos y sin necesidad de convertirse nunca ni en cazador, ni en pescador, ni en pastor, ni en crítico» (Marx).

Ha pasado el tiempo y todo sigue bastante parecido. En el paraíso comunista no ingresé más que yo. Aunque no cazo, ni pesco, ni crío. Lo que sí he hecho es algo de crítica literaria pero, como quería Marx, no me he convertido en un crítico. Los demás siguieron en lo mismo. Los trabajadores en su sitio y mis compañeros de la universidad engranados al sistema, según ellos también «trabajando». Y pongo comillas porque todavía pienso que muchos llaman trabajar a algo que para mí no lo es del todo (aunque de algo hay que vivir, claro). Simplemente, «se colocaron» de inmediato al terminar la uni y empezaron a recibir un sueldo, eso que Baudrillard dice que en nuestra sociedad no es algo equivalente o proporcional a lo que se «suda», o se «produce», sino más bien «un sacramento como el bautismo (o la extremaunción) que hace de usted un verdadero ciudadano de la sociedad política del capitalismo».

«El que no trabaje que no coma». Me impresionó la decisión del Pulpo. Suena lógica. Incluso solidaria. Los problemas llegan cuando empiezas a preguntar: ¿Y cuánta comida te dan por un par de horas de trabajo? ¿Se pueden trabajar solo dos horas? ¿Les dan la misma comida a todos los que trabajan?...

«Put some potatoes in the machine». Esta frase es lo que me ha quedado de la única semana que trabajé en serio en mi vida. Fue en Londres. Me la decía todos los días al llegar al restaurante el jefe de cocina. Yo era su pinche. «Pon algunas patatas en la máquina». Se trataba de una máquina que pelaba las patatas en una especie de lavadora. A la semana de estar allí me corté un dedo, seguro que a las órdenes de mi inconsciente. Tuve que dejarlo.

A nada de lo que he hecho luego para ganar algún dinero lo puedo llamar en serio trabajar. Aquellas tardes en la Biblioteca del Carmen, en Barcelona, o aquellas noches en el servicio de documentación del periódico *Pueblo*, en Madrid, redactando enciclopedias, no las puedo considerar estrictamente como tiempo de trabajo. Lo que he hecho en Bilbao más tarde para *El Correo*, menos. Nunca he tenido un salario, ni horarios, ni he estado en nómina. Nunca he sido «un verdadero ciudadano de la sociedad política capitalista». Y esto ha tenido muchas ventajas y algunos inconvenientes.

A VECES HE mirado con arrobo desde el coche o el tren esas casas aisladas en el campo o en los montes y he pensado que sería feliz viviendo allí. Otras me han parecido el último lugar donde viviría, que habría que ser por lo menos Buda o Zaratustra para hacerlo.

Le pasó a Heine: «Mientras leía un libro aburridísimo me quedé dormido. Acto seguido soñé que continuaba mi lectura y el aburrimiento me despertó. Eso se repitió tres o cuatro veces». Al saberlo, recordé mis lecturas de Juan Benet.

Se ríen de los turistas. Aseguran que no entienden ni aprecian lo que existe en esos países lejanos a los que viajan en tropel. Pero ellos no entienden ni siquiera a los del suyo, que son precisamente esos turistas.

Decir que el mundo y la vida son algo magnífico que hay que aceptar plenamente como un regalo es una estupidez. A lo más que llega la gratitud por estar vivo es a la sensación de que, a pesar de ello, te estás librando de una buena.

Muchos de los que critican indignados lo mala que es la educación actual de los niños no han vuelto a coger un libro desde que salieron del colegio.

Michael Caine, en una entrevista realizada durante el Festival de Cine de San Sebastián: «... Uno nunca deja de ser pobre. El que ha nacido pobre, lo será siempre, es una extraña inseguridad que permanece».

Yo he tenido siempre una cierta seguridad de rico. De más rico de lo que he sido. «Yo fui concebido en el Waldorf Astoria. Nací a los nueve meses justos de que aita y ama pasaran allí un mes de luna de miel». «Ya se te nota», me dijo Patxuko un día en que lo comenté en una comida. Y me gustó. Esto creo que me ha venido más bien que mal. Aunque supongo que ha hecho que para algunos no haya sido otra cosa que un señorito. Un señorito algo rebelde.

«A mí nadie me ha regalado nunca nada. Si yo estoy aquí es porque me he pasado la vida luchando y trabajando», me repetía el tópico un día O. en la barra del Bluesville, del que era propietario. Entonces el Bluesville era el bar más prestigioso de Bilbao. Miré al camarero y pensé que él también estaba allí y que probablemente había «trabajado» y «luchado» tanto como O. «Pues yo también estoy aquí y no he trabajado en mi puta vida», dije.

SEGÚN RORTY, NO fueron los sólidos fundamentos teóricos del universalismo moral de la filosofía racionalista ilustrada los que produjeron el sufragio universal, la extensión de los derechos humanos, los sindicatos, la emancipación femenina, la seguridad social, la protección a la infancia, etc. Mucho más determinantes fueron las impactantes descripciones del sufrimiento dadas por los novelistas (Dickens, *La cabaña del Tío Tom...*), los directores de cine, antropólogos, etc. Hoy lo serían igualmente los reportajes humanitarios, los documentales sobre el tercer mundo, las columnas de los periódicos. Las novelas, no creo.

«EL GOBERNADOR DE una isla como La Martinica ve temblar la tierra, se frota los ojos, lleno de angustia. Le informan de que es un terremoto y que todo un barrio de la ciudad ha quedado sepultado.

»—¡Ah! —dice—, me tranquilizáis. Pensé que sufría un mareo» (Renard).

No hace falta irse hasta La Martinica. Alguna vez me he reconocido en ese gobernador.

Este horror al mareo, por encima de todo, debe de ser de familia. El tío Antón, mareado completamente y asomado por la borda del barco que lo llevaba a América durante la Segunda Guerra Mundial, pedía a gritos al cielo que llegara algún submarino alemán y los hundiera de una vez.

Principios de septiembre. Acabamos de volver de un viaje a Siena y Florencia. Tengo ganas de anotar algo, pero a la vez me da pereza. Algunos apuntes del viaje:

Ayer dormimos en Aviñón y hoy hemos vuelto al hotel Villa Principessa, en las afueras de Lucca. Ya estuvimos aquí hace dos años. Las chicas de la recepción son otras, pero el negro pakistaní o hindú encargado de trasladar el equipaje nos ha reconocido. Nos hemos saludado con risas. Tenemos una habilidad especial para que los camareros se acuerden de nosotros y nos traten en seguida con familiaridad. La habitación es espléndida y altísima. El papel de la pared es como un enorme tapiz decorado con motivos alucinógenos. La ventana da a la piscina y las ramas de los árboles llegan hasta los cristales. Estamos alegres y excitados por encontrarnos de nuevo aquí. Hemos ido a cenar a Lucca y lo hemos hecho en el mismo restaurante del otro año. En cuanto nos descuidamos, lo repetimos todo siempre. Al regresar al hotel, el negro nos ha recibido con grandes carcajadas y una parrafada incomprensible. Luego ha preguntado dónde hemos cenado y ha dicho que él trabajó allí. Creo que estaba un poco achispado y nos ha contado una bola. Cosas de la familiaridad a que me he referido antes.

En Lucca estuvo Montaigne una temporada larga, durante su viaje por Alemania e Italia. En Baños de Lucca, aquí cerca, había un balneario célebre. Montaigne dice que en él expulsó la piedra más grande de su vida. Asegura que era como una manzana pequeña. También organizó una especie de baile y un concurso de belleza entre las chicas del lugar. Uno del pueblo le contó que los toscanos no iban nunca a esos baños y que había visto salir de allí a más gente muerta que curada. Montaigne ya se iba a marchar corriendo cuando le llegó una carta donde lo informaban de que había sido nombrado alcalde de Burdeos.

En Siena, casi al azar, María ha elegido en una guía un hotel estupendo. Se llama Villa Scacciapensieri y está en las afueras. Hemos llegado sin llamar y nos han dado una habitación privilegiada, con un ventanal que enmarca unos pinos y el *skyline* de Siena, las torres del palacio público y la catedral. Hemos ido a dar una vuelta por la ciudad, que María ya conocía. La Piazza del Campo me ha dejado maravillado. No sabía que era una hondonada. Lo primero que he pensado es que desde ahí dentro no se deben de ver los caballos en la carrera del Palio. Creo que es la plaza más bonita que conozco. Ha sido mi primer contacto con las avalanchas de turistas. Al principio me ha parecido agobiante. Hay que tener en cuenta que, si alguien pasa ante algún edificio majestuoso que estoy contemplando, mi vista se desvía de modo automático hacia esa persona, y si va comiendo algo, hacia lo que va comiendo. El agobio se me ha pasado pronto. Hemos vuelto al hotel para bañarnos en la piscina. Había gente, pero poca y, como siempre en estos sitios, muy silenciosa. Parejas de edad mediana y madura. Alguna de homosexuales, de hombre mayor con chico joven, como ahora es tan frecuente.

En el *hall* del hotel hace guardia casi permanente una señora muy mayor, que lo mira todo con mucha atención, aunque, por la postura de su cuerpo, que parece a punto de derrumbarse, da la impresión de una moribunda. Es Emma Nardi, la hija del fundador del hotel. Seguro que fue ella quien recibió a Grace Kelly y Rainiero de Mónaco, que una vez durmieron aquí. Tal vez en nuestra habitación.

Hemos estado en Arezzo e intentado ir hasta San Gimignano por una carretera secundaria que cruza la región del Chianti, pero hemos acabado agotados por las curvas y porque la carretera era como un túnel entre la vegetación. No se veía nada del paisaje. Nada de los típicos campos amarillos de la Toscana, con colinitas, casas antiguas y cipreses. Al volver hemos bajado a la piscina del hotel e inspeccionado a los recién llegados, con aires de veteranos, casi de propietarios. La cena, en Siena. Tanta aprensión con los turistas que llenan Italia y hemos podido ver los frescos de Piero de la Francesca con absoluta tranquilidad y cenado sin ningún agobio en una de las plazas más estupendas del mundo.

Antes de llegar a Florencia, he propuesto a María desviarnos de la autopista y pasar por San Casciano, el pueblo donde estuvo desterrado Maquiavelo. Allí escribió *El príncipe*. Está a menos de diez kilómetros de la Florencia de entonces. Es una mera calle. En realidad no es San Casciano, sino un barrio próximo. Me he hecho unas fotos en el patio de la que dicen fue su casa y he cogido del suelo una piña de ciprés. Manías. También tengo en casa una castaña del castillo de Montaigne.

Diapositiva. Aquí estamos, en la plaza de la Señoría, sentados en la terraza de un café casi vacío, tomándonos una macedonia de frutas a veinte metros de donde quemaron a Savonarola.

De vuelta al hotel hemos subido corriendo a la piscina del ático. Solo había una pareja con un niño, que se han ido al llegar nosotros. Y allí nos hemos bañado, con el Duomo, el *campanile* de Giotto y las colinas de los alrededores de Florencia como horizonte. Todo un poco absurdo y maravilloso.

Hemos cenado en un restaurante que se llama don Camilo. Nos han dado una mesa enana al lado de una pareja de argentinos. Esto de las mesas tan pequeñas y pegadas unas a otras no tiene ninguna gracia. Casi prefiero comerme un *panino* tranquilamente por la calle y acompañarlo con un poco de agua, de la fuente del jabalí de Pietro Tacca, por ejemplo, que hacerlo en un lugar tan apretujado. En hoteles no me importa gastar (los mejores sitios del mundo son los buenos hoteles), pero en restaurantes sí. La pasta al ragú estaba buena, aunque muy grasienta. Habíamos pedido casi al mismo tiempo que los argentinos. El hombre y yo elegimos los mismos platos, una ensalada de esa especie de lechuga o achicoria italiana de la que no recuerdo el nombre y la pasta al ragú. Al servirnos y comprobar la coincidencia, nos hemos reído, pero él ha tenido que fastidiar el momento cordial: «Cómo se ve que usted tiene muy buen gusto», ha dicho, riéndose. Un fatuo. Luego se han pasado toda la cena discutiendo entre ellos a ver si la salsa llevaba tomate o no. El tema parecía importarles mucho.

He traído al viaje varios libros, entre ellos el volumen tercero de los *Ensayos*, pero lo único que voy leyendo son guías y la magnífica novela de Flann O'Brien *El tercer policía*. Esta novela ha sido otra de las buenas cosas del viaje. Ayer intenté una vez más disfrutar con la *Divina comedia*, que también he traído. Nunca lo he conseguido y anoche tampoco. Es uno de esos clásicos que no entiendo ni sé cómo se aprovecha. Lo contrario de Montaigne, del que me parece estar al lado.

Enfrente del Palacio Pitti hay un edificio con una placa donde pone que allí escribió Dostoyevski *El idiota*. Si soy sincero, creo que leer eso me excita más que contemplar el *David*. Y no menos que hacer fotos entre risas a esos bichos gordezuelos y peludos, una mezcla de ratas y castores, que se han aclimatado al Arno y viven allí con los pájaros y los patos, debajo de los puentes. Cerca del Pitti me he comprado una corbata de Armani en una tiendecita. La cola de los Uffizi era demasiado larga para mí.

Hemos ido hasta la iglesia de la Santa Croce, donde quería ver dos cosas, la capilla Pazzi y los frescos de Giotto. En la capilla Pazzi hemos estado solos. Parecíamos dos Pazzis en su casa. Los frescos de Giotto sobre los franciscanos son de una inocencia y alegría contagiosas. Hemos metido una moneda para iluminar la capilla, pues allí tampoco había nadie. La alegría se produce también por la conciencia y la impresión extraña y mitómana de ser tú el que está allí solo, como si aquello fuera un asunto entre Giotto y tú. En la Santa Croce fue donde a Stendhal le dio el patatús bautizado luego como «síndrome de Stendhal». Estaba mirando unos frescos del techo, en una posición muy incómoda, que supongo le afectó a las cervicales. («Allí, sentado en el reposapiés de un reclinatorio, con la cabeza girada y apoyada en el pupitre, para poder mirar el techo...»). Pero también se nota, por lo que cuenta, que estaba ya en pleno deliquio, no sé si por la belleza de lo que veía, o por la misma sensación que he dicho de «no poder creerse» que era él quien se encontraba en Florencia y en aquella iglesia, rodeado por las tumbas de Galileo, Miguel Ángel (preciosa) y Maquiavelo (que no vi). «Me encontraba ya en una especie de éxtasis, por la idea de estar en Florencia, y en la vecindad de los grandes hombres de quienes acababa de ver las tumbas. Absorto en la contemplación de la belleza sublime, la veía de cerca, la tocaba, por así decirlo. Había alcanzado ese punto de emoción en el que se reencuentran las sensaciones celestes producidas por las bellas artes y los sentimientos apasionados. Al salir de la Santa Croce, tenía palpitaciones en el corazón, lo que llaman nervios en Berlín; agotada la vida dentro de mí, caminaba con el temor de caer» (*Roma, Nápoles y Florencia*). ¿Existen esas sensaciones celestes ante el arte? ¿Es verdad eso que les produce a algunos la belleza artística? Sócrates le pregunta a alguien en uno de los diálogos de Platón: «¿Qué es la belleza?». El hombre contesta: «Una bella muchacha», y queda como un simple. Yo tampoco he llegado mucho más allá de esa respuesta. No sé cómo sería lo de Stendhal —y tal vez lo de algunos más—, pero ya me gustaría que existiera, por ejemplo, un medidor de producción de endorfinas, dopaminas, o como se llamen esas hormonas del bienestar, y que nos lo aplicaran a todos los que andamos viendo sin parar obras de arte, cuando nos detenemos frente a un cuadro o una estatua. A ver si subían tanto como cuando pasa al lado una chica guapa. ¡He estado en tantos museos donde lo más excitante que he visto ha sido el culo de alguna visitante!

Stendhal definió el arte como «una promesa de felicidad». Pero parece que para él, más que una promesa, era todo un cumplimiento. Su definición me recuerda a la de Borges del «hecho estético»: «La inminencia de una revelación que no se produce».

Es decir, muy parecido a lo que sientes cuando pasa a tu lado «una bella muchacha».

María me conduce, con cierto disimulo y una urgencia que yo no entiendo, hasta un nuevo lugar al parecer de visita inexcusable. Resultan ser los grandes almacenes de la Rinascente, una especie de El Corte Inglés, en la plaza de la República. Me quedo tomando una Coca-Cola en un bar con los camareros más indolentes del mundo y unos precios altísimos. No me importa, porque tendré que estar unos tres cuartos de hora. Caen unas gotas. En la mesa de al lado se sientan dos chicas con una pinta obvia de lesbianas, que hablan en español. Como estoy leyendo *El País*, ellas también se dan cuenta de que soy español. No nos decimos nada. Pero cuando viene María a recogerme me despido de ellas en castellano, sonriente y con mucha familiaridad, como si hubiéramos mantenido una larga conversación. Ellas hacen lo mismo. «¿De dónde sois?». «Gallegas». «Nosotros, de Bilbao. Que lo paséis bien». «Igualmente».

La capilla de Masaccio en la iglesia del Carmine es una preciosidad. Como en Arezzo, mi primera impresión es que esto es mucho mejor que las fotos que bajé en el ordenador al preparar el viaje. A María le suele pasar lo contrario. Dice que a menudo las obras de arte originales le decepcionan un poco, porque son más pequeñas, o están muchos más sucias de lo que parecen en las ilustraciones y diapositivas que lleva usando toda su vida para dar las clases. Los Adán y Eva de Masaccio son mis Adán y Eva.

En todo el viaje no hemos visto ni un solo coche con matrícula española. La carreterita de la costa que bordea las bahías de Santa Margherita Ligure y Portofino es una maravilla. Son unos doce kilómetros por los que Nietzsche paseaba, enfermo y exaltado, seguro que con una pinta que metía miedo, y donde concibió a Zaratustra. Portofino es de los sitios más bonitos que hemos visto. Se ve que es solo para ricos, muy ricos, con yate. Te sientes como un intruso. Me recordó en cierto modo al lago de Como. Los lugares de Italia que conozco tienen una impronta común. Si alguien te rapta y te deposita en una calle anónima de Francia, sabes al instante que estás en Francia. En Inglaterra, lo mismo. En España, me parece que no.

Después de dormir en San Remo, hemos venido por esa autopista del sudeste de Francia que nos gusta mucho. A la izquierda ha quedado otro sitio al que quiero entrar alguna vez: Menton. Siempre que paso por ahí me acuerdo del barón de Charlus, o del conde de Montesquiou, al que tengo gran simpatía, que se retiró a morir a Menton, como un perro, herido por la caricatura que Proust había hecho de él en su libro. Cuando le anunciaron a Proust la muerte del conde, no se lo creyó, probablemente porque se sentía culpable. Dijo que seguro que se trataba de otro de sus numeritos de seductor.

El magnífico y carísimo hotel de Gordes al que queríamos volver, con su gran piscina de agua muy fría y el Luberon al fondo, estaba lleno, y hemos dormido en Cavaillon. Luego hemos pasado la mañana haciendo unas compras en Saint-Rémy: jabones, algún pote de cerámica, hierbas de Provenza. Hacía un día impresionante, con la mejor luz y la mejor temperatura que se puedan imaginar. Estos son los colores y el aire privilegiado que debieron de ver tantos de los pintores que se trasladaron a vivir aquí. Los dos coincidimos en que, en el estricto sentido meteorológico, era el mejor día que habíamos visto en todas nuestras vidas. Lo recordaremos siempre. (He leído luego que existen razones físicas para esos días tan buenos de la Provenza. Algo que tiene que ver con el mistral, un viento seco que baja por la cuenca del Ródano y limpia el ambiente). Hemos pasado cerca de Nîmes, la ciudad de Pierre Ménard. Este tipo de recuerdos relacionados con la literatura, a veces tan rebuscados, siempre me acompañan. Y aquí estamos, en Sète, la ciudad de Brassens. Y la de Valéry y su cementerio marino. Los dos nacieron y están enterrados en Sète, pero no en el mismo cementerio. Valéry está en el elegante, el de su poema, y Brassens en otro, que se conoce como «el cementerio de los pobres». Nos hemos acercado al del poema. Estaba cerrado, pero nos hemos llevado una impresión tremenda. Reclinada contra el muro de cemento que lo circunda, mirando hacia el mar y el horizonte africano, había una mujer magrebí, solitaria, llorosa. He enfocado la cámara hacia el mar quieto y muy azul, he esperado a que pasara un velero para que se cumplieran mejor los versos de Valéry (*«Ce toit tranquille où marchent des colombes...»*) y he sacado una foto.

«Si no tuviera deberes, ni nada que ver con el futuro, me pasaría la vida viajando de prisa en una silla de posta con una mujer bonita, pero tendría que ser una mujer que pudiera entenderme y que añadiera algo a la conversación» (Doctor Johnson). María, además, conduce todo el tiempo.

Cena en un sitio cutre con B. y X, que llega acompañado de su mujer y tres guardaespaldas. Ella, que es una esnob de risa, nos saluda y se va, no sin antes disculparse ante los escoltas: «Solo van a tomar unos huevos fritos». Demasiados guardaespaldas para unos huevos fritos.

Los *Pensamientos*, de Pascal, es el libro que más tengo repetido. Una edición francesa y tres en castellano. En la introducción a la suya, Carlos Pujol se pregunta: «¿Qué pensaría Pascal del fútbol, de las revistas ilustradas, de la televisión, de la pornografía, del sufragio universal?». (No entiendo qué pinta en la serie el sufragio universal). Pues no pensaría nada distinto de lo que pensaba en su tiempo de la caza, el billar, los juegos de cartas, la danza, las reuniones de sociedad, la vida en «el mundo» en general. «Divertimientos» que acompañan al hombre para librarlo del aburrimiento y la tristeza. El verdadero remedio para Pascal sería la Fe, pero a falta de esta bueno es el divertimiento (esto no es lo que decía Pascal, pero es lo que yo he aprendido de él). Escribe: «El divertimiento nos consuela de nuestras miserias, pero es la mayor de nuestras miserias». Esto es lo que se acostumbra a citar. Me quedo con la otra parte del párrafo: «El divertimiento nos divierte y nos hace llegar insensiblemente a la muerte».

Pascal y Schopenhauer son extremadamente sensibles a lo humillante de la condición humana. Los dos desconfían del movimiento y la búsqueda de placeres como vía a la felicidad, pero los dos conocen bien el aburrimiento y la melancolía que atrapan al que permanece en reposo. El segundo concluye que el mundo es una puta mierda, sin más, y el primero dice que es una puta mierda porque no lo vivimos con una religiosidad cabal. Sin embargo, mucha gente, durante mucho tiempo, no lo pasa tan mal. «Todas las desgracias del hombre provienen de una cosa, de no saber quedarse tranquilo en una habitación», dice Pascal. Y también: «Nuestra naturaleza está en el movimiento, el descanso completo es la muerte». Esto parece una contradicción insoluble. Yo creo que es un asunto difícil, pero negociable. Es una cuestión de técnica. Para Schopenhauer la vida oscila entre el dolor y el aburrimiento, pero entre uno y otro extremo de la oscilación queda un buen trecho, o un buen rato. Schopenhauer tuvo tiempo para hacerse viejo y saberlo, y escribió su eudemonología (en contradicción, como él mismo dijo, con toda su filosofía de juventud). Pascal murió con treinta y nueve años. No sé por qué me impresiona tanto.

Pascal: «El pueblo tiene opiniones muy sanas. Por ejemplo, haber elegido el divertimiento y la caza más bien que la poesía. Los sabios a medias se burlan de ello y triunfan demostrando con ello la locura de la gente, pero por una razón en la que ellos mismos no penetran, la gente tiene razón».

En agosto escribí un artículo sobre Benidorm que tuvo bastante éxito. Mucha gente está harta de las culpas que los «sabios a medias» y los cultos arrojan sobre los gustos populares.

Copio el artículo. Nos habían pedido que escribiéramos sobre un rincón del mundo que nos gustara o que tuviera para nosotros alguna especial significación.

La Playa de Levante

Ellos me enseñan sus fotos del Caribe y yo les muestro las mías de la Playa de Levante. Llevamos años repitiéndolo y es inútil. Yo sigo pensando que el Caribe es mucho más atractivo en las películas y los folletos de las agencias turísticas de lo que se ve en sus fotos. Ellos no admitirán nunca que esta playa de Benidorm es tan estupenda como aparece en las mías, y seguirán suponiendo que es como la han visto toda su vida en la tele y en las imágenes de las revistas y los periódicos. No cambiarán de idea. O a lo mejor vienen algún día y así podrían empezar a hablar de lo que conocen. Además de las comedias españolas costumbristas de los años sesenta y los chistes a lo Forges, el principal enemigo de estas arenas y estas aguas ha sido el teleobjetivo. El teleobjetivo, que todo lo superpone y asfixia, y la manía de los fotógrafos de no ver más que lo que les han dicho que hay que ver.

Llego a indignarme. No hay manera de enfrentarse a la mala imagen de esta playa. Hay mucha tontería suelta. Mucho quejarse de las multitudes y del barullo, mucho cuento sobre las playas desiertas y los mares de color turquesa. Pero ya no existen las playas desiertas, o están en el fin del mundo y te exigen que llegues a ellas con todo el equipo de supervivencia y primeros auxilios encima. En cuanto a los líquidos de color turquesa, para eso hay que tener yate. O sea, que se quedan en Sopelana, en Plentzia, o en La Concha, donde no toca ni a metro cuadrado por persona, se nubla la mitad de los días y el agua está oscura y fría, y llena de niños y de monstruos. O se van a Marbella y a otros sitios de por allí, a aquellas playitas de aguas gélidas y opacas, arena renegrida y cuatro chiringuitos de plástico y cañizo. Aquí, en la playa de Levante, ahora mismo, a las 2:30 horas de un inmaculado día de verano, estamos casi solos. Dentro de un rato iré a darme un baño en el agua azul y transparente, que está a una temperatura perfecta, y les llevaré unas migas de pan a los peces que nadan hasta la orilla.

Tengo fotos, y se las puedo enseñar a quien quiera. Lo diré de una vez: esta es la mejor playa urbana que hay (y lo dice uno de San Sebastián, que sabe de qué va la cosa). Ni Nizas, ni Conchas, ni Copacabanas. Al menos sí estamos de acuerdo en lo fundamental, en que lo bueno es el sol, una amplia superficie de arena fina y blanca para cada uno, y la posibilidad de darse unos frescos y largos baños. ¿La gente? ¿Por lo que se pregunta es por «el tipo de gente»? Pues como en cualquier parte. Mayores, jóvenes y niños. De todos los lugares del mundo. La cartera no se les ve. Cuerpos desgastados por la edad pero alegres al sol, cuerpos gordos, flacos, normales, cuerpos magníficos que algún fotógrafo desprejuiciado confundiría con los de Miami, y pocos niños, eso sí, nunca he llegado a saber por qué hay tan pocos niños aquí. Tal vez porque les gustan más las piscinas.

No voy a hablar de la singular y multicolor ciudad que tengo enfrente. De esa que el diseñador Javier Mariscal dice que en el siglo XXI o XXII se enseñará a los turistas como la Venecia del siglo XX (a tanto yo no llego). No voy a mencionar el amplio y pulcro paseo que recorre la playa, ni las cafeterías todas absolutamente dignas que tengo al alcance de unos cuantos pasos. Otras ciudades crecieron alrededor de su puerto. Benidorm se desarrolló en torno a este arenal. Es su verdadera plaza mayor. Su monumento histórico. Antes no había nada aquí y ahora no hace falta que ningún alcalde o concejal de Cultura venga a reconstruir algún falso y pintoresco pueblo viejo. Ya hace setenta u ochenta años, el escritor alicantino Gabriel Miró se quejaba de que habían levantado unos cuantos chalés al borde de esta playa y que con ello se había perdido el espíritu del lugar. ¡El espíritu del lugar! Y no será «espíritu», y menudo «espíritu», todo lo que me rodea mientras termino de leer este artículo, antes de ir a darme un baño. Veo que hay otros *Correos* por ahí. Aquí estamos muchos de por allí. No todos se han ido al Caribe ni andan ahora corriendo por la playa con una toalla encima de la cabeza porque ha empezado a llover.

LLEVO UNOS DÍAS nervioso. Fumo todo el rato. He quemado el sillón y la gabardina. Igual que ciertas flores emplean para su fertilización a algunos insectos, Cyril Connolly imagina que otras plantas, como la vid, el café, o el tabaco, explotan la tendencia a la adicción del hombre para sobrevivir y multiplicarse.

LEO *RAVELSTEIN*, DE Bellow, y voy a Allan Bloom (*El cierre de la mente americana*), y de Bloom a Rousseau (esto a las dos de la mañana: me levanto de la cama y voy por un libro, luego otro, y así). En Rousseau, *Les rêveries du promeneur solitaire*, me encuentro con lo que me suelo encontrar en los filósofos y pensadores: con sus manías y locuras.

«Dígase lo que se diga, no se busca ver el mundo sino para ser visto... Aunque uno se tome un gran esfuerzo para maquillar ese ansia de ser visto con bellas palabras, sociedad, deberes, humanidad. Creo que sería fácil probar que el hombre que más se aparta de la sociedad es el que menos la daña...».

Rousseau creía que *«l'homme est bon naturellement, et que c'est par ces institutions seules que les hommes deviennent méchants»*. Esta idea, la base de todo su pensamiento, le llegó en una media hora de arrobo que describe en la página 268. Fue debajo de un árbol, como en un éxtasis. Lo cuenta en una carta a Malesherbes. Iba a ver a Diderot, que estaba preso, y se puso a leer un periódico, *Le Mercure de France*, donde la Academia de Dijon planteaba un problema filosófico. Y de repente entró en una especie de trance, como embriagado por miles de ideas y luces. Tenía palpitaciones. Le oprimía el pecho. No podía ni andar y se tumbó debajo de un árbol. Al cabo de media hora se levantó con el traje mojado por las lágrimas. Asegura que todas sus obras importantes no son sino un pálido reflejo de lo que vio y entendió en aquella media hora.

Estaba un poco chinado. Hume, después de romper con él, dijo que era todo sensibilidad y sentimiento, como un hombre sin piel y en carne viva. Rousseau cuenta en este mismo libro los besos que de pronto le daba a Hume, o cómo empezaba a llorar sobre sus hombros.

Cuando buscaba una dirección en París, prefería perderse y pasar horas entre calles consultando un mapa que llevaba en el bolsillo antes que preguntar a algún viandante, para no deber nada a nadie, aunque llegase a la cita agotado y tarde.

«Nunca he creído que la libertad consista en hacer lo que a uno le da la gana, sino en no hacer lo que no quieres. Esto es lo que siempre he reclamado y por lo que he sido más escandaloso a mis contemporáneos... No ha habido hombre en el mundo que haya hecho menos daño que yo». Estaba chalado, pero es conmovedor. Es una de esas inteligencias privilegiadas y sensibilidades enfermizas, con una enorme capacidad expresiva y literaria, a lo Nietzsche. A veces dan la sensación de haber dado su vida por los hombres. Pero a veces piensas que si no hubieran existido, mejor.

A Rousseau se le atribuye una importancia decisiva en las ideas que llevaron a la Ilustración y a la Revolución francesa, al Romanticismo, al nacionalismo y al comunismo. Hay quien dice que toda la historia de la educación moderna no es sino una serie de notas a pie de página de sus teorías. Lo que dio de sí aquel arrebato bajo el árbol... Ideas como las de *El contrato social*, o *El buen salvaje*, ¿serían hoy de uso corriente sin aquella media hora? No sabía el hombre la que había armado.

¿Es verdad lo que dicen tantos? ¿Viviríamos en un mundo muy distinto sin aquel colocón de lucidez y chifladura? No lo sé. «Las más grandes ideas son los más grandes acontecimientos», escribió su hermano Nietzsche.

Pero yo vuelvo por fin a la cama y me duermo pensando con emoción en el Rousseau de *La cinquième promenade*, paseando en barca por la tarde en el lago suizo de Bienne, cuando estuvo confinado en la isla de La Motte, donde pasó, según él, los dos meses más felices de su vida y donde le hubiera gustado quedarse para siempre. Cómo reconozco la felicidad en solitario descrita en esas páginas.

X ODIA TODO lo vasco. Tiene motivos: le han llegado cartas pidiéndole el «impuesto revolucionario», una de ellas dirigida a su hijo. Ocupó un alto cargo del Gobierno Vasco por el PSE, pero no tiene ningún amigo aquí, le importa un bledo el país y dice que ahora mismo se iría a vivir a cualquier otro sitio. Se lo comento a Luis y me dice: «No sé a qué consejeros ponía entonces el Gobierno vasco». Tiene razón. Una cosa es el repugnante patriotismo y otra el despego más absoluto por el país que gobiernas.

Riesgo con los amenazados de ETA: «No hay seres más peligrosos que los que han sufrido por una creencia, [...] lejos de disminuir el apetito de poder, el sufrimiento lo exaspera» (Cioran). El otro día me encontré con F., su mujer y el niño por la calle. Ella dijo a gritos que lo que tiene que pasar aquí es que entre el ejército.

ESCRIBIR AQUÍ Y leerme a mí mismo, dos narcisismos que no sé si serán buenos a la larga, pero que me sirven de momento.

Escribo, además, para intentar circunscribir un mundo que, con la edad, se me va haciendo cada vez mayor. Cada día tengo más la sensación de saber menos, de ver a menos gente y entenderla peor, de que todo es más grande, lejano e incomprensible. Y de que cada vez tengo menos tiempo. De joven todo parece más pequeño, más explicable, más al alcance de la mano, aunque no sea inmediatamente. Por ejemplo, una novela es esa novela y no parte de la Historia de la Literatura, de esa Historia que ahora sabes que nunca llegarás a abarcar y conocer en su totalidad. Un amigo es un amigo y no esa maraña inextricable y monótona en lo que se convierte más tarde. Te enamorabas y no había más chicas en el mundo. Luego es cuando te enteras de que hay millones.

QUE LA LITERATURA es un arte en decadencia lo demuestra el significado habitual al que ha llegado el término «literario». Hace tiempo que «poético» quiere decir cursi, y «teatral» equivale a «afectado», pero ahora empieza a estar claro que el epíteto «literario» significa estrictamente «pelmazo».

Decir de una obra de arte, un cuadro, una película o una pieza musical, que es «literaria» es hacer un juicio despectivo.

Pero asegurar de un libro que posee una gran «fuerza plástica», o un «estilo cinematográfico», o una «sólida arquitectura», es darle un mérito.

Entre los que no piensan que los libros son una pelmada se encuentran los lectores de la llamada literatura popular o *best sellers*. No hace muchos años eran considerados casi como unos pervertidos. Los críticos hablaban de ellos con una especie de espanto que nunca compartí. Menospreciaban hasta el insulto a la gente que leía aquellas «baratijas fraudulentas concebidas solo por motivos económicos». Lo que sentían era el típico horror puritano ante el placer. Porque es evidente que los lectores de *best sellers* suelen quedarse bastante más satisfechos de sus libros que los aficionados a la «literatura seria». «Está bien, pero...». «Me gustó más el anterior». «Le falla la estructura». «Le sobran páginas». Suelen ser los comentarios más habituales de estos últimos al terminar los suyos. A los lectores de *best sellers* se les ve más felices y con menos escrúpulos. Fui pionero en reseñar «literatura popular» en los periódicos (en el extranjero ya se hacía). Recuerdo que escribir incluso sobre una Patricia Highsmith era considerado entonces casi como una especie de blasfemia, una intromisión escandalosa en el santuario de los suplementos literarios. Con el tiempo, y para comodidad de mis jefes y mía, he quedado encasillado en el periódico como reseñista de *best sellers* y novelas policíacas. Por lo menos es lo que más me encargan. No me viene mal, porque así tengo un hueco especializado y además me lo paso bien en el 80 % de los casos. Si reseñara literatura de la otra no creo que llegara al 20 %.

Muchos de los que quieren ser escritores venderían su alma al diablo por escribir bien. Cosas que aprendí con el tiempo: que se podía ser un cabrón y escribir bien, que es posible que solo los cabrones escriban bien.

No me interesan nada los libros sobre el lenguaje. Acabo de leer uno de más de 200 páginas titulado *Defensa apasionada del idioma español*, muy recomendado por la crítica, y solo recuerdo de él que «piña» viene de «piñón», y no al revés.

María dice que yo no conozco a tontos. Y algo de razón tiene. Es una de las ventajas y de los inconvenientes de no trabajar y de relacionarme solo con quien quiero.

El médico me tranquiliza: «Ya no hace falta que te hagas más escáneres. ¡Si estás ya más radiado que Chernóbil!».

Escribí en el periódico:

«Una vez me dijo: "Como Milton, como Borges, antes de escribir ni una palabra, yo ya sabía que era un escritor".

»Vivía del dinero que, con variables argucias, lograba obtener de su madre. "Como Baudelaire", decía.

»En cierta ocasión me comentó que había estado casado y tenía dos hijos a los que, "como Rousseau, que mandó a los suyos a la inclusa", no pensaba hacer ni caso.

»Solo lo veíamos por las noches. "¡Vaya día!", exclamaba al llegar. "¡Todo entero en la cama! ¡Como Proust!". No pagaba las copas y nunca devolvía sus deudas. Una noche argumentó: "¡Genet sí que fue un gran ladrón!".

»Llegaba siempre tarde. Recuerdo la vez en que justificó su impuntualidad así: "Kafka siempre acudía tarde a las citas". Le dije que eso se lo acababa de inventar. Me respondió que también Faulkner fue un gran mentiroso.

»Era invencible. En cierta ocasión me harté. Borracho como una cuba, derramó medio *gin-tonic* encima de mi chaqueta. Me revolví enfadado, pero él exclamó eufórico: "¡Como Hemingway!". Yo dije entonces: "¡Qué Hemingway ni qué ocho cuartos! ¿Pero tú que escribes, a ver, tú qué escribes?". La verdad es que yo no sabía lo que escribía. Me miró con cara de compasión. Parecía sorprendido de mi ignorancia. "¿A mi edad?", gritó por fin, "¿Tú crees que a mi edad Rimbaud se dedicaba a escribir?".

»(Años más tarde descubrí que, en efecto, Kafka era muy impuntual)».

NO SOLO TIENE los pies en la tierra, sino todo el cuerpo, como las serpientes.

2001

UNO DE ENERO. LASITUD. Una especie de mala hostia beatífica. Esta mañana hemos ido a comprar flores al vivero y al pasar junto a la ría, me he fijado en un barco con matrícula de Hamburgo, que se iba. He pensado que me iría en él, a Hamburgo, o adonde fuera. No estoy mal, pero estos días de relaciones sociales me han dejado un poco agotado. Hace un rato he pensado en Cioran, en que me apetecía leer alguna página suya. He seguido tumbado en el sofá, mirando al techo, como abobado, que es lo que él me hubiera recomendado seguir haciendo. Pero al final me he levantado, he abierto uno de sus libros y, a la segunda página, ya ha aparecido algo de lo que sabía que estaría allí: «Ser es estar acorralado».

He seguido leyendo a Cioran, pero ahora ya me cansa pronto. Sin embargo, hay una parte de mí, como creo que de todo el mundo, que expresó muy bien. Empleó casi toda su vida en convertirse en un especialista de ello. Esos momentos de integral aborrecimiento del ser humano. No pudo mantenerse ahí más que gracias a su sentido del humor.

¿CUÁNTAS VECES ME reí ayer durante las tres o cuatro horas que estuvimos allí? Muchísimas. Y sin embargo, no recuerdo nada gracioso. Reírse es algo que se hace todo el tiempo en reuniones como esa, pero que tiene muy poco que ver con el humor. Solo hace dos meses me he dado cuenta de que X, a quien conozco desde hace casi cuarenta años, no tiene apenas sentido del humor. Es una carencia que no se le nota porque es una persona muy cordial y se ríe mucho. Supongo que en la juventud no se le da tanta importancia al sentido del humor como al hacernos mayores.

Fernando Fernán Gómez dice que con la edad ha perdido sentido del humor. Que tal vez es algo que se gasta. Yo creo que me está pasando lo mismo. Tal vez es como la salud y solo se nota cuando se deteriora.

En general, quizás, la ironía es un sentimiento más propio de la edad madura que de la juventud o la vejez.

Leo en el periódico que en la medianoche del 31, al dar las campanadas por la tele, la cadena que más se vio en el País Vasco, con gran diferencia, fue la primera de la española. La vieron algo así como el 77 % de los espectadores, mientras que a ETB no recurrieron ni un 15 %. Frente a los ilusos o apocalípticos que auguran un radiante o catastrófico proceso de independencia, este es el tipo de datos que fundamentan mis ideas sobre esta sociedad. También el hecho de que los pisos se estén poniendo por las nubes.

Salió una foto mía en el periódico, tomada durante la presentación de un libro. Yo estaba bien en la imagen. Se me veía hablando con entusiasmo, gesticulante. Me quedé asombrado, pues llevo una época en que tengo la impresión de que todo el mundo me cuenta su historia y yo no hablo nunca.

Veo en la tele un momento de una entrevista de Armas Marcelo a Pedro Jota Ramírez en un programa de libros. Pregunta de Armas: «¿Pero tú no crees que con los años se verá que algo bueno sí hubo en el período de Felipe González?». Así andamos.

NI *ABERTZALE*, QUE me suena a burro, ni constitucionalista, que me suena a catedrático. De nuevo: «*tertium datur*».

LLAMA LOLA DESDE Madrid a la una y media de la madrugada. Ha bebido. Me cuenta a trompicones que llega de una cena con Víctor Erice y no sé qué ministros. Dice que les ha armado una bronca a todos por cuestiones relacionadas con el País Vasco, la epidemia de las vacas locas y el uranio empobrecido de las bombas de los Balcanes, que produce cáncer en los soldados. Me cuenta que le ha gritado a un ministro: «¡A la próxima guerra, vas tú!». Él le ha contestado: «Qué agresiva eres, Lola». «Yo seré agresiva, pero tú, ¡ministro! —le ha increpado ella—. Si estuviera aquí mi amigo Iñaki os ibais a enterar». Me halaga esta capacidad de demolición de ministros que me atribuye.

Lola y yo lo pasamos muy bien aquellos dos o tres años en Barcelona. Vivíamos pared con pared, en un lugar magnífico, una «torre» bastante destartalada, pero espléndida. El apartamento de Lola daba al parque del Putxet y el mío, a la calle Fernando Puig. Mi casa consistía en un cuarto de unos treinta o cuarenta metros cuadrados con un techo muy alto. Tenía una chimenea. Había también una cocina y un baño minúsculos. Un jergón en el suelo, una mesa y un par de sillas fueron todo mi mobiliario durante varios años. Guardo un recuerdo maravilloso de aquel sitio.

Yo seguía redactando artículos de enciclopedias para Plaza & Janés. Lola era entonces profesora de yoga y traducía del alemán un libro de Canetti, *La lengua absuelta*. Hacía entrevistas para varias revistas «modernas» y un día la nombraron directora de la edición española de *Playboy*. Tenía mucho éxito y le conocí varios novios.

Enrique decía que él y yo éramos los únicos novios de Lola que no nos habíamos acostado con ella. Una mañana lo encontré dormido en la cama de L., vestido y con los zapatos puestos.

Lola y yo no ligábamos entre nosotros. Los dos suponemos que la gente debía de creer que éramos una pareja de perversos promiscuos que nos burlábamos de todos, disimulando nuestra relación. Una vez, al llegar después de una de aquellas noches de muchas copas, yo debí de decirle, según recuerda ella: «Algo habrá que hacer». Y entonces, como si tuviéramos que cumplir alguna obligación, o realizar lo que los demás se imaginaban de nosotros, o hacer lo que nosotros mismos tal vez queríamos hacer para romper una situación demasiado rara ya, empezamos a desnudarnos tímidamente. Pero, en aquel momento, una piedra lanzada desde el jardín rompió los cristales de la ventana y cayó en la habitación. Apagué la luz, como había visto hacer en las películas, para que no pudieran seguir contemplándonos desde fuera. «Es P.», dijo Lola. «Llama a su casa», dije. Llamó, pero nadie cogió el teléfono. Especulamos un rato sobre quién podría haber sido. Volvió a llamarlo. Esta vez sí estaba. «¿Cómo me llamas a estas horas?», preguntó P. Lola le contó lo que había pasado. «Estoy segura de que has sido tú», le dijo. «¿Pero tú te crees, Lola, que yo voy a andar a las tres de la mañana estrellando macetas en la ventana de tu casa?», contestó P. Nos abalanzamos a por la piedra, que aún estaba en el suelo. Y, en efecto, no era una piedra, sino un trozo de maceta. P. trabajaba en el servicio de Psiquiatría del Hospital Clínico de Barcelona, y había sido hasta hacía muy poco novio de Lola.

En casa de Lola celebrábamos de vez en cuando grandes fiestas con dos cajas de Coca-Cola y unas botellas de ginebra y de whisky. En aquel momento no pensábamos en cómo nos verían los demás, pero ahora imagino que, al ser dos forasteros de Bilbao, los catalanes nos veían como a dos especímenes bastante incomprensibles y mucho más libres que ellos. Venía mucha gente, de lo mejorcito de la Barcelona inquieta. Una vez, a última hora de una de esas fiestas, apareció parte de la selección brasileña de fútbol, que estaba participando en algún torneo en Barcelona, tal vez un Mundial.

En conjunto, de la vida se recuerdan pocas cosas. Los mayores nos repetimos mucho, pero es que no nos acordamos de nada más. Schopenhauer dice en algún sitio que uno se acuerda de su propia vida solo un poco más que de una novela que haya leído.

Lola me fue de gran ayuda durante una época bastante mala aunque muy interesante de mi vida. Ya no nos vemos nunca, pero le tengo un enorme cariño.

Paso mucho tiempo con gente demasiado lista. Los autores de libros, por ejemplo. He bajado a tirar la basura. Hace frío y llueve. Es domingo por la noche y el peluquero de enfrente anda trajinando con unos bultos, algo que habrá traído del pueblo. «¡Estaba cayendo una nevada en Carranza!», dice. Y yo leyendo a Renard, cuando lo que más me gustaría del mundo ahora es ver nevar.

Como todos los peluqueros, es bastante malo. No existe peluquería en el mundo de la que alguien haya salido con mejor aspecto del que tenía al entrar. Sin embargo, este peluquero, al terminar, me mira a través del espejo, sujeta con fuerza mi cabeza y asegura, rotundo: «¡Perfecto!». La luz del local es espantosa. Te hace parecer enfermo. Procuro no mirarme. Está al lado de casa y, como voy bastante, creo que me cobra menos de lo normal. El caso es que termina en unos cinco minutos. «Bueno, y ahora a seguir trabajando», me dice, esperando que algún día le cuente en qué trabajo. No le dejo que me seque el pelo, cruzo corriendo la calle, subo, me despeino todo lo que puedo, me seco, me miro en el espejo y pienso que el corte es un desastre.

Sin prisa, eso es casi todo.

Se me acumulan los libros por leer como si fueran recados por hacer. Se amontonan. Me abruman. La tía Mariángeles, cuando se agobiaba, apuntaba con mucho cuidado en un papel una lista con todo lo que tenía que hacer. Luego la rompía.

Contra Franco no se llamaba cobarde a nadie. En todo caso, «alienado» o «ignorante». ¿Qué tipo de héroes son estos que pierden la sangre fría, miran hacia atrás y llaman cobardes a los que no piensan y hacen exactamente lo que ellos?

¿No es miedo, no es un síntoma clarísimo de él la histeria y falta de sentido de la realidad que los ha acometido a muchos de estos héroes?

Boda del hijo de A. M. en una iglesia de Neguri. Terminamos la fiesta en el Carlton, a las tres de la mañana, con A. hablándonos de no sé qué vicealcalde de París que ha venido en su avión privado y nos puede llevar a Oviedo. Por lo visto es una persona que tiene un yate de mil millones y un corazón de oro, todo junto.

Recuerdo que, siendo muy pequeño, vi la salida de una boda en la parroquia del Antiguo y me espantó. Me imaginé en aquella situación y me dio mucha vergüenza. Supongo que no tendría ni doce años y ya aseguré: «Yo eso no lo pienso hacer en mi vida». Cuando me casé la primera vez, solo se celebraron dos o tres bodas civiles en Bilbao en todo el año. Fuimos pioneros. Igualmente fuimos de los que inauguramos la ley del divorcio.

Con María también me casé por lo civil. Luego seguimos un par de años viviendo en casas diferentes. He hecho bastantes cosas que en su momento parecían raras. Y que siguen pareciéndolo.

Luis dice que yo he dicho en algún momento muy temprano de mi vida dos o tres frases rotundas, y aparentemente estrafalarias, que luego he cumplido al pie de la letra. Una de ellas fue esa, a la puerta de la parroquia del Antiguo. Otra: «Yo no me vuelvo a levantar a las ocho de la mañana en mi vida», al terminar la universidad.

Dos horas de dentista y todo un día feliz después, con la sensación de haber hecho algo útil, de haberme perfeccionado suficientemente por hoy.

Trabajar es como estar enfermo. En cuanto se te pasa, te pones contento.

El Tepazepán es un poco el sustituto de las copas de hace tiempo. Hay ahora menos alegría en mi vida, menos cantidad de alegría. Aunque tal vez el estado general sea más sereno. Pero tenía razón Johnson. Nada ha inventado el hombre que haya proporcionado a la humanidad tanta cantidad de alegría como las tabernas. ¿Que no era de mucha calidad? ¿Se puede medir la calidad de la alegría? Es alegría, y basta.

Corregía entonces mis artículos borracho, cuando llegaba a casa de madrugada con un montón de copas encima. Si el borracho no era capaz de leer muy rápido y de un tirón, había que corregir.

PROUST DECÍA QUE la amistad no era nada, pero tal vez su homosexualidad y su obra (sus amigos le sirvieron sobre todo como personajes) interferían en su opinión.

«Ay, amigos míos. No existe amigo alguno», decía Aristóteles.

Kant lo repetía, riéndose, en las comidas que organizaba en su casa.

Para Epicuro, la amistad era de una de las pocas cosas que valían la pena en esta vida.

Pero el mayor canto a la amistad que conozco es el de Montaigne cuando habla de La Boétie. En estos tiempos da incluso algo de reparo leerlo. Es casi como una salida del armario, o como una efusión de borracho.

FRASES QUE OIGO o leo y que no me parecen ciertas: «El 70 % de los vascos se sienten amenazados, según dice el Euskobarómetro». «Los mismos que luchaban contra Franco son ahora los que luchan contra ETA». Hombre, pues no. No son exactamente los mismos. Algunos sí, pero otros, no. En la propia HB, o entre los que llaman «equidistantes», probablemente haya más de los que lucharon contra Franco que en el PP.

Ayer estuvimos en el Golf de la Galea con tres amigos, los tres del PP. Nunca habíamos estado. La casa club es una construcción preciosa de Aguinaga, inspirada en Lloyd Wright. Hacerse socio del golf cuesta siete millones de pesetas, pero en el menú del restaurante ofrecían, entre otros platos, *«petit marmit»* y *«roasbeff»* (sic). «Esto, ni en Benidorm», le dije riéndome a Pepa, que es de la junta directiva.

Siempre he pensado que me habría gustado jugar al golf. Pero a la vez siempre me ha parecido muy complicado todo lo que hay que hacer para ello. Y es un deporte de pijos, aunque ahora se diga que ya no.

Aita se aficionó mucho al golf en el campo que había en Lasarte. Mis amigos de San Sebastián juegan al golf. Si me hubiera quedado, tal vez yo también habría jugado. En San Sebastián no hay la pijería que en Bilbao. Cuando llegué a estudiar a La Comercial, una de las cosas que más me chocó fue notar la importancia que aquí se daba a la jerarquía social. «Es de Neguri», se decía, como si se dijera: «Es de la corte del rey Arturo». Había auténtica reverencia por los de Neguri. A mí me daba vergüenza ajena. Durante muchísimos años no llegué ni a entender qué era aquello de Neguri. Creo que para cuando comencé a hacerme una vaga idea de lo que podía ser, ya se decía que Neguri había desaparecido. Los tres amigos de ayer y el propio Golf de La Galea ya no son propiamente aquel Neguri de la leyenda. Pero son lo que yo he llegado a conocer y lo que sigue siendo un blanco favorito de ETA, que también anda un poco atrasada. A Pepa por poco le vuelan la casa el otro día. Pusieron una bomba en la de sus vecinos, los Delclaux.

Z. ME COMENTÓ el otro día que va a empezar a patinar. Que, como está todo el día encerrado, va a ir con los guardaespaldas a patinar al aeropuerto por la noche. Es una afición de algunos escoltas. Patinan de noche por las pistas vacías. Le animo a ello. Le digo que me llame para ir a verlos. Me conmueve. Y a la vez pienso que Z., torpísimo para los deportes, corre más peligro de hacerse daño patinando en la oscuridad por el aeropuerto que con la amenaza de ETA.

Como veo casi siempre a los mismos, los nuevos me parecen incomprensibles. Miguel dice que a él le pasa al revés, que pilla a la gente a la primera. A mí me da la impresión de que se me escapan.

Me llama J. M., de *La Vanguardia*, para hablar de las elecciones y la situación en el País Vasco. J. M. ocupa un cargo bastante importante en el periódico y va a hacer una serie de reportajes sobre lo que sucede por aquí. Llega al Guria exhausto y nervioso. Ha estado con varios «constitucionalistas», que le han contagiado su histeria. Paco Llera le ha dicho que van a obtener la mayoría absoluta. Le expongo mis dudas, por mucho que Paco lleve el «Euskobarómetro», o precisamente por ello.

J. M. no sabe lo que es el bacalao al pil-pil. Le digo que pida un plato con media ración de vizcaína y media de pil-pil. Cuando se lo traen me pregunta cuál es el pil-pil. Veo que desde *La Vanguardia* han enviado a un reportero con conocimientos solventes sobre el campo de operaciones. Se los acabo de completar. Hablamos de todo, todo junto, todo mezclado, un lío. Al despedirnos, en la plaza Elíptica, me dice que le ha venido muy bien la cena, que vuelve al hotel más relajado gracias a mi escepticismo. No sé qué escepticismo. Como no sea el que me inspira él. No sabe ni dónde está San Sebastián. «Para ir a San Sebastián mañana, ¿lo mejor será coger un taxi, no?» Le digo que lo normal es coger un autobús en la estación de Garellano.

A la menor discrepancia ideológica, lo fusila verbalmente. Suele comenzar por el físico. Si es calvo, en esa calvicie ve el signo de la estupidez. Lo mismo si es cojo o bizco. A veces basta con que tenga bigote o un abrigo marrón.

Vanidad halagada al recibir el saludo de Prada, que me reconoce de lejos. «Hombre, Iñaki, cinco años sin vernos». Probablemente, un truco memorístico de Prada, trepador, jovenzuelo prodigio, buen escritor en el peor sentido que pueda tener la palabra escritor, un reaccionario, una especie de viejo en cuerpo de niño grande al que conocí hace cinco años cuando presentó en Bilbao su primer libro, *Las máscaras del héroe*, que me gustó. Cela dijo hace poco de él: «Cada treinta o cuarenta años nace un escritor que mueve los cimientos de la lengua y se convierte en nuestro nuevo maestro».

La conferencia del nuevo maestro es aburrida. Vuelve a insistir en burlarse de los escritores bohemios de principios de siglo. Bromea sobre la vida de un tal Boluda, uno de Murcia, que se volvió loco porque se le había muerto la mujer, o la hija, no entendí bien, y se pasó la vida haciendo ripios infames. Se recrea en la suerte. «Ahora es cuando se decía: Dios te va a castigar», pienso. Al comenzar el coloquio, uno de los asistentes lo acusa precisamente de eso, de su crueldad tonta. «Usted me da asco», le dice. Prada ni se inmuta. Una de mis primeras impertinencias de la noche será cuando le diga que aquel hombre tenía bastante razón.

Cenamos en el Goizeko: X, Z., Prada y yo. En el comedor de arriba. No hay más gente. En una mesa próxima se sientan los dos escoltas de X. Hablamos de poca cosa, periódicos, literatura y algo de política. Prada no suelta prenda, no me acuerdo de nada que dijera. Pregunta por las elecciones próximas. Z. dice que lo mejor sería un gobierno de concentración PNV-PSOE-PP. X dice que eso solo lo dice un idiota. «¿No me estarás llamando idiota?». X repite lo de siempre. Que va a ganar Mayor Oreja, que seremos felices y comeremos perdices. Los nacionalistas son como los franquistas y desaparecerán. Llega a equipararlos con la UCD. Le digo que es exactamente al revés, que UCD solo eran unas siglas, un marbete. Que el PNV tiene *batzokis* y gente por todas partes. No me responde. Aquí no responde nadie. Añade que lo peor hubiera sido que en el PNV triunfaran los «michelines». Hay que explicarle a Prada (creo que se ha sentido aludido físicamente) que así llamó Arzalluz a los críticos del interior del PNV. Lo peor, añade X, habría sido que el PNV hubiera dado un giro. Dice que está encantado con el pacto de Lizarra, porque lo verdaderamente malo han sido los veinte años de fascismo y nazismo que hemos vivido. Esos veinte años de los que quince hemos estado él y yo todas las noches de copas sin hablar apenas del asunto y pasándolo en grande.

Al salir, les preguntó a los escoltas qué tal. «Muy bien», dice el mayor, «me he comido un *foie* extraordinario». Luego he pasado casi toda la noche hablando con él. Aunque más bien me ha hablado él a mí. X ha dicho que quería tomar unas copas. Z., que tiene un chófer-escolta, se ha llevado a Prada. Los de X se han puesto a llamar a un coche de los suyos, pero a los dos se les había acabado la pila del móvil. Hemos cogido un taxi y hemos ido todos al Magic.

El poli que más habla es ya mayorcito, con barba cuidada. Va muy bien vestido, con traje bueno, corbata de seda y alfiler. Habla mucho del *txoko* donde va a comer con sus amigos: «Todo productos del Périgord, alguna vez ostras». Es jovial, agradable, listillo, fantasmón. Su mujer, que es de Bilbao (me aclara), le quería regalar por su cumpleaños una agenda electrónica, pero él prefiere una corbata de un tal Salvatore Ferragamo. Han llamado a un tercer poli (son guardias civiles), que ha venido con un coche. Vamos a XX y me dice que allí por lo menos el 40 % son «picolis» (de todas clases, siempre incluye a los *ertzainas*, no parece haber ningún resquemor entre ellos). Entran dos mocetones y se lanzan a saludar a X. Son dos escoltas de otras veces. Uno de ellos habla de los vips. X dice que no sabe qué significa eso. El escolta le dice que es un extranjerismo, que viene del inglés y significa: «Very Important Personeich». X se queda muy contento. Con él no hablo ya nada más en toda la noche. Solo con el guardia civil. En un momento en que se va al baño, se me acerca su compañero y me dice que lo que el otro tiene que hacer es tener hijos y nietos, y contarles a ellos las batallitas: «Habla más que el alcoyano».

Este lleva toda la noche catalogando a las tías del bar. Las llama «culebras». Dice que antes no, pero que ahora sabe exactamente cómo acercarse, qué decirles y cómo llevárselas a la cama. Que en un 80 % le responden que sí. Nunca se queda a dormir con ellas. Una vez tuvo novia, pero le controlaba hasta el cuadrante. «¿Cuadrante?». «Sí, la hoja con las actividades del día». Otro de los polis que se han acercado empieza a contar cómo detuvo una vez a no sé quién en Ibiza. La historia es larguísima y yo estoy deseando irme a casa para meterme en la cama a leer mi novela policíaca, que será inventada, pero está mejor contada. El mayor debe de notar algo. Dice que me ve cansado. Le digo que es porque no bebo. Ellos sí beben. Me voy. X está hablando con un cantante folklórico extremeño que estuvo en una conferencia suya en Badajoz. El jueves da otra charla, en Murcia.

Antes estaba permitido decir: «Yo, de ciencias, no tengo ni idea». Ahora empieza a generalizarse: «Yo no leo nunca nada», y el grupo se ríe con un gesto de aprobación.

Uno de los secretos del placer estético que produce la naturaleza es que no hay gente.

Desde mi juventud, el gran cambio que he notado ha sido el prestigio que ha adquirido la celebridad, la fama. Los niños quieren ser famosos de mayores. Algo inconcebible para nosotros, que nos hicimos nuestra cultura casi en la clandestinidad. Entonces, ser conocido era prácticamente ir a la cárcel. Los adultos eran el enemigo, y todo lo que hacían, basura. Y el poder, como creo que cita Millás en alguno de sus libros, «no fue nunca uno de los sueños de nuestra generación». Pero a lo mejor eso a lo que Millás llama «generación» era solo yo.

No seas perezoso. Algo hay de bueno en el consejo. La actividad es a veces un lenitivo del dolor. Como una aspirina. Pero en esa recomendación hay sobre todo un imperativo: domestícate.

Le dije: «Ya sé que es imposible dialogar con alguien que te está apuntando con una pistola, pero te aseguro que también es muy difícil discutir con alguien a quien le están apuntando con una pistola».

Si la posteridad fuera un lugar, habría en ella más gente oyendo cantar a El Fary que escuchando a Kant. La mayoría estaríamos con nuestros amigos de siempre, cotilleando sobre los demás.

Ayer por la noche releí *Conversaciones con Thomas Bernhard.*

Ciento treinta páginas de chorro bernhardiano continuo y al final te das cuenta de que no ha dicho nada. Ni una idea. Solo que todo es una mierda y alguna que otra imprecación graciosa.

En el prólogo se cita una frase de Montaigne, que Bernhard menciona más veces en su obra: «Estoy ansioso por darme a conocer, y en qué medida me resulta indiferente, siempre que realmente ocurra». Pero es que no se da a conocer nada, aunque él crea que está hablando de todo y a calzón quitado.

Por la tarde había estado hojeando los *Textos cautivos*, de Borges. Hay ideas por todos los lados y el pudor borgiano es más transparente y dice más de él mismo que la verborrea de Bernhard.

Borges: «Entiendo que el interés de cualquier autobiografía es de orden psicológico, y que el hecho de omitir ciertos rasgos no es menos típico de un hombre que el de abundar en ellos». Cita a Mark Twain: «No es posible que un hombre cuente la verdad sobre él mismo, o deje de comunicar al lector la verdad sobre él mismo».

Me da miedo pensar en lo que se pueda transparentar, sin yo darme cuenta, en estos archivos.

LLAMAN VAGO A algún futbolista y lo convierten de inmediato en mi ídolo. Admirable. ¿Cómo se puede hacer el vago ante 40.000 espectadores?

M. ME CUENTA que el otro día estuvo pensando seriamente en el suicidio. Le digo que eso es normal, que yo tengo en «Mis favoritos» una dirección de Internet donde informan sobre las mejores maneras de suicidarse. Añado que no llegué a entrar en la página porque había que pagar. No me dice si él habría pagado, y la conversación se difumina.

DEJÉ DE CONFESARME al mismo tiempo en que comencé a masturbarme. Aquello no podía merecer la condenación eterna. Kant considera la masturbación peor que el suicidio. Si es difícil creer en Dios, más difícil será creer en Kant.

A Freud le parecía que masturbarse es propio de neuróticos.

Julio César la consideraba una maravillosa diversión: «A veces la prefiero a la sodomía».

Robinson Crusoe: «Me es imposible decir cuánto debo a este noble arte».

Los monos son los únicos animales en practicarla.

Mark Twain la adoraba.

El santo patrón del onanismo sería Walt Whitman.

Hoy dice el periódico que previene el cáncer de próstata.

Ni lo más típico se salva. Sirimiri se dice en escocés «*smirr*», según acabo de ver en una novela de Ian Rankin.

Vais hablando por la calle de todo lo de alrededor, riendo, contentos. Pero habéis llegado al restaurante. Entráis y os sientan en una mesa cara a cara, como en un debate de televisión. Como si fuerais dos desconocidos que tienen que explicarse algo muy serio y trascendente. Ni siquiera podéis hablar en voz muy alta sobre lo que os rodea. Se cena más a gusto en la cocina, cotilleando de lo que sea, o devorando en silencio lo que tenéis en los platos, cada uno a lo suyo.

Solana en la radio. Lo que más echa de menos: una tertulia regular con amigos. Hasta el presidente de la OTAN.

Están de obras en el Museo de Bellas Artes y, para tapar los andamios, han colocado en la fachada un enorme lienzo que reproduce el retrato que pintó Zuloaga de la condesa de Noailles, una de las joyas del museo.

Tenía que escribir para *El Correo* una reseña sobre una breve biografía de Proust de Edmund White, y he añadido unas líneas acerca de la condesa, a la que todo Bilbao ve ahora continuamente, pero de la que nadie sabe nada.

«Menuda, nerviosa y burlona, Anna de Noailles era una brillante condesa de origen rumano poco convencional entre los aristócratas del Faubourg Saint-Germain. Se mezclaba con cualquier clase de gentes y su rápida y maliciosa lengua no acostumbraba a dejar títere con cabeza. Edmund White dice que ella y Proust "eran las personas más divertidas de París". Todo aristócrata que organizara una fiesta o un fin de semana en el campo trataba de contar con la estrafalaria gracia y la vitalidad de los dos para amenizar la reunión. La condesa era también una de las mejores escritoras de la época. Compuso varias novelas y libros de poemas que obtuvieron cierto aprecio del público. Aunque quizás no tanto como el que le mostró Proust en una carta donde la felicitaba por uno de sus libros: "No, jamás ha escrito usted nada tan hermoso, nadie en el mundo ha escrito nunca nada tan hermoso". Proust trataba así de obtener la confianza y el apoyo del clan social y literario de la condesa. Los dos eran tal para cual. Tampoco a Anna de Noailles le solía importar la exactitud de sus juicios, con tal de que fueran ocurrentes y le sirvieran para ganar el favor de los poderosos. De cualquier manera, su volumen de versos *Éblouissements*, sobre el que Proust escribió un ensayo, influyó en parte en el estilo del autor de *En busca del tiempo perdido*.

»Anna de Noailles, con un denso flequillo negro volcado sobre sus grandes ojos verdes, reclinada en el diván sobre el que acostumbraba a recibir a las visitas, fue retratada por Zuloaga en 1913. El cuadro es una de las joyas del museo de Bilbao y su reproducción fotográfica ampliada cuelga hoy en el exterior de uno de los laterales del edificio. Desde ahí, la mujer más divertida de aquel tiempo de legendaria diversión que fue la Belle Époque parisina, dirige hoy su mirada, con algo de oriental y de mujer mundana fatigada por la vida, hacia la calle Henao».

Esa expresión, «es un asunto delicado», siempre que se habla de dinero, de estafas, de avaricia. Hasta de asesinatos.

Otro acto mínimo que casi no es ni acto, de los que a mí me gustan: tomar el sol.

Pasábamos cerca de Fuente Vaqueros. Le conté a María cómo me inicié en la poesía. Cuando aita empezó a recitar en su sillón «Verde que te quiero verde», y me quedé asombrado y con ganas de oír más de aquello tan raro y tan bonito. Tendría unos catorce años.

Ahora apenas leo poesía, pero algún día volveré a hacerlo. Una de las razones de mi abstinencia actual es una simple cuestión técnica. Al mudarnos a esta casa, coloqué todos los libros de poesía en uno de los cuartos de atrás. Ni siquiera los he ordenado todavía. Antes, en el piso de arriba, los tenía en el dormitorio, enfrente de la cama, y con frecuencia me levantaba, tomaba uno y leía unos cuantos poemas.

Hubo una época de mi vida en que leí mucha poesía. Cuando intenté ser poeta, al poco de mi separación. «Ahora voy a hacerme poeta», recuerdo que le dije un día a Íñigo. Me miró de una manera que interpreté como de compasión. Pero no me desanimé. Escribí algunos poemas, que incluso llegaron a publicarse en alguna antología de «poetas nuevos», o «jóvenes», o simplemente «vascos», o «de Bilbao», o algo así, que se editó en Bilbao. También se incluyeron algunos de aquellos versos, siempre eran los mismos, en la revista *Pott*, o *La Banda Pott*, no recuerdo el nombre, que llevaban Atxaga, Juaristi y otros. Internet es terrible. Una vez tecleé mi nombre en Google y aparecieron aquellos poemas en la pantalla. ¿Cómo borrarlos? ¿Estarán ahí toda la eternidad?

Marcos Barnatán me editó algunos de ellos en una revista que se llamó *La Moneda de Hierro* y que alguna vez he visto citar como publicación de culto y gran prestigio. Supongo que porque solo duró unos pocos números. *La Moneda de Hierro* llevaba bajo el nombre un epígrafe: «Extremos a que ha llegado la poesía». Lo leo ahora y me río. Y tanto que hasta qué «extremos». Era asombroso: yo había conseguido, en menos de un año, hacerme poeta o, por lo menos, colarme entre lo que llaman poetas. El número en que aparecí, de la primavera de 1979, tenía veinticuatro páginas y publicaba a veintiún poetas, entre los que estábamos Aleixandre, Azúa, Borges, Cabrera Infante, Carnero, Colinas, Luis Alberto de Cuenca, Javier Marías, Giordano Bruno y yo. Mi nombre, por razones alfabéticas, aparecía entre los de Robert Louis Stevenson y Luis Antonio de Villena.

Es errónea esa consideración tan citada de Faulkner según la cual los buenos escritores se dedican a la poesía y, cuando ven que no lo hacen bien, al cuento, y en caso de fallar también en este género, a la novela.

No es nada difícil que un cualquiera consiga escribir un poema que se parezca a los de los buenos poetas. Un poco más complicado es que logre un cuento de cierta calidad. Pero escribir una novela excelente es algo reservado a muy pocos.

Recuerdo un paseo por las Ramblas de Barcelona con Marcos. Yo le decía que no iba a escribir más, porque tenía la impresión de que lo que yo hacía no era poesía, sino «como poesía». Creo que era cierto, pero él respondió que eso le pasaba a todo el mundo. Le pasaría a todo el mundo, pero yo ya no escribí más.

Ama era una chavalita neoyorquina de doce años cuando se construyó el Empire State.

Casualidad. Un par de horas después de apuntar la frase anterior vimos en directo por la tele el ataque a las Torres Gemelas.

«Pentagon on fire» decía un rótulo de la CNN en la parte inferior de la pantalla, mientras contemplábamos arder las torres. Esto sí que era la caída de los dioses.

Reconozco que ver el Pentágono en llamas no me produjo ninguna tristeza. No sentía repulsa, no tenía en cuenta los muertos que había allí dentro. Todo era como una película, pero mejor. Me subió la adrenalina y sentí una especie de euforia absurda.

¿Cómo era aquello de que si alguien estornuda en la Bolsa de Nueva York, un millón de pobres tipos pescan una pulmonía en el otro extremo del mundo? Pues en esas estamos con lo de las Torres Gemelas. Veremos qué hacen los americanos.

MAIL DE PEDRO y mi respuesta:

Voy a la caja, y hablando de esto y de lo otro me cuenta Luis que te llamaron en su momento para la guerra del Vietnam.

¿Por qué no fuiste?

Lástima de pasaporte: ahora podrías estar de comando en Afganistán. Tu tez podría protegerte, en tanto en cuanto no te hablaran en afgano.

P.-

No me llamaron a Vietnam, pero podrían haberlo hecho. Mis primos de Caracas se hicieron inmediatamente venezolanos por si las moscas. Tengo aquí, en una carpeta, mis papeles de soldado americano. El más impresionante es uno en el que *«in order to avoid unnecessary correspondence regarding when you may expect to be called to service in the Armed Forces of the United States...»*[3] me

---

3. «Con el fin de evitar correspondencia innecesaria con respecto al momento en que usted puede ser llamado al servicio en las Fuerzas Armadas de los Estados Unidos...».

piden que les vaya comunicando mis cambios de residencia. El otro día hablaron en la tele no sé qué de llamar a los reservistas, y María se asustó. No hubiese podido acudir porque estoy con lumbago. Además, a partir de mañana tendré cincuenta y cinco años.

I.

También Juan Aranzadi, en *El escudo de Arquíloco*, dice que no es verdad eso de que «nuestros padres mintieron» (tal vez el verso más conocido de Juaristi, traducción literal de un verso de Kipling en uno de sus «epitafios»).

En las páginas sobre su relación con ETA, Juan dice que el acercamiento no provino de seguir el dictado de esas «voces ancestrales» que supuestamente todos oímos en nuestra infancia, sino que lo importante fue el cristianismo profundo del que estábamos imbuidos. Según Juan, era muy fácil pasar del cristianismo del Vaticano II al marxismo, y a lo que fuera, si ello tenía algo de «revolucionario y milenarista» y se hallaba basado más o menos en la misma mística sacrificial. Teniendo en cuenta además que estaba Franco.

Se sorprende Juan, refiriéndose a Juaristi, del escaso tiempo que hace falta para inventarse un pasado falso, o para creerse algo que no sucedió, o para generalizar de modo unívoco unas experiencias subjetivas muy variadas. «Qué poco pasado hace falta para que el dispositivo distorsionador de la memoria produzca "micromitificaciones" supeditadas a los intereses del presente», dice.

Cuando Álvaro, Paco y yo vivíamos en un piso alquilado en Baracaldo, para estar más cerca de los proletarios y colaborar con la Revolución, que estaba al caer, y porque era más barato que en Bilbao, recuerdo que Paco me dijo: «Si algún día llego a ser famoso, lo seré como novelista». Creo que fue al primero a quien oí hablar de la fama como algo deseable. Me extrañó mucho. Se me quedó grabado. El otro día, en «Crónicas marcianas», propusieron una encuesta, y el 65 % de los que respondieron dijeron que querían ser famosos. Paco estaba obsesionado con Masaccio, que «a los veinte años ya había inventado el Renacimiento». Me lo dijo una vez mientras paseábamos por un triste y feo barrio de Baracaldo.

Luego, Paco tuvo más o menos la culpa de que nos metieran en la cárcel. Se fue de casa porque se llevaba muy mal con Álvaro, pero le dijo a no sé quién que nos mandara unos paquetes de propaganda para repartir. Eran hojas de tamaño cuartilla, o un poco menores, y Álvaro y yo, a pesar de su aspereza, las usábamos como alternativa al acabarse el papel higiénico. Cuando nos detuvieron y nos encerraron aislados en la comisaría de Indautxu, al interrogarnos por separado y oír a los dos contar la misma historia, la poli debió de pensar que éramos muy listos tramando coartadas o que no éramos unos grandes revolucionarios.

Años más tarde, un día entré en un bar a tomar un café. Levanté la mirada hacia el televisor y allí estaba Paco, tronando contra Fraga desde la tribuna de oradores de Las Cortes. No era la invención del Renacimiento, pero algo es algo.

Ayer vinimos de Avilés por un tramo recién inaugurado de la autopista y por primera vez no atravesamos San Vicente de la Barquera. María se enfadó con el Progreso. «¡A lo mejor ya no volvemos nunca a San Vicente!». Espero que no sea así. El paisaje es espléndido, casi perfecto.

Los pintores Melamid y Komar tienen una página web donde exponen unas encuestas hechas en países de los cinco continentes a fin de saber qué tipo de cuadros son los que más gustan a la gente de todo el mundo. Los preferidos son muy semejantes, sea cual sea el lugar de la encuesta. Representan paisajes pintados de modo realista en los que aparecen las aguas tranquilas de un lago o un río, rodeadas por montes o colinas donde pasta algún ganado y se ven unas pocas personas. Me suelo acordar de Melamid y Komar al pasar por San Vicente y contemplar la entrada amplia y mansa de la ría, el puerto con sus pesqueros de colores vivos y los prados que se extienden por el valle hacia los picos del fondo, a menudo cubiertos de nieve.

Estuvimos en Benidorm el fin de semana de Todos los Santos y nos hemos traído un gato recogido en la puerta del parador de Teruel. Suponemos que alguien lo abandonó allí. Le hemos puesto de nombre Borges, pero le llamamos Borgito. Mari, la interina, que no sabe quién es Borges, lo llama Jorgito. A Borges también lo llamaban en casa Georgie.

Presento, con Manu Montero y María Bengoa, el libro de cuentos de Miguel, *Pobeñeses*. Es magnífico. Centro la presentación en dos citas: «Describe bien tu pueblo y habrás descrito el mundo», atribuida a Tolstói, y «Está mal expresado aquello que, sin pérdida del decoro y de la dignidad, sea posible decirlo con palabras más sencillas», de Coleridge. Lo que pasa, y lo digo, es que en el libro de Miguel los protagonistas están siempre yéndose del pueblo, o volviendo a él, y el pueblo en sí aparece poco.

Al gato le hemos puesto la cama en el cuarto de atrás, donde tengo los libros de poesía. Releo los poemas de Baudelaire y Borges sobre gatos. No sé si este va a saber comportarse a tanta altura. Ni nosotros. No sé si él va a aprender a ser «más remoto que el Ganges y el poniente», como escribe Borges, ni nosotros somos esos de quienes dice Baudelaire: *«Les amoureux fervents et les savant austères aiment, également, dans leurs mûres saisons, les chats...»*.

Qué placer al releer ahora este poema de Baudelaire. La poesía es para usarla, no para «contemplarla» y menos para estudiarla. (Creo que tengo todavía por ahí el libro aquel de Lévi-Strauss y Jakobson analizando al modo estructuralista este poema. No lo voy a comprobar, y eso que en su tiempo me pareció deslumbrante, lo poco que de él conseguí entender).

En las revistas de decoración los salones no tienen televisor. Tampoco suelen aparecer en las autobiografías y los diarios.

Al no haber trabajado, se puede decir que he vivido ocho horas más al día. Por otro lado, está la impresión psicológica. «Es breve la vida de los atareados» (Séneca).

Una semana magnífica, leyendo una biografía de Rimbaud para hacer algo para *El Correo* y con la nueva experiencia del gato. De pronto, 280 de glucosa. El arte está en los detalles, dicen. Y la vida. Se me ha estropeado un gramo de mi cuerpo, justo ese que pesan todas las células del páncreas productoras de insulina.

Me dolía un poco la mano y por un momento pensé que era de tanto fumar.

No he respetado ni el ritmo semanal, algo tan sagrado en nuestros tiempos. Ayer hablaban de la tristeza del domingo. Yo tuve que remitirme a mi experiencia infantil y a aquella angustia al salir del cine del colegio, el domingo por la tarde. De adulto, no he sabido nada de eso. Tal vez, lo contrario. No sé cómo me las he apañado, pero casi siempre he tenido que entregar mis cosas al periódico los domingos a la noche, por lo que suele ser para mí un día de trabajo. Empecé así en *La Hoja del Lunes* y sigo así con *El Correo*.

No sé hacer ejercicio. Tan simple como eso. Pasea, pasea, pero ¿cómo se pasea? Me aburro. No le veo sentido. Hay gente a la que le dirías: hay que leer una hora al día, y le sería imposible. Lo mismo me pasa a mí con el ejercicio.

Una vez escribí en el periódico:

> El cerco
>
> Diversifico mis lecturas para burlar los límites de mi carácter, librarme de mis manías, salir del círculo de mis ideas.
>
> Abro un libro de Proust: «Trabajamos en todos los momentos en dar forma a nuestra vida, pero copiando a pesar nuestro, como un dibujo, los rasgos de la persona que somos y no los de aquella que nos resultaría agradable ser».
>
> Voy a Kafka: «Por medio de mis garabatos, huyo de mí mismo para reencontrarme de nuevo en cuanto encuentro el punto final».
>
> Lo intento con Borges: «Un hombre se propone la tarea de dibujar el mundo. A lo largo de los años puebla un espacio con imágenes de provincias, de reinos, de montañas, de bahías, de naves, de islas, de peces, de habitaciones, de instrumentos, de astros, de caballos y de personas. Poco antes de morir descubre que ese paciente laberinto de líneas traza la imagen de su cara».
>
> Diversifico mis lecturas para escapar de mi terca singularidad, para convertirme en alguien menos tosco y monótono que yo. Pero siempre leo lo mismo.

Le cuento lo de mi diabetes. Se le ilumina la cara. «Perdona que no pueda disimular esta sonrisa de satisfacción», me dice. Yo también me río. Los dos sabemos que lo suyo es peor.

Montaigne: «Somos grandes locos. Se ha pasado la vida ocioso, decimos, no he hecho nada hoy. ¿Cómo? ¿Es que no habéis vivido? Es esa no solo la fundamental, sino la más ilustre de vuestras ocupaciones. Componer nuestra conducta es nuestro oficio, no componer libros, y ganar no batallas ni provincias, sino el orden y la tranquilidad de nuestro proceder».

Ferlosio: «¡Cómo os habéis equivocado siempre! Era al afán, al trabajo, al quebranto, a la fatiga; no al sosiego, ni a la holganza, ni al goce, ni a la hartura, a quienes teníais que haberles preguntado: «¿Para qué servís?».

Me gusta releer este párrafo de Ferlosio, aunque suene a esos carteles que ponen en los bares animando a beber a los parroquianos.

Cuando enaltezco la ociosidad, nunca recurro al ejemplo de los griegos, o de los romanos, o de los señores medievales.

A quienes me remito con orgullo es a los «aplatanados» de los que habla Sánchez Ferlosio en su glosa de un pasaje del *Ensayo político sobre el reino de Nueva España*, de Humboldt. Se lamenta Humboldt allí de la desidia y apatía de los mexicanos de Veracruz a principios del siglo xix, cuando se negaban a beneficiarse de los progresos de la industrialización. Aquellas gentes, por lo visto, no se mostraban muy dispuestas a enrolarse en los barcos de los ingleses y de los franceses que se aventuraban en alta mar a la caza de cachalotes —lo que les hubiera producido a ellos y al reino una gran riqueza—, sino que preferían quedarse donde estaban, comiendo de los plátanos abundantes que por allí florecían, tumbados en una hamaca, tocando la guitarra. Humboldt no lo entendía. Se hablaba incluso de quemar los platanares para espabilar a aquellos tipos.

Yo creo que tengo algo de tercermundista, de esa gente cuyas formas de vivir y sistemas económicos no hay manera de convertir al capitalismo. Ya he hablado en algún sitio de mi aspecto físico tirando a oriental. Es posible que con los genes lleve algo en el alma más propio de esas civilizaciones. Algo que en Occidente parece exótico, como el no tener nada en contra de la pereza, por ejemplo, sino más bien todo lo contrario.

Digamos que tampoco en esto soy kantiano: «¡Gracias sean dadas, pues, a la naturaleza, por la incompatibilidad, por la vanidad maliciosamente porfiadora, por el afán insociable de poseer y mandar! Sin ellos, todas las excelentes disposiciones naturales del hombre dormirían eternamente raquíticas». «Quiere el hombre vivir cómoda y plácidamente, pero la naturaleza prefiere que salga del abandono y de la quieta satisfacción, que se entregue al trabajo y al penoso esfuerzo para, por fin, encontrar los medios que le libren sagazmente de esta situación» (Kant).

No es mi caso.

CONTARON QUE ESTUVO pesado, irritante, insoportable, la otra noche, aquella de la que él me dijo que había estado «arrollador, dominante, una de esas veces en la vida en que estás inspirado, tal vez porque había luna llena».

ESCRIBÍ QUE NO sabía pasear y al día siguiente comencé a hacerlo. Desde entonces he paseado todos los días. Ayer me encontré con Santiago por la Gran Vía a las doce de la mañana. Hacía un sol radiante. «¿Tú, de día, y sin gabardina?». Me acordé de lo de Borges: «En aquel tiempo, buscaba los atardeceres, los arrabales y la desdicha; ahora, las mañanas, el centro y la serenidad». Pero solo ha sido la diabetes.

Tecleé Moisés Cantolla en Google y me salió una página que empieza así:

> Asesinato en Nueva York
>
> La trágica noticia de los hechos acaecidos el 4 de agosto en los Estados Unidos se esparció rápidamente en nuestro país y remeció particularmente a la sociedad viñamarina puesto que su principal protagonista, doña Blanca Errázuriz Vergara, era ampliamente conocida y además estaba directamente emparentada con dos de las más connotadas y respetadas familias de la ciudad de Viña del Mar.
>
> La narración que presentamos a continuación fue tomada íntegramente del relato autobiográfico *El mar trajo mi sangre*, de Alberto Ried, uno de «los Diez», quien como testigo de primera línea narra la historia, pues coincidentemente se encontraba en Nueva York por aquellos días:
>
> «Entre diez millones de teléfonos, el de nuestra pensión llamó a deshora. Moisés Cantolla golpeó poco después, irrumpiendo en mi pieza para decirme que el cónsul me llamaba con urgencia.
>
> »La alterada voz de Carlos Castro Ruiz alcanzó a darme la noticia: "Blanca Errázuriz acaba de dar muerte a su marido John de Saulles. No dejes de estar mañana, a primera hora en mi oficina. Gracias"».

Me sobresalté al encontrarme con ello. Como si se me hubiera aparecido el fantasma del abuelito Moisés. Se lo he mandado a ama y le ha traído muchos recuerdos. No sé por qué sabemos tan poco de aquella época.

He tratado de enterarme de algo más sobre ese libro, *El mar trajo mi sangre*, en el que el tal Alberto Ried habla con tanta familiaridad de Moisés Cantolla. Nada. Solo he conseguido saber que existe un ejemplar en la Biblioteca del Congreso, en Washington, y otro en la Biblioteca Nacional de Chile. El tío Moi vive en Baltimore, a dos horas de Washington, pero nada más imposible que interesarle para que haga algo por satisfacer mi curiosidad.

Otra vez esa cita tan repetida y que es una de las más tergiversadas que conozco: «La verdad es la verdad, dígala Agamenón o su porquero». Desconfío de todos los que la utilizan y me acuerdo de Machado, de su breve diálogo, y del porquero, que es el único que dice la verdad:

«La verdad es la verdad, dígala Agamenón o su porquero.

»Agamenón: Conforme.

»Porquero: No me convence».

Debo recordar de vez en cuando uno de los mejores piropos que he recibido nunca. Hablaba Miguel de un viaje con su tío y alababa su capacidad para disfrutar con casi todo, por trivial o pequeño que pareciera el objeto de su disfrute. «Tú también tienes algo de eso, ¿no?», me dijo. Tartamudeé alguna excusa, o algún comienzo de objeción, y me quedé callado, feliz.

Pero, por mucho que lo recuerde, no me lo creo.

Oneto se escandaliza en televisión al conocer el dato de que Occidente gasta igual cantidad de dinero en alimentar a las mascotas que en subvenir a las necesidades de los hambrientos en el tercer mundo.

Yo miro a Borges y rezongo a la pantalla que, con lo que cuestan la corbata y la camisa que lleva puestas hoy el figurín de Oneto, se podría alimentar durante por lo menos un año a una docena de gatos callejeros.

2002

Dejé solo en casa al gato por primera vez, para ir a Avilés. En la estación de autobuses sentí una angustia muy fuerte producida por la separación. No sé si debería contarlo, pero lo que me vino entonces a la cabeza, tras una de esas intrincadas y recónditas asociaciones de sentimientos de las que estamos hechos, fue el recuerdo de aquel día, a los catorce años, al final del verano, en que mi primera novia se marchó a Madrid para empezar el curso.

En el autobús no lee nadie nada. Me giro varias veces para estar seguro de que es así. ¿Qué hacen? Es de noche. Permanecen ahí, inmóviles, mirando hacia adelante. ¿Meditan? ¿Han alcanzado alguna especie de nirvana al que soy incapaz de acceder? Probablemente solo están fatigados, drogados de cansancio.

Conversación abajo, en la comida. I. no lee nada. No parece importarle. Leer hoy ya no tiene ningún prestigio. Los jóvenes no suponen que en los libros exista algo que pueda servirles o ser bueno para ellos. Nunca ha leído nadie mucho. Pero ahora la lectura ya no está ni siquiera valorada. Antes teníamos un cierto sentido de culpa si no leíamos. Ahora, no. Por otra parte, tampoco se les nota mucho que no leen. La verdad es que, a los que leen, en general, lo que se les suele notar es que leen, pero no alguna cualidad especial.

«¡Libros, libros, libros! No puedo imaginar a Adolf sin libros. Los tenía en pilas alrededor de él en su casa. Siempre llevaba un libro con él fuera donde fuera. Los libros eran su mundo», escribió de Hitler su único amigo de juventud.

Hoy le he colgado el teléfono por una discusión política. Lo he vuelto a llamar. No me consiento que una discrepancia política, por fuerte que sea, expresada en los mismos términos en los que se estarán produciendo otras muchas idénticas en este exacto momento, sea capaz de romper una relación personal de largos años. Al menos, por ahora.

A grandes rasgos, es posible que el nivel de preocupación, o de ansiedad, sea más o menos el mismo en una persona a lo largo de su vida. Si no es por una cosa, es por otra. Si no son mil pequeñeces, es una grande. Como si tuviéramos ahí dentro un termostato emocional particular.

En general, la mayoría de los momentos de angustia surgen por cuestiones relacionadas con el futuro. Steiner, en *Gramáticas de la creación*, dice que los tiempos futuros, subjuntivos y condicionales de los verbos aparecieron tardíamente en el lenguaje. Más o menos, hacia la última glaciación, «junto a los "futuribles" implicados en el almacenamiento de alimento, en la fabricación y conservación de las herramientas [...] La esperanza y el temor son supremas ficciones potenciadas por la gramática».

Pero el gato que tengo aquí al lado, sin saber nada de gramática, también experimenta temores y creo que incluso esperanzas.

«El otro día te saludé y tú no me saludaste», fue lo primero que me dijo. «Sí, en la Gran Vía», le contesté sin pensar, como hago a menudo.

De la obra de Baroja se podría extraer una antología de disparates y bobadas monumentales. No una antología breve, sino unas doscientas o trescientas páginas demoledoras. Lo leo todos los años alguno de los días que paso en Toni Etxea, donde están las *Obras Completas*. A las novelas, ni me acerco. Pero las memorias siempre son entretenidas. Lo mejor es su estilo. Es curioso que él defendiera siempre el estilo como algo que no se debe ver, algo perfectamente ajustado a las ideas, que no reluzca o sobresalga. Al final, lo que le ves, o lo que más te atrae, es precisamente su estilo. En realidad, más que el estilo, el tono. Porque lo que hay detrás, ¡qué charlatanismo!

Ayer leí cómo decía muy serio que Ortega se equivocó al alabar a Proust, pero que él, en cambio, no. «Últimamente, en París, ese autor estaba en la curva descendente, y entre los escritores franceses había muchos que lo tomaban a broma». Creo que ni lo leyó.

Sobre Kafka, dice en una especie de autoentrevista:

«—¿Ha leído usted a Kafka?

»—Sí, algo he leído. Primeramente, creo que leí algo en la *Revista de Occidente*, una novela en que un hombre se convierte en una araña.

»—¿Y qué le parece a usted?

»—Me parece un Dostoyevski muy en pequeño. Es un representante de la histeria judía. No va, como Dostoyevski, a las grandes locuras humanas por atracción espontánea, sino por el psicoanálisis, dirigido por mistificaciones de Freud y de los superrealistas... Se ve que los judíos, con un sentido comercial, lo mismo explotan la voluntad que la neurastenia...».

Tiene una gran mala baba. De vez en cuando resulta muy gracioso. Por ejemplo, sobre *El pensador*, de Rodin: «Yo no creo que esta sea una de las mejores obras de Rodin. A mí me parece la figura de un hombre a quien le cuesta pensar». Tiene razón.

¿Qué has hecho hoy? Fumar.

«La verdad sobre la abulia» (Sánchez Ferlosio). «El gran abúlico pidió a los dioses la merced de desdoblar de sí mismo un *alter ego* activo, un gemelo ejecutivo y diligente, inmune a la pereza, a la duda y a la desesperanza, pero completamente sometido a su mandato como el siervo de la lámpara de Aladino. Los dioses se lo dieron, convencidos de que así se enmendaría, pero en cuanto él lo vio comparecer delante de sus ojos, se apresuró a decirle, con un súbito estremecimiento de recelo y de inquietud: "Tú quieto en esa silla y no te muevas"».

El estilo directo, claro, llano, tiene su riesgo. Es como llevar poca ropa. Hay que estar muy bueno o muy buena para decidirse a usarlo en público. La mayoría de la gente ofrece mejor aspecto cuando va vestida. Algunos solo se salvan disfrazados.

«La robe à froufrous, traînes, corsets et faux-cul, c'est très facile... La petite robe noir... c'est très difficile»[4] (Coco Chanel). El vestidito negro es tan difícil de llevar como de confeccionar.

A menudo, el placer de la lectura de alguien que escribe transparentemente consiste en que le ves todo, quiero decir, todo lo malo.

4. «La ropa con frufrús, colas, corsés y postizos en el trasero, es muy fácil... El vestido negro sencillo... es muy difícil».

A VECES, AL principio de un buen viaje, me acomete un sentimiento de culpa tremendo. Estoy en la piscina del hotel, o en la playa, y comienzo a sentirme mal, a pensar que por qué no estoy haciendo algo útil para mejorar el mundo en vez de estar tan a gusto tomando el sol y bañándome. Recuerdo una noche en un hotel de la Provenza, en la que casi no pude dormir por las pesadillas y el remordimiento que me había producido la lectura de un artículo sobre Bosnia. O un ataque de culpa espantoso en la playa de Benidorm. Supongo que guardo dentro de mí una imagen del hombre perfecto muy alejada del hombre real que soy. Esa imagen sería tal vez la de un misionero cuidando leprosos en un poblado africano.

Ese sentimiento de culpabilidad suele evaporarse al segundo día de viaje.

(Por otro lado: ¿por qué los misioneros tienen siempre ese aspecto tan estupendo? Suelen aparecer retratados en medio de un grupo de desarrapados y son los que mejor cara tienen, los más sonrientes, los que parecen más sanos y alegres de todos. Hay algo ahí mosqueante).

A LOS DOS poetas que más he leído en mi vida los he visto en persona. Una vez, en Barcelona, acompañé a Lola a una entrevista a Jaime Gil de Biedma. Fuimos a su casa. Recuerdo un paño que me pareció bastante sucio colocado encima de un canapé. A lo mejor es que simplemente era muy antiguo. Siempre tiene algo de obsceno entrar en la casa de un extraño. Él se sirvió un whisky y a nosotros no nos ofreció nada. Hablamos de cine, que no le interesaba mucho. Para menospreciarlo, dijo que el montaje, por ejemplo, era algo que siempre habían hecho los literatos. Citó unos versos de Garcilaso: «¿Veis? Eso ya era montaje». No entendí. Le pregunté por José Ángel Valente y me contestó que escribía muy bien, pero que no tenía nada que decir. Sobre Juan Ramón Jiménez recuerdo que dijo que era un gran poeta, pero que tenía demasiados poemas «bobos». Lola guarda la cinta de aquella entrevista. A ver si se la pido un día.

A Borges lo vi un día en el Círculo de Bellas Artes de Madrid. Sabía por un amigo que le iban a hacer una entrevista para la televisión. Asistí a la entrevista sentado en un sillón, a unos tres metros de él. Solo estábamos los del equipo de la televisión, Borges y yo. No oí nada de lo que le preguntaron ni de lo que respondió. Estuve mirándolo todo el rato, como rezándole. Recuerdo que pidió un jerez y le trajeron un vino blanco. Lo probó y se dio cuenta del error. «No importa», dijo, y lo bebió. En ese gesto creí ver una prueba más de su santidad.

Honor a Mariano, de Almería. Vivía con su madre, a los cuarenta y un años fue a trabajar por primera vez en su vida y ese mismo día se murió. Viene hoy en el periódico.

En Benidorm parece que me basta con una persona, María. En Bilbao, aquí solo, siento como si ahí afuera estuvieran todos reunidos pasándoselo de miedo o haciendo no sé qué fundamental mientras yo me quedo en casa. Influye que en Benidorm salgo más, veo a más gente, aunque no hable con nadie, y hay muchas chicas guapas por la calle.

Y el buen tiempo. Canetti: «Los hombres al sol parece que merecen la vida; bajo la lluvia parecen llenos de propósitos».

El gato no quiere ver a nadie, salvo a nosotros. Pienso que se parece un poco a mí, o que incluso es algún rasgo de familia. Me recuerda a aita.

Ese tío que depende de su jefe, del jefe de su jefe, el banco, su madre, su mujer, sus hijos y amigos, el inspector de Hacienda, el alcalde, el pnv, el lehendakari, Arzalluz, la Comunidad Europea, el gran capital financiero, el cristianismo, su poca inteligencia, su falta de sentido del humor, sus genes... ¿por qué le parece que lo más terrible es su dependencia de los españoles? ¿Por qué solo está dispuesto a armarla para liberarse de la opresión a que le tienen sometido los españoles?

En los días mejores no tomo ninguna nota aquí. Y cuando lo he hecho, no he escrito más que tonterías. ¿Se puede expresar por escrito la felicidad? No me viene a la cabeza otro ejemplo que el de aquel tremendo neurótico que fue Tolstói.

Compré un libro sobre Foucault, *En busca de un nuevo arte de vivir*, de Wilhelm Schmid. Me dio un poco de vergüenza pedírselo al librero. Por el título. A estas alturas, un nuevo arte de vivir.

Foucault se preocupó mucho al final de su vida por lo que los romanos llamaban el «cuidado de sí». A Foucault le interesó entonces la ética de los antiguos, que no planteaba exigencias generales preceptivas como las del cristianismo y sus derivados, sino que era entendida como una decisión propia de constituirse como individuo, enfrentada incluso a la normatividad social. «La ética de la existencia, ligada a la elección personal, como una ética más fundamental que otros principios, más fundamental incluso que cualquier otra moral asentada sobre la pregunta por la normatividad». Es decir, la ética como una opción y un proyecto individual, como creación artística de una vida singular, de una «obra de arte», con su propio estilo y su propio efecto estético.

Yo a eso no lo llamaría ética, pero así lo llamaban en la Antigüedad. Por otro lado, esto de la vida como «obra de arte» me parece una exageración, cuando no una cursilada o una imposibilidad. Como si uno pudiera ser el producto de uno mismo, el producto y la fábrica al mismo tiempo. «Mi problema es mi propia transformación», dice Foucault. Al final, yo tengo la idea de que he sido intransformable.

¿Puede hacerse uno a sí mismo? Ni siquiera entiendo la pregunta. Tal vez por eso me han desagradado siempre las personas que dicen que se han hecho a sí mismas, los famosos *self-made men*. Como tampoco me gustan los que dicen andar buceando en sí mismos, en busca de algún supuesto yo auténtico oculto en las profundidades, como predican tantas otras éticas terapéuticas entre las que se incluye el psicoanálisis. En su libro *Loin de moi*, Clément Rosset cuenta esta historia: un impresor hereda el negocio de su padre. Al día siguiente del funeral, al hacer arqueo de la imprenta, encuentra un sobre en que dice: «No abrir». Respeta estas palabras y resiste seis años sin abrirlo. Por fin, no puede más y un día lo abre. Dentro encuentra un montón de etiquetas destinadas a los clientes en las que pone «No abrir». Rosset comenta que esta anécdota ilustra la decepción que se produce siempre al intentar captar el yo secreto, íntimo, de uno mismo o de otro, porque ese yo no existe.

¿Afán por «perfeccionarme»? Afán por entender algo de lo que pasa, sí, afán por intentar no meter demasiado la pata con los demás, también. Pero no mucho más.

Foucault se interesó por los «hypomnemata»: «Cuadernos de escritura o anotaciones que se generalizaron durante la época de Platón». Hasta esta simpleza tuvo que inventarse alguna vez.

Citas de Foucault sobre los «hypomnemata» que apunto en este mi «hypomnemata» particular:

«Esta nueva tecnología supuso una irrupción comparable a la introducción en la actualidad de las computadoras en la vida cotidiana». [...] «Estos nuevos instrumentos fueron utilizados de inmediato como medios para constituir una relación permanente con uno mismo». [...] «Su uso como libros para la vida, como guía de conductas, parece haberse convertido en algo corriente entre una gran parte del público cultivado. En ellos uno podía encontrar citas, fragmentos de trabajo, ejemplos o acciones de las cuales uno había sido testigo o que había leído o escuchado en otra parte, reflexiones y razonamientos que se habían escuchado o que habían sido pensados por uno mismo. También formaban una memoria material de cosas leídas, escuchadas o pensadas, que se ofrecían como un tesoro acumulado para la relectura y futuras meditaciones». [...] «Un resumen de tesis susceptibles de ser utilizadas para la constitución del yo».

Séneca y Lucilio andaban ya por los sesenta años cuando se intercambiaban sus famosas cartas. En lo de filosofar hasta el final dijo Epicuro que nunca se es suficientemente viejo para no hacerlo. Pero algunos se reían del anciano Hermótimo, al que veían por la calle farfullando las lecciones que no debía olvidar. A lo mejor alguien (yo mismo en ciertos días) podría hacerlo de mí si me viera aquí leyendo y apuntando estas cosas.

Arzalluz dice en una entrevista que las dificultades de hoy para mantener la identidad vasca son «el coche, el esquí y el amor al dios dinero». Esta frase y aquello que dijo de que para qué querían algunos la independencia, «¿para quedarnos solos a plantar berzas?», demuestran, además de su talento para la expresión gráfica, su tremendo realismo y pesimismo de fondo (que comparto, aunque yo desde el optimismo) sobre el proyecto nacionalista.

Estamos en la época más derechosa de mi vida, incluido yo.

Aquí soy más serio que cuando he escrito en el periódico. Al escribir para el público mostraba más humor que en estos apuntes. Es como al encontrarte con gente: automáticamente procuras estar más sonriente y relajado que cuando no te ve nadie. Recuerdo que, cuando dejé aquellas columnitas del periódico, le dije a Ezquerra que la razón era que no tenía ganas de andar haciéndome el gracioso todas las semanas. Sin embargo, no era una mala práctica. Supongo que, a fuerza de abusar del buen humor, acabas por tener un mejor humor en general.

Dice Philippe Lejeune que los diarios que se publican en Internet son mucho menos melancólicos que los diarios íntimos de verdad. Otra vez Pascal: «Lo que menos perdona el mundo es la desventura».

Cuántas veces malinterpretamos las cosas por creernos el centro del mundo. Creo que ese se ha enfadado conmigo y que por eso no me llama. En realidad, es que se ha echado novia. Creemos que aquel y su mujer nos han mirado con mala cara y deducimos que nos han estado criticando juntos. En realidad, están enfadados entre ellos y por eso tienen cara de mal humor. Yo tenía a R. A. por la única persona de este mundo que apartaba la vista al cruzarse conmigo por la calle. Un día pasó a mi lado y me saludó muy efusivo, palmeándome en el hombro. Hoy me ha parecido que ha vuelto a apartar la mirada.

«Tú ya sabes que la gente siempre ve en los demás sus propios problemas —prosiguió ella».

«Actúa de manera que quisieras que tu manera de actuar fuera una regla universal». Yo no le veo pegas a esto como regla básica para formar un club, o para organizar una balsa de náufragos. Pero de ahí a asegurar que lo llevamos todos inscrito en el corazón, como están inscritas las estrellas en el firmamento, va un trecho que no sé cómo se salva.

Pero no es un mal método para andar por la vida.

El otro día hablé un poco con Miguel de lo que voy apuntando aquí. Hablamos de la posibilidad de que yo corrigiera unas cuantas páginas, unas sesenta, y se las enseñara. Ayer por la noche la idea me pareció una pesadilla. Esto no debe ser más que un almacén de ideas (pocas, por desgracia) y de hechos (pocos, por pereza) al que acudir más adelante para entretenerme al releerlos. Lo malo es que me dará vergüenza hacerlo. Releeré esto y me parecerán bobadas, como si lo que piense en ese momento no fueran también bobadas.

Tal vez con el tiempo vaya madurando, sin embargo, un cierto efecto de verdad. Un decir unas pocas cosas mías, que será muy poco, pero que parecerá verdad. Por ejemplo, me imagino dentro de diez años haciendo un compendio que podría comenzar: «Hace diez años empecé a tomar apuntes en un cuaderno y a pasarlos luego al ordenador». Y después hacer un resumen, citarme, reírme de mí, criticarme y avergonzarme. O: «Tiene que haber gente así, pero yo no he conocido nunca a nadie que haya vivido como yo, prácticamente sin trabajar, a base de una pequeña renta. A veces me da vértigo pensarlo. ¿Cómo he logrado saltarme ciertas reglas que parecen de unánime obediencia? La sensación de vértigo me acometió con especial intensidad hace diez años, cuando tuve una pancreatitis y pensé en serio, por primera vez, en la muerte».

Apreciado Sr. Gibson:

Me llamo Iñaki Uriarte y hablé con usted por teléfono a propósito de la pensión o casa de huéspedes que tenía mi abuelo en Nueva York y en la que, por lo que he oído en mi familia, estuvo viviendo Rubén Darío en su última estancia en la ciudad.

Usted cita en su libro una «casa de huéspedes de mala muerte de la calle 64», en la que Darío se hospedó al salir del Hospital Francés, donde le habían atendido de una neumonía. La pensión de mi abuelo estaba en los números 11 y 15 de la calle 82. No sé si sería la misma a la que usted se refiere (una pensión modesta, pero tal vez no tanto como de mala muerte), o era otra.

Lo que a mí me gustaría saber es si usted dispone de algún dato que no aparezca en el libro y del que yo podría deducir algo sobre la pensión de mi abuelo, de la que sé muy poco. Se llamaba Moisés Cantolla y había nacido en un pueblo de Cantabria. Emigró a Estados Unidos. Allí se casó con mi abuela, una emigrante gallega. Tenían una pensión, en la que nació mi madre, quien más tarde se casaría con un vasco que estaba estudiando en la Universidad de Cornell, mi padre. Del matrimonio nací yo, en Nueva York, en 1946. Desde 1948 mis padres vivieron en San Sebastián y yo ahora vivo en Bilbao.

A mi madre le he oído decir que su padre contaba con gran entusiasmo cómo Darío había vivido en aquella pensión, pero no sabe nada más, porque ella aún no había nacido. Veo en su libro que Darío llegó a Nueva York más o menos en noviembre de 1914. Es decir, que, desde esa fecha hasta su partida, puede que viviera en varias pensiones. Supongo que usted no las tendrá localizadas todas, pero yo le escribo por si acaso.

Un abrazo,

Iñaki Uriarte

No obtuve respuesta. Logré contactar con Gibson por teléfono. Estaba preocupado porque acababa de recibir ciertas denuncias de plagio en otro de sus libros. Me remitió a un catedrático de Madrid que lo sabe todo sobre Darío. Lo dejé.

Sospecho que los pensadores se detienen en un momento determinado y dicen: «Aquí me planto. De ahora en adelante defenderé esta idea, aunque estoy seguro de que podría pensar alguna otra cosa diferente, e incluso la contraria». Me resultan incomprensibles el aplomo y la seguridad de cualquiera que escriba un libro de ensayo.

Como ahora me gusta leer cosas sobre gatos, se me ocurrió releer «El gato negro», de Poe. Al coger sus *Historias extraordinarias* me di cuenta de que es el libro más viejo que tengo en mi biblioteca. Me ha acompañado desde los trece años. No sé cómo ha sobrevivido. Alguna vez he contado las casas en las que he pasado por lo menos seis meses de mi vida, y creo que han sido dieciocho.

Ahora se meten mucho con ella, pero yo descubrí la literatura a través de la tele. Tendría unos catorce años. Daban algún programa que yo miraba con gran atención. Ama dijo: «Está basado en un cuento de un escritor americano que se llama Edgar Allan Poe. Si quieres, te compro un libro de él». Y aquí sigue.

Cambiamos según con quién estemos. Y no digo en el momento, sino a medio y largo plazo. «La compañía de ciertas personas estimula nuestra generosidad y nuestra sensibilidad, mientras la de otras exacerba nuestra competitividad y nuestra envidia. La obsesión de A por el estatus y la jerarquía puede llevar a B, de manera prácticamente imperceptible, a preocuparse por su propia relevancia... Pero trasládese a B a otro entorno...» (tomado de De Botton, *El arte de viajar*). Esto para explicar en parte por qué suelo estar tan bien en Benidorm.

Escribir de mal humor, corregir de buen humor. Solo debería quedar lo que ha sido aceptado en un momento de buen humor, eliminados o depurados los quejidos de los días de mal humor, que son más de la mitad de aquellos en los que me siento a escribir. Los diarios tienen una tendencia incorregible a la melancolía, que habría que intentar disimular.

Encontré a María llorando sentada encima de la cama. «El gato se ha escapado», dijo. Había venido un electricista y Borges salió corriendo al oír el timbre. Registramos toda la casa y no apareció. Imaginamos que había huido por la ventana. Fuimos a comer a Los Gemelos, tristísimos. «Menos mal que no le quitamos las uñas —comentamos—. Así podrá defenderse en la calle». «Si no sabe estar en Benidorm, es casi mejor que se haya ido», llegué a decir yo. Pusimos carteles en el portal avisando de la desaparición de un gato gris rayado común. Preguntamos a varios vecinos y en la piscina. Nos dejaron la llave de uno de los apartamentos de al lado y lo registramos por si se había escondido allí. Nada. Lo dimos por perdido. Yo había reaccionado con cierta serenidad, pero empezaba a entrarme una angustia profunda. María seguía desconsolada. «A lo mejor vuelve por la noche», nos animamos mutuamente. «En ese caso, lo llevamos mañana mismo a Bilbao», decidimos. Tres o cuatro horas más tarde, mientras miraba desganado la tele, percibí de reojo un movimiento a mi derecha. Miré, y allí estaba Borges, hinchándose como un gato de dibujos animados y saliendo por una hendidura de detrás de un armario donde parecía imposible que se hubiera escondido. Pero era posible. Se había metido por una rendija en la que apenas cabe un periódico doblado. En la casa no se mueve una mosca sin que la detecte, pero ni un registro del FBI lo hubiera descubierto a él. Ahora ya tiene su escondite seguro. Nos quedamos los tres muy contentos en Benidorm.

LÍO EN LA MESILLA.

Llevo siempre en mis viajes, como los toreros sus estampitas, un libro de Montaigne y otro de Ferlosio.

Hoy he leído en uno: «Prefiero conocerme a mí mismo que conocer a Cicerón». Y en el otro: «¿Conócete a ti mismo? Como si no tuviera otra cosa mejor que hacer».

CENABA CON MIGUEL y María Bengoa. Miguel comentó algo sobre el «cumplimiento de los sueños que uno tuvo para la vida». «Yo nunca tuve sueños», dije de pronto. Hasta a mí me sonó raro.

A VECES ME río de los que no saben estar tranquilos en ningún sitio. Pero a mí me pasa lo mismo con los libros, me comporto como un saltimbanqui. Con tanto salto y tantos años, lo bueno por lo menos es que acabo cayendo a menudo sobre unos pocos que se repiten.

«EL TRABAJO OS hará libres», ponía en el cartel que presidía la entrada a Auschwitz.

Podría decirse que he seguido, aunque no del todo, el consejo de aquella otra pintada de los situacionistas en las paredes de París, en Mayo del 68, y que una vez más parece que solo leí yo: «*Ne travaillez jamais*».

Pero no todo han sido rosas. En alguna hora de aburrimiento o de ansiedad, he pensado si al final iba a ser yo la excepción a lo que dijo aquel capitalista americano cuando decidió retirarse a los cuarenta años: «No creo que en la hora de su muerte nadie se haya lamentado de no haber pasado más horas en la oficina».

Ayer escuché un programa en la radio sobre el tema «Vivir sin trabajar». No sabían de qué hablaban. Era como si se tratara de un programa sobre Hawái sin que ninguno hubiera estado en Hawái, ni conociera a nadie que hubiera estado en Hawái.

Por fin llamó una señora que vivía sin trabajar. Se excitaron, como si hubieran contactado con alguien de otro planeta. A la señora le había tocado la lotería hacía unos años. No tenía nada que decir.

Me imaginé llamando yo a la tertulia. No hubiera tenido nada muy extraño que contar. Esto, por ejemplo. Lo mío fue normal. Al salir de la universidad decidí no meterme a trabajar en alguno de los empleos para los que estaba supuestamente preparado: economista, abogado, o lo que fuera. Me casé y nos fuimos a Barcelona, donde subsistimos con trabajos «menores», como la redacción de enciclopedias, mi mujer haciendo de azafata, etc. Luego, hacia los treinta años, ya separado, vine a Bilbao, donde he vivido casi veinticinco años de la renta de un piso heredado, con alguna que otra ayuda de un trabajo de crítico literario en el periódico y algo de la familia. Todos esos ingresos juntos no me proporcionan más que el salario medio, o menos.

Con lo fácil que es no escribir un libro malo.

No es una cuestión de valentía o cobardía. En realidad, en el periódico escriben los mismos que lo harían si ETA no existiera. Opinadores de vocación o profesión. Gente con una pulsión irrefrenable a subirse al escenario, a pisar las tablas.

Un día, hace muchos años, me llamó el director del periódico, a quien por lo visto le gustaban mis «puntos de vista» sobre temas literarios, para que «diera el salto» a Opinión. Le dije que yo no quería andar dando saltos a ningún lado y ese fue uno de esos noes de mi vida de los que me siento orgulloso.

Los juegos con el gato me han hecho ampliar mi vida erótica. Con él he conocido el «sadomaso» (tengo siempre cicatrices en las manos), el *«ménage à trois»* (se suele meter en nuestra cama), la coprofilia (disfruto viéndole hacer sus necesidades), por no hablar obviamente de la zoofilia.

Pero sobre todo me parece que he conocido algo así como el amor paternal. ¿Qué otra cosa es esa ternura que me produce ver esparcidos por el suelo sus juguetes: capuchones de bolígrafo, corchos, ratoncitos artificiales, gomas de borrar, algunas bellotas de encina que le trajimos el otro día?

Hoy incluso se me ha debido de caer encima de él un ascua del pitillo, mientras lo tenía en mis brazos. De pronto ha habido un fuerte olor a chamusquina, aunque él ni se ha movido. Aita también nos quemaba con sus pitillos.

Leo los diarios de Tolstói.

El tono es el de alguien constantemente atormentado por la diferencia entre lo mucho que se exige a sí mismo y lo poco que cree haber conseguido. No hay la más mínima manifestación de humor.

Cuando ya es un novelista de fama mundial y un líder espiritual de alcance internacional, sigue pareciéndose mucho al joven de dieciocho años que empezó los diarios. Sus anotaciones dan la impresión de corresponder a un tipo amargado de quien nadie sospecharía que escribió una novela grandiosa como *Guerra y Paz*. Son como una pelea consigo mismo, a veces conmovedora, a veces irritante, a menudo incomprensible.

Chéjov contó a su amigo Bounine la visita que una vez realizó a Tolstói. Estaba asustado. «Francamente, me daba miedo». Tardó una hora en elegir un pantalón adecuado. Al final del encuentro, «en el momento en que me levanté para despedirme, me tomó de la mano y dijo: "Abráceme". Lo hice y, mientras lo hacía, me susurró al oído con una voz de viejo jadeante: "No soporto sus obras. Shakespeare escribía como un cerdo, pero lo suyo es peor"». Chéjov lo contaba riéndose, pero basta haber leído los diarios de Tolstói para saber que sus palabras no iban en broma. Fue una bestia parda. Insoportable, sin duda.

«Mi mayor desgracia es mi gran inteligencia», apunta en alguna parte. Y también: «Todavía no me he encontrado con una sola persona que sea moralmente tan buena como yo». Recuerdo a Rousseau: «No ha habido hombre en el mundo que haya hecho menos daño que yo». Y a Hume, hablando de Rousseau: «Con seguridad, el más oscuro y atroz villano que, sin comparación posible, existe hoy en el mundo».

Ayer en La Mutua. No había nadie. Como en los viejos tiempos. Cuando la barra se encontraba al otro lado y yo llegaba a las doce de la noche después de haber cenado en casa de María. Chufi podía estar haciéndose unos huevos fritos con salchichas y alubias, y jugando apasionadamente a los dados con dos o tres posesos más. Me sentaba en una mesa solo y me bebía dos o tres whiskies hasta que aparecía alguien o me iba para casa. Ayer eran las nueve y no había nadie. El bar está renovado y muy limpio. Sentí una gran paz, con mi Coca-Cola Light, la música y la vista perdida en la máquina de juegos. Luego me encontré con C. en

Mazarredo y le compré un gramo. Hicimos la operación en plena calle, con la destreza y discreción de los veteranos.

«Lo que hicieron Hitler y Mussolini en Alemania e Italia con los judíos y los disidentes políticos lo viene haciendo el nacionalismo y su ejército de sombras en el País Vasco con quienes no comparten su ideal de patria». Esto dice hoy tan tranquilo en un artículo de *ABC* el cura y autor de libros de historia que más vende en España.

Otra vez me confirmo en la idea de que el antinacionalismo puede volver tan estúpido e histérico como el nacionalismo.

Me han cortado un par de frases en la reseña de los *Diarios* de Tolstói. Una vez escribí para el periódico:

«Exigencias de edición me obligan a reducir en un tercio los dos folios del artículo que acabo de escribir para el periódico. Al principio, me parece imposible y, desde luego, perjudicial para el texto. Poco a poco observo que tal vez podrían suprimirse ideas repetidas y alguna frase escrita por inercia. Las tacho y me sorprendo al ver que mi artículo ha mejorado. Sin embargo, aún me falta reducir el espacio de cinco líneas. Decido eliminar varios adjetivos. Su ausencia enriquece la precisión del artículo. Pero no es suficiente. Todavía debo sustraer tres líneas. Recurro al consejo de Valéry: "Entre dos palabras semejantes, escriba usted la más corta". Sinónimo a sinónimo, sílaba a sílaba, abrevio el escrito hasta la longitud solicitada. El resultado es excelente. Por fin, cuando veo el texto publicado por el periódico, compruebo que se ha convertido en un artículo mejor que el que entregué. Han cortado el último párrafo entero».

Recuerdo también esta frase de Kipling: «En un relato, quitar líneas es como avivar un fuego. No se nota la operación, pero todo el mundo nota los resultados. Claro que los párrafos suprimidos tienen que haber sido escritos honradamente, para algo, con voluntad de permanencia».

Me gusta el tiempo lento, no presionado por ninguna urgencia, casi diría que al borde del aburrimiento.

Con qué poco reconocimiento me conformo. Esto es una suerte inmensa. Sin embargo, qué mal soporto las críticas. Por eso, no la búsqueda de alabanzas, sino la huida de las censuras, ha sido uno de los impulsos básicos de mi vida.

Primera vez que me quedo solo en Benidorm. Me he levantado a las diez menos cuarto y he desayunado. Un taxi y al puerto. He cogido el barco a Calpe a las once. Unas ochenta personas, todos extranjeros, todos bastante mayores, salvo dos parejas jóvenes.

Hora y cuarto de crucero, con parada en Altea. Una hora en la playita junto al puerto, con el peñón a la izquierda, y Altea y la Sierra Helada al fondo, detrás de un mar como un plato. Ha salido el sol justo al llegar. Me he bañado dos veces en el agua transparente y muy fría. He llamado a María a Bilbao, entusiasmado, aunque sintiéndome un poco raro por estar solo. Luego he comido una parrillada de pescado en un restaurante que da a la playa. Salida del barco a las tres. Un paisaje soberbio. Pero algún navegante que bordeara la costa y desconociera la existencia de Benidorm, al toparse con ese imponente farallón de rascacielos al borde mismo del mar, se impresionaría más que con el peñón de Ifach o la bahía de Altea.

En esta época soy uno de los más jóvenes de Benidorm.

Prueba del nueve de que estoy a gusto: miro todo, y todo me parece bonito o interesante por algo. Sensación de agilidad en la cabeza y el cuello. Placer de andar. La postura erecta, que tantas veces me parece antinatural, aquí se convierte en la normal. Hasta en la playa estoy de pie. Mientras camino por el paseo, encesto en una papelera desde tres metros el paquete de tabaco arrugado. Un tiro impecable. Como Michael Jordan, como un monje zen disparando su arco. La relajada y buena cara que tengo.

De Alicante a Madrid en tren. Autobús a Bilbao. Soy el más viejo del autobús. En el área de descanso todos sacamos los paquetes de tabaco. Chicos y chicas, sobre todo chicas, que vienen y van a Madrid con sus móviles y sus pitillos.

¿Pluralidad de opiniones? Aquí lo que hay es pluralidad de mentiras. Basta comparar lo que dicen sobre lo mismo tres o cuatro periódicos distintos.

Derrida: «Me gustaría repetir mi vida, y aceptaría que todo se repitiera sin fin, exactamente como ocurrió. El eterno retorno».

Increíble. Es la primera vez que leo algo semejante. Creo que fue el doctor Johnson quien dijo que no estaría dispuesto a repetir ni una sola semana de su vida. No tengo ni la menor duda de quién de ellos fue más feliz.

«Moi même, mais réussi». «Yo mismo, pero logrado». Eso dijo Mauriac cuando le preguntaron quién le hubiera gustado ser. Soy incapaz de concebirme *«réussi»*.

A Miguel le entregaron ayer el premio Euskadi al mejor libro de literatura del año, *Pobeñeses*.

La familia de Miguel y yo llegamos a la sede de la Lehendakaritza en Vitoria los primeros, cuando todavía estaban montando las cámaras de la televisión y ensayando el acto. Nos fuimos los últimos, cuando ya habían desfilado las autoridades, los premiados, los cientos de invitados, los camareros y las mujeres de la limpieza. Miguel y Maite se habían armado un lío con el aparcamiento del coche y tardaron una hora en encontrarlo. Eran las diez y media de la noche y seguíamos allí, al aire libre, ateridos, cobijados en el porche. Solo faltaba la aparición del lehendakari en pijama para echarnos de una vez. Granizaba, quizás estaba a punto de nevar, y parecíamos un grupo de refugiados balcánicos, desde niños de nueve años hasta mayores que difícilmente podían caminar. Al fin llegaron. Nos lanzamos a la calle como si se tratara de un convoy de la ONU. Corríamos ya escaleras abajo cuando me llamó la secretaria que hacía guardia en el *hall*. Nos dejábamos olvidado el trofeo que le habían entregado a Miguel.

ME DIJO ALGO que me asustó y que a la vez me halagó: que, de mí, «había aprendido a tomarse con naturalidad la desesperación». ¿Me habrá visto tantas veces desesperado? me alarmé. Según él, lo que había aprendido de mí es que la desesperación es una cosa doméstica, algo que te viene hoy y que se va mañana, «como una gripe». No sé de qué estaba hablando. Nunca sabes para qué te consideran útiles los demás.

POR LA MAÑANA hemos llevado al gato al veterinario.

Ahora está tumbado en el sofá, tal vez un poco deprimido. Al venir de la cocina con una Coca-Cola y una tostada con salmón, le he dado un pedacito. Le ha encantado.

He releído algunas páginas de *Vendrán más años malos y nos harán más ciegos*, de Sánchez Ferlosio. Y apunto esto:

Ferlosio se amonesta a sí mismo con escrupulosa exigencia. Ya sabemos que eres indulgente con los malvados. ¿Pero lo eres también con los virtuosos? De lo contrario, no podrías reclamarte verdaderamente indulgente.

Porque el narcisismo y el fariseísmo de estos virtuosos es lo que menos tragas. Porque si algo aborreces de todo corazón es esa impudicia combinada de fariseísmo y de narcisismo que se llama Ética y que los virtuosos administran.

¿Qué es un virtuoso sino «un financiero que amasa su fortuna con las deudas contraídas por los malos con sus maldades»? Míralo cómo se escandaliza y protesta, de manera siempre ostentosa, para que de ese modo quede constancia de que acaba de ingresar a su favor una nueva renta de maldad ajena con la que seguir acumulando su «capital moral».

Ferlosio denosta la «concepción crediticia de la compasión».

Somos compasivos con alguien porque creemos que le debemos algo, y en este caso la compasión es casi como la justicia.

O somos compasivos aunque no creemos deber nada, pero entonces, desde el momento del acto de compasión, sentimos que adquirimos un mérito, un saldo acreedor de virtud.

La compasión, si se puede hablar de ella, se referiría a algo que no tiene que ver ni con la justicia ni con la virtud.

Lo que querríamos que pudiese ser la compasión, según Ferlosio: «Algo que tuviese doble y bilateralmente la felicidad de lo gratuito, o sea, que se pareciese a lo sentido en raras y singulares experiencias: ese placer plenamente carnal y corporal de arreglarle el embozo de la sábana a un niño recién acostado, ese estremecimiento de regusto que le recorre a uno toda la epidermis por simpatesis con el placer del niño. [...] El animal que lame las heridas de otro no está haciendo justicia ni ejerciendo una virtud, porque ni salda una deuda ni se acredita un mérito. Lo que la siempre frustrada y siempre reincidente compasión humana añora es el limpio calor de la animalidad».

¿Ese trocito de salmón que por puro gusto mutuo hemos compartido Borges y yo en el día de su visita al veterinario?

2003

«SI EL DESTINO ME dejara llevar mi vida a mi manera... elegiría pasarla con el culo sobre la silla», cita Lacouture como epígrafe en la primera página de su libro *Montaigne à cheval*, que vine ayer leyendo en el autobús al volver de Avilés. A lo mejor yo me la hubiera pasado en un tren o en un autobús. En cualquier caso, la sensación de libertad, ruptura de lo habitual, anonimato y mezcla de actividad y pasividad que me produce viajar, me hace feliz. Y me lleva a leer con una concentración estupenda.

En el libro de Lacouture vi que Montaigne, en su viaje a Italia, cuando peregrinó a Loreto, dejó en la capilla un exvoto que firmó así: «Michel Montanus. *Gallus Vasco*». ¿Qué significaría eso de «Vasco» para Montaigne? Lacouture traduce: «Francés de Gascuña». No tengo el *Viaje a Italia*, pero, por la noche, anduve fisgoneando en Internet (¡qué octava maravilla del mundo es Google!) y hallé el pasaje donde se cuenta la visita a Loreto: «El lugar de la devoción es una pequeña casita vieja y miserable construida con ladrillos, más larga que ancha... Con gran esfuerzo, y recibiendo mucho favor, pude encontrar un espacio para colocar un cuadro con cuatro figuras de plata pegadas a él: la de Nuestra Señora, la mía, la de mi mujer y la de mi hija. Al pie de la mía está escrito, grabado sobre la plata, «Michel Montanus, *Gallus Vasco, Eques regii ordinis*, 1581».

Puesto ya a enredar con Internet, aprendí que Gascuña deriva de Vasconia y que, más o menos, incluía el territorio comprendido entre la Dordoña y los Pirineos, desde el Atlántico hasta la región de Toulouse. Luego introduje en Google las palabras

Montaigne y *«basque»*, a ver que salía. Uno de los resultados me indicó que había algo en la *Apología de Raymond Sabonde*.

Al irme a la cama me llevé el Tomo II de los *Ensayos*, donde está lo de Sabonde. El gato se sentó en la butaca de enfrente y, después de mirarme un rato con los ojos muy fijos, vino a meterse conmigo entre las sábanas. Ha estado tres días solo y, al llegar yo a media tarde, me había recibido encantado, sin ninguna vergüenza de que se le notasen las ganas de verme. Nos saludamos con mucho cariño (no hay nadie en el mundo a quien salude yo con tanta efusión e impudor como a este gato), jugamos un rato por el pasillo con una pelota que le hice con un trozo de papel de aluminio y luego nos dimos muchos besos en el sofá. Una vez los dos en la cama, se durmió con la cabeza apoyada en mi pierna izquierda y empecé a leer.

A las pocas páginas del ensayo, Montaigne emprende un elogio de los animales, cuya inteligencia compara con la de los hombres. «Cuando juego con mi gata, ¿quién sabe si no me utiliza ella para pasar el rato más que yo a ella?», se pregunta. Unas líneas más adelante añade: «Ese defecto que impide la comunicación entre ellos (los animales) y nosotros, ¿por qué no ha de ser tanto nuestro como suyo? No se sabe de quién es la culpa de no comprendernos; pues no los entendemos más que ellos a nosotros. Por este mismo motivo, pueden considerarnos ellos bestias, como hacemos nosotros con ellos. No es muy extraordinario que no les entendamos (tampoco lo hacemos ni con los vascos ni con los trogloditas)».

HA NACIDO JON Alonso Abrisketa. Que sea feliz.

«Los más y más sanos de los hombres consideran gran ventura tener muchos hijos; yo y algunos otros pensamos lo mismo de no tenerlos» (Montaigne).

Una de las primeras cosas que han hecho Joana e Ignacio ha sido mirarle las piernas a Jon para ver si algún día podrán ser las de un jugador del Athletic.

Por lo menos este niño ha nacido ya rico. Siempre he defendido que si alguien tiene un hijo es por su santa voluntad, y que se debería comprometer a mantenerlo durante toda su vida, si es necesario.

Siempre estoy del lado del hijo cuando algún padre se queja de que el suyo no se va de casa a trabajar, a ganarse el pan como todos, a luchar por la vida. ¿A luchar por la vida? Si sabías que venía a «luchar», ¿por qué lo has traído? No estoy haciendo teoría. Yo siempre conté con que mis padres me proporcionarían comida, casa y algo de dinero en un caso de apuro. Me parecía que era su deber y no un capricho mío. Estar convencido de tener ese derecho me dio mucha seguridad.

Me gustan los niños, pero nunca en la vida se me ha pasado por la cabeza tener un hijo. Ya sé que esto es raro.

Tengo que hacer una cosa para *El Correo* sobre Simenon. Era el autor favorito de aita. Una vez lo vio en un tren, en Bélgica. Yo creo que me inicié en la literatura aquel día en que, con doce o trece años, hicimos una hoguera en el suelo de madera del tercer piso de Toni Etxea y quemamos un montón de libros de Agatha Christie y de Simenon. Por un pelo no ardió toda la casa.

Creo que me he dejado querer más de lo que he querido. Dejarse querer lleva a veces a querer mucho, quizás sin gran pasión, pero con profundidad. Querer sin ser querido puede llevar a la indiferencia, a no querer, y en algunos casos hasta a odiar.

Qué tranquilidad, releerme y comprobar que siempre estoy apuntando lo mismo, quejándome de lo mismo. Y yo haciéndolo cada vez como si fuera algo nuevo y terrible. Como si me encontrara al borde de un abismo oscuro y sin fondo. Cuando lo que estoy es en el mismo sitio, a plena luz, en suelo firme, *«chez moi»*.

No basta con que los personajes sean verosímiles, tienen que ser interesantes.

Yo soy más interesante de lejos que aquí, de cerca.

Solo una cosa me tranquiliza de haber sido un ignorante en música clásica durante toda mi vida y de haberla frecuentado poco: el aspecto de la gente que hace cola para acudir a los conciertos. Ni en las entradas a las iglesias es peor.

Una frase que me cabrea: «Venció el cáncer». Lo vencerían los medicamentos y la suerte. Por otro lado, casi me inspira más respeto y admiración lo que hizo Wittgenstein: dejarse ir. «Dígales a todos que ha sido una vida maravillosa» fueron sus últimas palabras, dirigidas a la señora que lo cuidaba. Todo el mundo pensaba, y sigue pensando, que fue bastante desgraciado. Pero me parecen unas últimas palabras muy bonitas.

«Es la persona más lúcida de Bilbao», me había dicho J. de él. Lo encontré por la calle. Estaba muy preocupado por su salud. «He tomado un jarabe de bebés para el dolor de cabeza, y como mi cerebro no es como el de un bebé, no sé qué me puede pasar ahora».

Tengo un buen reloj. Un Rolex. Lo tengo hace treinta y tres años. No se ha parado nunca. Lo que yo llamo mi vida ha sido, con mucha mayor propiedad, la vida de este reloj. Dice la biología que en el tiempo transcurrido desde que me lo regalaron han cambiado todas las células de mi cuerpo. Mi muñeca izquierda no es la muñeca izquierda que un día esposaron para llevarme a la cárcel. Pero el reloj que presionaban las esposas, sí. Este reloj es de acero y ha rozado todas las pieles que he acariciado en mi vida. Yo ya ni me acuerdo de quiénes eran sus propietarias.

Chamfort dice que aquel que se encuentra justo en el medio, justo entre nuestro enemigo y nosotros, nos parece siempre que está más cerca del enemigo. Asegura que es una ley óptica, como la que hace que el chorro de un estanque nos parezca siempre más próximo de donde nos encontramos que del lado opuesto.

Esto explicaría muchos comportamientos y discusiones políticas.

Es verdad que, al mirar hacia atrás, nos parece que la vida ha sido rápida y corta. Pero también es verdad que, a veces, nos da la impresión de que algunas de las cosas que hicimos no fueron obra nuestra, sino de algún antepasado inmemorial e incomprensible.

La mano invisible y el puño bien visible. La guerra de Irak.

Encuentro algo que una vez escribí para el periódico:

> Según el semiólogo Roland Barthes, cualquier libro, cualquier artículo, párrafo o frase de un escritor lleva siempre incorporado un

operador secreto, algo así como un signo no expresado y de una categoría tan primitiva como la interrogación o la negación, que vendría a significar lo siguiente: «¡Y que se sepa esto!». Hasta el más humilde u hosco de los escritores siempre está diciendo en primer lugar: «¡Que se sepa esto!».

Yo añadiría que todo texto se encuentra situado entre ese «¡que se sepa esto!» del escritor y la natural indiferencia de partida de cualquier posible lector, y que podría definirse como el operador secreto «¡y a mí qué!».

El triunfo de un escritor se mide por la capacidad de que sus «¡que se sepa esto!» consigan imponer su autoridad sobre los «¡y a mí qué!» de los lectores. A veces lo logran hasta grados asombrosos. Acabo de hojear uno de los tomos de los *Ensayos* de Montaigne y he descubierto la siguiente frase, subrayada por mí en otro tiempo con un grueso trazo de lápiz rojo: «No soy excesivamente aficionado a las ensaladas ni a las frutas, salvo a los melones».

Derecha, inclinación por el fuerte. Izquierda, inclinación por el débil.

Era muy guapo, sacaba buenas notas y gané un campeonato infantil de tenis.

Ama me da las notas del curso escolar 1958-59, cuando tenía doce años y estaba en tercero de Bachiller:

Religión: 10 Matrícula de Honor. Lengua Latina: 10 Matrícula de Honor. Lengua y Literatura española: 10 Matrícula de Honor. Geografía-Historia: 9 Sobresaliente. Matemáticas-Griego: 7,5 Notable. Física: 10 Matrícula de Honor. Francés: 10 Matrícula de Honor. Educación física y política: 9,5 Sobresaliente. Dibujo: 9 Sobresaliente.

Son unas notas absurdas. La prueba: nunca he tenido ni idea de dibujar.

Con el tiempo, he tendido a pensar que me daban notas tan excelentes por enchufe, porque era guapito y bueno, y les caía bien a los profesores. Sin embargo, las notas de la Reválida de cuarto, del año siguiente, en la que los exámenes no se hacían en el colegio, sino en el Instituto Oficial de San Sebastián, y con examinadores que no nos conocían, son igual de buenas.

Aquel año de 1959-60 fue el más glorioso de mi vida. En el verano gané el Torneo Javier Satrústegui, más o menos el Campeonato Infantil de Guipúzcoa de Tenis.

Fui un príncipe. Pero no me enteré.

Desde entonces, podría decir alguien, todo fue descenso.

Cosa ya prevista por el profesor que aquel mismo año realizó mi «Ficha psicológica», destinada a la lectura de aita y ama.

«Es indudablemente Ignacio una inteligencia privilegiada. Magnífica reflexión, agudeza de ingenio, buena memoria. Expresión clara y correcta. El único defecto que le encontramos en el campo intelectual es que, precisamente debido a su gran facilidad, apenas estudia con aplicación verdadera. Hoy por hoy, mientras las dificultades no son mayores, se defiende sobradamente. Y aunque más tarde pudiese hacer lo mismo, siempre sería una lástima que Ignacio, destinado seguramente para ser una lumbrera, se quede en ser nada más que «una buena inteligencia». Aun siendo en todo el primero, puede no rendir el todo de su medida. Y eso es lo que Ignacio debiera evitar. A sus buenas cualidades intelectuales, une excelentes cualidades sociales: simpático, amable, bondadoso con los compañeros, se hace querer grandemente de ellos. En particular por su gran sencillez, que es lo que más cautiva. Algo demasiado reservado y tímido en las relaciones con sus profesores. Manifiesta excelentes disposiciones religiosas y morales, y parece marchar bien por esta crisis de adolescencia en que ahora se encuentra metido».

Yo tenía entonces trece años y era por lo visto una lumbrera, una especie de santo y un vago. Al menos en lo tercero he sido fiel a aquel chiquillo.

Cuando Marta Cárdenas me contó que Julio Cortázar no había querido conocer ni a su novio, el famoso músico Luis de Pablo, que estaba en París para verla, justifiqué con alivio algo que ya sabía que sucedería: yo no conocería tampoco a uno de mis dos escritores favoritos a través de ella.

Meses más tarde, caminando por el Boulevard Saint Germain, me detuve ante La Hune. Miré los libros del escaparate y levanté la mirada hacia el interior. Y lo vi. Julio Cortázar en persona. El propio Jesucristo a la vista. Me puse muy nervioso. Esperé a que saliera, le seguí hasta el paso que cruza hacia la calle de Rennes y tuve la suerte de que el semáforo se encontrara en rojo. Permanecí unos segundos parado junto a él, temblando. Me atreví a abordarle. «Usted es Julio Cortázar, ¿verdad? Yo soy amigo de José Miguel Ullán, pero he perdido su número de teléfono y necesito hablar con él. Sé que es amigo suyo. ¿No lo tendrá usted por casualidad?». No sé lo que me respondió. No recuerdo nada. Solo sé que sonrió, estuvo cordial y me dijo algo. Me despedí farfullando unas palabras de agradecimiento, no crucé el semáforo y permanecí quieto, con el corazón aún disparado, mientras lo miraba cruzar la calle hacia el famoso *drugstore* de Saint Germain.

Media mañana escuchando a Brel. Lo hago cada dos o tres años. Hoy se cumple no sé qué aniversario suyo. Otra vez escalofríos e incluso lágrimas. Creo que Brel y Brassens son los dos músicos que llevo más adentro. Fueron casi tres años, entre los diecisiete y los diecinueve, escuchando sus canciones, casi todas las tardes y noches, en la habitación de Antonio Gutiérrez Cortines, el Corto, en el Colegio Mayor de Deusto.

Le debo mucho a Antonio. Me descubrió a Brel, a Brassens, a Borges y al Lévi-Strauss de *Tristes trópicos*. Era un santo, me adoraba y le correspondí con un cariño profundísimo. Paseando un día por el Campo Volantín, en nuestro primer año de Deusto, me confesó muy inquieto que era homosexual. Debía de temer mi reacción. Pero yo reaccioné de forma incluso más positiva de lo normal. Porque me gustó que fuera homosexual. Era el primer homosexual que conocía.

Antonio estaba suscrito a *Jeune Afrique*, una revista dedicada exclusivamente a la política africana. Le gustaban los negros. Con el tiempo, llegaron a gustarle exclusivamente los negros. Al terminar la carrera consiguió un trabajo en Washington, para poder ligar con ellos. Nos escribió muchísimas cartas a Barcelona. Un día supimos que se había muerto, yo creo que fue uno de los primeros en caer con el SIDA. A él también le debo haber conocido a mi primer negro, y creo que el único: Barry Victor Pierre, un antillano muy simpático que nos visitaba en Barcelona y Formentera. Dibujaba muy bien y tengo un paisaje urbano suyo de Ibiza, a tinta china.

Hoy escribe Vicente Verdú una columna en *El País* titulada «La generación no-no». Se refiere a los jóvenes de estos tiempos, a quienes define como una generación que dice no-no a todo lo que hay, aunque sin proponer una alternativa ideológica positiva.

Pero esto no es de ahora. Esto es de hace treinta años y de siempre.

«Parce que les autres veulent pas, parce que les autres veulent pas...», coreábamos a Brel en el cuarto de Antonio.

ESTABA ZARRA CENANDO en la mesa de al lado con unos amigos. Miguel no se atrevía a pedirle un autógrafo. Lo hizo María Bengoa por él. Cuando Zarra terminó de cenar y se levantó para ir al colgador a por su chaqueta, Miguel y yo lo miramos. Los dos habíamos sentido la misma curiosidad. Queríamos ver cómo caminaba un futbolista de leyenda a los ochenta años. Luego cruzamos las miradas y nos reímos a la vez. Los dos habíamos notado que Zarra se había movido con una agilidad impropia de su edad, dando algún saltito excesivamente ágil. No se puede haber sido Zarra y andar luego arrastrando los pies como un viejo. Se puso la chaqueta, sin darse cuenta se ató los botones desparejados, encendió un pitillo y salió del Guria con sus amigos, muy derecho.

En San Sebastián, de pequeños, Álex y yo íbamos al campo de Atocha siempre. Nos habían embaucado para ser emocionalmente del Athletic. Llorábamos si la Real ganaba. Teníamos el uniforme con la camiseta roja y blanca, y el pantalón negro. Algunos jugadores del Athletic, recuerdo ahora por ejemplo a Gainza, pasaban por Villa Izarra para visitar a amama cuando iban a jugar a San Sebastián. Era un asunto de nacionalismo. En cuanto vine a estudiar a Bilbao, me di cuenta de que, en realidad, y de modo absoluto, yo era de la Real.

Y sigo sin ser del Athletic, como tampoco de Bilbao.

HASTA QUE NO desaparezcan las joyerías habría que mantener un poco en cuestión todo eso del feminismo.

OTRA VEZ LA anécdota de que san Ambrosio fue el primer lector silencioso. La cuenta hoy Enrique Vila-Matas en un artículo de *El País*, citada de la *Historia de la lectura*, de Alberto Manguel.

Es cierto que por aquella época todavía la gente solía leer en voz alta, o por lo menos moviendo la lengua. Y es cierto también que el primero de quien se sabe que leía en silencio fue san Ambrosio, por algo que dice san Agustín en las *Confesiones*. Yo me enteré de ello hace muchos años, en un artículo de Borges, y la imagen se me quedó grabada. Que alguien hubiera inventado de repente, y tan tarde, la lectura en silencio, me pareció extraordinario, sobre todo por lo inverosímil de su implicación: que ni

Platón ni Séneca, por ejemplo, hubieran sabido nunca leer en voz baja. No llegué a creérmelo del todo. De Séneca se decía que había leído todos los libros de Roma con un globo relleno de agua. Como no existían las gafas, empleaba aquel artilugio a modo de lente. No creo que encima lo hiciera en voz alta.

La lectura en voz baja fue un invento progresivo y colectivo. Tanto Borges, como Manguel y Vila-Matas, tal vez para dar más fuerza a la historia, no cuentan que lo que le pasaba a san Ambrosio es que tenía la garganta delicada y, con tanto sermón, enseguida se ponía ronco, por lo que prefería reservar su laringe para cuando tuviera una audiencia delante. Esto es, por lo menos, lo que dice san Agustín en las *Confesiones*.

De cualquier modo, el paso de la lectura en voz alta a la lectura en silencio fue algo de una importancia enorme, a lo mejor tanto como la invención de la imprenta, aunque no tan repentino. Parece que los primeros en practicarla sistemáticamente fueron los copistas de los monasterios. No iban a andar molestándose unos a otros con sus voces, ni les iban a proporcionar una sala aislada para cada uno. Después de los copistas medievales de manuscritos, los universitarios empezaron también a leer en silencio y, para el siglo XV, era ya la manera corriente de leer entre las aristocracias cultas.

El individualismo, las bibliotecas privadas, el protestantismo, los libros eróticos y no pocas herejías se vieron favorecidas por la lectura en silencio. La vida de hoy es inimaginable sin ella. Desde la lectura del periódico en un bar hasta la de una novela con el cónyuge dormido al lado, pasando por la visión en la tele de una película con subtítulos. No me extraña que fuera un ciego, Borges, quien se ocupara de recalcar lo que cuenta san Agustín de san Ambrosio. Y menos que lo recuerde Manguel, que en su juventud le leía a Borges en voz alta los libros que este ya no podía leer.

Schopenhauer la describió así: «La piedad es ese hecho asombroso, misterioso, por el cual vemos borrarse la línea divisoria que a los ojos de la razón separa enteramente a un ser de otro, y el no yo convertirse de cierta manera en el yo. La sola conmiseración es el principio real de toda justicia libre y de toda caridad. La piedad es un hecho incontestable de la conciencia humana; es esencialmente propia de esta y no depende de nociones anteriores, de ideas *a priori*, religiones, dogmas, mitos, educación y cultura; es el producto espontáneo, inmediato, inalienable de la naturaleza, resiste a todas las pruebas y se muestra en todos los tiempos y en todos los países; dondequiera se la invoca confiadamente, por la seguridad que se tiene de que existe en cada hombre, y no se cuenta nunca entre el número de los «dioses extraños».

Savater empieza su autobiografía recién publicada con estas palabras: «En el comienzo... en el comienzo estuvo siempre mi firme propósito de no trabajar». Y afirma que lo ha conseguido.

Una vez fui a casa de Savater, en Madrid, a hacerle una entrevista sobre las drogas y, al terminarla, se me ocurrió pedirle que me detallara su horario cotidiano. Yo preguntaría eso a todo el mundo. Es lo que más me intriga de la gente, no lo que piensan o lo que desean, sino lo que hacen. No me basta con eso de «yo trabajo en Iberduero» o «soy pintor».

Para empezar, Savater se levantaba tempranísimo, aunque hubiera trasnochado. Luego ocupaba todo el día repartido por horas y medias horas en actividades diversas. De diez a once ensayo, de once a once y media poesía, luego tres cuartos de hora de escritura, más tarde media hora para preparar una clase, una hora de inglés, 45 minutos de novela... más o menos así todo el tiempo. Me despedí de él como quien se despide de un minero.

A MEDIDA QUE voy llenando estos archivos me doy cada vez más cuenta de la cantidad de contradicciones que contienen. Por lo menos, sirven para eso, para eliminar de una manera fehaciente la idea de que eres alguien «de una pieza», «coherente», con «personalidad propia» y otras tonterías de la misma familia.

SU PADRE LA amonestaba: «¡Hay que tener voluntad! ¡Hay que tener voluntad!». La niña preguntó, gimoteando: «¿Pero qué es tener voluntad?». «Tener voluntad es estar haciendo todo el rato cosas que no te apetece hacer», sentencié, pedagógico.

HOBBES JUGABA AL tenis dos o tres veces al año. Lo hizo hasta los setenta y cinco. Leer esto en la breve biografía que le dedicó su amigo John Aubrey me ha hecho feliz toda la tarde. La idea de Hobbes jugando al tenis sosiega y da un poco de risa. La filosofía moderna, como la teología medieval, no dejó de basarse en meter miedo. Hoy estamos en lo mismo con esto del terrorismo, el local y el internacional, con Aznar y con Bush. «Fabricar estrés se ha convertido en la primera especialidad del poder realmente existente», decía el otro día Juan Cueto en el periódico. Tal vez siempre haya sido así.

De Hobbes todo el mundo recuerda aquello de que el hombre es un lobo para el hombre. O lo de que la vida de los humanos no sometidos al poder absoluto era solitaria, pobre, desgraciada, brutal y corta. Desde hoy lo recordaré también jugando al tenis.

Al terminar el partido, Hobbes se tumbaba en la cama y hacía que su sirviente le diera un buen masaje. «Creía que esto alargaría su vida en dos o tres años», dice Aubrey. El caso es que vivió hasta los noventa y uno.

Otro filósofo obsesionado con vivir muchos años fue Kant, un completo maniático. Todos los días daba un largo paseo, cosa con la que no me meto, pero aseguraba que al andar había que llevar siempre la boca cerrada, para no coger catarros. Vivió hasta los ochenta años.

Es posible que el vivir mucho fuese para estas gentes algo así como una corroboración de lo acertado de sus teorías sobre el mundo. Mis ideas son las correctas, soy un sabio, luego debo de vivir largos años, debían de decirse.

Sin embargo, otro de ellos, Schopenhauer, que llegó a cumplir los setenta y dos, se hubiera burlado. Una vez escribió: «Cada uno se desea una vejez avanzada y, por tanto, una condición en la que pueda decir "hoy todo va mal, y según pasan los días será peor, hasta que venga lo peor de todo"». No sé cómo acabó Hobbes, pero Kant, fatal.

La biografía de Hobbes escrita por Aubrey tiene unas veinte páginas y Canetti la considera «el retrato más intimo de un filósofo que pueda existir en la Literatura Universal». Pero a lo mejor Canetti ignoraba lo que escribieron a la muerte de Kant tres de sus amigos, unos tales Borowski, Jachmann y Wasianski. Son tres breves textos supuestamente elogiosos de su maestro, pero que a mí me parecen uno de los libros más cómicos que poseo. Me entra, al leerlo, una risa como aquellas que te entraban en la iglesia. Ahora lo he vuelto a hojear y no puedo menos que comparar dos anécdotas.

Aubrey narra en su libro el famoso encuentro de Hobbes con un mendigo. El filósofo, que consideraba el egoísmo como la esencia del ser humano, le dio una limosna. Cuando el cura que iba con él, creyendo haberlo cazado, le preguntó por qué lo había hecho, Hobbes le respondió que, al ver la alegría del mendigo, también él se ponía contento y que, por lo tanto, aquello seguía siendo puro egoísmo.

Borowski, el amigo de Kant, cuenta cómo él y Kant se encontraron con un joven pedigüeño que empezó a estorbarles el paseo y la conversación. Borowski sacó unas monedas del bolsillo para desembarazarse de él. Pero Kant se las arrebató de las manos para impedir que se las diera y, no contento con ello, arreó un bastonazo al mendigo. Borowski añade que este ni se enteró del golpe y se largó riendo.

«Jamás leo a autor alguno, ni siquiera a aquellos que tratan la virtud y los deberes, sin investigar cuidadosamente cómo fue» (Montaigne). No sé por qué dice «ni siquiera». A esos, con mayor motivo.

Hoy ha estallado una bomba en un sitio donde he meado muchas veces, el servicio de caballeros de Tamarises. Tenían cepillos de dientes en bolsitas de plástico.

«¿No te sientes mejor, como con más energía?» me dice el médico, al comprobar lo bien que tengo los análisis de la diabetes. Afortunadamente, no me siento con más «energía». A todos los que he visto con mucha «energía» siempre me ha parecido verlos al mismo tiempo con mucha desazón.

Las mismas cosas, exactamente las mismas, que se dicen hoy de la llamada telebasura, se decían hace cien años de los periódicos.

En quince años que llevo yendo a Benidorm, ama no ha pronunciado aún la palabra Benidorm, se las arregla con circunloquios. El de esta vez ha sido: «Ya sé que os vais al sur». Patxuko no dice tampoco nunca Benidorm. La última vez le habló a María de «ese pueblo al que vais».

En realidad, sucede al revés. Ir de Bilbao a Benidorm es como llegar del pueblo a la ciudad. Aquello es más grande, más cosmopolita, más variado en paisaje humano, además de tener edificios más altos. Allí no conocemos a nadie y nos movemos en el famoso anonimato de la gran ciudad. Veo a muchas más personas que en Bilbao. Sobre todo en la playa o desde la terraza de casa, que es uno de los lugares del mundo en que estoy más entretenido.

HAY POCOS ESPACIOS públicos donde se perciba tanto bienestar como en una playa. En la playa hay mucha felicidad, y sin una gota de alcohol. Y en ningún sitio se admitiría a tanta gente durmiendo, medio desnuda, dándose cremas en posturas que en otra parte se considerarían obscenas. La playa es un gran espacio erótico. Es una de las razones de que acuda tanta gente. Las playas desiertas tienen su encanto, pero las repletas, también. En realidad, creo que las playas desiertas están desiertas porque no hay chicas.

Por otro lado, en pocos lugares públicos hay tanta gente leyendo: libros, el periódico, revistas... Se ven muchos más libros que en un café o en un parque. Esta vez abrí uno de notas diarísticas de Kafka. No resistió la exposición al sol. No entendí nada. Kafka escribía de noche, pero no es una excusa. Por bien que me caiga, de qué podría hablar en una playa, o en cualquier sitio, con alguien que escribe esos diarios tan a menudo incomprensibles. A Kafka se le entiende mejor en la ficción.

ES EVIDENTE QUE cualquiera de los que están arriba ha tratado a los otros como un medio y no como un fin. Sea lo que sea eso de Kant de tratar a las personas como un fin, así solo se va cuesta abajo.

Leo un reportaje sobre Miquel Barceló en *El País Semanal.* Está en Nápoles. En una casa preciosa. Tiene otra en París y otra más en Mali. Los pintores dan envidia. Siempre con casas y estudios enormes, luminosos, magníficos. Viajan mucho. La buhardilla oscura y solitaria sigue siendo el lugar arquetípico de los escritores.

Monet, en su jardín de Giverny, incluso Van Gogh entre sus girasoles de la Provenza. Pero Kafka, en su cuarto bien cerrado, y aún deseando una cueva más oscura donde esconderse, y Proust, en su habitación de enfermo, con las paredes tapizadas de corcho.

Del periódico de hoy:

«Tras una ajustada votación, 5 votos a favor y 4 en contra, el Alto Tribunal norteamericano ha decidido anular las leyes antisodomía de los trece estados en los que aún permanecían vigentes: Texas, Alabama, Florida, Idaho, Kansas, Louisiana, Missisippi, Missouri, North Carolina, Oklahoma, South Carolina, Utah y Virginia».

Otra vez Estados Unidos: el país donde más se trabaja, donde más diferencias de riqueza existe, donde hay menos cobertura social. Y sin embargo, el supuesto paraíso al que quieren acceder los emigrantes de todo el mundo.

Tiene una mirada triste, pero no da pena, sino que intimida. Parece que el que le estás dando pena eres tú.

La vaca de Franz Marc que tenemos encima del piano es exactamente igual a la *Composición V* de Kandinsky. Me di cuenta un día por casualidad, mientras contemplaba en una revista una reproducción del cuadro de Kandinsky. «Esto me suena», pensé.

Al cabo de unos minutos levanté la cabeza y lo vi. Ahí estaba, sobre el piano.

Me interesé por el cuadro de Kandinsky y leí las más abstrusas explicaciones sobre él. Por ejemplo, que su tema es la resurrección de los muertos. O que el grueso trazo ondulado de pintura negra que cruza la pintura representa el sonido de las trompetas de unos ángeles situados en la parte superior derecha. A mí me parece igual al perfil de la vaca de Marc, con la cabeza y los músculos del cuello incluidos.

Los dos cuadros fueron pintados el mismo año. Marc y Kandinsky pertenecían al grupo de artistas de Múnich El Jinete Azul. Hace unos meses, en un momento de entusiasmo, pensé decírselo a Petra, mi inquilina de arriba, que comisionaba entonces una exposición de Kandinsky en el Guggenheim, pero no quise hacer el ridículo.

San Sebastián. 25 de julio, día de Santiago. Tomo con ama una Coca-Cola y unas aceitunas en el bar de la playa. Me dice que los de Villa Izarra no iban a misa el día de Santiago porque era el patrón de España.

Rememora nuestra llegada desde Nueva York, en 1947. Desembarcamos del Magallanes en Santurce. Mis primeros días en España los pasé nada más y nada menos que en el Hotel Carlton. Ahí seguimos los dos, en Bilbao, el Carlton y yo, a doscientos metros uno de otro.

La primera noche, amama quiso hablarle a solas. La llevó a su habitación. La nuera neoyorquina recién llegada escuchó, «para que lo supiera desde el principio», que ellos eran «católicos, apostólicos, romanos y nacionalistas, y que a Franco no lo podían ni ver».

Cuando llegamos a San Sebastián, no existía este bar. Lo que había aquí al lado, sobre la misma playa, era una cárcel. Ama cuenta cómo pasaban junto a sus muros, charlando y riendo, hacia los bailes del Tenis, sin pensar un momento en los presos. Yo no me acuerdo de la cárcel. Cuando baja la marea, se ven los cimientos.

Ama cuenta que los Lodge comían a veces en la arena, en una gran mesa servida por las muchachas. Los Lodge eran los embajadores de Estados Unidos en España y veraneaban a cincuenta metros de casa. Una vez vino a verlos el cardenal Spellman, el arzobispo de Nueva York. Ama debió de contagiarme su excitación, pues todavía creo acordarme de su gran capa roja flotando entre los tamarindos. Ama y yo, los dos bautizados en Manhattan, habíamos sido hasta hacía muy poco sus feligreses.

Los Lodge eran una dinastía familiar con un abolengo como el de los Kennedy. El otro día leí en una novela policíaca de Tony Hillerman que habían dado origen a un dicho americano: «Los Lodge solo hablan con los Cabot, y los Cabot con Dios». Pero eso debía de ser en América, porque Beatriz Lodge hablaba con ama, y María conserva fotos de ella sentada en una mesa con Ramón y Acacia, cuando María fue «reina del bollo» de Avilés.

HE PREGONADO A menudo mi vagancia, pero no digo tanto que soy extremadamente aplicado cuando tengo que hacer algo. Me encargaron para *El Correo* cuarenta o cincuenta líneas sobre *Carmen*, de Merimée, a cuento de que Vicente Aranda va a estrenar una película sobre ella. Para redactarlas, me he leído la novela, el libreto de la ópera y decenas de páginas sobre Merimée. Todo ello para redactar cincuenta líneas funcionariales.

ENVIADO A *EL Correo*. Como el suplemento de libros salía el día de Todos los Santos, me habían pedido algo sobre «la literatura y la muerte». No sé si es algo de mal gusto, pero lo copio:

Cela había comentado muchas veces que hay que morirse «sin mover un músculo de la cara». No pudo ser. Alguien de entre sus íntimos contó que, llegado el postrer momento, Cela exclamó: «¡Viva Iria Flavia!».

Hay escritores a los que la muerte los alcanza perfectamente preparados y acicalados. Por ejemplo, al poeta japonés Kiyu, que antes de morir escribió: «Anochece: / también a mí, rocío de quienes me procrearon, / me ilumina el crepúsculo». A otros, en cambio, les sorprende de cualquier manera: «Doctor, ¿no cree que habrá sido el salchichón?» fueron las últimas palabras de Paul Claudel.

Es de suponer que lo que se cita a veces como «últimas palabras» son agudezas de chistosos sin muy buena intención. Pero si perduran es porque estuvieron bien inventadas. Por otro lado, en ocasiones se les ha otorgado una seriedad que no poseyeron. Ni el «¡Más luz!», de Goethe, ni el «Está bien», de Kant, fueron esa especie de últimos mensajes trascendentales que se ha querido ver en ellos. Lo que pedía Goethe era que corrieran un poco la cortina de la ventana de su habitación. El «Está bien» de Kant fue un simple balbuceo de aprobación ante el caldito que acababan de acercarle a los labios. Así lo contaron los asistentes.

Sánchez Ferlosio escribe que a la gente común, en el trance de morirse, lo único que le preocupa es no perder la compostura. Esto se parece a lo que consideraba Cela. Ferlosio califica de ejemplares las últimas palabras de Descartes: *«Il faut partir»*. Pero es posible que suenen demasiado elegantes. Por lo menos, más que las del ratonero (y probablemente cierto) mutis con que abandonó el mundo Schopenhauer: «Pues bien, nos las hemos apañado».

«Las últimas palabras» de los escritores son todo un género literario. «Llamad a Brianchon, llamad a Brianchon», pedía Balzac en sus últimos momentos. Brianchon era un médico de una de sus novelas. Algunos murieron excitados ante lo que preveían, como Theodore Dreiser: «¡Ya voy, Shakespeare!». Otros, cabreados por lo que había sucedido, como Eugene O'Neill: «Lo sabía, maldita sea, lo sabía, nací en un hotel y moriré en un hotel». Las dos frases finales de H. G. Wells fueron: «Podéis iros. Me encuentro perfectamente». Más perspicaz estuvo Ibsen: «Al contrario», dijo cuando la enfermera que lo atendía acaba de asegurar que se encontraba mucho mejor.

Las notas de los escritores suicidas son un subgénero terrible. Conmueve demasiado transcribir algunas, la de Virginia Woolf, por ejemplo. Pero sí aceptan ser copiadas las dos últimas líneas de Chamfort, serenas y dignas: «Y así abandono este mundo, donde es preciso que el corazón se rompa o se haga de bronce *("se brise ou se bronze")*». Como tal vez se puede incluso celebrar la despedida del poeta Hart Crane al lanzarse por la borda del barco en que viajaba y desaparecer para siempre: «¡Adiós a todo el mundo!».

En cualquier caso, las que todos queremos para nosotros son las que han quedado registradas para la historia como las últimas palabras pronunciadas por Lord Byron antes de su muerte. Se despidió de los amigos con quienes charlaba después de cenar, se dirigió a su dormitorio y les deseó: «Buenas noches».

BASTANTES MAÑANAS, HAGO el siguiente paseo. Voy por la Gran Vía hasta El Corte Inglés, tuerzo hacia los Jardines de Albia y llego por Mazarredo al Guggenheim. Me tomo un café solo (malísimo) en el hotel Dómine. Los camareros, todos jóvenes, me conocen y saludan muy amables. Nunca hay casi nadie y, a través de los grandes ventanales, miro hacia el museo y la Universidad de Deusto. Han pasado casi cuarenta años y no me he alejado ni trescientos metros, me he dicho a veces. No guardo ningún buen recuerdo de ella. Aunque sí del Colegio Mayor. No tuve ni un solo profesor bueno, de categoría, o carismático. Y encima, La Comercial estaba dirigida por un prototipo de tiranuelo, una especie de personaje que yo no había conocido hasta entonces, pero del que conocería otros ejemplos con el tiempo, el legendario padre Bernaola, alguien a quien la sociedad vizcaína tenía por uno de los fundamentos de la élite económica del país y por el que yo sentía el más profundo desprecio. Me indignaba que todos mis compañeros lo llamaran «el jefe».

Hoy he recordado aquel domingo en que no fui a misa por primera vez.

Había sido muy religioso en el colegio. A los quince años quise irme cura, pero aita y ama, con todo el sentido común del mundo, me dijeron que esperara un año. Aquellos irresponsables habían querido raptarme y estropearme un par de años de mi vida, o arruinármela entera.

En el segundo año de universidad, dejé la religión de una vez. Vivía en el Colegio Mayor y todos los domingos íbamos a misa. En uno de ellos decidí que se acabó, y mientras los demás se dirigían a la capilla, atravesé el patio de La Comercial, crucé el puente de Deusto y di una vuelta por Bilbao.

«Trabajo»: término de tan múltiples acepciones que en el futuro serán incapaces de entender.

Borges dice que dejó de fiarse de las traducciones del chino cuando leyó que el mismo pasaje de cierto filósofo había sido traducido como: «A un condenado a muerte no le importa bordear un precipicio, porque ha renunciado a la vida», y como: «Los sirvientes destruyen las obras de arte, para no tener que juzgar sus bellezas y sus defectos».

Estuve en Muskiz, en la entrega del premio de cuentos. Esta vez me tocó hablar a mí.

Lo hice sobre un tema de moda, las literaturas del yo, las autobiografías, biografías, diarios, autoficciones y demás obras de este tipo que están en auge.

Dije que vivimos una época ávida de confidencias y de intimidades, unos tiempos en los que hay muchos con ganas de soltarse contando su vida y muchos con ganas de escucharlos o leerlos. Basta ver la televisión, pero también los escaparates de las librerías. Cité ejemplos variopintos.

Hablé de los recientes premios concedidos a Enrique Vila-Matas y a Trapiello, y dije que no sé si esta tendencia hacia la literatura del yo, la literatura del burro por delante para que no se espante, irá a más o a menos. Si acabaremos empalagados por este exceso de «yoísmo», o si, por el contrario, de aquí van a salir los libros más renovadores de los próximos tiempos.

Y entré en la parte erudita.

Expliqué que esto de escribir en términos individuales es un invento muy reciente en la historia de la cultura y, por tanto, un territorio tal vez muy fértil. Que los hombres saben escribir desde hace cinco mil años, pero que solo hay registros de vidas propias contadas por uno mismo desde hace unos doscientos.

Seguí, textualmente:

> El individuo, el yo y la intimidad nos parecen hoy algo muy natural, pero los antiguos no sabrían ni de lo que estamos hablando. Para los antiguos, el yo, tal como lo entendemos nosotros, ni existía. Era como un punto ciego, algo que no eran capaces de ver, como tampoco veían, por ejemplo, la crueldad de la esclavitud. Tal vez hablaran más en función del nosotros, de la familia, el clan, el linaje, la ciudad, el puesto que ocuparan o lo que fuera. La gente no se consideraba a sí misma en los términos individuales en los que hoy nos consideramos. Y no escribían sobre sí mismos, ni siquiera sobre otros individuos, a no ser que fueran muy importantes y sirvieran de ejemplos morales.

Dije que, en general y sin entrar en matizaciones, se considera que la primera autobiografía en el sentido actual fueron las *Confesiones*, de Rousseau, que se publicaron en 1782. Es decir, hasta 1782 nadie se había puesto a contar su vida con detalle en un libro. Hasta entonces habían existido cartas, algunos papeles sueltos, pero nada parecido a una obra semejante.

(No hablé de san Agustín o Cellini para no armarme un lío, ni me metí en el vericueto de explicar que, para mí, el primero en hablar de sí mismo en forma muy parecida a la actual, el primer individuo al que se puede ya considerar un contemporáneo nuestro fue Montaigne).

Añadí que, en el género de las biografías (también en el sentido moderno, pues biografía fueron ya sin ir más lejos los Evangelios), el origen se suele situar en 1791, con la *Vida de Samuel Johnson*, que publicó su amigo James Boswell.

Y que otro género ligado a estas literaturas del yo, el de los diarios, también tuvo su origen en tiempos relativamente recientes. En general, se dice que el primer diarista fue el inglés Samuel Pepys, un londinense a quien se tiene por el creador de la Armada Británica y que escribió un enorme diario encriptado de los más nimios detalles de su vida entre 1660 y 1669. Solo se descifró y publicó en 1825.

Terminé así:

> Desde el siglo XVIII hasta hoy se han escrito muchas autobiografías, biografías y diarios. Pero nunca tantos como hoy. En España, concretamente, la eclosión del género es recientísima, a pesar de que algunos de los pocos libros indispensables del siglo XX ya fueran por este camino. Me refiero a las memorias de Baroja y a los *Dietarios* de Josep Pla, incluido *El cuaderno gris*. Y es notable lo bien que se conserva esta literatura del yo. ¿Quién lee hoy una novela de Baroja? Es casi imposible terminarla. Se te cae de las manos. Sus memorias, en cambio, permanecen perfectamente vívidas. En cuanto a Pla, no le ha salido ni una arruga.
>
> Aplicado todo esto a los que se presentan a este certamen, y tal vez a algunos de vosotros, que sentís el gusanillo de escribir, pero que no os atrevéis a lanzaros, diré lo siguiente.
>
> Por lo que respecta a los relatos presentados, es obvio que mucha gente lo que ha querido es contar su vida, pero como lo ha hecho compareciendo a un concurso literario, ha tratado de conferir a su relato un cierto empaque literario, un cierto disimulo de ficción, que en muchísimos casos no hace más que estropear historias que si estuvieran contadas directamente en primera persona y con naturalidad resultarían mejores.
>
> Y en cuanto a los que os tentaría escribir, pero pensáis que no tenéis la suficiente imaginación para inventaros un cuento o una novela, mi recomendación sería que os volvierais a vosotros mismos y escribierais directamente sobre vuestras vidas. Tal vez no pasaréis a la posteridad (a la posteridad con mayúsculas, a la que al fin y al cabo no pasan más que cuatro gatos), pero dejaríais a vuestra pequeña posteridad, a la que está al alcance de la mano, a vuestra familia y a

vuestros amigos, una imagen de vosotros y de vuestras vidas que sin duda leerán con interés».

Hoy, elecciones otra vez. Me siento nervioso desde por la mañana. Contra Aristóteles y contra quien sea, pienso que entre las virtudes del hombre perfecto estaría la de ni saber que hoy hay elecciones.

En el tren, desde Alicante y camino de Madrid, pasada más o menos una hora de viaje, entro en un estado de efervescencia espiritual grandioso. Son momentos de enorme brillantez mental, en los que el pensamiento comienza a moverse rápido, chisporroteante, trazando enlaces de lo más diversos, en apariencia muy creativos. En realidad no se me ocurren más que tonterías, como compruebo más tarde si he apuntado algo o no lo he olvidado. Pero supongo que en momentos como esos es cuando un gran novelista puede idear el argumento de la obra que le valdrá algún día el premio Nobel, o un Einstein puede descubrir de pronto la Teoría de la Relatividad. Esto sucede un poco más allá de la estación de Albacete.

Leyendo en la playa:

Yo he tenido siempre algo de «promesa». La gente siempre ha esperado algo importante de mí. Yo no. Yo nunca he pretendido alcanzar objetivos medianamente serios en mi vida, no he esperado cumplir fines, ni alcanzar metas, ni llegar a ser nada. Supongo que he decepcionado a muchos, pero al no estorbar, ni competir, he debido de alegrar a unos cuantos su camino, o al menos no amargárselo.

«Toda la gloria que pretendo de mi vida es haberla vivido tranquilo», Montaigne, cómo no. «Puesto que la filosofía no ha sabido hallar ninguna vía para la tranquilidad que fuera buena en común, ¡búsquela cada cual por sí mismo!».

Con mi manera de pensar y de vivir, la Humanidad no habría pasado del estado de los nambikwara o de los bororo. ¿Y qué? ¿No somos los nambikwara y los bororo del futuro? ¿Alguien se siente peor por ello?

Esta casa del terror de la política. Nos tienen como en una barraca de feria, a oscuras, atemorizándonos con un susto al doblar cada página del periódico. P. se encontró con la mujer de Arzalluz y le preguntó: «Qué, Xavier estará preocupado con todo esto, ¿no?». «¡Qué va, se lo pasa bomba!», contestó ella.

X, que lleva tres escoltas, también se lo pasa bomba. Cada vez que me llama por teléfono no hace más que reírse a grandes carcajadas. Hoy me ha contado que ha estado en una reunión del pp. Algunos decían que, en este momento, lo que había que hacer era procurar no dar miedo. Él ha defendido que sí, que es bueno meter algo de miedo. El caso es que lo que estaban decidiendo era si dar miedo o no.

La única vez que entré en una de esas casas del terror que hay en las ferias fue en Benidorm, con Paula, la sobrina de María, y salí corriendo a los dos minutos, asustado de verdad y humillado por el dominio que aquellos fantoches disfrazados ejercieron sobre mí.

Durante muchos años me vino muy bien haber estado cuatro meses en la cárcel con Franco. Fueron cuatro meses muy fructíferos. Comentarlo de pasada en cualquier conversación era muy útil.

No sé quién escribió para su epitafio, creo recordar que Diderot: «Murió hace mucho tiempo, y sus hijos siguen buscándolo en su sillón». Cuando voy a San Sebastián suelo sentarme en el sillón de aita y siempre soy consciente de ello.

Anoche releí *La metamorfosis* y creo que entendí mejor que nunca a Gregorio Samsa, como lo haría cualquiera que conviva con animales.

Al poco de tener a Borges, me encontré por la calle con G. y su novia francesa. G. vio el entusiasmo con que yo hablaba de nuestro gato, se giró hacia su novia, que no entendía lo que decíamos, y le explicó con tono de resignación, como quien acaba de encontrarse con un loco más: *«Il est entré dans le monde des chats»*. «Ha entrado en el mundo de los gatos». Me cabreó. ¿Qué tontería era aquella? ¿Alguna cursi expresión francesa?

Con el tiempo me he dado cuenta de que, al conocer a Borges, no solo entré en el mundo de los gatos, sino en el mucho más extenso mundo de los animales, a los que yo no había prestado casi ninguna atención hasta entonces. A partir de convivir con uno, todos sus congéneres han adquirido una presencia que yo antes no percibía. Borges me ha ampliado el mundo enormemente.

«Más remoto que el Ganges y el poniente», decía Borges —el otro— refiriéndose a un gato, en un verso de uno de sus poemas, y, sin embargo, qué cercanía me ha traído el nuestro a todos los animales en general. No hay uno que no vea por ahí que no me recuerde y no me haga pensar en él. Ayer me sucedió al contemplar a unos gorriones que picoteaban en la arena de la playa, y al sentir que un pez me rozaba un hombro en el agua. Son como Borges, pensé.

Hoy he puesto la tele para echar un vistazo a la corrida de toros que transmitían desde Bilbao. No había vuelto a ver toros desde que tenemos gato. He sentido un espanto que no había experimentado nunca.

Circuitos mentales que recorremos a veces a toda velocidad sin movernos del sofá, tensos, concentrados, obcecados, como los corredores de Fórmula 1, que pierden tres o cuatro kilos en cada carrera para llegar al mismo sitio de donde partieron.

Al meterme en la cama la primera noche que duermo en Bilbao después de una estancia en Benidorm, me sobrecoge el silencio. Allí vivimos prácticamente en la calle, al aire libre, en un segundo piso, con unos grandes ventanales abiertos por los que se ve continuamente pasar a la gente y llegan todo tipo de ruidos. Aquí no hay nada de eso, es como si nuestro dormitorio fuera un refugio antinuclear, una tienda de campaña plantada en el desierto, una cápsula espacial alejada de cualquier síntoma de vida. Da al patio y lo que hay es un silencio estremecedor, como de ataúd. «Bienvenidos a la civilización», nos ha dicho Luis, sin embargo, al llegar.

M. B. me dice que su hermana lleva una vida demasiado comodona y aislada de la realidad y de la gente. La está animando para que se apunte a cursillos de informática, de inglés, de lo que sea, para que se relacione más, se integre en la sociedad, conozca lo que hacen otras personas y vea que hay muchas maneras de vivir distintas de la suya, «complicadas, interesantes, provechosas». «Sí, hay mil historias distintas por ahí», le digo. Y añado de modo automático, de corazón y sin pretender hacerme el chistoso: «El otro día, al pasar en el coche por entre unos campos de Teruel, vi a un tipo en un burro que avanzaba tranquilamente por un caminito y pensé lo mismo: cuántas vidas diferentes existen».

Muere Serrano Suñer a los ciento un años. Siempre he tenido la teoría de que para vivir mucho hay que ser bastante cabrón y egoísta. De esos viejos centenarios que salen por la tele celebrando su cumpleaños rodeados de descendientes y riéndose mucho, no me fío un pelo. La gran excepción es ama.

Se ha muerto Acacia.

Cuando estuvimos en París, en septiembre, compré una edición de los *Souvenirs d'égotisme*, de Stendhal, que incluye un texto raro. Se llama «Les privilèges», y está compuesto por 23 artículos de un «folleto entregado por Dios al autor» en el que se enumeran una serie de «privilegios» de los que supuestamente gozan un cierto número de personas que no pueden hablar de ello, pero que han sido tratadas de un modo especial por el Creador.

El primer privilegio es: «Nunca un dolor serio hasta una edad muy avanzada; y entonces no dolor, sino muerte, por apoplejía, en la cama, durante el sueño, sin ningún dolor moral ni físico. Cada año, no más de tres días de indisposición».

De este privilegio gozó exactamente Acacia.

Ya solo me quedan buenos recuerdos de ella. Y eso que, si se encontrara aquí, estaría viendo una de sus series de la tele, con la luz medio apagada, sin hacernos ni caso, y yo tumbado en la cama del dormitorio, leyendo el periódico y diciéndome cabreado: «Esto a mí no me lo hace ni el gato». Pero ahora echo de menos aquellas putaditas egoístas en las que era especialista. Con qué cariño se recuerdan las manías de los muertos, a los que se acaba recordando sobre todo por ellas, por lo que los hacía personales y característicos.

Estos apuntes: como un juguete. Como esos trenes eléctricos que algunos adultos instalan en una habitación entera.

Cuando releo algo, me parecen páginas juveniles, de alguien con una mente sin cuajar, desordenada, inmadura. De alguien de quien me reiré con benevolencia en el futuro, cuando me haga mayor. Empecé a escribirlos a los cincuenta y dos años y ayer cumplí cincuenta y siete.

María está en Avilés deshaciendo la casa de su madre y María (sobrina) me pregunta cómo me voy a arreglar para las comidas. «¡Yo me he hecho la comida toda mi vida!», le contesto. Son frases que salen de pronto y que dan cuenta de algunas de mis singularidades más raras. Aún hoy, cuando voy a la compra (María compra lo más importante), no encuentro a ningún hombre en el supermercado.

Releí Hamlet en Benidorm sin acabar de entender la importancia que se le da.

Según Steiner, Wittgenstein recelaba del consenso adulador en torno a la obra de Shakespeare. Confesaba que no conseguía «sacar nada en limpio de Shakespeare». No hallaba en él el menor atisbo de verdad. «La vida real no es así», decía. Prefería las películas americanas de serie B.

También Tolstói arremetió contra el *Rey Lear* y Shakespeare en general. Le parecía pueril, zafio, «insensible a los justos dictados del sentido común y la necesidad social».

A Voltaire tampoco le gustaba.

Borges hablaba mucho de él, pero afirmaba no creer en su perdurabilidad.

El mayor fanático de Shakespeare es Bloom. Lo llama «el inventor de lo humano». Bloom es uno de esos que, en un incendio, salvaría antes las obras completas de Shakespeare que al portero del edificio, incluso antes que al propio Shakespeare.

HONOR A CONDORCET.

Aristócrata. Gran optimista. Según él, la perfectibilidad de los hombres es infinita e imparable. Fue el único de los grandes ilustrados que vivió durante la Revolución. La apoyó entusiasmado. Como se oponía a la pena de muerte, votó en contra de la ejecución del rey. Fue perseguido. Se escondió en París unos meses y escribió su libro más famoso: *Esbozo para un cuadro de los progresos del espíritu humano*. Pero sospechó que lo vigilaban y huyó de París disfrazado. Lo descubrieron unos campesinos revolucionarios porque, en una posada, pidió una tortilla de demasiados huevos. Dicen que de doce, como hacían los aristócratas. A los dos días apareció muerto en la cárcel.

BAJO DE INTERNET el «Poema de los dones», de Borges, recitado por él mismo. Esa primera estrofa: «Nadie rebaje a lágrima o reproche...» es magnífica, y ejemplo de un tipo de actitud que apenas se encuentra en la literatura. «Ni lágrimas, ni reproches», he aquí una divisa que querría para mi escudo, para estas páginas.

Pero al seguir oyendo el poema me pierdo. No lo aprecio del mismo modo que si lo leyera. Me pasa siempre. Una vez vi en la tele a Gil de Biedma recitando poemas suyos y la decepción fue terrible. Estuve todo el rato fijándome en su barriga.

En esto era lúcido Antonio Machado: «Solo recomiendo no leer nunca mis versos en alta voz. No están hechos para ser recitados, sino para que las palabras creen representaciones... La mayor tortura a que se me puede someter es la de escuchar mis versos recitados por otros». Si hubiera sabido, el pobre.

Mi actitud básica en la vida ha sido la de un okupa. Desde siempre pensé que había grietas, intersticios, huecos en los que uno podía instalarse y vivir sin pagar.

Ponerse en la piel del otro, sentir compasión, significa a veces quitarle importancia a lo que le sucede, pensar que no está pasándolo tan mal como en una primera impresión nos imaginamos desde fuera, desde el miedo que nos entra a que nos suceda lo mismo. La verdad es que los percances y los sufrimientos, cuando llegan, no son para tanto como habíamos temido. Ponerse en la piel del otro no es ponerse a llorar con él, cuando a lo mejor él no tiene ninguna gana de llorar.

Cuando ponemos el árbol de Navidad siempre me acuerdo de aita. Ama suele contar que una vez, en Nueva York, mientras todos estaban dedicados a adornar el árbol, él se mantenía al margen, sentado tranquilamente en un sillón. Por fin se levantó para ayudar un poco y colocó, incluso con cierto entusiasmo, algunas bolas. Luego se sentó de nuevo. Al cabo de un rato se oyó un ¡pof! en el suelo, y luego otro ¡pof!, y otro. Eran las bolas que aita se había limitado a depositar con mucho cuidado sobre las ramas del árbol, sin saber que había que sujetarlas.

Meritocracia.

«No es la inmoralidad de los grandes hombres lo que debería infundirnos temor, sino más bien el hecho de que sea esta la que, con tanta frecuencia, permita a los hombres alcanzar la grandeza» (Tocqueville).

Coetzee no concede entrevistas. «Para mí,» escribe, «la verdad está relacionada con el silencio, con la reflexión, con la práctica de la escritura. El habla no es una fuente de verdad, sino una versión pálida y provisional de la escritura».

No estoy de acuerdo. A veces, al hablar, se descubren, o por lo menos se sintetizan, algunas de tus verdades de manera muy precisa y exacta. De hecho, creo que el mejor género de algunos escritores son sus entrevistas.

Proust tampoco creía que hablar sirviera para mucho.

Miguel decía el otro día muy serio que él, al hablar, se siente como un impostor. Que solo al escribir dice uno lo que tiene que decir y lo dice bien.

Coetzee: no creo que me gustara conocerlo. Y sin embargo me parece un buen escritor. Esto contradice esa opinión de Holden Caulfield, el protagonista de *El guardián entre el centeno*, que he repetido tantas veces para mostrarme de acuerdo con ella: «Los escritores que más me gustan son aquellos que me gustaría que fueran amigos míos para poder llamarlos por teléfono cuando quisiera».

Me doy cuenta de que estoy hojeando otra vez los *Cahiers* de Valéry, esa «ruina monumental», como los llamaba Octavio Paz. Depende de lo que se entienda por «cultura», pero si lo fundamental de mi cultura viniera de mis lecturas, o, sobre todo, de mis relecturas, sería un francés.

Valéry escribía algo en sus cuadernos todos los días al levantarse, a las cinco o seis de la mañana. Luego, según cuenta su hijo, se sentía ya libre para hacer todas las bobadas que quisiera durante el resto de la jornada.

Escribe Gide en su *Diario*: «Ayer, visita de Valéry. Me repite que, desde hace varios años, no ha escrito nada que no fuera por encargo y acuciado por la necesidad de dinero.

»—¿Quieres decir que desde hace mucho tiempo no has escrito nada por tu propio placer?

»—¿Por mi placer? —repite—. Pero si mi placer consiste precisamente en no escribir *nada*. Habría hecho otra cosa que escribir, para mi propio placer. No, no; no he escrito nada, ni escribo nada, como no sea obligado, forzado y echando pestes».

P. ME HA dejado el manuscrito de su próxima novela. Le veo muchos defectos. Se lo digo pero, por lo visto, lo hago de tal modo que al final me responde: ya veo que te ha gustado. No he ahorrado ninguna de las críticas que tenía pensadas. Si tengo un don no muy común es el de poder criticar sin que lo tomen a mal.

UNO EMPIEZA CREYENDO en la teoría de la manzana podrida y acaba convencido de la teoría de la cucaracha: si ves una, es que hay un montón.

AVANZAMOS COMO SI la vida fuera una línea recta sin fin que nos conduce a no se sabe qué horizonte y acabamos llegando al punto desde donde partimos. Hoy he bajado de Internet una foto del Magallanes.

El Magallanes era el barco en que vinimos de Nueva York al poco de nacer yo. Era un «Vapor-Correo» de la Compañía Transatlántica que hacía el trayecto Nueva York-La Habana-La Coruña-Santander-Bilbao. El otro día, en Nochebuena, ama me dio un folleto titulado «Lista de pasajeros», fechado «en la mar, a 22 de Diciembre de 1946», cuando yo no tenía ni tres meses. O sea, que mi primera Navidad la pasé en un barco, en medio del Atlántico. Veníamos 253 pasajeros. Entre ellos, Manuel Aznar («Ministro de España»), uno que primero fue un nacionalista forofo de Sabino Arana, luego gran partidario de Azaña y, para aquellas fechas, un franquista de tomo y lomo. Era el abuelo de Aznar. Parece que no ha habido manera, en cincuenta y siete años de vida, de salir de aquel barco donde yo tomaba el biberón y el más importante del barco ya era un Aznar.

«Ya en aquel tiempo» y «todavía hoy», señala Philippe Lejeune, son las frases clave de la escritura autobiográfica.

MIGUEL ME HA dicho que debería «asear» la presentación de estas notas.

Lo he hecho, y me he puesto contento. Sobre todo porque, al separar mejor las entradas, dándoles un poco más de espacio, y distanciándolas con unas estrellitas entre ellas, al hacer la cuenta, me sale que lo escrito ocupa más de lo que pensaba.

Pero hay algo que me molesta en lo del «aseo» y las estrellitas. Creo que este conjunto de notas pierde un poco de lo que en el Renacimiento llamaban en italiano *sprezzatura*. Es decir, ese efecto de aparente desatención, ausencia de esfuerzo, escasa preocupación por las apariencias e incluso casi desdén al escribirlas, que quiero darles. Esa «naturalidad» algo desaliñada que en el fondo es también un puro artificio, y tal vez el mayor de todos.

2004

CONTINÚA LA BUENA RACHA y casi no apunto nada.

En algunos momentos pienso que cinco años tomando notas me han curado de la necesidad de tomar notas.

De todos modos, espero seguir con estos archivos, a los que vuelvo a veces como quien vuelve a casa, y soy yo mismo el que me abro la puerta y me recibo y me doy conversación.

MIGUEL INSISTE EN que me «atreva» a publicar. Dice que lo que tengo es miedo.

Tal vez, pero como el miedo platónico que tengo a los cocodrilos, a los que no pienso acercarme nunca.

De nuevo digo lo mismo. En un estado psicológico ideal no escribiría nada aquí.

TUSELL LLAMA HOY a X en un artículo «un pelín hortera». Seguro que es lo que más le ha molestado. A él, tan esnob y amante de las relaciones distinguidas. Mucho más que la descalificación de sus ideas.

Recuerdo cómo Jon me preguntaba con el mayor interés a ver quién era Pedro Ugarte, quién era aquel desconocido jovenzuelo que, en un artículo del periódico, se había burlado no solo de su conferencia, sino también de su vestimenta, concretamente de su «corbatilla de cuero».

Que alguien se meta con tu pinta irrita más que si lo hace con tus ideas, incluso con tu capacidad intelectual.

B. nos preguntaba el otro día: «¿Tengo yo cara de cuajada?». Alguien había escrito en un artículo de *Gara* que B. tiene cara de cuajada. Era lo único que le había molestado de un artículo donde seguro que lo ponían a parir entero.

X SE ENCUENTRA con ama. Le dice que yo lo llame para ir a una cena que celebran todos los años los de mi clase del colegio.

X era mal alumno. Ayudarlo a falsificar sus notas fue un episodio iniciático de mi vida. Casi tanto como la vez que descubrí que B. dejaba como nuevas las pelotas de tenis manchadas por el polvo rojo de la tierra batida lavándolas en la bañera de su casa con agua y jabón y no limpiándolas con «un líquido especial que solo vendían en Francia», según nos había engañado durante mucho tiempo.

Así aprendí lo que era la mentira. Con perplejidad, miedo y creo que cierta admiración. ¿Cómo podían arriesgarse a ser descubiertos y quedar en ridículo? Más tarde he sido muy amigo de enormes mentirosos. Yo miento mal.

He tenido siempre entre mis mejores relaciones a gente que eran los últimos, o los malos de la clase, aunque yo fuera de los buenos y los primeros. En general, casi todos ellos están ahora muy por delante de mí en los puestos de la vida. Sacan mejores notas y son señores mucho más respetables.

Pero no he querido ir a lo de X. ¿Tal vez para no sentirme a estas alturas entre los últimos de la clase? No creo que sea por eso. Tal vez por la enorme pereza de tener que explicarles lo que he hecho, más bien lo que no he hecho, en todos estos años. Y además, supongo que no me acordaría de muchos de sus nombres ni de sus caras.

¿Me recordarían ellos mejor a mí? Pienso en la simpatía que me mostró Almandoz cuando nos encontramos el día de Año Nuevo paseando por la arena de la playa, junto al Pico del Loro: «¡Hombre, Uriarte!», a pesar de que yo lo había saludado con un profundo y cariñoso: «¡Hombre, Salaverría!».

ANA HA EXPLOTADO hoy: «¡Es que lo peor que te puede pasar es vivir!».

La idea es vieja como el mundo, pero no creo que ni Teognis, ni Madame du Deffand, ni Schopenhauer, ni Cioran la expresaran con tanta convicción.

Tengo en gran estima la capacidad filosófica de Ana. «*Carpe diem, carpe diem*. Pero ¿qué quieren? ¿Que me ponga un tanga y me vaya a bailar a la Gran Vía?», le oí una vez.

ME HE INTERESADO más por los individuos que por las grandes construcciones sociales y la Historia. Me ha resultado más atractivo y menos arduo. Sé poco de Historia. Sé mucho más de Montaigne que de Felipe II, estrictamente coetáneos.

Me gustan frases como estas:

Emerson: «No existe la Historia, solo biografías».

Valéry: «Historia son solo Libros. Y arbitrarios. Para cada accidente y lugar hay infinitos puntos de vista».

Sonrío al leer a Richard Feynman: «Pocas dudas puede haber de que el descubrimiento por parte de Maxwell de las leyes de la electrodinámica será juzgado el acontecimiento más importante del siglo XIX».

Cuando escucho a alguien decir que no lee literatura, pero lee Historia, deduzco que lee poco. Y, desde luego, que nadie le pregunte por Maxwell.

Así, un entretenimiento para esta última parte de mi vida es poner un poco de orden en todo el revoltijo de datos «históricos» que bailan sueltos en mi cabeza, dentro de mis posibilidades, porque tengo una especie de problema clínico con este asunto. Organizar un mínimo esquema que no me haga sentirme tan paleto. Sin dejar fuera a Maxwell, claro.

Llamo a Fernando Savater. Apenas lo conozco, pero tengo su teléfono y sabe quién soy. Incluso estuvo una vez en esta casa, y yo estuve un par de veces en la suya. Lo llamo para protestar. Ha publicado un artículo en *El Correo* para quejarse de que en las listas de los mejores libros del año elaboradas por los periódicos vascos no sale ninguno de los muchos escritos por los famosos constitucionalistas. «Pero yo si cité tu autobiografía *Mira por dónde* en la lista que me encargó el propio *El Correo*», le digo. Reconoce que no lo había leído y veo que se refiere sobre todo a las listas de *El Diario Vasco*. No deja pasar una y noto que lo que le enfada es que no acaben de hacerle la estatua en su pueblo. Yo creo que se la merece. Y en la plaza de Guipúzcoa. Aunque solo fuera por aquel maravilloso libro sobre San Sebastián que escribió una vez. Al tiempo.

El otro día me encontré con Juan A. y tomamos un café en el Dómine. Juan comentó que ha vuelto a ver recientemente la película *Moby Dick* y se acordó de Savater y de su primer libro, *Nihilismo y acción*, con su epílogo dedicado al capitán Ahab. Según Juan, Savater se ha trasmutado en una especie de Ahab, obsesionado con la ballena blanca del nacionalismo y sin otra actividad que soltar arponazos a diestro y siniestro a cualquier cosa que se lo recuerde. Nos reímos. No creo que a Savater le disguste la comparación con Ahab. «Si yo estoy haciendo lo que hago, es porque de pequeño leí *El Capitán Trueno*», dijo hace no mucho.

En la encuesta a los críticos de *El Correo* sobre cuáles nos parecían los tres libros más destacables del año pasado, dije algo que ya he dicho otras veces. Que, guste o disguste, Savater se ha ganado a lo largo de tres décadas un título parecido al que alguien otorgó a Gide en su época: el de «contemporáneo esencial».

Al menos lo ha sido para mí. Además de un esencial orientador de mis lecturas, hubo una época en que yo acostumbraba a decir que Savater era como mi interina intelectual. Llegaba de vez en cuando con un artículo en el periódico y me ordenaba y limpiaba en un momento todo el desorden, el polvo y la anarquía mental que yo tenía en la cabeza sobre algún tema de actualidad. Dejaba presentable lo que antes de su llegada albergaba mucho de desbarajuste. Desde hace unos años me parece que no limpia tan bien, aunque nunca viene mal su ayuda.

De Savater tengo unos treinta o cuarenta libros, incluido un ejemplar de la primera edición de *Nihilismo y acción*, con el epílogo sobre el capitán Ahab, que apareció en 1970. Savater tenía entonces veintitrés años y yo, veinticuatro. Le había conocido el año anterior, durante unos de esos *txiquiteos* por San Sebastián con Carlos Sanz, Marta Cárdenas, Juan Berraondo y otros de los que habla en su autobiografía.

Me llevó al bar Marta Cárdenas, en el verano siguiente a mi curso en París (donde medio me enamoré de ella, sin éxito). Desde el primer momento Savater llamó mi atención. Era el centro del grupo. Me pareció una persona muy singular, que no paraba de hablar y de reírse y que citaba cosas rarísimas para hacer escarnio de ellas, como no sé qué artículos de Pemán en el *ABC*. Cuando salió aquel primer libro suyo, le escribí desde Barcelona para felicitarle y asegurarle que tendría en mí a un lector fiel y agradecido. No sabía yo hasta qué punto. Me acuerdo de haberle comentado en la carta que lo que él parecía preconizar como bueno para todo el mundo coincidía punto por punto con la impresión que me había causado en persona. Esto le gustó, pero yo se lo había dicho sin estar seguro de que aquello fuera bueno. Su «filosofía» solo me parecía apta, pensé entonces, para gentes con su carácter, energía, labia y alegría congénitas, cuando lo que yo creía era que el pensamiento y la acción que propugne un filósofo debían ser indicadas para todos. Ahora ya no lo creo.

La última vez que vi a Savater fue en el hipódromo de Lasarte. Estaba solo, me acerqué a saludarlo y farfullé algo para manifestarle mi solidaridad por su situación de «amenazado». («Ya ves. Por lo menos así ahorro un poco, porque salgo menos», me dijo sonriente) y hablamos de Delcher, un antiguo *jockey* y ahora preparador de caballos, que pasaba por allí.

Yo también iba de pequeño a las carreras de Lasarte los domingos. Y a veces, entre semana, unos cuantos amigos nos levantábamos de madrugada, cogíamos las bicis y nos desplazábamos desde San Sebastián hasta el hipódromo para ver «los galopes», los entrenamientos que realizaban los caballos con el frescor y la primera luz del día. Recuerdo a Angkor, mi caballo favorito, un caballo grande que ganaba siempre con una majestuosidad insuperable. ¿Qué sería de él? Seguro que Savater sabe hasta por dónde andan ahora los nietos y bisnietos de Angkor.

CUANDO EN ESTAS páginas nombro a alguna persona famosa, lo hago como quien se hace una foto junto a la Torre Eiffel y la coloca en su álbum. Sin duda, con el afán narcisista de decir y de decirme: yo también estuve allí.

Me gusta que, de vez en cuando, aparezcan aquí gentes famosas, si se han cruzado en mi vida, aunque sea brevísimamente. Las cito como quien introduce un cameo en una película, una fugaz secuencia donde actúa algún ilustre. Me suele hacer gracia en el cine. Y si estas páginas llegan a ser leídas por alguien, siempre disfrutará enterándose de algún chismorreo, indispensables para alegrar los diarios.

Soy un mitómano a quien le gusta buscarles las cosquillas a los mitos.

Hemos estado en Londres cinco días. De maravilla.

Tres bajones de insulina dieron más emoción al viaje. La diabetes me cambia de «turista» en «viajero». No me arrastraré de sed por un desierto, no me morderá una serpiente en la jungla ni me asaltará una banda de ladrones en algún camino, pero en un semáforo de Piccadilly podrá abalanzárseme de pronto el monstruo Hipoglucemia.

Es raro, pero durante estos días me he acordado más de aquellos dos meses de los veranos del 64 y 65 que pasé en la pensión de South Kensington, en Cranley Gardens, con algunos amigos de Deusto, que del año que viví con Marta en una habitación de Warwick Road, en Earls Court. Ahora hemos estado en un hotel muy cómodo y bien situado de Oxford Street.

Del año con Marta en Londres, el primero después de casarnos, y que lo financiamos en gran parte con algún dinero que nos dieron por la boda, lo más memorable ha resultado ser la vez que tomamos nuestra primera pastilla de LSD. Empezamos en el botánico de Kew Gardens, rodeados de gigantescas plantas tropicales, pero allí no sentimos nada. El subidón nos llegó al coger un autobús de dos pisos para volver al centro. Bajamos de mala manera y llegamos como pudimos a casa de Helen, donde transcurrieron algunas de las horas más extraordinarias de mi vida.

En una tarde aprendí en carne propia que no existe «el mundo real y objetivo», o, por lo menos, que lo que existe ahí fuera es algo a lo que solo accedemos a través de nuestros medios de percepción y simulación individuales. En cuanto cambias en una mínima parte el equilibrio químico del cerebro, adiós. Yo vi materializarse la música de Janis Joplin en unas espirales de colores flotando por la habitación.

«El cerebro simula el mundo con el equivalente de un programa de realidad virtual. [...] Nuestro programa de simulación podría invocar en un dos por tres y de forma completa a un fantasma, un dragón o una virgen santa. Sería un juego de niños para un programa tan sofisticado» (Richard Dawkins).

Una noche estrellada, en Formentera, tras tomar una pastilla de ácido, asistí, primero con cierta alarma y luego con entusiasmo, al avistamiento de una nave de extraterrestres. Recuerdo muy bien lo que sentí. La expectación, la serenidad, la alegría de que, por fin, llegaban.

Ama, a sus ochenta y cuatro años, dice que ahora comprende por fin algo que había oído toda su vida y que nunca había podido creer. Le señalaban a una mujer muy fea y decían: «Esa, de joven, fue guapísima».

A veces pienso lo mismo al ver cómo han evolucionado las ideas de algunos.

El gato vive en el futuro. Oye los sonidos un instante antes que yo. Para cuando yo escucho sonar el timbre de la puerta, él ha salido corriendo. Alguna vez lo he visto asustarse por un ruido que yo iba a hacer un momento después.

Ante la vanidad de X, tan exagerada, me comporto a veces como si se tratara de una careta de cartón a la que uno puede tirar de las orejas en broma y sin causar daño. Pero nunca hay que subestimar la sensibilidad del cartón.

V. PARECE QUE lleva siempre una ropa que no es suya. Es algo que les sucede a menudo a las personas muy espirituales. Así como a las mujeres muy sexis, se vistan como se vistan, se les ve siempre el cuerpo, a V. lo que se le transparenta es la ropa. Por rica en espiritualidad que sea su conversación, acabas siempre perdiendo el hilo y fijándote en su chaqueta, sus pantalones, su gabardina.

A LAS SIETE fui a una concentración al Ayuntamiento. Me encontré con el Charro. Dijo que se sentía como un alemán que no fuera nazi al enterarse de las atrocidades de sus compatriotas. Asentí. Comentamos que a los dos nos gustaría que no hubiera sido ETA. Yo estaba convencido de que sí. Aunque Otegui hubiera asegurado que no era ETA, el Gobierno había dicho que el explosivo era el habitual: Titadyne.

Llegué a casa a las ocho y encendí la televisión. El ministro Acebes estaba anunciando que se había hallado una furgoneta en Alcalá con detonadores y una casete con versículos del Corán. Sin embargo, insistía, la investigación prioritaria continuaba dirigida hacia ETA.

Desde ese mismo momento supe con un convencimiento del cien por cien que los autores de aquel espanto habían sido los islamistas.

La tele y los periódicos (por Internet) seguían diciendo que el atentado era obra de ETA.

Por la noche llegó José Ramón, precisamente desde Alcalá, donde habían puesto las bombas en los trenes. María había ido a buscarlo a la estación de autobuses y, para cuando llegaron a casa, el taxista ya les había informado de que los autores del atentado eran los islamistas. José Ramón no podía (ni quería) creérselo.

Al día siguiente, sin comprar los periódicos, fuimos los tres a Bayona.

A la vuelta, me indigné porque la tele y los periódicos seguían insistiendo en la autoría de ETA. La propia ETA había dicho que no habían sido ellos.

Leí algunos de los artículos de opinión publicados en los periódicos de Madrid (Savater, Muñoz Molina, Juaristi...). Antológicos. ¿Autoengaño? ¿Inercia? ¿Ganas de que fuera ETA? ¿A qué hora los entregaron? ¿No pudieron retirarlos cuando ya fue evidente (para mí y tanta gente, a las ocho de la tarde del mismo día) que no había sido ETA?

La furgoneta fue descubierta a las diez de la mañana. ¿Por qué dijeron lo del Titadyne, que parecía un dato definitivo? ¿Mintieron a propósito, por las elecciones, o se dejaron llevar una vez más por el delirio antinacionalista?

Si no era Titadyne, si no hubo advertencia telefónica, si la dimensión de la catástrofe era insólita, si Otegui había negado la autoría de ETA y condenado el atentado con una rotundidad nueva, si tenían ya la cinta con los versos del Corán y las muestras del explosivo, todo estaba más claro que el agua a las cuatro horas de la explosión, es decir, a las doce de la mañana del mismo día once. Especulaciones que han llevado a un segundo plano el horror del crimen.

¿EL FONDO Y la forma? Claro que existen y que son diferentes. Las mismas insensateces farfulladas por un borracho en un bar a las tres de la madrugada cobran respetabilidad al día siguiente por venir impresas, con una adecuada sintaxis, en la sección de Opinión de un periódico.

NO DEJA DE ser útil tener algún amigo un poco loco. Son los primeros en caer en los próximos delirios colectivos. Como esos canarios que llevan por delante los mineros para detectar el grisú en las galerías de carbón.

ME LLAMA X. Durante la conversación dice que tiene una primera edición en alemán de *La condena*. Me da un escalofrío cuando lo cuenta. Kafka escribió *La condena* de un tirón durante la noche del 22 al 23 de septiembre de 1912. «Fue una erupción sin parangón en la Literatura Universal», dice Reiner Stach. «Solo así se puede escribir», anotó Kafka. De muy pocas páginas se sintió igual de satisfecho que con las de *La condena*.

No estoy seguro de que X tenga su «primera edición». Tras colgar el teléfono me levanto y busco el libro de Joachim Unseld sobre Kafka. Leo que «La condena» apareció publicada por primera vez en mayo de 1913, en la revista *Arkadia*, que dirigía Max Brod. La tirada fue de 1.000 ejemplares. No es posible que una de esas mil revistas sea la que X tiene en su casa. Aunque ¿quién sabe? ¿No se llevó X a hurtadillas de la casa de Borges, en Buenos Aires, uno de sus bastones, ese que ahora tiene Z y con el que hemos salido a tomar copas alguna vez por los bares de Bilbao?

Busco también en la biblioteca mi ejemplar de *La condena*. Es uno de los libros más viejos que guardo. Lo compré en 1962, a los dieciséis años, justo antes de venir a Bilbao a estudiar en Deusto. Siempre ha estado conmigo. Lo mismo que *La muralla china*, también de la editorial Emecé y adquirido a la vez. Recuerdo que llevé los dos a un cursillo-convivencia que organizaban a los recién ingresados en La Comercial. El objetivo era que confraternizáramos y nos diéramos cuenta de dónde habíamos tenido el privilegio de introducirnos, de qué aristocrática secta era la que nos acogía. Se pasaron el tiempo citando a ministros, prohombres y capitostes que también habían estudiado economía en La Comercial. Y yo con los dos libros de Kafka en la mesilla. La suerte estaba echada. De mis compañeros de clase, solo uno había oído hablar de Kafka: Peru Egurbide, el único al que sigo viendo de modo habitual y que tampoco ha trabajado nunca en nada relacionado con la carrera. Se lo presté.

Estamos cambiando el sistema de la calefacción. Se ha convertido en un asunto obsesivo.

Mari, la asistenta, le ha resumido a Begoña nuestras vidas: «Esos, los únicos problemas que tienen son el gato y la caldera».

No sé si hemos quedado como unos elegidos o unos mentecatos.

Al ver documentales sobre animales por la tele, lo que más me maravilla son los animales humanos que aparecen en ellos. Esos hombres y mujeres que dedican su vida a estudiar las ranas del Orinoco o las cagadas de las hienas en algún remoto lugar de África. Me asombra y emociona la seriedad con que estos miembros de mi especie explican sus hallazgos a la cámara. Y qué felices están siempre.

Al final, como en todo, no hay ningún argumento definitivo contra la pena de muerte. Pero no dudo de que en el futuro se considerará una salvajada.

Esto escribía Samuel Pepys en su *Diario* el 13 de octubre de 1660:

«A lo de Milord esta mañana, pero como aún no se había despertado, me fui a Charing Cross, a ver ahorcar, arrastrar y descuartizar al mayor general Harrison, lo que se hizo [...]. Lo cortaron en pedazos, y su corazón y cabeza fueron exhibidos. El pueblo dio grandes gritos de júbilo [...]. De allí fui a lo de Milord, donde encontré al capitán Cuttance y a Mr. Sheply; juntos nos dirigimos a comer ostras en la Taberna del Sol».

Monotonía de las discusiones políticas. Apasionada, pero monótona. No sale nunca ningún argumento que no oirías a la media hora si pusieras la radio, o encontrarías en los periódicos de la mañana, o de ayer, o de hace tres meses.

Miguel me dice que estuve un poco «chulito». A la primera crítica de este tipo me convierto en un ser retráctil e inmediatamente me escondo en mi coraza de humildad, aun a costa de perder cierta brillantez que muchas veces surge de la arrogancia y la agresividad.

Ya estamos a 10 de abril. En Benidorm.

El día que llegamos me asaltó una paranoia aguda. Al mirarme en el espejo del cuarto de baño, me pareció verme más delgado. Los espejos son como cámaras fotográficas con memoria. Cada uno conserva la imagen de la última vez que te contemplaste en él. Al superponer la actual, te compara automáticamente con aquella. Y yo me vi esta vez más delgado. Se me amargaron la noche y la mañana siguiente. Me pesaré al llegar a Bilbao.

¿Le importa a alguien esto? ¿Me importará a mí cuando lo lea dentro de cinco años? Pero, de los diarios de Bioy Casares, que leí hace tiempo, y no me gustaron, casi solo recuerdo que a menudo se veía demasiado delgado.

«Soy el hombre más delgado que conozco», anotó un día Kafka en el suyo.

El dinero no parece ser importante para la mayoría de los novelistas españoles. En sus obras, me refiero. La difunta peseta habrá pasado a la historia como una de las monedas menos usadas de la literatura.

Ama dice: «Una de las cosas por las que más pena me da morirme es por dejar esta casa».

Nos reímos, porque los dos sabemos que es una frase absurda, pero a mí me da mucha alegría oírsela y vuelvo a recordar a Pascal: todo lo malo viene de no saber estar a gusto en casa.

El guardián entre el centeno: «Antes yo era tan tonta que la consideraba inteligente porque sabía bastante de literatura y de teatro, y cuando alguien sabe de esas cosas cuesta mucho trabajo llegar a averiguar si es estúpido o no».

A mí me ha pasado esto con A. Es un cenizo y no acierta una. Lo sé desde hace tiempo, pero nunca acabo de creérmelo porque es un erudito en muchos temas. Pero recuerdo que llamó suflé al Guggenheim cuando lo inauguraron, del mismo modo que su amigo B. pronosticó: «No me creo que nadie vaya a venir a Bilbao a ver el Guggenheim».

Los dos están ahora en Madrid y tienen púlpitos importantes, muy concurridos. Pero, a estos opinadores de vocación y profesión, ¿no vendría bien exigirles, además de la supuesta honestidad, un mínimo de competencia y de capacidad de predicción en sus análisis?

Ya no hago apenas críticas en *El Correo*. No creo que se acuerden mucho de mí. La última que hice empezaba así: «A trancas y barrancas, uno termina de leer esta novela como si hubiera leído tres o cuatro novelas de una vez. Uno arriba a la última página extenuado, estragado...».

El otro día hablábamos de si era correcto o no criticar salvajemente un libro. Miguel decía que no, que siempre hay que guardar respeto hacia alguien que ha empleado varios años de su vida tratando de escribir uno. No estoy seguro. Ya sé que hay modos y modos de criticar algo que no te gusta, pero a veces acabas hasta las narices de un libro que te han encargado y dan ganas de decírselo con todas las letras a los lectores, que al fin y al cabo son los destinatarios de tu crítica: «Esto es un asco. Ni se les ocurra comprarlo».

El argumento más sólido en contra de ser demasiado acerbo lo proporcionó María Bengoa: siempre te quedas mal después de haber escrito una crítica muy negativa, y nunca la olvidas.

HEMOS ESTADO EN Celada, un pueblo de unos cuarenta vecinos, en el Alto Campoo. Es el fin del mundo y se encuentra a solo dos horas de Bilbao. No hace falta desplazarse muchos kilómetros para hallarse en medio de paisajes deslumbrantes, como esos que hacen atravesar el mundo a los grandes viajeros.

El ambiente humano también resulta exótico enseguida. Fuimos a visitar a Carlos y Ramón, y su gata Tacones, que tienen una casa allí. Carlos trabaja en TVE y es cantante de ópera. Ramón se dedica a negocios familiares. Estaba con ellos otra pareja de amigos suyos, Alfredo y José Antonio, que viven en una casa estupenda en una playa de Asturias. Alfredo tiene una tienda de ropa en Oviedo y José Antonio es camionero. Pasamos la noche en una preciosa casona de turismo rural. Hablé un rato largo con un ganadero que me presentó Ramón. Atendí a lo que me decía, pero estuve fijándome sobre todo en su cara, tratando de comprender en ella cómo puede ser un hombre que se ha pasado toda la vida en un lugar así, tan alejado de las ciudades. Escribió Pla en sus dietarios que un campesino, al que en principio consideramos una persona sencilla, es mucho más complicado de entender que, por ejemplo, un intelectual, al que suponemos una gran sofisticación de espíritu. Dice que los intelectuales acostumbran a vivir en un mundo de lógica personal que se han forjado ellos mismos, y una vez conocidos los tres o cuatro trucos que constituyen su sistema —la vanidad es el primero— son relativamente abordables. Pero que un payés le causa a uno la impresión de ser mucho más complejo.

E Ivo. ¿Qué hace Ivo en Celada? Es chileno, tiene sesenta y dos años, subsiste de una pequeña jubilación, vive rodeado de gatos, pinta, trabajó siete años en Arabia Saudita y cinco en la embajada mexicana de Yakarta, fue decorador en Madrid. Cuando llegó «no tenía más que el cepillo de dientes», según cuenta Ramón. Ivo está un poco mayor para su edad, es elegante por naturaleza y viste ropas de colores cálidos. Cocina muy bien. Hoy ha hecho un *strudel* estupendo, sufre de lumbago, tiene diabetes y sabe muchas cosas de esas que se aprenden viajando y en las enciclopedias, que lee a menudo. Lo miro con curiosidad y afecto, porque pienso que yo habría podido ser un Ivo.

¿Y Lali? Lali vive sola en una pequeña casa que a veces queda casi cubierta por la nieve. Tiene sesenta y nueve años y dos hijos en Santander. Residió durante veinte en Londres, casada con un intelectual pakistaní. Parece un alma de Dios, muy cálida y cariñosa, muy espiritual. Les dice a Carlos y Ramón, por ejemplo, mientras nos sirve un té en su jardincito: «Ayer llegó el cuco, ¿lo habéis oído? Qué lindo. No falla nunca, llega el 28 de abril y se marcha el 28 de junio. También han llegado las abubillas. Qué lindas».

Hemos disfrutado mucho con el paisaje y viendo tantos animales, gatos, caballos, vacas, terneros, potrillos. Aunque, al contemplarlos y hacerles fotos, no he podido evitar recordar cómo se define a estos animales en el libro de Coetzee que estoy leyendo: prisioneros de una guerra que perdieron hace unos pocos siglos, cuando el hombre inventó las armas de fuego. La verdad es que, a veces, esos rebaños de vacas sentadas en la hierba, o esos caballos trotando en los prados cercados, lo parecen. Presos esperando su horno de Auschwitz.

«¿Esos caballos que se ven tanto por ahí, para qué se utilizan?», se me ocurre preguntar mientras vamos en el coche. «Son para comer», dice Lali, con su voz suave y cantarina. «Están riquísimos».

FRASES DE AMIGOS. Como títulos de sus propias vidas.

«El triunfo es inevitable» (Íñigo). «Los hombres no van a la playa solos» (Carlos).

HAY ROSTROS CON un fondo de tristeza que son como una prueba viviente de que la felicidad existe y de que la conocieron.

ME ENCUENTRO CON Luis Arana en la Gran Vía. Hablamos un rato. «¿Sigues llevando una vida nocturna?». Creo que ya le he explicado alguna vez que desde que dejé de beber no salgo por las noches. «Hoy me he levantado a las once y media», digo. «O sea, que has madrugado, ¿eh?», responde con una sonrisa pícara. No admite, como tantos otros, que ya no me levante a la una, a las dos, a las cinco de la tarde, después de haber tenido una prolongadísima noche. Me adornará para siempre el prestigio de la nocturnidad. Prestigio de la perdición, de la frecuentación de antros turbios y aventurados, de la asistencia a fiestas libertinas en las catacumbas, mientras todo el mundo duerme, de quién sabe qué consumos de extrañas substancias y de contactos con los bajos fondos donde fermenta la verdadera vida y el auténtico arte en medio de un extravagante mundo de fracasados sociales. Recuerdo aquella vez en que Begoña Bernaola me encontró a media tarde en un bar elegante del centro de Bilbao y me dijo: «¿Tú por aquí?». Se mostró muy extrañada de mi presencia a una hora tan convencional en un lugar tan respetable de la ciudad. Casi tuve que disculparme. Farfullé alguna explicación absurda. «Por favor, no pierdas nunca tu imagen de perdedor», fueron sus últimas palabras al despedirnos. «Lo que me faltaba por perder», recuerdo que pensé.

He llevado a encuadernar unas doscientas páginas seleccionadas de lo escrito entre 1999 y 2003. Me ha dado vergüenza tener que dejarlas en la tienda hasta mañana. Por si a alguien se le ocurre leerlas.

He pasado dos semanas corrigiendo y, sobre todo, quitando páginas.

«He creado mi obra por eliminación», dijo Mallarmé. Pero, al paso que iba, yo me estaba quedando sin «obra». He parado y he decidido ir a la tienda de una vez.

«J'ajoute, mais je ne corrige pas», decía Montaigne. No creo que fuera verdad. De todos modos, yo quito, sobre todo quito, y corrijo algo.

Encuadernar estas notas es acercarlas a su nivel de incompetencia, según el famoso principio de Peter. «En una jerarquía, todo empleado tiende a ascender hasta su nivel de incompetencia». Cuanto más mejorara la presentación de estas páginas, no digamos ya si intentara publicar algunas en forma de libro, como me sugiere a veces Miguel, más las acercaría a su nivel de incompetencia.

X y Z están preocupados por su fama.

No entienden que, si se han pasado la vida diciendo maldades de los demás entre grandes risas, sean considerados ahora como gente de la que desconfiar por esos mismos que tanto les hemos reído las gracias.

Hay muchas frases elitistas, arrogantes, sobre la estupidez humana en general, la famosa *bêtise* francesa, fuente por lo visto de todos los males del mundo. Esto es lo mejor que he leído sobre el tema: «... la tontería humana abunda tanto que buena parte de ella va a dar a los inteligentes, quienes la emplean con más soltura y confianza de lo que lo haría un tonto» (Monterroso, *La letra e*, pág. 119).

Si muestras a un grupo amplio de gente un tarro lleno de aceitunas y les preguntas cuántas aceitunas contiene, la media de sus respuestas se acerca siempre más a la verdad que cualquiera de las respuestas individuales.

Me gustan los resultados de este tipo de experimentos. Me gustan las demostraciones científicas que explican que la gente tomada en su conjunto no es tan estúpida como se tiende a decir.

Francis Galton fue primo segundo de Darwin. A él se deben los primeros estudios científicos sobre las huellas dactilares como medio de identificación. Era escéptico frente a la religión y un gran estadístico. Uno de sus trabajos que más gracia me hace es el que dedicó a negar estadísticamente la eficacia de la oración.

Su nombre ha pasado a la historia ligado al concepto de «eugenesia», que defendió con ardor. Galton creía que todo dependía de la herencia genética y estaba empeñado en demostrar que las clases altas británicas poseían una inteligencia superior a la de las personas comunes. Pero una vez, en una feria de ganado de Plymouth, en 1906, asistió a un concurso en que se debía acertar el peso de un gran buey destinado al matadero. Para su sorpresa, la media resultante de las respuestas de la multitud solo difirió en una libra del peso real del animal.

Todo esto no quiere decir que los grandes conjuntos de gente no me resulten en general temibles.

Un campo de fútbol es aterrador. La última vez que estuve en San Mamés, con Luis, salió al campo un jugador coreano de la Real y un espectador que tenía en el asiento de atrás empezó a gritar inmediatamente: «¡Chino de mierda! ¡Chino de mierda!». Nadie dijo una palabra. Por lo visto, es lo normal en un campo de fútbol, al contrario de lo que sucede en los restaurantes orientales.

Pero esto no se debe solo a la masa humana que llena el campo. Se debe también a la propia esencia del fútbol, a su facilidad para predisponer al racismo, al nacionalismo y hasta a la guerra. «¡Franquistas! ¡Falangistas asquerosos!», les gritan algunos a los del Real Madrid, mientras contemplan el partido sentados en la sala frente al televisor. Hay quien dice que solo es una sublimación benéfica, pero por lo menos hubo una guerra que empezó en un campo de fútbol. Cuentan, también, que los jugadores del equipo nacional de Ruanda jugaron un partido usando la cabeza del entrenador tutsi que habían asesinado.

Una vez le informaron de modo entusiasta a Borges: «¡Argentina ha vencido a Holanda!». A lo que él respondió, titubeante: «Será que once argentinos han vencido a once holandeses. Además... yo no quiero vencer a Erasmo».

Los *pájaros de noche*, de Edward Hopper, no están «tristes y solitarios», como suele decirse mecánicamente. Se encuentran bien, y a lo suyo. En una profunda y gratificante calma. Yo he estado así muchísimas veces tomando copas. El propio Hopper dijo varias veces que la famosa «soledad» que todo el mundo consideraba que transmitían sus personajes no era intencionada.

«*In this country...*». Cuando fui la primera vez a Londres y me acerqué al Speakers' Corner, estas eran las palabras más repetidas por todos los charlatanes que allí predicaban subidos en cajas de madera. Era casi lo único que les entendía.

«En este país...». Cada vez que oigo o leo a un tertuliano o columnista esta frase, respingo.

Hay quien achaca el extraordinario éxito de las religiones a la determinación genética que impulsa a los niños a hacer caso a los mayores, una ventaja evidente para la supervivencia. Por ahí se inocula e imprime a fuego en la mente infantil la enseñanza religiosa.

Ejemplo. El 23 de febrero de 1962, el padre Félix García confiesa y administra la extremaunción a Julio Camba. Unos días más tarde escribe en *ABC:* «En su hora definitiva sintió la reviviscencia de la fe primera, limpia y clara de la niñez». El padre Félix añade que Julio Camba no recordaba bien el «Padre nuestro», ni el «Dios te salve, María», pero sí el «Cuatro esquinitas tiene mi cama, cuatro angelitos guardan mi alma». «¿Puede valer?», habría preguntado el pobre Camba.

«Yo soy muy discreto». Es verdad, no habla más que de él.

He visto a menudo que la pareja de una persona afectada por una depresión vive de un humor excelente. Los deprimidos no contagian lo suyo, no deprimen, incluso creo que animan.

Si estoy en casa ocupado en lo mío, que a veces no consiste más que en permanecer tendido en un sofá, no soporto visitas por sorpresa. Casi preferiría a un ladrón.

«El tío Iñaki no hace nada, pero no tiene tiempo para nada». Es una frase que dijo mi sobrina María cuando era pequeña, de la que me acuerdo a menudo.

Al final de *Lanzarote*, una mala novelita de Houellebecq, encuentro una palabra que casi ningún joven de hoy conocerá, pero que todos los de mi generación conocemos: lapilli, una especie de carbonilla que emiten los volcanes en erupción. Esos que gustan de despotricar sobre lo deficiente que es hoy la educación, tienen aquí otro argumento: «¡No saben ni lo que es el lapilli!».

Hubo un día, y aquí tienen razón, en que se produjo un salto cualitativo en la educación. No sé cuándo, pero hubo un momento en que se dejaron de aprender cosas como qué es el lapilli. Estoy seguro de que ninguno de mis sobrinos tiene la menor idea de lo que es el lapilli, pero yo hubiera podido hablar del lapilli con mi suegro, Ramón, con quien recuerdo haber charlado con toda naturalidad del Skagerrak, el Categat y el Sum, aquellos estrechos nórdicos cuyos nombres se aprendían en la escuela desde hacía generaciones y que hoy ya no sé ni si existirán.

Directores de cine. Una vez le dije a uno que, claro, ellos no hacían sus películas con las mismas cámaras que los americanos. Pero me dijo que sí.

Cuarenta días seguidos yendo a la playa, mañana y tarde.

Alguna vez pensé que sería muy feliz viviendo unos meses seguidos en Benidorm. Ahora me parece que no, por lo menos durante el verano profundo. Demasiada gente.

No ha habido broncas. Al llegar, le dije a María: «Imagino que algún día tendremos un enfado». Pero no los hemos tenido. Solo mis nervios.

Es estupendo bañarse al atardecer después de haber ingerido un Tepazepán. No acabo de saber por qué me los raciono tanto, cuando he pasado decenas de años tomando sin ninguna aprensión muchísimas copas y otras sustancias de procedencias sospechosas.

¿Qué me ha faltado? Mi biblioteca, por ejemplo. Por lo visto, ya no me basta con llevar conmigo una docena de libros. ¿Excusas?

Si no tuviéramos gato, habríamos cortado el mes y medio con algún viaje a Ibiza, Almería o algún otro lugar cercano. Pero si no tuviéramos gato, seríamos mucho menos felices en general de lo que somos ahora.

Y si hubiera sido por él, no nos habríamos movido de Bilbao. Está encantado de haber vuelto. Da gusto verlo en esta casa. Un gato gana en proporción a la amplitud y la belleza del espacio en que vive. Los decoradores podrían utilizarlos como piedra de toque.

El ganador del premio de cuentos era un tipo soso, del que no recuerdo nada. Había venido desde Madrid con su mujer, presentadora de televisión en una cadena de pago, muy atractiva y charlatana, con quien parloteé mucho tiempo. Después me lo reprocharon. Miguel dijo que no estuve bien, que lo adecuado en un miembro del jurado habría sido hablar un poco con todo el mundo, de corrillo en corrillo. Quedé como un faldero al que cualquier chica guapa hace perder la compostura.

Fue hace siete años, y solo ayer nos dimos cuenta de que aquella chica con la que hablé tanto tiempo era Letizia Ortiz.

Hay una foto del acto. Miguel dice que ella me está mirando y que quizás aquel día la Historia de España pudo haber tomado otro rumbo.

El título del cuento premiado del marido de la futura reina de España era «Así habló Pepe Pérez».

Empezaba de este modo: «Las alturas tientan, la tentación nos precipita desde las alturas. No caer en ninguna de esas dos fórmulas de soberbia, ni convertirme en esa suerte de Sísifo, han sido las máximas que han regido mi vida, las precauciones que me han salvado. Madrid se vuelve lóbrego por encima del primer piso».

TERE HACE OTRO de sus infinitos cursillos de euskera, esta vez recluida en un centro de Amorebieta. Me habla de algunos de sus compañeros: un guardia de la OTA, un inválido de la ONCE en silla de ruedas, dos funcionarios del Tribunal de Cuentas a los que echarán de su trabajo si no aprueban no sé qué examen. Comparte habitación con dos enfermeras de quirófano. Lo cuenta riéndose, pero espantada. «No sabes lo que es esto. No sabes los sacrificios que hace esta gente para aprender». «¿Sacrificios? Lo que pasa es que son víctimas de una tremenda injusticia», digo.

Este asunto de la obligatoriedad del euskera para acceder a muchos puestos de trabajo es de lo más grave que pasa aquí. Pero es un tema tabú. Hay un pacto de silencio, aceptado en gran parte incluso por la derecha más españolista.

A María la ha afectado en su carrera profesional. Ahora no, pero en otros tiempos la he visto llorar por la humillación y la injusticia a que era sometida. Alguna vez llegó a sentir miedo. En cierta ocasión, amigos de HB la acusaron de haber estropeado el sistema informático del instituto donde trabajaba. Lo más extraordinario fue que dijeron que lo había hecho gracias a mí, que habría preparado un disquete lleno de virus en la redacción de *El Correo*. Un día recibió una carta de aspecto raro y la abrimos dentro de un armario, con la puerta entornada, por si estallaba.

Me gustaría saber euskera, claro, como me gustaría no haber fumado nunca. Pero en mi vida he intentado hacer nada para remediarlo.

Un argumento que a veces me ha hecho efecto: la reacción de los de afuera cuando te preguntan si lo sabes. Siempre les notas algo de decepción al responder que no. Pero esa mezcla de agradecimiento y condescendencia que muestran algunos euskaldunes al comprobar que su interlocutor es capaz de hablar como un tonto en euskera no me ha gustado nunca.

Y aquello que me dijo hace más de veinte años la escritora A. U.: «El euskera es como un hijo discapacitado». Aunque creo que solo es el hijo discapacitado de algunos, a quienes comprendo que lo quieran y cuiden incluso con mayor cariño y atención que a los sanos.

De todas formas, no me gusta haber visto crecer en mí una pequeña hostilidad hacia el euskera. Se debe a la condición «sagrada» que ha adquirido y a algunas imposiciones desmesuradas. Lo malo es que resulta cierto que cualquier lengua tiene algo de «sagrado» para sus hablantes, y eso no hay quien se lo salte. Incluso lo tiene para algunos que no la hablan. Ama cuenta que la única mentira que le sorprendió a aita en toda su vida fue cuando puso una cruz en la casilla positiva de una encuesta en la que le preguntaban si sabía euskera. O sea, que deberé auscultar mis reacciones de impío y tener cuidado para no caer en argumentos simplistas.

Tere dice que habría que verles en el comedor del centro de Amorebieta: «Estamos como en un hospicio». «Como en un campo de reeducación», digo. Recordamos que, hace años, Antón ingresó también un verano con toda su buena intención en ese mismo centro de Amorebieta, y que se escapó la primera noche, de madrugada, sin avisar a nadie.

Boda de la hija de Carlos e Yvonne, en Gatika. Es una boda civil, pero como el ayuntamiento del pueblo es espantoso, la ofician en el pórtico de la iglesia. Qué sería de esa formidable sociedad inmobiliaria, la Iglesia, sin su colección de edificios y monumentos. Celebra la ceremonia, que dura unos tres minutos, el alcalde del pueblo, uno de HB con una camisa a cuadros de manga corta. Al terminar, unos *txistularis* y un *dantzari* interpretan un *aurresku* delante de los novios. «Esto lo hemos puesto —me dice Patxo, el padre del novio—, porque han venido unos irlandeses de la familia de mi mujer. Para dar color y que vean las tradiciones de aquí».

Recuerdo a Borges, cuando dice que en el Corán no hay camellos: «Yo creo que si hubiera alguna duda sobre la autenticidad del Corán, bastaría esa ausencia de camellos para probar que es árabe. Fue escrito por Mahoma, y Mahoma, como árabe, no tenía por qué saber que los camellos eran especialmente árabes».

Aquí, como nadie está seguro de ser árabe, están poniendo camellos, es decir, *txistularis* y *dantzaris*, por todas partes. En cualquier nacionalista hay algo de turista del propio país.

Sin perjuicio de que lo que dijo Borges es falso. Claro que en el Corán hay camellos.

La xenofobia del doctor Johnson. Hacia los escoceses, que le repugnaban sin más, los irlandeses y los americanos, que se les escapaban a los ingleses. «Estoy dispuesto a amar a toda la humanidad, excepto a un americano». Según Boswell, entonces «los llamó bribones, ladrones, piratas, y exclamó que los quemaría y destruiría». Según Boswell: «Aunque inglés hasta la médula y lleno de prejuicios contra los demás países...».

Pero hoy vuelven a citar en el periódico, como si se tratara de un documento inapelable, la célebre frase del doctor: «El patriotismo es el último refugio de los bribones».

Kafka a Janouch, sobre la novela policíaca: «Un narcótico [...]. En la novela policíaca se trata siempre de descubrir secretos ocultos detrás de acontecimientos extraordinarios. Pero en la vida sucede exactamente lo contrario. El secreto no está escondido en segundo plano. Se encuentra, por el contrario, absolutamente desnudo delante de nuestros ojos. Es lo más evidente. Por eso no lo vemos. Lo corriente de todos los días constituye la novela de ladrones más grande que existe».

Belén Gopegui extiende esa capacidad de ocultamiento narcotizante a toda la literatura. Dice en una entrevista, en *El País* de hoy: «Y en contra de la frase de Paul Klee que suele citarse —el arte hace visible lo invisible—, la literatura suele contribuir a hacer invisible lo visible: la explotación, por ejemplo».

Gopegui dice que no sabe si seguirá escribiendo novelas. «La cuestión es que la novela, por su propia constitución, pertenece a una determinada clase social. Es un género que está prácticamente condenado a contar historias de supuestos sujetos individuales».

¿Supuestos? Parece que Gopegui no admitiese la existencia de sujetos individuales, o, al menos, pensara que no son más que productos de las características de cada sociedad. En su última novela hay una defensa de la revolución cubana. Como para Marx, supongo que para ella el individuo no es sino «el conjunto de sus relaciones sociales».

En la misma entrevista, Gopegui dice: «Cada vez que describes una casa muy amplia en la que vive un personaje, y no te preguntas de dónde ha salido esa casa, estás haciendo ideología de forma explícita». Esto ya es de fanática.

Yo vivo en una casa muy amplia, que la heredé de aita, que la heredó de aitita. Fue construida en 1927. No sé cuándo aitita compró el edificio entero. Por aquella época no se vendían todavía los pisos sueltos. No existía el concepto de propiedad horizontal. Es una casa muy buena y muy cara.

Creo que si vivo en Bilbao es por este piso. A finales de los setenta, después de deambular unos años entre Madrid, Barcelona y Bilbao, decidí empadronarme aquí y acogerme en casa de Tere. El objetivo era demostrar que necesitaba la vivienda para mí. Ya era de mi propiedad, por donación de aita, pero estaba en alquiler. Tuvimos que ir a juicio para desalojar a las inquilinas. Viví un tiempo en ella solo. Alquilé dos habitaciones a amigos periodistas. Más tarde, subí a instalarme arriba, en la que había sido la casa del portero, y alquilé esta por una buena renta. Hace algo más de cinco años vinimos María y yo a vivir en ella.

MALLARMÉ SOBRE EL fumar: «Toda el alma resumida / cuando lentamente la expiramos / en varias volutas de humo / abolidas en las otras...».

«Toda el alma resumida». Casi nadie niega nunca un pitillo. A veces un pobre me ha pedido dinero por la calle y no se lo he dado. Un pitillo, siempre.

ES EL OTOÑO profundo

Mi vecino

Cómo será su vida, me pregunto.

Epígrafe escondido de estas páginas. Es un haiku de Basho que traduzco a partir de la versión inglesa de R. H. Blyth.

La gente viaja mucho. Ayer X me dijo que se iba «a la Civilización Maya».

Estuve en Benidorm. Fui en avión a Madrid y en tren hasta Alicante. Volví en tren y autobús. Cuatro noches. Muy bien. Debería ser obligado para todo el mundo hacer cada dos o tres meses un viaje en solitario.

Salí de Bilbao a las dos de la tarde y unas cuantas horas después estaba tomándome una Coca-Cola en la piscina del hotel, frente a las palmeras y el mar.

El aspecto físico general de la gente en el Benidorm de invierno no es muy bueno. Pero me entretuve fijándome en las caras de algunos viejos e imaginando que eran científicos de primera línea que reposaban unos días en mi hotel.

En Benidorm se ve mucho «discapacitado». Es como si únicamente allí la gente se atreviera a sacar a la calle a sus familiares menos «presentables». A uno al que llevaban en silla de ruedas le atribuí el cerebro de Stephen Hawking.

Siempre lo digo, la gente está muy contenta en Benidorm. La felicidad se nota en el aire. En las caras de las personas, en su manera de andar o de estar sentadas en las terrazas. Al llegar a Madrid uno se da cuenta de que se ha producido un cambio sustancial en el ambiente. Pedí un té y un cruasán en la cafetería de la estación y pensé en ese gran mito de la energía que dicen que se percibe en las grandes ciudades. Esa rapidez y actividad imparable en la que algunos aseguran encontrar un atractivo fascinante y mucha belleza, la belleza contemporánea, incluso. Pero me pregunté: ¿Adónde van todos estos, tan decididos, raudos y enérgicos? Estuve un rato preguntándomelo y al final solo encontré una respuesta: en busca de dinero.

María está arreglando la cocina y el baño del apartamento y estuve en el hotel Cimbel. Muy bien y barato. Fui con Juan, el albañil, a elegir unos azulejos a un almacén en las afueras. Creo que elegimos bien. En principio iban a ser unos que imitaban el mármol travertino. Juan me dijo que a él el travertino ya le cansaba un poco. Me di cuenta de que a mí me pasaba lo mismo y elegí otros azulejos, también de color beis.

Me asombra que se pueda ser un genio haciendo reír y un tonto hablando en serio.

Me dice que se encuentra bajo de moral.

Es cierto que su confesión no me produce solo tristeza.

Pero ello no se debe exclusivamente, como dictaminaría algún moralista amargo, a que siempre nos alegramos de los males ajenos.

Se podría y debería escribir un anti La Rochefoucauld. Párrafo a párrafo. Como se puede oponer un refrán a otro refrán.

Su confidencia no me pone especialmente triste porque es un bálsamo para mi orgullo, un pasaporte. Si él no lo está conmigo, tampoco yo estaré obligado siempre a disimular ante él mis momentos de abatimiento.

Se ha muerto Derrida. Lo he leído muy poco, porque es complicadísimo, pero me enfadan los artículos burlescos sobre el relativismo posmoderno del que fue uno de los principales exponentes.

Como siempre, se crea una caricatura, y luego se la destroza. Si algunos dicen que no es posible encontrar fundamentos definitivos para lo que llamamos verdad, o virtud, se les responde: «O sea, que todo vale ¿no?».

Pero ningún filósofo posmoderno ha dicho eso.

Aunque sí lo suficiente como para provocar una aprensión y una especie de miedo contra los que la mayoría se revuelve con suficiencia y agresividad.

Palabras como aquellas de Nietzsche: «¿Qué es entonces la verdad? [...] Una hueste en movimiento de metáforas, metonimias, antropomorfismos...», o simplemente aquellas tan viejas de Protágoras: «El hombre es la medida de todas las cosas», resultan aún irrespirables.

Si juegas al golf, estás dentro. Eres uno de los suyos. Hablaron tanto de golf que a uno de ellos lo acusaron al final de obseso. «¿Y qué voy a hacer si no juego al golf? ¿Quedarme sentado en un sillón?». Su sinceridad me reconfortó.

Este hombre con el que me cruzo por la Gran Vía y yo jugábamos juntos de pequeños en la hierba de Central Park. Él no lo sabe.

Leo unos cuadernos que escribió Cioran entre los cuarenta y seis y los sesenta y un años. Pocas entradas están fechadas, pero sí la de su cincuenta y ocho cumpleaños, los que yo cumplí ayer. «Es mi cumpleaños. Lo había olvidado completamente», anota.

Yo solo me olvidé una vez de mi cumpleaños. Me di un susto y me pareció un mal síntoma. Desde luego, por aquel tiempo no se puede decir que fuera muy feliz. Tal vez Cioran, al fin y al cabo, fue bastante desgraciado en su vida, aunque se empeñara en exagerarlo. Siempre está afirmando que ha sufrido muchísimo, que su existencia ha sido una perpetua desgracia. Pero nunca da lástima. También se define siempre como escéptico, aunque nunca se le nota dubitativo ni titubeante. Se queja constantemente del universo entero. No es tan original como cree. Conozco a infinidad de personas cuya manera de relacionarse con el mundo es la queja, la indignación, la irritación continua con lo que les rodea. Cioran, en realidad, es menos deprimente. No protesta ante todas y cada una de las minúsculas contrariedades cotidianas. El mal es el universo.

«Una oración desenfrenada, una oración destructora, pulverizadora, una oración que irradie el Fin», dice. Cómo habría disfrutado al saber que existe alguna posibilidad de que los experimentos realizados por los físicos en ciertos aceleradores de partículas podrían llegar a producir una reacción subatómica en cadena que llegara a destruir la totalidad del universo, según leí en un libro del astrónomo Martin Rees, *Nuestra hora final.*

X SE PREOCUPA porque su hijo de veinticuatro años sale mucho de noche y no emplea el tiempo en nada serio. Hablamos y me muestro solidario con su preocupación, hasta que me doy cuenta de que su hijo no hace otra cosa distinta de lo que yo he hecho casi toda mi vida.

ES EL MÁS veterano de nosotros. Lleva año y medio en la academia intentando aprobar el examen para obtener el carné de conducir. Hoy ha interrumpido la clase con una pregunta: «¿Qué es un autobús? Se me ha olvidado qué es un autobús».

Nos hemos reído, pero no se trataba de una cuestión absurda. Tras año y medio de frecuentar el código de la circulación, se encuentra en otro nivel que el nuestro. ¿Cuántos metros de longitud y de altura, cuántas plazas debe tener un vehículo de motor para ser considerado un autobús? era la pregunta ontológica que quería hacer. No importaba nada para el test que estábamos analizando, pero él se halla en un estrato más profundo, perdido en la metafísica de la circulación automovilística como otros en la del Ser o la Existencia. Tardará años en aprobar, tal vez no llegue a hacerlo nunca.

EXAGERAN SUS TEMORES para poder ser racistas a gusto con su conciencia.

«LA TRISTEZA MEDIOCRE del sentido común». ¡Pero si lo original y gracioso proviene siempre del sentido común! Lo mediocre y lo triste suelen ser esas fantasías convertidas en la manera de pensar habitual, pero que carecen, en el buen sentido del sentido común, del más mínimo sentido común.

JUSTIFICACIÓN DE LA envidia: no es infrecuente que las personas a las que sucede algo bueno se pongan insoportables.

DURANTE LOS DOS meses del verano pasado en Benidorm, eché en falta el carné de conducir. María estaba muy ocupada preparando sus clases para la UNED y no me parecía bien forzarla a movernos un poco más. De casa a la playa y de la playa a casa, así transcurrió nuestro verano.

Luego, en septiembre, no sé a quién oí recordar una frase de la tía Tere: «A mí, un hombre que no conduce, me parece un tonto». Y por primera vez pensé que tal vez era verdad. Hace más de veinte años que no conduzco, me ha sido más cómodo dejarme llevar por María, que conduce muy bien. Decidí sacarme de nuevo el carné, pues lo tenía tan caducado que era necesario examinarme de nuevo.

O sea, que la tía Tere sigue influyendo desde la ultratumba. Lo bueno es que el tío Antón, su marido, no conducía. Tenían un chófer, Juan, del que guardo el mejor recuerdo. Un día, viniendo de San Sebastián a Bilbao, se pinchó una de las ruedas del coche. Llovía a cántaros. No se me olvidará nunca la escena: Juan y yo, fuera del coche, cambiando la rueda bajo la lluvia, y el tío Antón, repantigado en el asiento de atrás del coche y riñéndole a Juan por el pinchazo.

Mientras estudiaba en Deusto, todos los sábados venían Juan y el tío Antón a buscarme a la puerta del Colegio Mayor. Luego íbamos al Iruña a tomar un aperitivo. Juan esperaba fuera con el coche y, hacia las dos y media, nos llevaba a comer a casa de doña Juanita, la tía Tere y el tío Antón. La casa estaba a unos doscientos metros del Iruña. También cuando salí de la cárcel me recogieron Juan y el tío Antón en la puerta. Supongo que fui uno de los pocos presos políticos de Franco que salió de la cárcel con chófer.

Aita decía siempre que el único lujo del que le hubiera gustado disfrutar era el de tener chófer. Félix, el chófer de amama, fue una gran figura de nuestra infancia. Amama iba a todas partes con chófer. Por ejemplo, a comprar unos pasteles al centro de San Sebastián. Luego, llegaba a casa y decía: «Hoy solo he hablado en euskera». No sabía euskera, se había limitado a decir *«eskerrik asko»* en la pastelería.

A PARTIR DE cierta edad la gente empieza a tener teorías sobre todo. Se acusa de idealismo a los jóvenes, pero sus ideas suelen ser de otros y se van tan rápido como vinieron. Los verdaderos y plomizos teóricos del universo son los mayores. A estos ya nadie se la da con queso.

SANTIAGO RECORDÓ AYER en la cena aquella noche de carnaval en que Teresa Doueil y yo le dejamos tirado en la discoteca Yoko Lennon, vestido de mujer, con los zapatos de tacón y las pestañas postizas puestas. Solo se apiadó de él Wilson, que le llevó a dormir a su casa. Así eran las cosas por entonces, en los años ochenta y tantos. Wilson era un famoso etarra que había participado en el asesinato de Carrero Blanco. Había salido de la cárcel no hacía mucho. No tenía dinero y trabajó en la importación de algo, creo que de angulas, de Francia. Fracasó y se dedicó durante un tiempo a la venta de pitufos de plástico. Y encima no de los buenos, sino de los que traían algún defecto de fábrica.

Recuerdo que una vez, mientras veíamos la tele, apareció el reloj que daba paso al telediario (Tere dice que era el Big Ben, de Londres). Wilson consultó el suyo, apuntó con el dedo a la pantalla y dijo: «Ese reloj va de puta pena».

Habrá gente, sobre todo jóvenes, u olvidadizos, a los que estas cosas les parecerán raras. Tan raras como que, por aquellos años, ilustres profesores como Savater o Juaristi impartieran conferencias en las cárceles a los presos de ETA.

2005

«Tú te has puesto alguna vez un cucurucho de esos?».

«No».

«Pero ¿estás pensando que a lo mejor aquí sí te lo pondrías?».

«Sí».

Eran las doce y cuarto y habíamos recibido el año en Benidorm. Por primera vez en nuestras vidas, al aire libre, rodeados de gente que no conocíamos, bajo unos fuegos artificiales. Volvíamos a casa por la playa. Mirábamos con envidia las bolsas de papel de plata que algunos llevaban en las manos. Grandes sobres resplandecientes llenos de cucuruchos para la cabeza, serpentinas, confeti, silbatos, antifaces, matasuegras. Hablábamos de lo que nos gustaban en nuestra infancia los matasuegras. Reviví aquel sabor a cartón húmedo de sus embocaduras, chupadas hasta dejarlas deshechas. Vinimos a Benidorm para comprobar cómo habían quedado la cocina y el cuarto de baño, que han reformado en nuestra ausencia. Esta nueva manera de entrar en el año nos ha cogido de improviso. No me extrañaría que, si volvemos alguna otra vez por estas fechas, compremos una de esas bolsas plateadas y nos pongamos un cucurucho en la cabeza.

No estoy muy seguro de que me siga gustando la literatura. Al menos no como antes. O tal vez no he tenido suerte últimamente. He leído los recientes libros de Marías y Bolaño, obras maestras para muchos. No creo que vuelva a ellas nunca.

Sin embargo, he leído con ganas y gusto los libros de Pauls, Dalmau y Espada sobre Borges, Gil de Biedma y Pla, y los nuevos diarios de García Martín y Ostiz.

¿Qué se relee? Aquellos libros que te han interesado y de los que sabes que te has dejado mucho por el camino. Aquellos que te produjeron un placer intenso y singular, que no podrías encontrar en ningún otro libro.

Leo ensayos biográficos y diarios con mayor interés que novelas. ¿Será porque escribo estos archivos? ¿O porque creo que me hacen saber, mejor que una novela, lo que es, o puede ser, o quiere ser una persona?

Castilla del Pino, en el periódico, encomiando el valor de la literatura: «Conozco mejor a Ana Karenina que a mi mujer». Sí, y también a Caperucita Roja. Qué majadería. O qué pobre mujer.

Borges, en «Profesión de fe literaria»:

«Este es mi postulado: Toda literatura es autobiográfica, finalmente [...]. El personaje que importa en la novela pedagógica *El Criticón* [...] es el fraile Gracián [...]. Asimismo, nuestra cortesía le rinde credulidades a Shakespeare, cuando este infunde en cuentos añejos su palabreo magnífico, pero en quien creemos verdaderamente es en el dramatizador, no en las hijas de Lear. Conste que no pretendo contradecir la vitalidad del drama y de las novelas; lo que afirmo es nuestra codicia de almas, de destinos, de idiosincrasias, codicia tan sabedora de lo que busca, que si las vidas fabulosas no le dan abasto, indaga amorosamente la del autor [...]. He declarado ya que toda poesía es plena confesión de un yo, de un carácter, de una aventura humana. El destino así revelado puede ser fingido, arquetípico (novelaciones del *Quijote*, del *Martín Fierro*, de los soliloquistas de Browning, de los diversos Faustos), o personal: autonovelaciones de Montaigne, de Tomás de Quincey, de Walt Whitman, de cualquier lírico verdadero. Yo solicito lo último».

Borges escribió este artículo cuando tenía unos veintisiete años. Luego, toda la vida fue muy pudoroso y apenas desveló datos sobre su intimidad.

En la madurez y vejez, su «profesión de fe literaria» habría sido completamente opuesta a la de su juventud. Así, jugó a reivindicar la idea de Valéry: una historia de la literatura anónima. No la historia habitual de los autores y accidentes de sus carreras que estamos acostumbrados a leer, sino «la historia del espíritu como productor y consumidor de esa literatura». Para alabar a Shakespeare, dijo que era «nadie».

Borges, el más solicitado de los escritores de su tiempo, insistió en minusvalorar la importancia del autor o el interés por su persona. Se había hecho mayor, se percataba de que su vida había sido un poco rarita y no le atraía la idea de que alguien indagara en ella. Pero, si yo leo con tanto interés a Ostiz o a García Martín, ¿cómo lo haría con un diario de Borges?

Proust también repitió en *Contra Sainte-Beuve* que la vida de los autores no importa, sin duda temeroso de los biógrafos, que no le han dejado en paz. Pero Proust ya contó muchísimo de sí mismo en su libro. «Se puede decir todo —le replicó un día a Gide, que le recriminaba por no hablar claro de su homosexualidad—, pero sin decir "yo"».

Yo, que tantas veces digo «yo», comparto, como el joven Borges, «nuestra codicia de almas, de destinos, de idiosincrasias, codicia tan sabedora de lo que busca, que si las vidas fabulosas no le dan abasto, indaga amorosamente la del autor». Ahora acaban de salir dos libros escritos por las criadas de Borges y Proust: Fanny y Céleste. Voy a ir rápida y amorosamente a comprarlos.

Visita de Peru. Toca un rato a Bach y dice: «Esto es lo que voy a hacer cuando me jubile».

Le ofrezco una Coca-Cola. «No tomo Coca-Colas. Me ponen de los nervios». «Hay Coca-Colas sin cafeína». «Yo no he visto ninguna». «Hay Coca-Colas con el bote de color marrón que no tienen cafeína». «Yo no he visto ninguna». «Incluso hay quien dice que las Coca-Colas sin cafeína se parecen más en el sabor a las Coca-Colas originales que las Coca-Colas Light». «Yo no he visto ninguna».

Peru emprende mañana un viaje que lo llevará a visitar doce países en diez días. No creo que en ninguno de ellos encuentre Coca-Colas sin cafeína, no creo que las encuentre ya nunca en su vida, pero escribirá muy bien para *El País* la crónica de los viajes del ministro, el rey y el presidente.

El primer sitio adonde va Peru es Indonesia, cuyos habitantes acaban de sufrir un maremoto. Para los que hemos vivido la infancia cerca del mar, el maremoto era la fuerza de la naturaleza que más nos gustaba temer. «¿Y si viniera una ola gigante y se inundara todo? ¿Y si viniera un tsunami?». Nos estremecíamos. No sé si la gente de tierra adentro tiene tan grabada en la cabeza la palabra tsunami como los que hemos vivido de pequeños al lado del mar.

Muchos de nosotros vimos a nuestro primer muerto en la playa. Un grupo de adultos se arremolinaba en la orilla en torno a algo que no sabíamos qué era. Tratábamos de acercarnos, pero no nos dejaban, nos alejaban del secreto. A algún mayor le oíamos decir: «Un ahogado». Mirábamos. A lo mejor solo se le veía un pie, o un poco de brazo.

Los niños de ahora probablemente reciban la revelación en la cuneta de una carretera, a través de la ventanilla de un coche. «¡No miréis! Un accidente».

OTRA VEZ TIEMPOS de «al borde del abismo» y de «a un paso del precipicio». Cuántas veces habré leído esta muletilla en los últimos años. Y aquí seguimos. Isabel San Sebastián, en un artículo titulado «Bomba de Ibarretxe», augura hoy en *El Mundo* una catástrofe inminente y afirma que para el verano no quedará en el País Vasco «ni el menor vestigio de convivencia democrática».

Esta Isabel San Sebastián, una demagoga insoportable, es prima de Marta y nieta como ella de aquel don Vicente San Sebastián al que solíamos visitar en el apartamento de que disponía en el último piso de su clínica de Deusto. Lo conocí ya muy viejo, había sido amigo de aitita y amama, aunque él era un significado liberal, y vivía con «doña Susi», una señora también ya muy mayor y muy simpática que había sido enfermera de la clínica y con la que no sé si se había casado o era su amante.

El plan Ibarretxe me parece una indecencia moral, pues aquí no hay igualdad de condiciones para debatirlo y ETA sigue en activo. Pero de ahí a los terribles vaticinios de algunos va un trecho largo. Los mismos políticos y los mismos periodistas que se han pasado ocho meses hablando de que el atentado islamista de Madrid fue fruto de una conspiración entre Marruecos, ETA, Al Qaeda, sectores de la Policía y del PSOE, servicios secretos extranjeros y no sé quién más, todo para exculpar las mentiras del PP en aquellos días, se han vuelto mudos de repente sobre ese tema y ya solo hablan desde hace una semana del totalitarismo con que nos amenaza Ibarretxe, de su «acto de sedición», de su «golpe de Estado», y de la contundente respuesta que habría que proporcionarle. De la especie de guerra civil que se avecina. ¿Se acordarán el año que viene de esto?

De lo que yo sí me acuerdo es del doctor don Vicente San Sebastián y de algunas fotos suyas en las que se le veía junto a Hemingway, en el burladero de la plaza de toros de Bilbao y en una habitación de la clínica de Deusto, donde Antonio Ordóñez reposaba en la cama tras una cogida. Lo que quiere decir que yo conocí a alguien que conoció a Hemingway. Alguna vez me he entretenido jugando hacia atrás con esa famosa teoría de los seis grados para comprobar hasta qué punto podría enlazarme con algunos escritores de otros tiempos. Si para llegar a Hemingway me bastan dos grados, para alcanzar a Joyce solo serían tres. Yo conocí a alguien que conoció a alguien que conoció a Joyce. Solo un grado más me uniría a Proust, pues Joyce y Proust se vieron una vez en una célebre fiesta, aunque parece que no se dijeron nada.

De todos modos, para mi relación con Proust cuento con una hipótesis más divertida. En el testamento de aita se dice que compró Toni Etxea, en 1965, a Mercedes Sert y Badía, marquesa viuda de Lamadrid. (Hasta entonces, desde la llegada de Nueva York, en 1947, habíamos vivido en alquiler).

¿Quién fue Mercedes Sert y Badía? ¿Qué relación tenía con el pintor Josep María Sert y Badía? ¿Es posible que Sert pasara algún día en casa entre el año 1929, cuando le encargaron los lienzos del museo de San Telmo, de San Sebastián, y 1932, en que los entregó? ¿Durmió un amigo de Proust en Toni Etxea?

En cualquier caso, la relación literaria más ilustre que he tenido en mi vida se produjo a través de una señora de Neguri, Regina Soltura, con la que estuve una tarde en un bautizo y cuyo padre paseaba a caballo por Artxanda con el tío de Kafka.

«Mejor. Ha sido lo mejor para todo el mundo. Ya tenía muchos años. Lo que venía iba a ser peor. Mejor. Así ha sido mejor».

Es lo que más oigo últimamente cuando se muere alguien. La gente vive ahora demasiado tiempo. No creo que la medicina deba sentirse muy orgullosa por ello. «Por fin, por fin», será tal vez lo que oigamos en los funerales dentro algunos años.

Para asustarme de mi ignorancia no tengo más que echar un vistazo a mi biblioteca. Miles de libros leídos de los que no recuerdo nada.

Pero continúo comprando y leyendo. Debe de ser algo como eso tan criticado de «el sexo por el sexo».

El ansia de saber es una de nuestras mayores pasiones. Hobbes decía que la curiosidad es la lujuria del pensamiento. Pero Cioran: «Todo lo que sé a los sesenta ya lo sabía a los veinte».

TODOS MIS ANTEPASADOS tuvieron hijos. No deja de asombrarme que yo vaya a ser el último de esa larguísima fila que comenzó en algún lugar de África hace muchos miles de años. Y de asustarme. Da la impresión de que uno no tiene derecho a volver la mirada hacia atrás y decir: «Hasta aquí hemos llegado».

«ESTE GATO LO que necesita es un psicólogo», dijo Pedro al ver cómo Borges salía corriendo al entrar él en casa.

«Tienen un gato gordo y neurótico», dijo Miguel.

Es curiosa la humillación y agresividad que despierta en la gente el que un gato no quiera ni verlos.

Por otro lado, la delicadeza de Iñaki, el hijo de Pedro, de unos seis años, que ha venido esta tarde a casa con su padre. Borges también se ha escondido. Cuando se han marchado, he encontrado una de las figuritas de gatos de porcelana que tenemos en la sala exquisitamente centrada en el suelo del pasillo y girada hacia el fondo, como una ofrenda, o un conjuro de magia simpática, o un pequeño ídolo en su altar, por si Borges picaba y se acercaba a curiosearlo y jugar con él.

AYER, JUSTO A esta misma hora, suspendí el examen práctico del carné de conducir. Fastidio. Es un contratiempo de nada, pero no acabo de quitármelo de la cabeza.

Qué poco nos cabrea y qué poco nos hace felices, decía más o menos Pascal.

Borges se me sube al regazo mientras apunto lo anterior. Qué poca cosa nos hace felices. En invierno tiene el pelo suave y tupido como el de un visón.

Veo en Internet que se ha muerto Javier Tusell, a los cincuenta y nueve años. En momentos así, siempre pensamos lo mismo: ¿a qué viene irritarse y sufrir por las tonterías que nos afligen cada día? Si el fin puede estar a la vuelta de la esquina, desde ahora mismo solo nos preocuparemos de lo esencial: ser felices. Pero parece que de nada sirve pensarlo. Cada vez que se produce un acontecimiento que te lo recuerda, resulta que siempre, siempre, hay alguna inanidad que te tiene mortificado. Aun en la mejor de las muertes, la repentina, existen muchas probabilidades de que te toque en un momento de mal humor, preocupado por cualquier idiotez. El carné de conducir, por ejemplo.

Londres, en un café, mientras María ha entrado en Liberty para comprar una camisa.

Tengo *El País*, pero me cuesta concentrarme, después de todo un día de caminar y ver cosas nuevas.

No había estado nunca en Westminster Abbey, la iglesia más entretenida del mundo.

Me he comprado una camisa a rayas de rebajas en la especie de tienda-palacio de Ralph Lauren, en Bond Street.

He compartido con una ardilla una de las galletas que llevo por si me da un bajón de azúcar, en Holland Park.

He vuelto a pensar, en la National Gallery, que Turner es bonito y espectacular, pero que Constable nos ha influido de manera más profunda en nuestra manera de ver.

Hemos comprado en Fortnum & Mason diez clases de té sin teína para satisfacer el encargo de Carlos de Maqua, que solo había pedido té sin teína. Hemos recorrido medio Londres para encontrar por fin en un supermercado de barrio la *gravy* para acompañar el *roast beef* que pidió Mariluz. Así de concienzuda es María si le encargan algo.

Ha llovido un poco. Aquí nadie lleva paraguas. Tal vez alguno de esos plegables que caben en un bolso. Un paraguas grande, como el mío, resultaría ridículo. A los ingleses no les importa el clima. Lloviendo y casi a cero grados puedes ver cruzar la calle a una veinteañera en minifalda, sin medias, con zapatos de tacón de aguja y un top de tirantes, camino de un *party*.

Doy un trago al *capuccino* y no enciendo un pitillo, porque estoy en la zona de no fumadores. Abro por fin *El País*. Me topo con una foto enorme de X. Ha escrito una novela y le hacen una entrevista. La empiezo con gran esfuerzo, como si se me hubiera olvidado leer.

Afirma X, melancólico: «Está claro que la vida es una sucesión de pérdidas, llega un momento en que "arden las pérdidas", como dice el poeta Antonio Gamoneda. A partir de cierto momento esas pérdidas cuentan más, pesan más que todo aquello que has alcanzado». Esta es una de esas apreciaciones que suenan a verdaderas, pero que no estoy seguro de entender del todo. Y hay pérdidas que cuanto más perdidas estén, mejor.

«Mi generación pasó de la Edad Media a la posmodernidad», añade X, que tiene diez años menos que yo. Su nueva novela trata de la década de los ochenta y la famosa «movida» madrileña.

En Bilbao no sé si hubo «movida», aunque sí nos movimos mucho de bar en bar. Los ochenta han quedado para mí como una única y estancada noche de borrachera, de excitación y monotonía a un tiempo. Una década sin apenas luz diurna, en la que me levantaba a la hora de comer. De día me sentía medio mareado y agorafóbico, pues aquellos fueron para mí unos años de depresión.

La época me ayudó a sobrellevarla. En aquel tiempo, el bajón anímico personal me condujo a dudar de lo que yo llamaba mi «velocidad de escape». La «velocidad de escape» es esa energía que se proporciona a los cohetes portadores de satélites artificiales para que consigan llegar hasta el borde de la atmósfera, sobrepasarla y ponerse a girar alrededor de la Tierra, ya sin necesidad de más esfuerzo.

En algún momento de entonces pensé que no tendría energía suficiente para alcanzar la órbita a la que deseaba llegar y que la fuerza de la gravedad social me iba a hacer, o bien bajar a tierra e integrarme en alguna actividad de las normales, o bien caer en picado y darme un tortazo de campeonato. Pero fueron años durante los que la fuerza de la gravedad social disminuyó bastante y, entre una cosa y otra, aguanté. No sé qué habría sucedido ahora, en estos tiempos tan grávidos.

«He conocido el éxito de alguna forma... Esta sensación descoloca y fue algo que me ocurrió en una época», dice X, que en aquel tiempo, el de los ochenta, tuvo un cierto renombre. Recuerdo que una vez apareció por Bilbao, para dar una conferencia. Salimos con él por la noche Amaia A., Juan Carlos Salaverri, Ezquerra y yo. X me pareció una buena persona, bastante normal y escasamente brillante. Nosotros no creo que le pareciéramos nada, pues a lo que él estaba era a ligar con Amaia. A última hora Ezquerra y yo nos fuimos para casa. X, Amaia y Juan Carlos se dirigieron al hotel. Pero la proverbial cordialidad de Juan Carlos, que le impulsó a acompañar con entusiasmo al escritor hasta la misma puerta de su habitación, frustró el ligue.

Ezquerra y yo ya teníamos experiencia en el asunto de recibir y animar la noche a algunos escritores jóvenes que se acercaban por Bilbao. A menudo llevábamos con nosotros a alguna chica, que casi siempre terminaba yéndose con el autor. Nuestro papel en la literatura española, nos reíamos, era, más o menos, el de proxenetas. La noche siguiente a lo de X, volvimos a salir con Amaia A. Cuando nos dijo que al final no había pasado nada, comenté muy serio: «Pues vaya lío. ¿Y ahora qué hacemos? Nosotros ya habíamos cobrado nuestra parte». Amaia me tiró su gin-tonic a la cara.

Hace treinta y cuatro años, cuando vine por primera vez a Londres, era muy normal que en los hostales, o en las agencias de alquiler de apartamentos, hubiera cartelitos con la inscripción: *«No colou-reds»*, o *«Coloureds. Not wanted»*, o algo así. Ahora Londres es un paisaje humano multicolor de maravillosa juventud y vivacidad. Hoy hemos recibido el Año Nuevo chino. Había una gran fiesta desde Trafalgar hasta Leicester Square, Gerrard Street y Soho Square. Es el año del gallo y hemos comprado la figurita de uno encaramado en el extremo de un palo.

La especie de jaula de cristal abierta por arriba que tienen en el aeropuerto de Heathrow para los fumadores es un sitio formidable. Son unos veinticuatro metros cuadrados donde nada más entrar se vuelve uno de inmediato más atractivo. Nos escrutamos con curiosidad, sabemos que aquel hombre vestido de manera andrajosa, o el señor de la corbata y el maletín, y no digamos la rubia de la esquina, transmutada por obra y arte de su cigarrillo en una irresistible *femme fatale*, somos personas más interesantes que la media.

Una semana lejos de España es un reconstituyente de primera.

«IGUAL QUE UN abogado, el cerebro humano quiere la victoria, no la verdad» (*The Moral Animal*, Robert Wright).

Se comprueba en cualquier discusión. Y lo más gracioso es ver cómo ese mismo cerebro se engaña a sí mismo para darse la satisfacción de tener razón.

X, tan inteligente, vuelve a decir que «estamos peor que nunca», refiriéndose al tema político de aquí. ¿Peor que nunca? Pero si llevamos casi dos años sin un solo muerto. No importa. Hace mucho decidió, como tantos otros, que «vamos al abismo», y, por tanto, la discusión sobre el plan Ibarretxe le parece otro paso hacia el precipicio, algo mucho más grave que el hecho de que ETA matara en otros tiempos a dos o tres personas al mes. «Las guerras son ahora así», me parece que dice. Pero ya no me esfuerzo en tratar de entenderla. Esta aptitud para resistirse a toda información exterior que te lleve la contraria, y aun de utilizarla como un dato más que corrobora lo que ya pensabas, es prodigiosa y común.

MARÍA TERMINA LA biografía de Jaime Gil de Biedma impresionada. Le paso un libro con sus poemas. Lee algunos y la encuentro llorando en la cocina. Yo ya no sé leer así. Haber leído mucho es, en parte, un desastre.

La biografía de Dalmau cuenta el bofetón que Gil de Biedma le arreó a L. en una fiesta. La telefoneé al leerlo y le encantó. Me dijo que, durante una discusión, ella lo había llamado «viejo, calvo y maricón». El libro dice que «viejo y tronado».

A VECES PIENSO que la llamo poco a ama. Ahora acabo de hacerlo. Me dice que está viendo por la tele un concurso y que ya me llamará. Cuelga. Esto me alegra mucho.

Telefonea al cabo de media hora. No calla, cuenta infinidad de cosas, desde las de última actualidad hasta alguna de hace sesenta años, todas de interés. Tiene la cabeza mejor que yo.

Dicen que, más o menos, un cincuenta por ciento de la inteligencia se hereda. Y Steven Pinker asegura: «La heredabilidad de la inteligencia aumenta con las distintas fases de la vida, y en edades avanzadas puede llegar hasta el 0,8». Ojalá sea cierto.

Dificultades en algunas parejas de alrededor. Alguna sobrevive a trancas y barrancas. Alguna otra se rompe. Ya no sé qué es lo mejor. Somos tal vez demasiado mayores.

A. se ha separado y tiene problemas para ligar de nuevo: «¿Y qué pasa si vas a casa de la tía y te encuentras con que tiene un mueble espantoso? ¡Yo me largo!».

He recordado a B., también separado, y la explicación que me dio del final de su último ligue: «No le gustaba el aceite de oliva ¡y por ahí yo no paso!».

«Vuelvo a repetir, y toco madera, que creo encontrarme en una de las épocas mejores de mi vida. Hace ahora cinco años que vinimos a esta casa. El gato dormita con el cuello recostado sobre un tubo del radiador, que abrasa. María prepara sus clases en el cuarto de atrás. Y la flora: están saliendo de nuevo las violetas».

Este párrafo era de los apuntes del mes pasado. Lo había borrado, pero lo traigo hoy aquí porque me he acordado de él después de anotar esto:

Tienes todo el tiempo que quieras. Por qué esta prisa, esta ansiedad repentina. Nadie te exige nada. Exígete, si quieres, apuntar cosas de vez en cuando. Ninguna prisa. Y no dejes de leer y hacer extractos.

La típica anotación de un día con nervios. María no tiene estas turbulencias anímicas. Ni las violetas. Ni el gato. Aquí el más frágil soy yo.

No volver a contar en público nada que no me haya pasado en los últimos días. Impresión de repetirme. De convertirme en un puñado de anécdotas viejas.

Aunque, por otro lado, tampoco hay que preocuparse en exceso. En general, ni te oyeron o no se acuerdan.

Escribir es como descomprimir un archivo «zip».

Son las cinco y media de la tarde y me instalo ante el ordenador sin una idea clara de lo que voy a hacer. Tal vez anotar algo sobre las dos últimas líneas apuntadas en el cuaderno: «El príncipe de Ligne visita a Voltaire» y «Cita en Kierkegaard».

Se refieren a dos libros que tengo ahora en la mesilla, *Amabile*, del príncipe de Ligne, y los *Diarios íntimos*, de Kierkegaard.

Como estoy tranquilo, antes de nada, me preparo un café. Recostado en el asiento, pongo los pies encima de la mesa.

Y ahora tardaré al menos una hora en descomprimir y poner por escrito lo que me ha pasado por la cabeza en dos minutos, mientras bebía el café con la mirada distraída en las hojas del ficus.

Del príncipe de Ligne (1735-1815) dijo Goethe que había sido «el hombre más feliz de su siglo». Esta frase absurda y algo que vi en el periódico me produjeron la curiosidad de leer algo de él.

Los *Diarios íntimos* de Kierkegaard los encontré ayer por casualidad en la biblioteca, mientras buscaba otra cosa. Abrí el libro al azar y hallé una frase sobre los pensadores sistemáticos que me hizo gracia. Por lo visto, un poeta y cuentista danés llamado Blicher (1782-1848) dijo que cualquier «sistema» le parecía «una tentativa de hacer saltar el mundo en pedazos».

La visita del príncipe de Ligne a Voltaire duró ocho días. El príncipe la cuenta en ocho páginas de una insustancialidad completa. Solo me han parecido relevantes dos cosas. Que Ligne comience su relato con esta frase: «Lo mejor que podía hacer en presencia de Voltaire era no mostrar el menor ingenio». Y este párrafo: «Como he de trasladar cuanto oí procedente de aquel gran hombre, diré lo que escuché con toda claridad una noche en que, tras pasearme por su jardín, me encaramé a una gruesa piedra para verle escribir en la cama: se tiró un pedo descomunal, más propio de un albañil que de un hombre de letras. Yo hube de huir a toda prisa, para que no me oyese la risa».

Tres segundos después de que la frase de Blicher sobre los pensadores sistemáticos y las observaciones de Ligne hayan pasado por mi mente, me ha venido a la cabeza un nombre: Kant.

¿Por qué Kant? Supongo que porque Kant es un prototipo de filósofo sistemático y, a la vez, alguien que cuando lo evoco me da la risa. Cabrían en un folio las dos cosas que sé de la filosofía de Kant. Pero supongo que podría llegar por lo menos a tres contando anécdotas de su vida. Y una de ellas me parece básica para entender el mundo.

Kant no soportaba los ruidos. En cierta ocasión no aguantó más y fue a una cárcel cercana a su casa para protestar por el alboroto que hacían los presos al cantar. Así no se podía pensar. Kant no consiguió que el alcaide prohibiera los cánticos, pero sí que mandara clausurar las ventanas de las celdas. Ignoro si fue ese mismo día cuando se le ocurrió la fórmula del imperativo categórico.

De modo que, en esos dos minutos, mientras tomaba el café con la mirada perdida en el ficus, han bailado en mi cabeza, entre otras cosas que ya se me han olvidado, la paradoja, con la que comulgo, de que cualquier sistema no es sino una tentativa de hacer saltar el mundo en pedazos; mi contencioso con Kant; mi afición por las vidas de los hombres ilustres; una manera como cualquier otra de justificar mi incapacidad para discurrir lento y en serio, y mi gusto por divertirme con lo que yo mismo acepto calificar como de inanidad, frivolidad o insustancialidad. Lo mismo que Ligne y su historia de las tripas de Voltaire.

«La libertad, Sancho, es uno de los más preciosos dones que a los hombres dieron los cielos; con ella no pueden igualarse los tesoros que encierra la tierra ni el mar encubre; por la libertad, así como por la honra, se puede y debe aventurar la vida, y, por el contrario, el cautiverio es el mayor mal que puede venir a los hombres».

Cuántas veces no se habrá citado esta frase de don Quijote como si se tratara del mayor canto que vieron los siglos a la Libertad, en general, en abstracto y con mayúscula, cosa que no creo que nadie sepa lo que es.

Don Quijote se refería a algo más concreto. Feliz de abandonar por fin el castillo de los duques, continuaba: «Digo esto, Sancho, porque bien has visto el regalo, la abundancia que en este castillo que dejamos hemos tenido; pues en metad de aquellos banquetes sazonados y de aquellas bebidas de nieve, me parecía a mí que estaba metido entre las estrechezas de la hambre, porque no lo gozaba con la libertad que lo gozara si fueran míos; que las obligaciones de las recompensas de los beneficios y mercedes recebidas son ataduras que no dejan campear al ánimo libre. ¡Venturoso aquel a quien el cielo dio un pedazo de pan, sin que le quede obligación de agradecerlo a otro que al mismo cielo!».

Un poco de dinero, «un pedazo de pan», una rentita que te libere de amos, jefes y demás pelmazos. Esa es la Libertad que cantaba don Quijote. Y lo diré sin remilgos: a la que yo aspiré siempre y que en buena parte he logrado.

La libertad egoistona de Montaigne, que había escrito antes casi lo mismo que Cervantes: «... Resúltame difícil de imaginar una libertad de alguien tan pura, una hospitalidad tan franca y gratuita que no me pareciera desgraciada, tiránica y teñida de reproche, si la necesidad me hubiera inmerso en ella». «¡Oh cuán agradecido le estoy a Dios de haber querido que yo haya recibido directamente de su gracia todo cuanto tengo, de haberse quedado Él con toda mi deuda! ¡Con cuánta insistencia suplico de su santa misericordia el no deber jamás un gran favor a nadie! Afortunada libertad que tanto me ha durado. ¡Dúreme hasta el final!».

Releí el año pasado el *Quijote* (la segunda parte), adelantándome al cuarto centenario que se avecinaba. Disfruté mucho. Cuando lees el *Quijote* te alegras. Cuando lees cosas acerca de ese libro te pones triste, o trascendente.

Lo mejor son los diálogos entre don Quijote y Sancho. Y el ingenio y los juegos contagiosos de Cervantes al escribirlo.

El *Quijote* es un libro de risa, de el Gordo y el Flaco, de teleserie como la de Frasier y su hermano. Qué dos tipos, buenazos y como cabras.

Borges atribuye a Cervantes la creación por primera vez de unos personajes que se ganan nuestra amistad, y no solo la admiración o la piedad, como los de antes. No sé si amistad es la palabra correcta, pero es verdad que da gusto estar con ellos. En lo que sí tiene plena razón Borges es en decir que el tema básico de la novela es la amistad entre don Quijote y Sancho.

Los personajes exhalan bondad por los cuatro costados. Auden y Dostoyevski vieron un santo en don Quijote. Entiendo por qué lo hicieron, aunque la apreciación sea un poco excesiva.

En cualquier caso, el trascendentalismo que le ha caído encima a la pobre obra la ha falsificado. Es cierto que ya no podemos leerla exactamente como la leían sus contemporáneos, pero todavía resulta muy graciosa. Todavía se puede leer como un libro más y no como parte de alguna asignatura.

Quería reconciliarse con un escritor del que se hallaba distanciado. Me encargó la misión: «Dile que me ha gustado mucho lo último que escribió. Dile solo eso».

Este impulso de hacerle fotos, decenas y decenas de fotos, con el mismo entusiasmo con que las haríamos entre los picos del Himalaya o en una playa maravillosa del Pacífico. Y todo en casa.

Y luego estas ganas de cogerlo en brazos, de acariciarlo y besarlo, como si fuera una primera y bellísima novia.

¿Cómo se puede ser tan torpe de no tener un gato?

Nunca he sabido si vivimos en una sociedad muy individualista o muy masificada. Solo sé que son dos acusaciones que se oyen a menudo y que suelen provenir de los mismos.

X tenía un estilo magnífico jugando al tenis. No ganaba un partido, pero si lo veías jugar un rato, parecía un gran tenista.

Me he vuelto a acordar de X durante estos días en que he estado leyendo los cuentos presentados al premio de Muskiz.

«La prueba de una inteligencia de primera clase es la capacidad para retener en la mente dos ideas opuestas a la vez sin perder la capacidad de funcionar» (Scott Fitzgerald). Esta frase ha sido citada muchas veces, pero a mí me parece que eso lo hace todo el mundo.

Lo que tenemos ahí dentro es un hervidero de pequeñas ideas luchando entre ellas. A veces se acoplan unas a otras, a veces se enfrentan ferozmente. Nunca logran un todo confortable en el que instalarse. Y si lo hacen, el resultado es la cabeza de un fanático.

Voltaire, a un cura que le rondaba a la hora de la muerte y no paraba de citarle a Jesús: «Y no me hable más de ese hombre, por favor».

Diez días oyendo hablar de papas.

Por fin, hoy, a media tarde, les he gritado a Mari y a María: «*Habemus papam!*», y han venido corriendo al salón a ver al nuevo salir a la plaza de San Pedro.

Contagiados por la espectacularidad de los ritos, asistimos al acontecimiento de la fumata blanca con un entusiasmo infantiloide.

Yo hago unas fotos y las dos me dicen a la vez, asombradas: «Caray, cómo te ha dado con este nuevo papa». Pero les respondo que al que estoy haciendo la foto es a Borges. Duerme plácidamente de espaldas a la pantalla, donde se ve al papa saludando a la multitud.

En 1484 el papa Inocencio VII emitió un decreto denunciando a todos los gatos y sus dueños. El inquisidor francés Nicolas Rémy dijo un siglo más tarde que los gatos eran demonios. Los curas presidían los festivales durante los que se quemaba a los gatos. Millones de gatos fueron destruidos y la especie estuvo al borde de la extinción.

Hoy, hasta Ratzinger tiene gatos. Y llegará el día en que no haya papas y seguirá habiendo gatos.

Creo que soy una persona en general más buena que mala. Pero sin ningún esfuerzo ni mérito. Siempre he pensado que «es mi natural».

Sin embargo, ¿no dicen que «lo natural» es ser malo? ¿No hablan de que el hombre es «por naturaleza» un lobo para el hombre, de que la vida «natural» no es más que una lucha despiadada por la supervivencia y la reproducción? ¿No aseguran que somos un conjunto de instintos agresivos y egoístas apenas cubiertos por un barniz de civilización?

¿Seré yo un ser «antinatural», un miembro defectuoso de mi especie? ¿Cómo he llegado hasta aquí?

Un bonobo o chimpancé pigmeo del zoológico de Twycross rescata atentamente a un estornino descuidado, lo protege y lo ayuda a volar de nuevo.

Una gorila de un zoológico de Chicago toma a un niño de tres años que ha caído a la jaula desde una altura de tres metros, lo acuna, lo gira y lo tiende en sus brazos al personal del zoo.

Nuestros semejantes, nuestros hermanos.

Son dos ejemplos tomados del último libro de Frans de Waal, el más importante primatólogo del mundo.

George Williams. 1966. «Dicho de una forma sencilla, un individuo que maximiza sus buenas relaciones con los demás y minimiza sus antagonismos, tendrá una ventaja evolutiva, y la selección favorecerá a aquellos caracteres que promuevan la optimización de las relaciones personales».

Álvaro se ha medio jubilado y ha empezado a escribir cuentos.

Ha descubierto a Bolaño y quiere escribir como él. No es mal propósito. Supongo que si tratas de escribir como Bolaño, sin grandes elocuencias, puedes llegar a escribir con tu propia voz antes que copiando a otros autores más barrocos.

Álvaro me ha dejado un cuento donde narra nuestra detención y algún episodio en la cárcel. Se titula «El argentino». Habla de un asesino y delincuente internacional argentino que estaba con nosotros en la prisión de Basauri y que nos inspiraba respeto y simpatía, además de cierta aprensión cuando empuñaba las tijeras o la navaja para cortarnos el pelo y afeitarnos.

Álvaro cuenta nuestra detención y la salida de los juzgados para ir a la cárcel.

En el episodio de la detención dice que nos metieron a los dos en el mismo coche y que uno de los policías sacó un paquete de tabaco y le ofreció un pitillo a su compañero. Álvaro añade que él iba asustado y nervioso, pero que yo me dirigí al policía como si estuviéramos en un bar y fuera un amigo nuestro: «¿Me das también a mí uno?». Dice Álvaro que el poli se enfureció: «¡A ti lo que te voy a dar es una mano de hostias!».

No me acuerdo de esta historia del pitillo. Yo no estaba tan nervioso como Álvaro porque había abandonado la actividad política hacía unos meses. Me había vuelto un ateo del marxismo. Llegó un momento en que me pareció una filfa teórica. Esto sucedió después de haber tratado de explicárselo en unas clases clandestinas a unos chavales que trabajaban en Altos Hornos. Cuanto más se lo explicaba, menos creíble me resultaba todo aquello del materialismo dialéctico. Lo que sí recuerdo es que en el coche de la policía yo estaba muy tranquilo. Más aún, en un estado de paz casi eufórica. Tal vez porque nos habían detenido y por fin se había acabado la pesadilla del miedo a que nos detuvieran.

Álvaro recrea también en su cuento nuestra salida de los juzgados. Escribe que, cuando nos comunicaron que no salíamos en libertad sino que íbamos a la cárcel, yo le dije: «Casi no me importa con tal de no volver a la comisaría. Así conocemos de paso cómo es aquello. ¿No tienes curiosidad? No te digo pasar años allí dentro. Pero unas semanas, ¿por qué no?».

No me reconozco en el tono de esas palabras, pero recuerdo que, en la puerta del juzgado, al enterarme de que nos mandaban a la cárcel, volví a ser feliz. La explicación es que había vivido las últimas horas de comisaría en una total paranoia. Como no me torturaban, me convencí de que pensaban prolongarme la estancia otras setenta y dos horas, lo que hacían a veces, y que entonces vendría lo bueno. El anuncio de que no era así, y de que íbamos derechos a la cárcel, me pareció una liberación maravillosa. Me monté en el furgón más contento que unas pascuas. Y eso es verdad, también con una gran curiosidad.

«El impulso de la creación artística es una táctica de apareamiento» (Geoffrey Miller, psicólogo evolucionista).

No lo sabe bien Geoffrey.

B. me comentó ayer que le había escrito una dedicatoria explosiva de su novela a una compañera de gimnasio. «Espero que no la vea su marido», dijo.

La satisfacción del deber cumplido. ¿Y la del incumplido? ¿La satisfacción de mandar a tomar vientos una tarea supuestamente ineludible?

A cuántas cosas nos gusta llamar «deberes».

Alta Filosofía. Gustavo Bueno ha escrito un libro enorme con el objetivo de «triturar el concepto de felicidad».

En una conferencia pronunciada hace unos días en Asturias, Gustavo Bueno dijo: «Una Constitución que ha abolido la pena de muerte y que no tiene posibilidad de fusilar a Ibarretxe es muy difícil que se mantenga [...]. Lo de Ibarretxe es alta traición; lo de Maragall es alta traición; toda la Historia, desde Pericles, nos muestra que hubiera habido un juicio sumarísimo».

Todo es un poco lo mismo.

¿Por qué la felicidad tiene tan mala prensa entre las autoridades filosóficas? Empezando por aquello que decía Nietzsche de que la felicidad solo es cosa de vacas, tenderos, cristianos, mujeres y algunos ingleses. ¿Hay que ser muy poco filósofo para aceptar que existe algo tan deseable como esto que el diccionario inglés Webster define así: «Un estado de bienestar caracterizado por una relativa permanencia de emociones predominantemente agradables, que pueden variar desde el simple contento hasta una alegría de vivir intensa y profunda, y por un deseo natural de que este estado se prolongue en el tiempo»?

Carlos ha estado unos días en casa. No he querido ver los telediarios con él.

¿Qué tendrán que ver entre sí la clonación terapéutica, las bodas de los homosexuales, la creencia de que Dios es uno y trino y la reivindicación del peñón de Gibraltar? Pues hay algo que lo une todo. Y salga lo que salga sobre ello en las noticias, ya sé que cada uno pensaremos exactamente lo contrario que el otro.

Dos días de insomnio. Ya pasará. Aunque parezca una broma, suelo llegar a esta época cansado del «curso». Había pensado ir a Benidorm la primera semana de junio, pero no puedo porque tengo revisión médica.

Leo un poco a Schopenhauer. ¿O sea que era eso? ¿Lo de siempre? Qué bien me ha venido este viejo en las horas malas.

Si tienes insomnio, no hay libro que lleves a la cama donde a las pocas páginas no encuentres algo relacionado con el insomnio. Hoy he leído que existe una pastilla, el Modafinil, investigada por el Ejército de los Estados Unidos, que es un remedio contra la narcolepsia, pero funciona muy bien en la gente sana. Permite permanecer a pleno rendimiento durante noventa horas sin dormir y sin efectos secundarios.

Pero, al imaginármelo, me ha aterrorizado la idea de estar dos o tres días sin dormir. Y me ha sobrevenido una reflexión inquietante: ¿será que no amo la vida? ¿Preferiré yo la vida inconsciente del sueño a la vigilia?

Schopenhauer se enorgullecía de dormir mucho y bien. Yo hago lo mismo. Schopenhauer decía también que una muestra de que vivir no vale la pena es que solemos ir a dormir de buena gana y nos despertamos de mala gana. Eso a mí no me pasa. Desde hace años, yo me levanto muy a menudo de buena gana, o por lo menos de modo neutral. Pero claro, porque me levanto cuando quiero. Este es uno de los grandes privilegios de mi vida en el que debería pensar más. Qué cantidad de mal humor me ha ahorrado a lo largo de los años.

CUANDO LE REPROCHO algo a María y veo que empieza a enfadarse, digo: «Igual que tu madre». Mano de santo. Sonríe y a otra cosa.

LOS TRIGLIFOS QUE adornan el portal de esta casa llevan ahí casi tres mil años. Ya nadie sabe lo que pintan.

El grandioso montaje de Richard Serra que inauguraron ayer en el Guggenheim tampoco sé de qué va. Esto es más raro.

Sobre todo, cuando Robert Hughes, tal vez el crítico de arte más conocido del mundo, dice en *The Guardian* que es la mejor exposición de arte contemporáneo que ha visto en su vida.

Y sin embargo, paradoja que no sé explicar, lo de Serra me gusta. Y bastante más que a algunos de los que asistieron ayer a la brillante inauguración en el Guggenheim.

Hace veintidós años el Museo de Bellas Artes encomendó una obra a Serra. La formaban dos gruesos bloques de piedra situados en equilibrio uno encima del otro. El motivo del encargo era una exposición sobre las relaciones entre la arquitectura y la escultura. A Serra no lo invitaron ni a la cena de la inauguración. La causa: se había reunido al llegar a Bilbao con una asociación de artistas vascos que habían protestado contra el anquilosamiento del museo robando unos días antes una escultura de Oteiza.

Al poco, debido al inicio de las obras para la ampliación, los responsables del museo sacaron la escultura a la calle y abandonaron los dos bloques de piedra a la intemperie, caídos de cualquier manera. Transcurrieron los meses. Al pasear por el parque, yo los veía y me indignaba. Sentía una auténtica piedad por aquellos dos pedruscos rectangulares tallados el uno para el otro y condenados a un estúpido y salvaje desmembramiento. Por entonces escribía algo para *El Correo*, y un día hablé con alguien de la redacción. Publicaron una foto y un artículo de denuncia. Las piedras desaparecieron. En cierto modo, me siento responsable de haberlas salvado de su destino de *homeless*. No sé dónde estarán. Creo que las vendieron al magnate y coleccionista Plácido Arango por doscientas o trescientas mil pesetas, el precio del material, una especie de granito.

Todo esto es absurdo, como el arte moderno en general. Los señoritos del arte bilbaíno, que despreciaron hace veinte años aquella obra, asistieron ayer como beatos a la gran inauguración del Guggenheim. Los artistas rebeldes, que habían robado lo de Oteiza y se habían reunido con Serra, no se preocuparon luego en ningún momento por el destrozo y abandono de su escultura.

Si yo hubiera hecho lo que tenía que hacer, habría contratado una furgoneta de transportes, me habría llevado aquellas dos grandes piedras tiradas a la basura, y las habría instalado en el jardín de atrás de Toni Etxea. No contaría a nadie su historia. Supongo que no podrían reclamármelas. Valdrían millones, pero yo no me desprendería de ellas. Y lo más asombroso: nadie a quien yo no se lo dijera sabría nunca que aquellas dos piedras una encima de otra eran una obra maestra del arte contemporáneo.

«Con la edad, te haces más sabio y vas aprendiendo quiénes son tus amigos de verdad», decía ayer M. Creo que lo que te haces es menos flexible y más raro e intolerante. Lo de la sabiduría sobra.

Es una opinión común que, con el paso del tiempo, uno se queda solo con dos o tres «amigos de verdad». Se suele repetir como implicando con ello que esas dos o tres personas son las dos o tres mejores personas del mundo.

En realidad, son las dos tres únicas personas del mundo que has conseguido, tras el esfuerzo de toda una vida, soportar y que te soporten.

Todo el mundo ha estado en todas partes, pero creo que no encontraremos nunca a nadie que conozca Tourtour, un pueblito que nos encanta y donde lo pasamos siempre muy bien.

En las alturas de Tourtour se establecieron los primeros cistercienses que llegaron a la Provenza. Al poco tiempo se trasladaron unos veinte kilómetros más abajo, a un valle boscoso y cruzado por un río que hemos recorrido en coche esta mañana.

Ahí sigue la abadía de Le Thoronet, ya sin monjes, que hemos vuelto a visitar. Impresionan los arcos robustos y austeros del claustro, con los capiteles limpios y sin esos «monstruos ridículos» que san Bernardo consideraba un despropósito, nada oportunos para que los monjes se concentraran en sus meditaciones.

Aunque no sé si aquellos monjes meditaban tanto como nos han hecho imaginar. Desde luego, no eran, o no eran solo, ese tipo de hombres solitarios y ensimismados con Dios en que yo acostumbraba pensar antes, alguna vez incluso con admiración y envidia. Mi idea actual de ellos es que constituían parte importante de la «jet» social de la época. No trabajaban y viajaban con frecuencia. Para el trabajo ya tenían a los «conversos» y a los muchos laicos que vivían en las abadías.

Un ejemplo: la vida de un tal Foulques, o Foulquet, que estuvo unos años en Le Thoronet.

Foulques nació en Marsella, en 1155, de padre rico. Primero se dedicó al comercio. Luego se convirtió en un trovador de mucho éxito, hasta el punto de que Dante lo colocó en el paraíso de la *Divina comedia*. Fue protegido de Ricardo Corazón de León, se casó y, al cabo de un tiempo, se retiró a vivir a esta abadía de Thoronet, con su mujer e hijos. Cuatro años más tarde ya era abad. Algo después lo nombraron obispo de Toulouse y, posteriormente, participó con entusiasmo en las matanzas de los albigenses. La Iglesia lo hizo beato. A poco que leo, me doy cuenta de que los famosos monjes no se parecían mucho a la idea que siempre había tenido de ellos. Aunque, de hecho, el único que he conocido, el prior de Silos, se sabía como nadie los mejores sitios para comer gambas en Madrid.

En el Mont Ventoux dicen que Petrarca inventó el montañismo. Por lo visto, fue el primero en subir a un monte nada más que por subirlo y en describir su ascensión. Tenía treinta y un años y lo hizo en compañía de su hermano. He leído la carta que dirigió a un cura agustino de Roma relatando la escalada. Veo la montaña allí al fondo. Conozco sus cumbres grises y peladas por haberlas contemplado por televisión en tantas etapas del Tour. Estoy sentado en la hierba, de espaldas a la piscina, en este maravilloso hotel de Gordes donde pasamos unos días.

A veces se dice que allí, en la cima, en un momento de inspiración, Petrarca inventó también el Renacimiento. Esto resulta casi un chiste, pero es verdad que, al abrir al azar las *Confesiones* de san Agustín, que tenía consigo, experimentó un trance y decidió cambiar su vida de señorito elegante de Aviñón. Se recluyó a leer y estudiar los montones de libros griegos y romanos que permanecían arrumbados en las desvencijadas abadías de los alrededores y que él comenzó a llevarse en carros tirados por bueyes.

Pocos hasta él los habían leído desde hacía siglos. Al visitar ayer su casa, en Fontaine-de-Vaucluse, recordé la frase de Heine, más o menos: «Los conceptos filosóficos alimentados en el silencio del estudio de un académico pueden destruir toda una civilización».

Llegamos tarde y estaba cerrada. Es una casa medio escondida al borde del río Sorgue, pegada a la montaña, demasiado pegada a la montaña para mí. Al abrir la ventana de atrás, Petrarca debía de darse de narices con la roca. En ese lugar, con un perro y un criado, pasó, desde los treinta y tres, los cuatro años más fecundos de su vida, según dicen.

Allí Petrarca comenzó el *Cancionero*, dedicado a su amor por Laura, una mujer a la que había visto por primera vez en una iglesia de Aviñón y de la que se enamoró perdidamente. He traído el *Cancionero* al viaje. Dicen que Laura era una tal Laura de Noves, casada con Hugo de Sade, antecesor del marqués de Sade. No se sabe si es cierto, pero el propio marqués así lo creía. Encerrado en la cárcel de Vincennes, leyó una biografía de Petrarca que había escrito un tío suyo, y se creyó lo de Laura a pies juntillas. Laura se le aparecía en sueños. Y Sade lloraba.

Desde aquí veo también la montaña del Luberon, un poco más a la derecha. En el Luberon, en un pueblito llamado La Coste, está el castillo de Sade. Ya lo visitamos en un viaje anterior. Es una ruina imponente, que ha comprado el modisto Pierre Cardin para hacer festivales en los veranos. Sade escribió en su testamento que estaba seguro de que su recuerdo se borraría pronto de la memoria de los hombres. No ha sido así. Y con motivo: no entiendo que no existiera hasta él una palabra para designar algo tan común como el goce que produce en algunos el ejercicio de la crueldad.

Y ahora, al agua.

TRAJE CONMIGO A Benidorm a Emerson (*La conducta de la vida*) y a Thoreau (*Walden*). Los dos grandes ensayistas clásicos americanos. Nunca los había leído. Dos más entre esa multitud de nombres ilustres que tengo en la cabeza como etiquetas de cajas vacías.

A Emerson lo dejé enseguida. En las tres o cuatro horas que le dediqué, me pareció confuso y contradictorio. Tal vez lo haya leído en una mala traducción. De todos modos, me percaté enseguida de que es uno más de esos pensadores que citan continuamente a Napoleón. Cualquiera que considere a Napoleón como un modelo no es de los míos, y menos si estoy en la playa tomando el sol, dando sorbitos a una Coca-Cola Light y a punto de bañarme.

Emerson es un predicador. De hecho, lo fue en su juventud. Luego, conferenciante. No entiendo por qué Montaigne fue uno de sus autores favoritos. Montaigne dejó dicho: «No enseño, cuento».

Está más claro por qué Emerson era uno de los autores preferidos de Nietzsche. Emerson es otro de esos que dicen que la humanidad entera existe para producir de vez en cuando algún gran hombre, uno por siglo creo que asegura. A todos ellos los ha puesto fuera de combate esa figura tan clásica de los manicomios: el tipo que se cree Napoleón.

(Es curioso cómo para ensalzar la figura de Montaigne se suele decir que Emerson y hasta Nietzsche lo pusieron por las nubes. Lo que yo creo tener claro es que a Montaigne, y para mí esto es más importante, no le habrían entusiasmado ninguno de los dos).

Para alabar el individualismo y lo particular de cada uno, no hace falta exagerar tanto. Aquí, en Benidorm, al ver las multitudes en la playa, en las terrazas, en los paseos, comportándose de esa manera tan parecida a los pingüinos de los documentales de televisión, se aprende mucha filosofía y mucha ciencia: somos muy semejantes a cualquier otra especie animal gregaria, incluidos Emerson, Nietzsche, Napoleón y el del manicomio.

La lectura de Thoreau me ha valido más la pena. Aunque me parece un exaltado, un puritano y un intransigente, al final he acabado cogiéndole cariño. Tengo mis afinidades con él.

El joven Thoreau miraba a su sociedad de Concord y veía a una especie de penitentes cumpliendo no se sabe qué complicados castigos o torturas que se infligían a sí mismos durante la mayor parte de la vida: «Una vida de locos». «Los doce trabajos de Hércules son triviales en comparación con los que mis vecinos han emprendido, porque aquellos eran solo doce y tenían un final, pero aún no he visto que estos hombres hayan matado o capturado monstruo alguno ni acabado una sola tarea».

Thoreau hizo un experimento. Se construyó con sus manos una casa de tres por tres metros cuadrados en una parcela de un bosque propiedad de Emerson, junto a la laguna Walden, y allí vivió un tiempo. «Durante más de cinco años me mantuve así solo con el trabajo de mis manos y descubrí que con trabajar unas seis semanas al año podía sufragar todos los gastos de la vida».

Thoreau decía que había que trabajar en algo (no llegó a despreciar el trabajo como tal), pero solo en algo que te apasionara. Nunca he comprendido esta opinión tan repetida, ni he sabido cómo se podrían hallar ocupaciones apasionantes para todos, pero eso es lo que dicen siempre los escritores, a quienes les suele gustar mucho escribir, incluso demasiado. Thoreau rechazó sujetarse a las tareas normales que parece imponer la sociedad para dedicarse a «las cosas importantes de la vida», que tampoco he sabido nunca cuáles son. Consideraba que los hombres eran, en general, no solo víctimas del sistema, sino unos «negreros de sí mismos», «las herramientas de sus herramientas», y defendió que cada cual debería seguir una vida propia y libre hasta sus últimas consecuencias. Además de pensar que lo que suelen ser los hombres es «negros» y «herramientas» de otros hombres, más que de sí mismos, lo que me diferencia de Thoreau es que él abominó de las ocupadísimas vidas normales para intentar llevar una vida «trascendente», y yo he abominado de lo mismo simplemente porque me parece abominable, y no para lograr algo del otro mundo alejándome de ello.

Ayer hablábamos en Denia con Luis y Angelinos sobre los modos de vida. Desde hace un par de años, al hacerse mayor y ver algunas muertes a su alrededor, Luis ha decidido trabajar solo por las mañanas. Hablamos de lo que yo había hecho en mi vida (no trabajar ni por las mañanas) y María dijo que, si he podido hacerlo, es porque sabía que, de un modo u otro, tendría dinero para mantenerme. Algo de cierto hay en ello, pero se equivocan los que se limitan a clasificarme como «un rentista». Ahora vivo bien, y, desde hace unos quince años, es verdad que vivo de «las rentas», pero, en su tiempo, yo tomé las decisiones que tomé porque, en última instancia, me creía capaz de irme a vivir a una choza en un pueblo de Marruecos, a un Walden particular de calorcito mediterráneo, y subsistir con poquísimo dinero. Más o menos el dinero que Thoreau decía que ganaba en seis semanas de trabajo y que yo creía que podría recaudar entre mis familiares sin trabajar ni un día. Ahora no sé si esto suena un poco extraño, pero en aquella época no era una opción tan remota y había algunos que la tomaban. Eran los tiempos de los *hippies*. Nosotros veraneamos en Formentera un par de años sin un duro, en una casucha en el campo, sin luz y sin agua. El agua la sacábamos de un pozo. ¿Por qué no podría haber vivido así siempre? No habría sido un tipo tan rigorista como Thoreau; no me habría bastado «el aire matutino» para despertarme por las mañanas, como a él, que consideraba una imperfección tomarse un té o un café para ponerse en marcha; no me habría jactado tanto de mi manera de vivir; no me habría dedicado a amar, observar y describir la naturaleza con tanta minucia; no habría vivido sin mujer; habría sido algo más piadoso con los demás; habría bebido y fumado; no habría leído a los clásicos griegos y latinos en su lengua original; no habría tenido una concepción heroica de la vida; no habría sido tan buen escritor, ni una persona con tantas habilidades prácticas; no sé qué habría hecho, pero sigue sin parecerme una opción de vida imposible. «Si haces lo que te dicen los mayores que no se puede hacer, verás que es posible», dijo Thoreau.

X Y UN equipo de físicos de las universidades del País Vasco y Hamburgo han medido lo que tarda en desplazarse un electrón desde un átomo a otro. El resultado es 320 attosegundos. Un attosegundo es a un segundo lo que un segundo a la edad del universo, que tiene unos catorce mil millones de años. Los resultados del estudio se acaben de publicar en la revista *Nature*.

Supongo que es la mayor proeza intelectual realizada nunca por un amigo mío.

X es vanidoso y recuerdo que a la primera de cambio te sacaba su currículo de un bolsillo de la chaqueta. No deja de ser comprensible. Si uno está hablando con alguien capaz de medir lo que tarda en pasar un electrón de un átomo a otro, por lo menos hay que saberlo. Aunque luego charles con él sobre otras cosas y no acabes de entender cómo un tipo capaz de manejarse entre átomos y attosegundos sea un nacionalista de pro y crea firmemente en cosas tan paranormales como la patria, los pueblos milenarios, los derechos históricos y lo que se tercie.

¿Por qué la gente inteligente cae en semejantes cosas? «La gente lista cree cosas raras porque es hábil en defender creencias a las que ha llegado por razones tontas».

SI ESTOY SOLO, nunca tengo la sensación de perder el tiempo. Y el tiempo más perdido de mi vida son esos eternos minutos que transcurren desde que comienzas a despedirte de una reunión hasta que por fin consigues irte de una vez.

Ahora, en general, me pasan pocas cosas. Tal vez las cosas más notables que me pasan son las que les suceden a otros. Yo me limito a comentarlas. Lo más interesante que me suele ocurrir es la lectura de libros.

Un poco de la hormona oxitocina aspirada por medio de un aerosol aumenta la confianza en los extraños. Esto viene en un breve artículo sobre ciencia de una esquina del periódico. En otra página, con grandes titulares, hablan de la desconfianza hacia la comunidad musulmana despertada en los londinenses por el reciente ataque terrorista.

¿Qué pasará dentro de cincuenta años, o en un par de siglos? ¿Llegará el día en que esas dos noticias tengan que ver entre sí? Creo que era Buñuel, en las memorias que le escribió Carrière, quien decía que no le importaría morirse en cualquier momento si le permitieran ir saliendo de vez en cuando de la tumba para leer los periódicos. ¿Llegará el día en que se bombardee con oxitocina cualquier zona de conflicto?

La playa como lugar de meditación. No hay más que un filósofo del que yo sepa que le gustaba tomar el sol: Diógenes. Montañeros ha habido muchos, y peligrosos.

Efecto mariposa: un cabreo doméstico te puede llevar a una indignación monumental con la invasión americana de Irak.

«Hoy te veo bajo». Aunque solo fuera por su mala educación, se mereció aquello de Karl Kraus: «Los vieneses llaman aburridos a los que se aburren con ellos». Pero no dije nada, y me puse a analizar por qué me veía bajo, si era verdad o no era verdad que estaba bajo, cuánto de bajo estaba, y así hasta el infinito y la mala leche.

El menos espléndido de los hombres es aquel que invita mucho, pero es el primero en clasificar a alguien como tacaño.

Perspicacia y sabiduría de los literatos.

Viene hoy en el suplemento de *ABC*, que conmemora los cincuenta años de la muerte de Thomas Mann. Pablo d'Ors, en un artículo titulado «Supermann», alaba su obra y destaca sus virtudes. Dice: «Detrás de cualquiera de sus historias hay otra historia: se cuentan las grandes historias con las pequeñas. Es obvio, por ejemplo, que *La montaña mágica* no es el simple relato de la vida de Hans Castorp en un sanatorio para tuberculosos en Suiza, sino el drama de Europa que vive ignorante de la amenaza que se cierne sobre ella».

Y tan ignorante. *La montaña mágica* es de 1924, un año posterior a la entrevista a Thomas Mann que *ABC* publicó el 2 de mayo de 1923 y reproducen en el suplemento de hoy. Mann, de paso por Madrid, y supongo que con su novela ya casi terminada, aseguraba entonces: «En cuanto a la política interior de Alemania, creo que la República está consolidándose, y que no lo amenaza ningún peligro serio. La reacción nacionalista dispone de unas organizaciones militares (como las huestes de Hitler), pero no recibe alimento espiritual alguno. [...] En el mundo entero existe una crisis de la democracia, y tengo la impresión de que será precisamente Alemania la que encontrará el justo medio, creando una nueva forma de democracia, identificada con el pacifismo y el humanitarismo. [...] La cualidad más hermosa de los alemanes ha sido siempre su sentimiento de universalidad, que mira más allá de las fronteras nacionales, un sentimiento de humanitarismo que, en medio de los nacionalismos desencadenados, se presenta como la única salvación de Europa».

«¿QUÉ LEES?». PREGUNTA María. Le enseño la cubierta y hace un gesto de repulsión, como si le estuviera mostrando algún bicho asqueroso. No es más que un libro de Lovecraft.

Somos muchos los que al leer a Lovecraft por primera vez descubrimos una potencialidad de la letra impresa que desconocíamos. La de provocar un pavor físico real.

QUÉ DÍA. «ESTOS días azules y este sol de la infancia». Cuando hace un tiempo de verano como hoy, limpio, seco, impecable, me vienen siempre estas ya célebres palabras que le encontraron en un bolsillo a Machado, después de su muerte, escritas en un papelujo. Y eso que la mayoría de mis días de verano en San Sebastián debieron de ser nublados.

Ha sido un verano magnífico. Me hubiera quedado más tiempo. He mirado lo que escribí el año pasado a finales de agosto y he visto que aquella experiencia fue peor. Anoté entonces: «La estancia no ha sido todo lo buena que otras veces. Hemos estado demasiado tiempo. [...] Alguna vez pensé que sería muy feliz viviendo unos meses seguidos en Benidorm. Ahora me parece que no, por lo menos durante el verano profundo. Demasiada gente».

Pero este año no ha sido así. A veces apunto cosas con el propósito de valerme de la experiencia en el futuro. Pero la experiencia no sirve de mucho. «Cuando nos falla la razón, usamos de la experiencia [...]. Tiene la razón tantas formas que no sabemos a cuál agarrarnos, no tiene menos la experiencia [...]. Tenemos fluctuaciones inconstantes y desconocidas; pues, por ejemplo, los rábanos pareciéronme primero buenos, luego malos, y ahora otra vez buenos» (Montaigne).

NO SOY LO que se dice un tipo alegre. Pero creo tener un carácter más optimista que la media. No me quejo mucho, desconfío poco de la gente, tengo fe en el progreso y tiendo a ver las cosas buenas antes que las malas. Pese a ello, no me parece, en resumidas cuentas, que habría que traer a nadie a este mundo.

Acaba de nacer Ander, el nuevo hijo de Joana. El otro día vino ama a conocerlo y tuvimos una comida familiar en un restaurante de aquí abajo. Por la tarde, en casa de Tere, con un tranquilo Ander pasando de unos brazos a otros, especulamos sobre su futuro. En general, noté que a casi todos nos intrigaba más la cuestión de con qué genes habría venido al mundo que el futuro social con el que se encontraría. Joana dijo que en algún momento pensó que el niño se parecía al tío X, y se angustió imaginando que tal vez algún día acabaría siendo un alcohólico como él.

Está en el espíritu de la época. La determinación genética antes que la social. Hace treinta años habríamos hablado de otro modo. Ahora se le da muchísima importancia a lo que ya viene con los dichosos genes. No sé lo que se pensará en el futuro. Las teorías cambian según los tiempos y nos sumamos a ellas sin darnos cuenta de que no hacemos más que repetir lo que está en el aire. Ahora toca la «genología». Tal vez del mismo modo en que, entre los egipcios, lo que tocaba era la astrología.

Pero vuelta al recién nacido Ander, o a su hermano Jon, de dos años, que era el que me preocupaba aquella tarde. Jon ha visto su vida asaltada de pronto por un extraño que acapara todas las atenciones de los mayores. Pensando en ello, le traje de Benidorm un coche eléctrico teledirigido, una chapuza elemental e ingeniosa que vendían este año en todas las tiendas de chinos y que, en principio, compré para jugar con Borges por el pasillo de casa. A Borges no le gustó mucho. El coche solo anda en línea recta, hacia atrás o hacia delante, y, para girar, realiza unos movimientos aparatosos que a los humanos nos hacen reír, pero que a Borges no le hacen mucha gracia. En cuanto pongo en marcha el coche, se sube de un salto al sillón y lo contempla desde arriba y desde lejos, como a una cosa rara y temible. Hay una antigua leyenda china que dice que a los demonios solo les gusta moverse en línea recta. Tal vez los gatos lo siguen creyendo. A Jon le encantó el artilugio.

Siempre he leído libros divulgativos sobre ciencia, pero X me dijo hace muchísimos años que no leía libros de ensayo, porque si leía uno, se lo creía, y si leía después otro que contradecía al primero, también. Nunca he olvidado aquello (lo gracioso de estos casos es que quien hizo la observación no suele acordarse de ella). Aquel comentario me viene a menudo a la cabeza, pues he llegado a un momento de la vida en que no tengo certeza ni de mis certezas.

X no ha leído nunca mucho y no dudo de que aquella salida suya tenía que ver con su falta de interés por la lectura. No vas a tragarte un libro de quinientas páginas sobre un tema que no dominas y luego otro de otras quinientas para contrastarlo. Lo que sucede es que hoy, con Internet, te puedes enterar en muy poco tiempo de que eso que te parece tan cierto leído en Fulano está convincentemente refutado en lo que escribió sobre ello Zutano. Hoy día son facilísimos el escepticismo y una especie de pensamiento cero producido por los argumentos en pro y en contra de cualquier idea.

No está claro por qué o para qué escribo estas páginas.

Para calmar los nervios. Para leerme más adelante, mañana mismo o dentro de diez años. Para que no solo queden fotos mías, sino también algo de lo que pensé. Para que persistan en una balda de la biblioteca de Toni Etxea, por si a alguien le interesa algún día lejano echarles un vistazo. Para enseñárselas a algunos amigos. Porque me entretiene mucho hacerlo. Porque es como un gran tren de juguete que me he montado en este cuarto, al que voy añadiendo piezas. Porque un día miré para atrás y vi que no me acordaba de nada y desde entonces decidí guardar algo, como quien acumula monedas en una hucha.

«Tienes que leer esto», me dicen a menudo. Saben que leo bastante y, por lo tanto, me recomiendan libros. Es el equivalente a eso tan pesado que escuchan a menudo los escritores: «¡Si yo te contara mi vida! Ahí sí que tendrías una buena novela».

Pasa mucho a principios de septiembre. «¿Qué? ¿Trabajando otra vez?». Farfullo algo y miro para otro lado. Esta vez han sido el hijo del peluquero y el camarero del hotel donde a veces tomo un café. Este último me ha dicho, con un tono que no admitía duda: «Estaremos trabajando desde principios de mes, ¿no?». Le he respondido con un sonido un poco extraño, más parecido a un sí que a un no. Luego ha empezado a hablar de su empresa, en la que lleva quince años. «Vamos a inaugurar un nuevo hotel en Madrid, de lujo, como todos los nuestros, y el rascacielos de Isozaki va muy adelantado. Todo lo de Amézola es nuestro».

El caso es que, aunque sin tanto rendimiento como el camarero, sí me siento ya trabajando desde primeros de septiembre. En Bilbao me cambia el correr del tiempo. Aquí me entra una sensación de urgencia por leer, estudiar o anotar, que es absurda.

HA VENIDO EL de Iberdrola a mirar el contador. Con qué tranquilidad lo he llevado hasta la cocina para que apunte los números. Mientras lo guiaba por el pasillo, he recordado que una vez, no hace tantos años, impedí el paso al inspector diciéndole que el contador estaba en el cuarto donde dormía mi hijita pequeña, a la que no podía despertar.

Ahora tengo la impresión de andar bien de dinero, pero no ha sido así siempre en mi vida. Dentro de quince días es mi cumpleaños. El regalo en metálico de ama todos los unos de octubre era básico para mis presupuestos.

CADA VEZ QUE nos vemos me reprocha que una vez le dije que me parece demasiado susceptible.

MIENTRAS PASEO, SE me escapa la mirada hacia el interior de una galería de arte. Ahí siguen. Esos cuadros con manchas espantosas, incomprensibles, feos como demonios. Los llevo viendo por lo menos cuarenta años y todavía nadie ha sido capaz de explicarme qué hacen ahí. Aseguraban que era cuestión de tiempo, de acostumbrarse, de aprender a mirar. Que lo nuevo siempre choca al principio. Pero se me ha pasado la vida entera, y nada.

«EL MUNDO SE va a acabar», dice alguna vez María al ver los telediarios, o leer los periódicos. Acacia lo decía siempre: «El mundo se va a acabar», y yo solía pensar que era una manera de defenderse de la muerte, que se le aproximaba. Al fin y al cabo, morirse todos juntos no es morirse.

Ahora, con los huracanes de Nueva Orleans, se vuelve a hablar mucho del cambio climático. Todo son advertencias de un próximo apocalipsis. Pero en esto le creo a Antón, que dice que todo es un cuento de los ecologistas y los medios de comunicación, un gran mito moderno.

Antón ha estado en Sevilla, en un programa de televisión de Canal Sur sobre el cambio climático. Según él, y otra importante minoría de científicos de los que se oye muy poco, no hay datos que justifiquen el alarmismo tan extendido en la sociedad. Lo que Antón cree es que estamos ante otra de esas industrias del miedo que proliferan hoy en día y que tantos millones de dólares y de euros proporcionan a los que se suman a ellas. En el debate de Canal Sur, me encuentro apoyándole como un fan. Si lo pienso bien, mi decantación por sus teorías también es muy irracional. Creo que lo hago porque es mi hermano. Y por el optimismo de fondo de mi modo de ser.

Una de las cosas que más me gustaría es ser más inteligente. Si pudiera llamar a alguien como el técnico que me ha ofrecido hoy instalar más memoria en el ordenador, y me preguntara «¿qué prefiere, que le ponga a usted un poco más de inteligencia en el cerebro, o un poco más de felicidad?», dudaría un momento. Esto me pasaría porque me falta inteligencia.

Nos ofrecen un gatito pequeño. Pero no quiero estropearle a Borges la extraordinaria vida que lleva. Este gato nuestro se ha hecho una idea de la existencia completamente errónea y no voy a ser yo quien intente modificarla un ápice.

En principio, soy reacio a todo lo que tiene que ver con el islam. Pero cuentan una anécdota sobre Mahoma que lo salva. Una vez, al levantarse para ir a rezar, recortó la parte de sus vestidos sobre la que se hallaba dormido un gato.

Esencia del pensamiento conservador: creer en las elites, creer que hay personas mejores que otras y que se merecen más. Y lo que suele ser risible: creer que tú eres una de ellas.

Por ejemplo, aquel que me explicaba con admiración el carácter enérgico de su hija de diez años. «Ya sabes, en casa es la que da las órdenes a las filipinas sobre lo que hay que comer al día siguiente: "¡Mañana, canelones!". No sé si me entiendes el perfil».

Hay una gotera en el tubo de la calefacción. Vino un fontanero e hizo dos agujeros grandes en el techo. Un estropicio tremendo. Llevan ahí una semana. El primer día me pareció horrible. Me dolía mirar. Ahora ya me he acostumbrado. No me incomodan lo más mínimo. Creo que podría continuar tranquilamente con ese destrozo. ¿Y con otro? ¿Y con otro? ¿Hasta acabar viviendo como si no pasara nada en una casucha bombardeada de Gaza?

Me encontré al Charro por la calle. Hablamos un poco y nos despedimos. «Me voy a misa», dijo.

Poco después se lo conté a Álvaro. Hoy hemos cenado con Peru en el Sheraton porque era mi cumpleaños y lo he vuelto a contar. He notado en Peru la misma mirada de desconcierto, el chispazo de alarma y la posterior sonrisa triste que vi en Álvaro. Creo que los tres pensamos: «O sea, que ya somos unos viejos de verdad».

Cuando interpretan tu pensamiento, nunca estás del todo de acuerdo con la interpretación. Lo curioso es que a veces hallas en los libros párrafos y páginas enteras ante las que te dices: «Esto es exactamente lo que yo pienso». Pero ya quisieras.

IAN MCEWAN CUENTA hoy en *The Guardian* que el otro día fue al parque con el propósito de regalar a quien lo deseara unas novelas que tenía repetidas. Solo las querían las chicas. Regaló treinta en menos de cinco minutos, pero solo a chicas. Dice que pensó que, a principios del siglo XVIII, cuando empezaron a leerse muchas novelas, solo las leían también las mujeres.

La novela: ¿entretenimiento de mujeres ociosas o ejercicio espiritual que lleva a la sabiduría? ¿Hay contradicción entre las dos cosas? ¿Quién dice que las personas más sabias del mundo no se encuentren en el grupo de las llamadas mujeres ociosas?

He leído y oído a muchos que la literatura es fundamental para la vida. Cuantas más novelas leas, dicen, más maneras de ser hombre habrás conocido y más humano serás. El doctor Johnson decía que la lectura de las obras de Shakespeare permitiría a un ermitaño hacerse una opinión completa de los asuntos del mundo. Absurdo. Cualquier suceso de la vida real es mil veces más pedagógico que todo un novelón.

¿Cómo se hace uno más sabio leyendo novelas? Digo esto porque leí hace poco dos novelas de Ian McEwan y J. M. Coetzee y ya no me acuerdo de nada, solo de que me gustaron.

Ayer por la noche, en una novela de John Grisham, leí varias páginas que transcurrían en un restaurante de Bolonia. Los personajes cenaban salchichas y pasta. Hoy he comprado en la tienda unas salchichas, macarrones, salsa de tomate y queso rallado para gratinar. Me pregunto si estas novelas que llaman populares no influyen más en las vidas de sus lectores que las serias.

Yo he leído literatura, y mucha, para entretenerme, por diversión, y no para aprender. De paso, tal vez haya aprendido algo sobre la vida. Sobre todo porque creo que leer novelas no es más que un derivado de ese primordial y utilísimo ejercicio y placer del «cotilleo», que no sé por qué suele atribuirse en exclusiva a las mujeres ociosas. Qué enorme cotilla fue Proust.

SE HA ADMITIDO a trámite en las Cortes un nuevo Estatuto para Cataluña, aprobado por el 85 % del Parlamento catalán.

«Día de difuntos de 2005. España ha muerto. ¿Quiénes han sido los responsables? Zapatero y Polanco», dice Federico Jiménez Losantos.

«Pongo en manos de María Inmaculada a nuestra España, que tiene a la Inmaculada como patrona y cuyo patronazgo une a todos los pueblos de España en una unidad inquebrantable que ciertamente está amenazada», dice Antonio Cañizares, arzobispo de Toledo y vicepresidente de la Conferencia Episcopal.

«España vive uno de los momentos más preocupantes de su historia», dice José María Aznar.

Las anotaciones en estos diarios sobre política son las que peor resisten el paso del tiempo. Leídas al año siguiente, no tienen interés. Ahora se habla mucho del nuevo Estatuto de Cataluña. No es un tema que me interese en gran medida. Pero anoto que, por mí, no cambiaría ningún estatuto, ni el del País Vasco, y dejaría que las cosas siguieran como están. Sin embargo, tampoco me sulfuro si una mayoría de habitantes de aquí o de allí piden hacerlo.

Lo que me irrita es que las acusaciones más fuertes que reciben los catalanes son las habituales que se propinan al irracionalismo de los nacionalistas y a su falta de «solidaridad». Pero ¿qué mayor muestra de nacionalismo furibundo y de ausencia de solidaridad que esa valla que aísla a Melilla de Marruecos y en la que hoy han muerto cuatro personas por querer saltarla? No soy de los que cambiarían los actuales estatutos, solo tal vez en alguna cosilla, pero tampoco puedo ser de los que se oponen con argumentos incongruentes a las reformas.

Yo creo que el anticatalanismo es la esencia del nacionalismo español. A cualquier español-español, le rascas un poco y sale el anticatalán.

De los dos me tomaría un descanso de cinco años. Hay amigos así. De los que mejor no verlos. Ya te los encontrarás un día al cabo del tiempo. Y por un rato aflorará aquel viejo cariño, ya estilizado como el aroma de un vino antiguo, pero del que dar solo un traguito y salir otra vez corriendo.

Estuvimos en la boda de Elena y Luis, en un palacete cerca de Oviedo. Muy bien, pero ahora miro las fotos y vuelvo a experimentar algo que me sucede desde hace unos años. La imagen que veo en ellas no se corresponde plenamente con la que tengo de mí en la cabeza. Se produce una extraña discordancia entre la figura guardada en mi memoria y la que muestra la foto. Compruebo, una vez más, que ya no sé cuál es mi aspecto. «¿Yo soy así?», le pregunto a María, mostrándole una foto. «Sí y no», dice.

Vamos a San Sebastián. «Tienen ustedes que visitar todo ese nuevo barrio que han construido en Venta Berri», dice ama. «Hay unos cines nuevos y un supermercado estupendo». Ama nos llama de usted. No sé por qué aprendió así el castellano en Nueva York. Es algo raro, que nos pasa inadvertido. Hay algunos de nuestra generación, sobre todo si proceden del campo, que tratan a sus padres de usted. En nuestro caso es al revés, es ama las que nos llama de usted.

Pero yo no quiero ver lo que han construido en Venta Berri, ni nada de eso. Lo que a mí me gustaría, cada vez que vamos a San Sebastián, sería escuchar cosas como: «¿Saben ustedes? Todo ese barrio que hicieron en Venta Berri ya lo han tirado, y ha vuelto a aparecer aquella destartalada fábrica de Cervezas El León que había antes», o «Por fin han quitado el Peine de los Vientos de Chillida, y el paseo del Tenis está otra vez como cuando ustedes eran pequeños», o «Todas las casas nuevas de atrás ya las han derruido, y han reaparecido aquellos garajes viejos, y el campo de Ramón, y las vacas, y el río aquel que era como una cloaca y a veces se veían ratas corriendo, donde ustedes bajaban sin permiso cuando se les caía el balón de fútbol».

Me gusta que Bilbao cambie y crezca, pero me gustaría que San Sebastián encogiera.

Vuelvo a pasar unas horas leyendo a Juan Ramón Jiménez. Hoy venían en el periódico varios artículos con motivo de la publicación de dos tomos que incluyen seis mil páginas de sus obras.

> Siento esta noche en mi frente
> soles de auroras nuevas contra los viejos muros.
> Solo es igual tu permanencia.
> ¡Solo mi frente y el cielo!

A ver quién sabe que este no es un poema de Juan Ramón.

Sin embargo, a ver quién no sabe que es un poema de Juan Ramón.

Pasó media vida escribiendo poemas como este, que acabo de componer con cuatro de sus versos tomados al azar.

Es raro que, habiendo llevado una vida bastante fuera de lo común, no se me acuse de falta de sentido común.

Me falta sentido épico, o trágico, o lírico. A veces coqueteo con la idea de que me gustaría tener una visión más literaria, más poética o novelística de la vida, pero creo que estoy bien así.

Al final, me gustaría haber sido una persona práctica, pese a no haber dado muestras espectaculares de ello.

2006

PASAMOS LA NOCHEBUENA EN familia, en San Sebastián. Mantenemos esa costumbre. Nos gusta. Salieron los dos temas clásicos de discusión, el papa y el rey.

Hace tres años nos enzarzamos en el asunto del nacionalismo y acabamos fatal. Joana terminó llamándome «mierda de vasco», o «vasco de mierda», no recuerdo. En los dos años siguientes no se ha vuelto a suscitar el tema y hemos regresado a la vieja tradición de la *disputatio* a grito pelado sobre el papado y la monarquía.

Patxuko se disfrazó de Papá Noel y entró por la ventana del jardín delantero de Toni Etxea. «Ahora vete a otra casa, vete a otra casa», le dijo Jon enseguida, mientras comenzaba a abrir sus regalos. No sé cómo son los niños de ahora. No estoy seguro de que esa Nochebuena quede como un «recuerdo imborrable» en su memoria, según dice Tere que nos ha quedado a nosotros aquel 6 de enero en que vimos a los Reyes Magos en Villa Izarra. Pero esta vez al menos habrá fotos y un video que atestiguarán la veracidad del prodigio. A los niños de hoy, sometidos a estímulos de todas clases, ¿qué más les dará que se les aparezcan Papá Noel, los Reyes Magos, la Virgen de Fátima, un superhéroe o un alienígena de color verde? De hecho, el Papá Noel que entró por la ventana de Toni Etxea el otro día era a la vez Papá Noel y el Olentzero, sin que la duplicidad del personaje suscitara en Jon ni el menor asombro.

Nochevieja en Málaga, con Carlos. Allí es inevitable el tema del nacionalismo. Carlos está obsesionado. Ha dejado de desayunar Nesquik y comer fabada Litoral porque son productos de empresas catalanas. Menos mal que lo de ahora es el nacionalismo español contra el catalán. A María y a mí nos cae un poco más lejos. Hacía un tiempo espléndido.

María ha vuelto una vez más inquieta por su familia, un conjunto inestable y muy poco sistematizado.

Este año el nuevo integrante ha sido un chico encantador de Senegal, Aziz, novio de Gema. Se conocieron por Internet.

Cristinita canta en una conocida pizzería de Marbella y sale con un camarero alemán, experto en informática.

El novio de Eva es un italiano.

José Ramón y Cristina vuelven a vivir a Fuengirola, después de haber pasado unos años en Alcalá de Henares. Y etcétera.

A María le preocupa este lío. A mí me hace gracia y le digo que su familia es mucho más moderna que la mía, más propia de los nuevos tiempos de que hablan los periódicos.

Los periódicos, la tele y los libros hablan del mundo en que vivimos: la globalización, el desarraigo, las crisis del yo, la pérdida de los lazos de pertenencia, la movilidad de los nuevos sujetos, los riesgos de esta inédita situación de fragilidad.

Pero también hablan de las bondades que ello puede provocar: el cosmopolitismo enriquecedor, las nuevas oportunidades y recreaciones de los individuos, el alejamiento del espíritu de campanario, la ganancia de una manera de ser más universal y humana.

Se ha evaporado, según dicen, la solidez de las viejas estructuras sociales.

«En nuestros modernos tiempos líquidos, donde el héroe popular es el individuo sin trabas que flota a su libre albedrío, "estar fijo", "estar identificado" inflexiblemente y sin vuelta atrás, tiene cada vez peor prensa» (Bauman).

A nosotros, todo eso no nos corresponde. Vivimos en un Bilbao convencional y burgués que no ha avanzado un paso desde Balzac. A menos de cincuenta metros de esta casa siguen Los

Encajeros y Martina Zuricalday, dos tiendas que ya frecuentaba mi abuela. Comemos las mismas tartas y pasteles que traían a San Sebastián desde Bilbao cuando éramos pequeños. María compra los camisones donde los compraba la madre de mi padre. Por esta calle pasa un negro al mes. Si lo hacen el alcalde o el director del museo, me saludan y les saludo. El barrio es céntrico. Esta mañana he salido a dar una vuelta y he comprado, todo a menos de doscientos metros del portal, una caja de agujas para inyectarme la insulina, un cartón de tabaco, una novela, seis Coca-Colas, un tarro de avellanas, una botella de aceite de oliva, los periódicos y el pan. Tengo los médicos a cinco minutos. A igual distancia ocho cines. Nuestra casa es nuestra y espléndida. Mientras apunto esto suenan al otro lado de la calle las campanas de la iglesia donde (aunque ya veremos) se celebrará mi funeral. Ayer ofrecimos una fabada a unos amigos y ahora estamos planificando un viaje a Canarias. Tere acaba de subir con Jon para ver al gato (que no se ha dejado ver). Luego han ido al trastero con María a guardar el árbol de Navidad. ¡Qué desarraigo ni qué crisis de identidad!

María dice que todo esto le da mucha tranquilidad. A mí supongo que también, pero no impide que me sienta algo envidioso de no ser más moderno.

Max Frisch definió la identidad como el rechazo de lo que los otros quieren que seas. A mí me sucedió en otro tiempo. «Yo, desde luego, como esos no voy a ser», les dije una vez a ama y aita en el desaparecido restaurante Artagan, señalando a un grupo de ejecutivos trajeados que comían en una mesa vecina. Ama lo recuerda a menudo: «Se me cayó el alma a los pies», suele decir. Fue un día en que habían venido a visitarme desde San Sebastián, cuando yo estudiaba Economía y Derecho en Deusto. No he sido como aquellos de la mesa vecina del Artagan, eso es verdad, pero ahora no soy muy diferente. Algo de especial me ha quedado, aunque no mucho. Ya no hay nadie que quiera que sea otra cosa que lo que soy. Ya no tengo identidad, según Frisch, pero estoy perfectamente identificado. A lo mejor es por eso por lo que no salgo apenas de casa.

Ayer lo hice a última hora de la tarde. Estábamos cinco en el bar, ya mayores, de los de toda la vida. Saludé con efusión a algunos, porque nos vemos poco. Cuando me dieron lo que quería, se produjo un malentendido. Algún joven se mosqueó y dudó por un momento de mi identidad. Yo no lo vi. Se escuchó por algún lado la palabra «cantar». «¿Cantar? ¿Iñaki? ¿Cantar? ¿Iñaki? ¡Imposible! ¡Imposible!», se rieron a carcajadas los dos peces más gordos del tugurio. Como si fuera una imposibilidad ontológica, como si hasta los delincuentes del lugar me tuvieran absolutamente fichado.

DIJE QUE HABÍA estado leyendo libros que no entendía bien y que por eso me encontraba algo cansado.

Nunca he sabido estudiar. En el colegio no me hizo falta. Lo de la universidad no me interesó nada. En general, lo que he leído en mi vida no ha sido por afán de hacerme con «una cultura». Me ha impulsado sobre todo una curiosidad errática.

Sin embargo, desde que empecé con estos archivos, hace siete años, no siempre soy fiel al que era antes.

Ni a Montaigne: «Solo me agradan a mí los libros amenos y fáciles, que me divierten, o aquellos que me consuelan y aconsejan para ordenar mi vida y mi muerte [...] nada hay por lo que quiera romperme la cabeza, ni siquiera por el saber, cualquiera que sea su valor [...]. No me muerdo las uñas si hallo dificultades al leer; ahí las dejo, tras haberles hincado el diente dos o tres veces. Si este libro me resulta enfadoso, cojo otro».

Yo sí acabo royéndome las uñas, cansándome de no entender.

Esto de la curiosidad por el saber no es tan general como se podría creer. Me parece que solo aprenden y se hacen con una «cultura» los que la utilizan para revenderla después. Sobre todo los profesores y los escritores. Casi nadie se acerca a los libros como no sea para obtener de ellos un resultado inmediato: dinero, lucimiento, poder.

«La gente, en general, no siente inclinación por la lectura si puede lograr otra cosa que le divierta. Tiene que haber para la lectura un impulso externo: emulación, o vanidad, o avaricia. El progreso que el entendimiento logra por medio de un libro tiene en sí más de molestia que de placer... Nadie lee un libro de ciencia por pura inclinación. Los libros que leemos con placer son las obras ligeras, que contienen una rápida sucesión de acontecimientos» (Dr. Johnson).

He sido un autodidacta bastante vago y arbitrario y he echado de menos a mi alrededor a gente que leyera ensayo.

A veces «leo con los ojos», como se dice de alguien que «come con los ojos». No es raro que, de vez en cuando, me sirva demasiado y me empache.

Lo mismo que Bouvard y Pécuchet.

Flaubert empleó los seis últimos años de su vida en escribir aquella novela, que se publicó después de su muerte. Se suele tomar como una broma sobre dos bobos que se atragantan en su insaciable hambre de conocimientos. Yo la considero muy en serio. «Nunca se sabrá si me estoy riendo de ellos o no», dijo más o menos Flaubert. Las dos cosas. Creo que leyó mil quinientos libros para documentarse.

Bouvard y Pécuchet debería reescribirse un par de veces por siglo. Es un libro demoledor y, como todas las grandes obras demoledoras, un indispensable libro de humor. El capítulo en que los dos amigos se dedican al estudio de la filosofía, lo termino siempre a carcajadas. Dijo Hume que no hay ninguna razón para estudiar filosofía, salvo que, en el caso de ciertos temperamentos, resulta una forma agradable de pasar el tiempo. Depende. Yo poseo unas briznas de ese temperamento, solo unas briznas, y no pocas veces acabo como aquellos dos benditos de Bouvard y Pécuchet, angustiado y perdido. Bouvard y Pécuchet soy yo.

No sé por qué decido apuntar ciertas cosas y otras no. No sé si depende de la época, del azar, o de algún tipo de selección inconsciente.

Siempre me ha resultado misterioso cómo eligen los escritores de ficción sus temas. No entiendo en qué se basan para decidir: «Voy a escribir un cuento sobre este asunto». No digo nada en el caso de los novelistas, que a lo mejor permanecen varios años encadenados a un tema único.

Cuando empecé estas páginas, recuerdo que mi objetivo era escribir unas treinta. Nunca había escrito más de dos o tres seguidas. Ahora mi propósito es anotar unas cincuenta por año y mi única intención clara es que alguno de los descendientes de mi familia las lea con interés un día lejano. Ya sé que a él no le importará su banalidad. Siempre se miran con curiosidad los retratos de los antepasados. Por mucha cara de lerdos que tengan, emocionan un poco.

A veces se alaba a algún gran escritor diciendo que «escribe con todo el diccionario en la cabeza».

Yo empleo muy pocas palabras. Quiero que sean las pocas que uso al hablar, o las que primero me vienen al pensar en algo, sin rebuscar mucho. Apenas utilizo diccionarios de sinónimos. Goya, en la vejez: «Mi pincel no debe ver más que lo que yo veo».

Sin embargo, dicen que un niño normal de seis años conoce unas trece mil palabras y que un joven, al término del bachillerato, unas sesenta mil. Shakespeare no usó más que quince mil para escribir todas sus obras.

«Yo solo me aburro con gente —dije—. O haciendo cosas. Como ver una película aburrida. Nunca si no tengo nada que hacer y estoy solo». Fue una exageración.

El otro día hablábamos del aburrimiento. Pedro dijo que no sabía qué era. Yo dije que tampoco lo sabía muy bien. Añadí que alguna vez me asalta una cierta ansiedad, tal vez debido a la falta de ocupación en algo que me interese, pero que eso no me parece responder al concepto de aburrimiento, que debe de ser algo más lánguido y elegante.

Quizás no. Tal vez eso a lo que yo llamo ansiedad brote de puro aburrimiento. Con la cantidad de horas sin obligaciones externas de que dispongo, cómo no voy a haberme aburrido a veces. En cualquier caso, nunca de manera tan febril como Cioran: «Me siento consternado por la gravedad, por la antigüedad de mi aburrimiento. El tedio ha sido la llaga de mi vida, mi enemigo inseparable, fraternal y asesino. ¡Podría rezar de aburrimiento!».

«¡Podría rezar de aburrimiento!».

Cioran, Kafka, Beckett o Bernhard serán considerados en el futuro como algunos de los escritores más significativos del siglo XX. ¿Se sabrá que para muchos de nosotros fueron en gran medida autores cómicos?

Si alguna vez noto una punzada de envidia, recurro a la definición de la envidia: tristeza ante el bien ajeno. Se va de inmediato. Existe algo así como una coquetería ética.

En general, no creo que la envidia me haya afectado mucho en la vida. O eso digo. La Rochefoucauld escribió que es el vicio que nadie se atreve a admitir nunca. Las envidias se producen entre las personas que llevan vidas parecidas y la mía ha discurrido por un camino bastante raro y solitario. Creo que no he envidiado mucho ni me han envidiado nada.

Puede que haya sido una desventaja para ciertas cosas: una de las fuentes de mi indolencia, por ejemplo. Dijo también La Rochefoucauld: «Esas acciones grandiosas y espléndidas que deslumbran, y que según los políticos son efectos de grandes designios, por lo común tan solo son efecto del talante y de las pasiones. Así, la guerra de Augusto con Antonio, que se atribuye a la ambición de ambos por llegar a ser dueños del mundo, tal vez no fue más que una consecuencia de la envidia».

En casa de A. y B. Están también J. y P. Gente adinerada y afable que vive en el territorio de la derecha sin cuestionarse en ningún momento sus privilegios. Las bromas suelen ser suaves, carentes de estridencias, pero todas tienen un matiz clasista, o racista, o elitista, del que ellos ni se dan cuenta. Comentaron sonrientes que el jardinero de un conocido suyo de Neguri es primo del primer presidente indio de Bolivia, recién elegido, Evo Morales. En estos casos me callo, ni siquiera fumo mucho, para que no desentone con el aroma general de la habitación.

Y suelo acordarme de algunos de mis amigos que antes vivían en el ámbito de la izquierda y ahora creen que los han admitido en este de la derecha. Los leo en los periódicos: tensos, gritones, destemplados, como perros guardianes en el jardín donde pasean apaciblemente los amos. No sé si se dan cuenta de que son como esos sudamericanos que los dueños tienen empleados en sus casas: forasteros, útiles, pintorescos, desechables.

Heroicidad, heroicidad, yo no he estado a punto de cometer más que una en mi vida. La vez en que me quité la chaqueta a las dos de la madrugada para arrojarme al agua cuando X se tiró a la ría por una desilusión amorosa. Pero miré hacia abajo desde el puente y le vi ponerse a nadar como un frenético y bracear velozmente hasta sujetarse con fuerza a las piedras de la otra orilla. Esperé un momento. Sonaron las sirenas. Alguien había llamado por teléfono y ya llegaban los bomberos, la *ertzaintza* y la policía municipal. Unos focos poderosos iluminaron la noche, los bordes de la ría se llenaron de gente, botaron una lancha zódiac al agua. Parecía una película de Spielberg. Me puse la chaqueta.

A CIERTA EDAD, una de las buenas cosas de relacionarte con poca gente es que no recibes demasiadas noticias sobre la salud de mucha gente.

LEYENDO OTRA VEZ los relatos presentados al concurso de Muskiz. Tienen razón los que dicen que, a diferencia de lo que ocurre con la ciencia, en el arte no existe el progreso. Pasa el tiempo, y nada. Todo cambia en el mundo menos los cuentos que leo desde hace quince años por estas fechas.

A VECES ME digo: cómo me gustaría leer este libro. Busco en Internet y veo que será difícil conseguirlo. Decido ir a una librería a encargarlo. Pero antes, y como ya me ha ocurrido otras veces, me levanto y rastreo en mi biblioteca. Ahí está. Ya viejito, en alguna ocasión sin dar la impresión de haber sido abierto, en otras muy subrayado.

¿HAY GENTE A la que le gustaría clonarse? Tal vez. Pero ¿conocemos a alguien a quien creemos que habría que clonar sin falta?

Estuvimos cinco días en Lanzarote. «Esto es lo que pueden hacer los ricos cuando quieren», pensé al entrar en la habitación del hotel, salir a la terraza y contemplar las palmeras y el mar de la tarde. Habíamos despegado de Bilbao hacia las once y llegado al hotel a las cuatro. Hasta la noche viví unas horas de tal satisfacción que me hicieron asegurar: «Solo con esto, ya me ha valido la pena el viaje».

Al final, no todos los momentos fueron iguales de buenos. Lanzarote no es una isla «preciosa», como habíamos escuchado tanto. Es rara y algo desolada. En ciertos pueblitos del norte, que tanto nos habían alabado, me recordó a las fotos de la Patagonia. La idea de que las construcciones sean todas iguales, un conjunto de monótonos cubos blancos adosados, no es muy feliz. El tiempo fue mediano, aunque con las suficientes horas de sol para ponernos morenos. Desconocíamos las Canarias, algo extraño en españoles de nuestra edad y condición. Alquilamos un coche y vimos lo que había que ver. Como todo está quemado, se pueden tirar tranquilamente las colillas por la ventana.

En Lanzarote hace viento casi siempre y no hay flores, apenas algún geranio gordo y rojo sobre un suelo de lava negra triturada, generalmente en los hoteles o centros turísticos. Tampoco hay árboles, quitando unas pocas palmeras soberbias. El viento no nos gusta nada a ninguno de los dos, y menos en la playa. Además de las tierras volcánicas de Timanfaya, lo más bonito fue, a la vuelta de una curva, la visión repentina y lejana de un lugar llamado Haría. Al atravesar la población, comprobamos que la honrada guía de hace doce años que nos habían dejado Yvonne y Carlos seguía vigente: «Pese a contar con más de tres mil almas, parece una ciudad muerta». El hotel: un clásico de la isla, lujoso y estupendo. Por las mañanas, cuando bajábamos a desayunar, ya estaba ella allí. Una elegante señora de unos ochenta años, con una copa de champán sobre su mesa y fumando un pitillo.

Regresamos hace cuatro días y todavía tengo en el escritorio la foto del mar y las palmeras que tomé desde la terraza de la habitación. La miro con nostalgia.

María y yo estábamos tan de acuerdo en nuestra impresión de la isla, mucho menos encantadora de lo que dice la opinión general, que una noche, saliendo del cuarto para bajar al comedor, me inquieté al pensar que tal vez ya no tenemos opiniones individuales. «A ver si somos ya como esos dueños que han acabado iguales que sus perros». Me tranquilicé al recibir una bronca por no cerrar la ventana de la habitación antes de salir «porque podían entrar los ladrones», hipótesis que a mí no se me habría ocurrido ni en mil años que viviéramos juntos.

CÓMO OYE ESTE gato. Cómo tiene las orejas en perpetuo movimiento. De los oídos decía Nietzsche que son «el órgano del miedo». Pero cómo viene a saludar a la puerta tras haberme oído llegar cuando todavía estoy en el ascensor. También son órganos del amor.

FERLOSIO SUELE QUEJARSE del abuso del «yo», del exceso del «yoyeo», como lo llama él, tan habitual hoy en la vida y la escritura.

Estos apuntes le parecerían un buen ejemplo.

Ferlosio es un «realista» y no cree en la famosa «autonomía» del sujeto. «Un campo de batalla de cien heteronomías enfrentadas resulta, en cambio, una buena alegoría del único sujeto que conocen mis propias experiencias». «Nada he podido nunca reconocer por mío ni distinguir como propio en mis entrañas que no fuese a la vez función y resultado de empeños exteriores, encarnizados en algún combate de quién sabe quién y contra quién».

Una especie de Fabricio en Waterloo. La comparación es mía.

¿Dos campos de batalla, el exterior y el interior, donde no nos enteramos de la misa la media?

De acuerdo en que uno no sabe precisamente lo que es y menos en qué guerras internas y externas se halla entrometido. Pero alguna mano redacta estas páginas y, aquí o allá, señala una humareda lejana, un cadáver, un caballo que cruza sin jinete, una incidencia, un temor, una alegría, una perplejidad, una cita.

Y, con suerte, deja una tonalidad particular, una manera subjetiva y propia de su paso por Waterloo. A poder ser sin aburrir.

«ALTO EL FUEGO permanente» de ETA. No lo esperaba. Creía que iban a seguir. No sé cuántos serán, unos doscientos o trescientos en activo, pero condicionan de tal modo la vida política y social de España que no pensaba que iban a desprenderse de su protagonismo. Aunque cualquier persona cuerda sabe desde hace muchísimo tiempo que nunca ganarán.

Alegría inmensa. No voy a escuchar la radio, ni ver la tele, ni consultar los foros de Internet, para no enturbiarla.

Tampoco voy a llamar a algún amenazado que conozco para felicitarlo, porque estará descontento, aunque parezca mentira.

En estos últimos años, mientras he tenido muy claras la estupidez y brutalidad de ETA, no he llegado a tener tan claras la honradez heroica ni la lucidez de todos los que más la han combatido, aunque fueran de los míos.

Este cabreo de algunos de sus más visibles enemigos ante el alto el fuego de ETA es un dato que tendrán que contar con todas las letras los historiadores, porque yo no lo voy a hacer aquí. Sonaría mal. Quizás no se llegue a contar nunca.

¿Desde cuándo ha habido ateos? Me siento inclinado a pensar que desde siempre. En cuanto hubo un dios, alguien hablando en su nombre y otro arrodillado ante él, hubo un tercero que miró detrás del escenario y desconfió del asunto. No se podrá saber nunca.

Los libros declaradamente ateos son muy recientes. A lo mejor no hay ninguno anterior al siglo xviii.

Sin embargo, ya Platón escribió que en su época había dos tipos de gente que no creía en los dioses. «Unos malvados y otros justos». A los primeros había que matarlos «no una, sino dos veces». A los segundos bastaba con aplicarles «la amonestación y la prisión».

Alguno de ellos escribiría algo, imagino, pero a saber lo que pasó con él y con su libro.

De la Edad Media, mejor no hablar. Dicen que entonces era «inconcebible» no creer en Dios. Estoy seguro de que para más de uno fue muy concebible, pero no han quedado rastros del pobre.

Ahora la religión católica ya no es lo que era, pero se resiste a desaparecer. Incluso entre renombrados intelectuales creo que tiene un punto de moda declararse cristiano y justificarlo con elucubraciones muy sofisticadas. He leído hace poco *Por qué soy cristiano*, de J. A. Marina, y *La ética de la interpretación*, de Gianni Vattimo. Los dos aseguran ser creyentes, pero apenas he entendido lo que dicen para explicar su idea de Dios. Imagino un futuro lejano en que la gente sencilla sea perfectamente atea mientras la religión continúe existiendo como una creencia esotérica de alguna secta filosófica.

Media noche en vela triturando a alguien, inventariando sus defectos, ridiculizándolo, propinándole una paliza mental de la que ya no podrá recuperarse nunca. Y a la mañana siguiente, encontrarse en la calle con el aniquilado, comprobar que sigue como siempre, tan pimpante, saludarle y sonreír con él.

HACÍA SOL Y dimos un paseo corto por Biarritz. Había unas olas muy altas y la playa estaba llena de surfistas.

María entró en las Galerías Lafayette y yo fui a una floristería a comprar una maceta con un rosal y luego a tomar una Coca-Cola en el Royalty. Me acordé de aita. Ama suele decir que él siempre quería ir al Royalty y que a ella le habría gustado cambiar alguna vez. Pero el Royalty es un bar mítico de Biarritz, y, por tanto, del mundo entero.

Mientras tomaba la Coca-Cola, pensé que, a la vuelta, deberíamos pararnos en el bar Basque, de San Juan de Luz y, al llegar a San Sebastián, en el Pepe. Hubiera sido un homenaje a aita. Y también a mí mismo. Aunque no haya estado muchas veces en ninguno de ellos, son tres lugares legendarios de mi infancia: el Flore, el Les Deux Magot, el Harry's Bar de mi niñez. Más que nada, por la cantidad de veces que oí citar su nombre en casa, por lo que aita se bebió en ellos.

Aita estudió Química en la Universidad de Cornell. Tal vez en los mismos tiempos en que un famoso veraneante de Biarritz, Nabokov, daba clases allí. Al terminar los estudios, se casó con ama, nací yo y vinimos a vivir a San Sebastián. Dos años después, ya nacida Tere, volvimos a Nueva York para que aita se especializara en plásticos, algo que entonces era una novedad en España. Recuerdo aquellos iniciales balones de fútbol que salieron de la fábrica de Ceplástica, en Basauri. Tuvimos alguno de los primeros. El cloruro de polivinilo (el célebre PVC) es algo muy ligado a nuestra infancia. Igual que la fábrica de Policloro, en Hernani, donde trabajaba aita y en la que de vez en cuando se producían explosiones, algunas con muertos. Aita tenía que salir de casa por la noche para ver qué había pasado. Aquella fábrica de la que tanto dependía nuestro padre era algo misterioso, peligroso, agobiante. Y él tampoco estaba hecho para andar vendiendo PVC de la ceca a la meca. Soportaba su trabajo con la bebida. Y se excedió. A veces he pensado si mi alergia a un trabajo fijo y asalariado no habrá tenido algo que ver con lo mal que llevaba aita su vida profesional, por otra parte, la de un trabajador cualquiera.

BENIDORM: SEMANA SANTA y de Pascua. Muy bien, aunque tiempo regular. Mucha gente. «Menos mal que hay bastantes jóvenes», comento. «Eres igual que mi padre», dice María. «No le gustaba venir en invierno. Decía que solo había viejos. Una vez lo vi desde lejos subir las escaleras de la iglesia. Se paró y se volvió para mirar a unas chicas. Me di cuenta de lo que iba a pasar. Se cayó por las escaleras».

Excepto los días como hoy, Viernes Santo, Carlos III salía de caza todas las tardes del año. No le gustaba cazar. Lo hacía para contener su tendencia a la melancolía. Lo cuenta Casanova en uno de los capítulos de sus *Memorias*. Nunca había leído a Casanova. Ahora acaban de editar un tomo que incluye los recuerdos de su estancia en España.

No sé si es verdad todo lo que narra, pero lo hace con viveza y verosimilitud. A veces se contradice. En una página escribe que el espectáculo de los toros es «triste y espantoso». En otra, que las corridas son un espectáculo «tan bello, tan humano y tan razonable que los pensadores de este país no comprenden que haya en el mundo naciones que puedan prescindir de ellas». Ese «razonable» es estupendo. He escuchado y leído no pocas extravagancias en favor de las corridas de toros, pero ninguna tan buena.

Durante unos meses de su estancia en Madrid, Casanova tuvo una cocinera de Bilbao. Le pareció excelente. «Esta cocinera de Bilbao hacía la comida como una francesa».

No se acostó con tantas mujeres como se cree. Ciento veintidós en cuarenta años. Cualquier ligón de discoteca de Benidorm las tiene en dos o tres veranos.

Crítica literaria.

Hay un verso célebre de las *Soledades*, de Góngora: «En campos de zafiro pace estrellas», que a Cernuda le parecía una de las metáforas más deslumbrantes de la lengua castellana y a Borges «una mera grosería».

Unamuno se lamentaba de lo mal que escribía un genio científico como Darwin y consideraba ese defecto perjudicial a la difusión de sus obras. Juan Benet alababa entusiasmado el estilo de Darwin, del que reconocía una intensa influencia: «¿Qué es *El origen de las especies*? ¿Que hay una evolución? ¡Que va a haber una evolución! ¡Lo que pasa es que Darwin escribía muy bien!».

Mientras tomo un café en La Isla del Loto, una chica muy joven me pide fuego. Cuando me devuelve el mechero se me escapa: «Gracias». Ni siquiera era muy guapa.

Yo también pienso que el mundo, la vida, o lo que sea, me ha tratado injustamente. Pero a mi favor.

Paseo por el parque y me paro delante de un monumento a las víctimas del franquismo que colocaron hace unos meses. Supongo que es un monumento erigido también en mi honor, al menos en una pequeñísima parte. Me da hasta vergüenza mirarlo.

Al volver a casa leo que un juez ha condenado a tres y cinco años de cárcel a unos policías que llamaron a comisaría a dos militantes del PP por haber agredido al ministro Bono durante una manifestación a favor de las víctimas del terrorismo. La noticia añade que el juez fue en tiempos de Franco un policía de la Brigada Político Social encargado de infiltrarse entre los estudiantes de la Facultad de Derecho.

Una advertencia de lo que les espera a las víctimas de ETA. Algún día pasearán como yo por el parque, se pararán delante de algún monumento que conmemore su dolor y lo mirarán con la misma sensación de pasmo y de sentirse ante un camelo como la que yo he experimentado esta mañana ante el mío.

HEMOS ESTADO EN Avilés y Oviedo. María tiene la tensión ocular alta y fuimos a Bascarán, el oftalmólogo. Los problemas de los ojos de María vienen de lo claros y bonitos que son. Ojos de alguna antepasada vikinga. Se lo dije en el coche cuando volvíamos y se puso muy contenta. «Nunca me habías dicho que tenía los ojos bonitos».

Comida con los M. en Oviedo. Nos enseñaron su nuevo piso. Todas las casas de amigos en las que hemos estado últimamente son estupendas. Casas de ricos. O mis viejos amigos han prosperado mucho, o es que ando con otros amigos. De todo un poco. Incluso yo vivo en una casa estupenda.

Antes de comer dimos una vuelta por la ciudad con Antonio. No he conocido a nadie que tenga mayor vocación política y disfrute más con ello. Se para con todo el mundo. Me dice que tiene un «índice de conocimiento público» del 98 %. Supongo que exagera algo, pero no andará lejos. Veo que a algunos los saluda con un «¡hola, campeón!», o un «¡adiós, amigo!». No debe de acordarse de todos los nombres. Es curioso que dos tipos de caracteres tan distintos nos llevemos tan bien y nos tengamos tanto afecto. No sé si será porque nos vemos poco. Antonio da una vuelta de media hora por Oviedo, donde fue alcalde ocho años, y saluda a más de cincuenta personas. Yo hago lo mismo por Bilbao y lo hago con una o dos. Los paleoantropólogos dicen que estamos programados para conocer y relacionarnos con unos ciento cincuenta individuos en toda nuestra vida. Y aún me parecen muchos.

En el mercadillo de libros de El Fontán, al ver algo sobre Franco, Antonio me recordó una anécdota del primer año de universidad. Él era delegado de curso, cargo para el que se postuló y salió elegido el primer día de clase. A mí me nombró algo así como «delegado de actividades culturales». Un día llegó desde el Gobierno Civil una oferta para que los alumnos acudiéramos a ver gratis al cine Gran Vía la película *Franco, ese hombre*, que acababa de estrenarse. Entre Antonio y yo redactamos una carta en la que explicamos muy serios que no nos parecía que aquella película tuviera calidad artística suficiente para merecer el interés de nuestra asociación. Era 1964. No ocurrió nada y quedamos muy satisfechos de nuestra audacia.

Dormimos en Oviedo, a la mañana siguiente fuimos al oftalmólogo y después pasamos por la cafetería de las Salesas, donde José Luis García Martín va todas las mañanas. Me acerqué un momento a darle la mano, decirle que María también es de Avilés y felicitarle por todo lo que escribe. Me pareció con más aspecto de profe de lo que imaginaba. Cuando, para que viera que había leído algo de él, dije: «¡Ya sé que eres malísimo y todo eso, pero me gusta mucho lo que haces!», tuve la impresión de que se puso rojo. No será tan malísimo.

En el camino de vuelta a Bilbao, comimos en la playa de Toró. Había una llamada perdida de Antonio en el móvil. Ya estaba en Bruselas (es eurodiputado), a punto de que llegara un coche a recogerlo para ir al aeropuerto. Tenía una reunión en Madrid. Al día siguiente daba una conferencia en un pueblo asturiano, y al otro debía ir a Colombia a supervisar las elecciones presidenciales. La semana que viene tiene que estar en Fuerteventura estudiando el problema de los emigrantes africanos. Le hice algún chiste sobre sus vastas actividades políticas. Él continúa de delegado de curso y yo con mis actividades culturales, comiendo un bocadillo de jamón y mirando las olas de la playa de Toró.

Me lo señala María, riéndose y un poco mosqueada. Cada vez que sale el dueño de Playboy por la tele sonrío complacido y hago algún comentario de admiración. Nunca me pasa lo mismo con ningún escritor, artista, político o cualquier otra celebridad. Por lo visto, habrá que reconocerlo, Hugh Hefner es mi verdadero ídolo. Ahí está, con ochenta años, sonriente, rodeado de chicas guapísimas, pasándolo tan bien como siempre. No sé qué tendrá en la cabeza ese hombre, no sé si será un estúpido integral, o alguien muy desgraciado en el fondo, pero cada vez que lo veo en la tele, o fotografiado en su gran mansión de Playboy, sonrío como no lo hago ante ninguna lumbrera, premio Nobel o lo que sea.

Gracq: párrafo brutal, no sé en dónde.

«... pero créeme a mí, vale la pena gobernar... Avanzas por entre dos hileras de hombres agachados, y, cuando se tiene curiosidad por el hombre, vale la pena observar al hombre agachado; te ahorra tiempo; solo entonces despide un olor exclusivamente suyo, del mismo modo que se conoce antes una especie vegetal, por su olor íntimo, partiendo una rama en dos».

Feria del libro de Madrid. Las declaraciones habituales de los escritores en los periódicos.

«Todo eso que nos cuesta la vida, ese monumento que construimos con nuestra sangre, para los editores no es más que un buen o mal negocio. O se venderá o no se venderá tu manuscrito, ese es todo su problema. Para ellos, un libro no es más que un capital que arriesgan. Ningún editor quiere esperar. El libro de hoy debe ser vendido mañana. Con este sistema, los editores rehúsan los libros esenciales, cuya aprobación se produce siempre con lentitud» (Balzac, *Las ilusiones perdidas*).

«La costumbre del siglo es que se imprima mucho y se lea nada» (Leopardi).

«¿No ves los documentales de la tele? ¿No ves cómo se comportan los animales?». «Yo, sí —respondo—. ¡Qué siestas las de los leones! ¡Qué placidez! ¡Qué bostezos!».

Los documentales sobre animales de la tele crean una imagen falsa. Siempre los muestran persiguiéndose, matándose, devorándose unos a otros (salvo si son elefantes, que suelen salir follando). Se produce así una idea tan errónea de la vida animal como la que podría formarse de la condición humana un marciano que solo hubiera visto películas de tiros y pornográficas.

La supuesta ferocidad permanente de los animales siempre ha fascinado a los artistas.

Pero se equivocaría mucho sobre los gatos quien los juzgara por la manera en que han sido representados por los mejores de ellos. Goya o Picasso, por ejemplo. Ya sé que he elegido dos ejemplos especiales: dos tipos con una visión espeluznante de la vida y dentro de cuyos espíritus no me habría gustado residir ni cinco minutos. Pintaron demasiado bien el horror. (En el centro mismo de *Las hilanderas*, del tranquilo Velázquez, hay un gato tumbado en el suelo que se parece mucho más al nuestro).

Campeonato del mundo de fútbol. Partido entre Italia y Ghana. En el descanso hablo por teléfono con Tere, que está a favor de los negros, como yo. Me dice que Jon, a quien tiene sentado en el orinal haciendo cacas, está a favor de «los azules». Se ha puesto muy contento y ha aplaudido cuando Italia ha metido un gol. Colgamos.

Vuelve a llamar Tere. Jon quiere saber «a ver quién se pide Borges». Le comunico que también está a favor de los azules. Todavía en el orinal, creyendo que un gato ve partidos de fútbol, lo que ya ha aprendido es que hay que estar con unos o con otros.

María llega del tribunal de los exámenes de Selectividad. Hace un calor terrible. «Pobre gente —digo—. Examinarse con este calor». Siempre estoy a favor de los alumnos. Cientos de veces llega María a casa quejándose de ellos, de su ignorancia, de su falta de aplicación y de sus malas maneras. Trato de entenderlos, no me solidarizo por sistema con la indignación de María, tal vez por desconocimiento de la situación en la educación actual, tal vez porque siempre estaré del lado de los alumnos. «¡Tengo al enemigo en casa!», brama María.

Recopilo citas desde los egipcios y los griegos en las que se habla de los viejos y buenos tiempos y se censura a la juventud de la época. No suelo llevarlas a las reuniones con los amigos profesores de María, pero algún día lo haré.

Hoy le enseño lo que cuenta Baroja sobre los tiempos en que estudiaba Medicina.

«En la clase se hablaba, se fumaba, se leían novelas; nadie seguía la explicación; alguno llegó a presentarse con una corneta, y cuando el profesor se disponía a echar en un vaso de agua un trozo de potasio para que empezara a arder, el de la corneta dio dos toques de atención; otro metió un perro vagabundo, y fue un problema echarlo.

»Había estudiantes tan descarados, que llegaban a las mayores insolencias, gritaban, rebuznaban, interrumpían al profesor».

Leo que el propio Adam Smith es el que menos se fiaba de la codicia y crueldad de los ricos.

Adam Smith y su mano invisible. Si de algo estoy seguro es de que en el futuro el fundamento del liberalismo económico será tomado como una increíble superstición que afectó a mucha gente en el pasado. Creer que el egoísmo generalizado produce lo mejor para todos es digno de Tertuliano.

Es curioso que la ideología que hoy y aquí llaman liberal incluya estas dos cosas: tener una opinión muy pesimista de la naturaleza humana y, a la vez, creer que lo mejor para el conjunto es no tratar de poner cortapisas a los afanes particulares.

Quince días sin apuntar nada. No creo que este mes cumpla con mis diez folios mensuales.

El lunes vamos a Benidorm. María está en Ribadesella, en casa de Mariluz, para una ligera operación con láser en un ojo por la tensión ocular. Me he quedado cuatro días solo con Borges. María y yo no nos hemos separado ni un día desde la muerte de Acacia. Se nos hace raro. Vagueo aún más de lo habitual.

Fuimos a Palma a la boda del hijo de Angelinos y Luis. Pasamos una semana en la isla. Estoy tan perezoso que hasta me cuesta anotar que fue un viaje magnífico. Para vivificarme, abro en la pantalla del ordenador la foto de la piscina del hotel de Valldemosa que tomé una tarde. Se veía la Cartuja al fondo y se podían coger ciruelas desde el agua. El hotel, en el campo, es una vieja casa de hace cinco o seis siglos con ocho habitaciones. Un precio elevadísimo por noche para disfrutar de lo que cualquier campesino de entonces podía hacer cotidianamente desde su alberca. Y vale la pena.

Por la mañana habíamos estado en Valldemosa. Vimos la Cartuja, los pianos de Chopin, los manuscritos de George Sand, las celdas donde se alojaron. Compré sacarina, tabaco y *Un invierno en Mallorca*. María encontró un bolso para la boda. Había traído dos desde Bilbao, pero en este tercero, tan microscópico y absurdo como los otros, cabía mi medidor de azúcar. Los atuendos de las mujeres en las bodas son increíbles.

Después de comer, al borde de la piscina, abrí *Un invierno en Mallorca.* A los pocos minutos estaba riéndome a carcajadas. Qué estafa es el mito de Valldemosa. George Sand y Chopin pasaron en la Cartuja dos meses de invierno. No paró de llover. Incluso nevó. Chopin cogió una bronquitis que por poco lo mata. Sand se enemistó con todos los habitantes del lugar, a los que trata de «monos» en su libro. Cuando salía a pasear le tiraban piedras. Chopin se quedaba encerrado oyendo el viento ulular entre los muros del edificio y sufriendo todo tipo de pesadillas. Sus famosos y «encantadores» preludios no son sino sus alucinaciones y terrores traducidos al lenguaje musical. George Sand lo cuenta en el libro, que está escrito con mucho humor: ese gran humor que tienen algunas mujeres ricas e inteligentes para despotricar contra el servicio. La baronesa admiró el paisaje de la zona y lo describió con entusiasmo, pero detestó a sus pobladores. Habló de ellos una y otra vez como de seres abominables e infrahumanos. *Un invierno en Mallorca* se vende hoy en surtidos idiomas por todas las esquinas del pueblo. La Cartuja de Valldemosa es el monasterio más visitado de España y apenas ninguno de sus visitantes sabe que lo que imaginan como una idílica y romántica estancia de los dos famosos amantes fue en realidad una especie de cuento gótico o de película de terror.

Es asombroso cómo los pueblerinos de Valldemosa han ganado la batalla a George Sand, a la que entonces ya vendían las patatas y los huevos a precio de oro, y sobre cuyo libro, donde son humillados, despreciados y llamados «idiotas y ladrones», han levantado un enorme negocio. Sand ni menciona el nombre de Chopin en *Un invierno en Mallorca.* Se limita a referirse a «el enfermo».

De Valldemosa fuimos a un estupendo hotel en una cala cerca de Pollença. La playa estaba atiborrada de familias españolas con colchonetas, balones y cubos de plástico, y de alemanes comprimidos en trajes negros de caucho con aspecto de sadomasoquistas. Resultó decepcionante. Pero el hotel no. En el camino, después de circular junto a unos bosques de encinas y olivos viejísimos, entre los que pastaban las ovejas cada una por su lado (si les dejas sitio, no son tan gregarias), nos habíamos detenido en Deià, un lugar imponente al que sin duda volveremos. Subimos hasta el elevado y diminuto cementerio marino donde está enterrado Robert Graves, pero no entramos, porque María, igual que su madre, prefiere no pisar ningún cementerio. Dicen que Graves, como los demás, está enterrado de pie, porque de lo contrario no cabrían.

En Palma estuvimos tres días. La boda de Octavio y Ana fue en la catedral. Ana llegó en calesa, muy guapa. Todo resultó espléndido. Cenamos en una mesa con un grupo que había venido de Avilés. Una gente muy simpática, muy de derechas. Por las cosas actuales de la política, los novios se habían negado a aceptar el cava catalán que sirven habitualmente en el hotel. Trajeron el suyo propio desde la península. Antes de abrir el baile, un amigo de Octavio, militar como él, leyó un texto convencional, deseando lo mejor a la pareja. Terminó con un «¡Vivan los novios! ¡Viva España!». Me dio un poco de miedo y emocionó a dos de nuestra mesa, que se levantaron para felicitarlo.

Durante todo el viaje hui de los periódicos y de la tele como de escorpiones. George Sand dice en su libro, escrito hace ciento cincuenta años, que uno de los motivos primordiales para viajar es escapar de los periódicos.

La última anotación es de hace diez días, todavía en Bilbao.

Ahora ya estamos en Benidorm y leo los periódicos de principio a fin.

El primer día se rompió mi silla de playa. He comprado una nueva más grande y estoy sentado en medio de la arena como en un sofá.

Recuerdo la primera vez que fui a la playa en Benidorm, hace muchísimos años. Al salir de casa, María me tendió una silla y una sombrilla. Hice un gesto de rechazo. «Qué horterada —pensé—. A la playa se va solo con una toalla». Ahora voy con todo tipo de mobiliario.

Me levanto, entro en el agua, me zambullo, doy justo cincuenta brazadas y, a unos cien metros de la orilla, mirando hacia la isla y el horizonte, encuentro lo que algunos tal vez encuentran con las drogas, el yoga oriental o el canto gregoriano. El grado cero de la existencia. Solo ocurre cinco o seis veces en todo el verano, pero nunca he conseguido nada semejante en otra playa ni en ninguna piscina. Se ve que hace falta practicar y repetir lo mismo a menudo y en el mismo sitio. El agua tiene que estar bastante salada, transparente, quieta y cálida. Regreso a la orilla entontecido y avanzo con pasos torpes hacia mi sofá, como un astronauta en la Luna.

Sospecho que el rasgo más inconfundible de mi personalidad es que no me gusta Cary Grant.

No he encontrado a nadie en mi vida a quien le ocurra algo semejante.

Es lo primero que le diría a un psicoanalista: «Doctor, no me gusta Cary Grant».

«Los nadadores» han cambiado hoy su camino de vuelta de la playa. No han cruzado recto para llegar hasta el malecón y encaramarse a la acera de un salto. Han ejecutado un rodeo y tomado la pasarela de madera que conduce suavemente al mismo sitio. Los llamamos «los nadadores» porque nadan muy bien, y mucho, como si estuvieran entrenándose en lugar de bañarse. Son una pareja de una edad parecida a la nuestra. Los vemos todos los veranos quince o veinte días. Alguna vez vienen con su hija, o la que suponemos es su hija.

Tendremos a unas treinta o cuarenta personas controladas en la playa. No hablamos con ninguna. No sabemos cómo se llaman. Verlas de nuevo cada año es una manera de medir el paso del tiempo, o de que el paso del tiempo nos mida. «La francesa» optó por la pasarela hace ya unos años. «El francés», si no lleva la canoa, también va ahora por ahí. Comento con María que llegará el día en que yo también decida ir a por mi Coca-Cola Light por la pasarela.

LECTURA DE *Mi vida*, de Girolamo Cardano. Una felicidad. El autor del prólogo señala que Goethe lo leía «con júbilo y ternura». No puedo decirlo mejor. Júbilo y ternura por estar conociendo uno de los primeros autorretratos de la historia, la sinceridad ingenua del retratista y el resultado que obtiene: una calamidad.

Más o menos todo el mundo atribuye a san Agustín el origen de la introspección literaria. Pero las *Confesiones* no son ni de lejos lo que a finales del siglo XVI inventaron simultáneamente, sin leerse entre ellos, Cardano, Cellini y Montaigne.

En el siglo IV san Agustín dijo que a Dios había que buscarlo dentro de uno mismo y no en el mundo exterior. Entonces decidió contar su vida de pecador juvenil y su conversión al cristianismo. Ni a Cardano, ni a Cellini, ni a Montaigne les movió nada parecido. Narraron sus vidas muy ufanos de ellas, sin arrepentirse de nada, porque se les ocurrió hacerlo así.

Lo inaudito es que hasta san Agustín apenas se hubiera escrito casi nada en primera persona del singular y que tuvieran que pasar más de mil años hasta que alguien volviera a hacerlo. Esto quiere decir que no tenemos ni idea sobre cómo fueron los hombres del pasado.

Cardano escribió *Mi vida* en 1576, un año antes de morir. Dijo que quería imitar a Marco Aurelio, cuyos *Pensamientos* acababan de conocerse. Pero de eso, nada. Compuso un libro muy íntimo, mucho más lleno de detalles particulares que de grandes pensamientos moralizantes y dejó una de las primeras imágenes en letra impresa de un individuo: el autorretrato emotivo y vivísimo de un tipo estrafalario, inteligente, difícil de tratar.

Unos pocos años antes Cellini había tenido la ocurrencia de dictar su vida a un joven ayudante mientras trabajaba en el taller. El resultado fue otro libro extraordinario: *De vita propia*, que se lee como una novela moderna y enseña más sobre aquella época final del Renacimiento que veinte enciclopedias de historia del arte.

Montaigne no leyó ni a uno ni a otro (el libro de Cardano se publicó en 1663 y el de Cellini en 1728). Pero en los mismos años de finales del siglo XVI escribió sus *Ensayos*, lo que él consideró «el único libro de su especie en el mundo». Tal vez no fuera rigurosamente así. En Cardano ya hay muchas cosas que recuerdan a Montaigne, pero él no lo sabía.

De esa «especie» de libros, motivados por la descripción y expresión de la individualidad, ha derivado una literatura frondosísima de la que estos apuntes no son más que el último mono subido en la última rama.

UNA DE LAS profesiones más importantes es la de actor de cine. Supongo que habrá alguna explicación. En cualquier caso, es uno de los rasgos característicos de nuestra época.

Los periódicos y las revistas llevan siempre una o varias entrevistas a actores o actrices de cine. La gente quiere saber lo que piensan. En general, no expresan más que los tópicos habituales. Pero hoy he leído unas declaraciones interesantes de Richard Dreyfuss, un actor que siempre me ha caído bien. Primera pregunta: «¿Es cierto que solo acepta trabajos que impliquen un reto?».

Dreyfuss: «Esto que acaba de preguntarme es el perfecto ejemplo de alguien que ha interpretado mal lo que he dicho. Porque precisamente siempre he odiado la palabra reto o desafío».

Yo también odio esas palabras. Sin embargo, son muy utilizadas. Todo el mundo parece estar en busca de retos y desafíos. Lo más curioso es que suelen afirmar con entusiasmo que son retos consigo mismos. Es raro que a Cervantes no se le ocurriera alguna escena con don Quijote combatiendo su propia imagen en un espejo (escasearían los espejos).

Entrevista al socialista X en el periódico. Como siempre, estoy de acuerdo con lo que dice sobre la situación política.

Y pienso en V., tan cercano a X no hace tantos años. V. es uno de los del gran bandazo. Hace poco me mandó un correo para decirme que acababa de iniciar un blog. Lo he visitado un par de veces y he comprobado que sigue con sus constantes ataques al PSOE y un tono de burla y agresividad inmisericorde con Zapatero. Por exclusión, está claro que su posición es la del PP, un partido que en este momento se encuentra muy radicalizado hacia la derecha.

Para mí es un gran misterio por qué algunos han cambiado tanto. Y ¿por qué ese odio, esa cólera y mordacidad contra los que antes eran «los suyos»? Algunos parecen exfumadores que ahora no soportan el aroma del tabaco a menos de cien metros de ellos. Algo raro pasa ahí dentro.

Supongo que hay muchas causas entrelazadas.

X y V. tendrán aproximadamente la misma inteligencia y los mismos datos sobre la situación política. ¿Por qué han llegado a interpretarlos de manera tan distinta?

«La razón es esclava de las pasiones», dijo Hume.

¿Qué pasiones? Vaya usted a saber. Pero no es la razón, sino la psicología de cada individuo la productora del gran bandazo.

En este país, lo que parece más común entre los protagonistas de ese viraje es su aversión a los nacionalismos que llaman periféricos, no al nacionalismo como ideología, pues del nacionalismo español no reniegan.

Pero esa derechización enardecida de muchos antiguos partidarios de la izquierda no es exclusiva de aquí. Ha sucedido también en Estados Unidos y en Francia. ¿Qué ha pasado? ¿Por qué estos tumbos se dan siempre hacia la derecha y muy raramente hacia la izquierda?

Mi intuición me dice que es una manera de subir por la escalera social. De acercamiento al verdadero poder, que está donde ha estado siempre, a la derecha. Sin embargo, es solo mi intuición. En la película del otro día, uno de los policías decía: «Tengo una intuición». Y su jefe respondía: «Olvídate de ella. Si tienes una intuición, luego solo buscas pistas que confirmen esa intuición y no ves las demás».

Y mi escritor favorito: «En las cosas humanas cualquiera que sea la parte hacia la que nos inclinamos, preséntanse numerosas razones que nos afirman en ella, [...] cualquiera que sea el lado hacia el que me vuelva, hágome siempre con bastantes motivos verosímiles para mantenerme en él [...]. Es la razón humana espada peligrosa y de doble filo».

A Benidorm llevé las dos carpetas donde tengo las trescientas páginas de 1999-2005. Pensaba corregirlas una última vez antes de encuadernarlas y abandonarlas como una «obra de juventud». Llamo corregir a algo parecido a lo que hacen los cocineros para depurar una sopa y convertirla en consomé. Le echan clara de huevo batida y el caldo queda más transparente, aunque no sé si con el mismo sabor. Pero no me apeteció releerme. Ni una página.

Tampoco apunté casi nada.

Un día anoté: «Los cuentos con niño me parecen siempre una estafa. Me acuerdo muy poco de mi infancia y, desde luego, de nada de lo que pensaba entonces».

Ha pasado un mes y ya me desdigo. Estoy leyendo la novela de Antonio Muñoz Molina *El viento de la Luna*. El protagonista es un niño de trece años, imagino que muy parecido al propio Muñoz Molina. Su mejor registro es el autobiográfico. Qué niñez tan humilde y qué bien evocada.

En la cocina, le comenté a María lo que me estaba gustando el libro y las penosas condiciones de la infancia de Muñoz Molina. «¡Es lo que más admiro! —dijo—. Que alguien logre salir por sus propias fuerzas de la pobreza y llegar alto». Me quedé pensativo y comenté con una sonrisa: «Lo contrario de lo mío. A mí no debes de admirarme nada». Dijo que no era lo mismo y no sé qué de mi «estupenda cabecita», pasándome la mano por el pelo. Nos reímos. Me gusta, como a todos, que me admiren, pero prefiero que me quieran.

Alabé también el libro delante de Pedro y Miguel. Repetí: «¡Qué infancia tan dura!». Entendieron que siento una cierta fascinación por ese tipo de infancias porque la mía fue muy distinta. Es difícil hablar con escritores. Respondí que me fascina lo mismo leer a Proust o a Nabokov cuando narran su niñez de ricos. Me gusta el libro de Muñoz Molina porque me parece muy bien escrito, no porque cuente aquella vida tan dura de la que por fortuna yo me vi libre. Miguel llegó a hacer una broma: «O sea, que te hubiera gustado vivir algo como aquello para poder contarlo, ¿no?». Increíble, lo poco que te conocen incluso los más cercanos.

Hace año y medio coloqué una petición en un blog chileno donde se mencionaba a Alberto Ried, autor de una autobiografía titulada *El mar trajo mi sangre*. Yo sabía que en ese libro se citaba al menos una vez a Moisés Cantolla, el abuelito, como dueño de la pensión de Nueva York en la que Ried vivió una temporada. Mi petición consistió en solicitar que, si alguien del vasto mundo leía mi mensaje y disponía de aquella obra, me lo hiciera saber.

El ciberespacio existe. Ayer, año y medio después de lanzar aquel recado, recibí un correo electrónico de una tal Marisol, chilena, amabilísima. Me decía que ella tenía un ejemplar del libro en su oficina de Santiago, desde donde me escribía, y que podía consultar lo que quisiera.

Tras un intercambio de correos con casualidades asombrosas, a las dos horas ya tenía en casa un capítulo del libro de Ried, titulado «La pensión Cantolla», escaneado y enviado por Marisol.

Comienza así:

> La económica hospitalidad que brindaba el tolerante andaluz Cantolla y su paciente esposa había adquirido cierta nombradía entre los elementos artísticos del barrio hispánico de Nueva York.
>
> Carlos Mérida, Arturo Valdés, Acario Cotapos, Mauro Pando, Horacio Echegoyen y yo habitamos allí algún tiempo, junto a otros latinoamericanos, algunos de cuyos nombres llegaron a ser reputaciones internacionales.
>
> Llegaban también europeos como extraviadas abejas a libar la ilusoria miel de ese mínimo panal.

No comienza bien el capítulo, pues el abuelito era santanderino y no andaluz, pero es igual. Son pocas las menciones a él en las veinticuatro páginas. Sin embargo, gracias a su lectura he podido hacerme una idea de cómo era aquella pensión de la que apenas hemos oído hablar en casa y que tanta curiosidad mítica me ha despertado siempre, sobre todo cada vez que ama mencionaba que en ella residió un tiempo Rubén Darío.

Ahora, a sus ochenta y ocho años, ama está feliz de que yo haya encontrado este testimonio. Debido a su laconismo, yo siempre había tenido la impresión de que la pensión de mis abuelos fue un sitio pobretón y vulgar, sin mucho interés. Lo que tengo claro hoy es que la Pensión Cantolla fue un lugar espléndido, con un ambientazo de primera y al que ahora mismo iría a pasar una temporada. Copiaría aquí todo el capítulo, pero me limitaré a guardarlo bien guardado y adjuntarlo a estas páginas para que algún futuro «descendiente» lo lea con el mismo gusto con que yo lo he hecho.

Algunos de los huéspedes que vivían allí en 1917:

Ried cita, entre otros, a Saúl Beizermann, escultor ruso «silencioso, austero, abstemio y nihilista fanático», que había huido de las cárceles siberianas de los zares; Carlos Mérida, «insigne pintor maya guatemalteco»; José Santos Chocano, famoso poeta peruano que estaba en Nueva York como delegado del tirano guatemalteco Manuel Estrada Cabrera para negociar un préstamo de un gran banco norteamericano; el compositor chileno Acario Cotapo; un tal Arturo Valdés, que sufría una grave depresión y no salía nunca de su cuarto; Corona y Mendiolea, dos ex generales de los ejércitos mexicanos de Pancho Villa y Zapata, «correteados» al destierro por el presidente Venustiano Carranza; Sigfrido Bauer, prestigioso violinista salvadoreño; Carlos Castejón, «el Caruso de Venezuela»; y el general Rascón, «héroe octogenario de la invasión francesa a México». Menudo plantel.

El texto de Ried, retórico y con humor, cuenta algunas de las tertulias en que se enzarzaban «los pensioneros» después de las comidas y a la hora de las copas. Unas reuniones disparatadas, llenas de risas y discusiones. En una de ellas, mientras reñían acaloradamente sobre la guerra, alguien gritó a Ried que, «si se creía tan macanudo como afirmaba», por qué no iba a preguntarle al propio presidente Wilson su opinión sobre el asunto. Ried aceptó el desafío, se plantó en Washington, obtuvo una carta de recomendación de un amigo, se acicaló con esmero y se presentó a las puertas de la Casa Blanca. Según cuenta, lo recibió un policía muy amable, que le dijo: «Es demasiado temprano, señor; a estas horas el presidente juega golf. Después se da un baño y a eso de las diez inicia su trabajo en su bufete privado. Puede usted, entretanto, darse un paseo por estos lindos jardines y regresar dentro de una hora». Así lo hizo Ried. Luego escribe: «A mi regreso, mi amigo guardián, tomándome del brazo, me condujo por un sendero agreste y florido, hasta las gradas de la mansión blanca, a la cual penetré como Pedro por su casa». Wilson lo recibió en mangas de camisa, no le contó casi nada de la guerra y le habló con simpatía de Chile y los chilenos. Ried volvió a Nueva York y a la pensión Cantolla encantado.

La pensión, la *boarding house*, como la llamaban, estaba en un sitio estupendo. Ocupaba los números 11 y 15 de la calle 82 Oeste, junto al Central Park, en el Upper West Side de Manhattan.

Según ama, no se encontraba en el «barrio hispánico», como dice Ried. Lo que entonces consideraban como barrio hispánico estaba un poco más arriba. Eran las calles donde vivían los emigrantes cubanos y portorriqueños, *«the same shit»*, según dice ama que decía el abuelito, una persona buenísima pero imbuida del racismo de la época. Por lo visto, ser español era muy importante entre los hispanos de Nueva York. Hasta tal punto que ama se llevó una enorme sorpresa cuando, al llegar aquí, vio que lo de ser «español» no estaba nada bien considerado en la vasquísima familia de aita.

La pensión, con unas veinte habitaciones en total, ocupaba dos edificios de varias plantas, con solera, de los que llamaban *«brownstones»*, por el distinguido color oscuro de la piedra de las fachadas. Todavía están allí. Las acabo de ver por medio de Google Earth. Habían sido mansiones de ricos, quienes con el tiempo se fueron trasladando al nuevo barrio más elegante del East Side, al otro lado del parque.

En esas casas viví el primero y el tercer año de mi vida. En ellas residió también durante una temporada, en 1915, Rubén Darío, alcoholizado y enfermo, un año antes de su muerte. Y Arturo Godoy, un legendario boxeador chileno, una especie de Uzkudun de Chile, que una tarde de 1940 salió de la pensión hacia el Madison Square Garden para pelearse con Joe Louis por el título mundial de los pesos pesados. Ama y la tía Josefina se acuerdan mucho de la mujer de Godoy, Leda, una rubia explosiva argentina a la que acompañaban de compras por las tiendas del barrio.

Ama dice que el abuelito era «muy guapo, buenísimo y un poco insustancial». Supongo que la que llevaba las cuentas era la abuelita. De todas formas, su padre no pudo ser tan insustancial como lo pinta ama. De lo contrario, no se entiende que a los veinticinco años ya regentara aquella pensión. Llegó de La Habana en 1911, con solo dieciocho, según he averiguado al encontrar en una página de Internet la lista de pasajeros del barco en que viajó hasta Ellis Island.

Por lo visto, en alguna ocasión tuvo la oportunidad de vender a muy buen precio el número 15 y pagar con aquel dinero la hipoteca del 11, con lo que habría llegado a ser propietario de un estupendo edificio en Nueva York. Tal vez alguno de nosotros estaría hoy viviendo allí, como lo estamos en los pisos de esta casa de Bilbao, comprada por las mismas fechas por el avispado negociante aitita. Pero el abuelito no vendió el número 15 porque, según ama, «el comprador era un negro, o judío, o portorriqueño, y él, como era tan bueno, no quiso venderlo para no fastidiar a un griego que vivía en el número 14 y que habría visto devaluada su casa».

En fin. Toda esta historia comenzó un día en que tecleé en Google «Moisés Cantolla» y apareció esta frase de Alberto Ried: «Entre diez millones de teléfonos, el de nuestra pensión llamó a deshora. Moisés Cantolla golpeó poco después, irrumpiendo en mi pieza para decirme que el cónsul me llamaba con urgencia». Ama se acuerda todavía de aquel número de teléfono: «Susquehanna 7-9716». También recuerda que en la pensión tenían un cocinero negro, «con gorro y todo», y un camarero y friegaplatos muy alto y delgado que le enseñó a bailar el charlestón.

Placeres de la diabetes.

No había sentido desde hace mucho tiempo tanta hambre, tanto gusto al comer, tanta delectación al engullir. Hace media hora me he zampado una rebanada de pan untada en leche y una onza de chocolate. He recordado aquellas madrugadas en que devorábamos platos gigantescos de espaguetis con tomate al final de una noche de porros y las tardes en que llegaba a casa del colegio y me lanzaba como un niño africano sobre el bocadillo de chorizo.

No ha sido más que una hipoglucemia.

Algo que he ignorado durante toda mi vida y nunca me he atrevido a preguntar: ¿cómo se hace para hacer el amor en una casa con hijos?

No sé dónde dice Borges algo así como que si se prevé en el horizonte la aparición de un mal, lo mejor es comportarse como si ya hubiera sucedido. Buscaré la cita.

Solo se llevan jugados tres partidos de Liga y esta vez he decidido asumir que la Real bajará a segunda al final de la temporada. No estoy dispuesto a sufrir. También Epicuro diría que hago bien.

Según una encuesta del año pasado, el 25 % de los americanos cree en las brujas, el 50 % en fantasmas, el 50 % en el demonio, el 50 % en que el Génesis es la pura verdad, el 69 % en los ángeles, el 87 % en que Jesús resucitó y el 96 % en Dios.

Yo no solo no creo nada de eso, sino que no soy capaz de creer ni que se lo crean ellos.

Sesenta años. «Senectus». Aquí comenzaba para los romanos la vejez. Los hoteles ofrecen descuentos a quienes hayan cumplido los sesenta. No sé si me voy a atrever a pedirlos. Me produce aprensión y vergüenza, como si fuera una estafa, pues me encuentro bastante bien y feliz.

Últimamente es Horacio quien lleva tiempo en la mesilla, entre los otros libros. Siempre me gusta tener a mano, literalmente al alcance de la mano, por la noche, a algún antiguo. Debe ser alguien a quien me pueda imaginar, cuya obra posea algo de autobiográfica. Séneca, por ejemplo, entre los romanos, es otro al que suelo tener cerca a menudo. Pero últimamente es Horacio, mi romano favorito, y, al hojear su breve obra completa, no pocas veces caigo en el famoso verso: «Dulce y hermoso es morir por la patria».

Y siempre me acuerdo entonces de Tobi Llona e Ignacio Arana.

A Tobi, una noche en que salía del bar Monterrey, lo atropelló un autobús enfrente de El Corte Inglés. No fue nada muy grave, pero él se sintió morir. Se lo contó más tarde a Ignacio: «Allí en la calle, caído, tendido en el suelo, me sentía morir. ¿Y sabes? La muerte tenía un sabor dulce». Ignacio le dijo: «¿Dulce? ¿Dulce? ¡Lo que eran dulces eran los benedictines que te habías tomado en el Monterrey!».

Y vuelvo a Horacio, a su carta a un tal Torcuato, a quien invita a una fiesta en el cumpleaños de Augusto. Lo tienta con un vino «cosechado durante el segundo consulado de Tauro entre la pantanosa Minturno y Petrino, vecina a Sinuesa», le promete una estupenda noche de copas en el jardín de su casa y escribe: «¿Qué hay que no libere la embriaguez? Descubre secretos; afirma las esperanzas como realizadas; incita al cobarde a la pelea; alivia la carga de los espíritus angustiados; perfecciona nuestras habilidades. ¿A quién no hicieron elocuente unas copas bien repletas?».

«Dulce y hermoso es morir por la patria». Y con unos cuantos benedictines de Minturno, más.

Hay un breve texto de Kafka cuyo solo título ya es precioso: «El deseo de ser piel roja».

Pero veo en torno a mí, y en general en el mundo, lo contrario: el deseo de ser hombre blanco.

Mejor dicho, lo que noto cada vez más en auge es «el deseo de ser racista».

Efectivamente: ¿Qué me voy a contar yo a mí mismo?

Pero aunque uno escriba a veces solo para sí mismo, también lo hace por curiosidad, por exploración, por ver qué sale.

¿Por qué no soy más antinacionalista?

Porque crecí en una familia nacionalista.

Porque conozco a nacionalistas que no son idiotas ni malvados, como dice X, y muchos otros X, que son todos los nacionalistas.

Porque vivo en Bilbao y nunca voy a los pueblos.

Porque no veo la televisión vasca. Dejé de hacerlo el día en que expulsaron a José María Calleja y la costumbre ha sido fácil de mantener. Cada vez que pongo ETB por equivocación, noto que no me gusta.

Porque, a través de las amistades de María, me he relacionado en los últimos años con demasiada gente furiosa contra el nacionalismo vasco, mientras que apenas tengo trato con vascos furiosos contra el nacionalismo español. No habré hablado con un partidario de HB en los últimos diez años.

UNA PALOMA EN la terraza. Recuerdo haber leído en un libro de Arthur Danto que, con un poco de adiestramiento, las palomas aprenden sin dificultad a distinguir el Gótico del Barroco, un cuadro del Renacimiento de otro impresionista, un Braque de un Picasso.

No se lo digo a la profesora que estudia en el cuarto de atrás porque a lo mejor se enfada (ya lo leerá aquí). Sin embargo, si yo fuera profesor de Arte, es lo que les diría a mis alumnos el primer día de clase.

PEDRO SE DECLARA de derechas sin ambages. Y le sucede a menudo, según explica Miguel con gracia, que ve a muchos de los llamados de izquierdas, a quienes tanto detesta, que le superan por la derecha, lo cual, paradójicamente, le indigna. Entonces escribe artículos furibundos contra ellos.

Esta situación irónica de tratar de combatir de frente a alguien o algo que en realidad se ha movido para colocarse detrás de ti es muy propia de otro bilbaíno conspicuo: don Celes.

15 DE OCTUBRE. Ochenta cumpleaños de ama. Comida familiar en Rekondo, mi restaurante preferido de San Sebastián. Pido almejas y *txangurro*. San Sebastián es, junto con París, la ciudad del mundo con más restaurantes de tres estrellas en la Guía Michelin. Rekondo no es uno de ellos, pero porque se equivocan los de Michelin.

Cuando éramos pequeños Rekondo era un caserío en la falda de Igueldo de donde bajaban la leche a todo el barrio. La traía Rafaela en unas grandes marmitas de aluminio cargadas en un carro tirado por un caballo. Debíamos de estar entre sus mejores clientes. Aita y ama habían venido de América con dos costumbres culinarias. Aita echaba tomate kétchup a cualquier cosa que comiera y ama nos hacía acompañar todo, ya fueran alubias o unos huevos fritos, con un gran vaso de leche, que entonces había que hervir antes de tomarla. Rafaela dejaba la leche y se llevaba la *txerrijana*, lo que hoy llamarían la «basura orgánica selectivamente reciclada»: mondas de patatas, cáscaras de huevos, hojas de berza, peladuras de zanahorias y de frutas, cualquier cosa que pudieran comer los cerdos del caserío.

Un día, Rafaela le dijo a ama muy preocupada: «¿A qué no sabe lo que me ha pasado, señora?». «¿Pues qué le ha pasado, Rafaela?». «Que mi hijo quiere ser torero». Y José María Recondo se hizo torero, uno de los pocos toreros vascos de renombre que ha habido.

Estábamos Tere, Patxuko, María, Luis, Begoña, Antón, María, ama y yo. No somos muy de cantar (no he conocido a nadie que cante peor que ama y yo). El «Happy Birthday» sonó flojo y desordenado.

Presbicia, vista cansada. Con la edad empiezas a ver mal de cerca. Los viejos no vemos bien lo que pasa ahora. «En mis tiempos...», resuena en el fondo de todo lo que decimos. Y para esto no hay gafas.

Es como en *La invasión de los ultracuerpos*, aquella terrorífica película americana donde los alienígenas se introducían sin la menor señal externa en los cuerpos de los terrestres.

Ahora proliferan gentes aparentemente normales que creen con absoluta certeza que el atentado del 11M de Madrid no fue obra de un grupo de islamistas fanáticos, sino una conspiración de ETA, el PSOE y ciertos servicios secretos, para echar al PP del poder. Parecen gente corriente, algunos son amigos tuyos desde hace tiempo, pero algo inquietante les ha sucedido, aunque no se perciba a primera vista.

No me importa ser tildado de «progre», pero creo que es porque he llegado a desconocer lo que significa el término.

Pablo arremetía la otra noche contra «vuestra generación progre». Le pregunté a qué se refería y me dijo: «Los que os pasáis la vida oyendo a Víctor Manuel y Ana Belén».

Nunca he escuchado más que por casualidad a Víctor Manuel y Ana Belén. Se han inventado una especie de «tentetieso progre», al que visten con todo lo que odian y les encanta dar palos.

Desahuciamos con ligereza. La gente no se hunde tan fácilmente. Conozco a muchos de quienes sus próximos hemos comentado a veces, con razones más que sobradas: «No tiene remedio. Es un irresponsable. No puede seguir así. Terminará fatal». Pasan los años y permanecen igual de felices que antes y siguen llevando las mismas vidas atolondradas y arriesgadas que tanto nos preocupaban.

Creíamos que no tardarían en acabar de mendigos. Ahora poseen un bar de lujo en Bilbao, viven en una estupenda casa de las Baleares (aunque no sea de ellos) o, como X, instalado en un modesto apartamento del sur, junto a una autopista, aseguran que «el ruido de los coches al pasar es como el de las olas en la playa».

Montaigne dice que, cuando cita a los antiguos, no es por el prurito de darse autoridad. «... Estimo tanto este siglo como otro pasado, cito tan contento a un amigo mío como a Aulo Gelio o Macrobio». Y entonces va y cita a un amigo suyo que le aseguró que a veces pasaba dos o tres meses, incluso un año, sin beber nada. «Siente cierta alteración, mas déjala pasar, y sostiene que es un apetito que disminuye fácilmente por sí mismo; y bebe más por capricho que por necesidad o placer».

Yo sí cito a algunos antiguos para darme autoridad, aunque solo sea frente a mí. ¿Ves?, esto ya lo pensaba un tipo del siglo xvi. ¿Y ves?, ese mismo tipo del siglo xvi, al que tanto admiras, también escribía tonterías.

Sábado. Muy buen tiempo. Vamos a Biarritz a dar una vuelta. Cuando nos entran ganas de salir de Bilbao nunca se nos ocurre ir a algún pueblo cercano. Lekeitio u Ondárroa, por ejemplo. Es algo que nos han robado ETA y sus amigos. Lugares que se han quedado en nombres que solo me traen recuerdos de la niñez o de la juventud. En esos pueblos me sentiría ahora extraño, o peor aún, extraño en mi propia casa. Mirado como alguien raro.

He pasado la semana entre libros y, nada más tomar la autopista y ver la hierba, los árboles y las vacas, he recordado una frase de Houellebecq. Es una tontería, pero por algo la recuerdo: «Quienes aman la vida no leen libros ni van al cine». Una *boutade*, pero cuyo significado entiendo. A la vez me ha venido a la cabeza una frase de Joubert, otra *boutade*: «Aquellos a quienes el mundo no basta: los santos, los conquistadores, los poetas y todos los aficionados a los libros». Tampoco es para tanto.

Está haciendo un tiempo espléndido. Hemos encontrado la playa de Biarritz llena. Por lo visto, no es una cosa rara. Antón cuenta en su blog que Biarritz nació como estación balnearia cuando la aristocracia inglesa decidió prolongar aquí sus veraneos por el excelente clima de principio del otoño. Según Antón, esta benignidad se debe al efecto foehn. La teoría de Antón va más lejos. Este buen clima de la región cántabro-vasco-aquitana pudo haber hecho que, en el período glacial magdaleniense, casi todos los pobladores de Europa se concentraran en este lugar. Antón y algunos científicos europeos aventuran que de aquel foehn y aquellos magdalenienses nacieron los vascos y el euskera. Y, en su opinión, fueron ellos los que, al calentarse el clima, habrían repoblado una amplia parte de Europa. Un profesor de Oxford acaba de publicar un libro en que insta a los británicos a desprenderse de sus viejas ideas de que provienen de los celtas y los sajones, y a reconocer que el substrato básico de su población es vasco. «A ver si es verdad y el Athletic puede fichar a algún jugador inglés», ha comentado Luis.

La tienda de congelados Picard, en las afueras de San Juan de Luz, es una maravilla. A su lado, esos pintorescos mercados tradicionales que tanto se alaban por su exuberancia, variedad y colorido, parecen sucios, obscenos, llenos de miasmas. Picard es como una farmacia, pero hemos cenado un estupendo pollo a la provenzal.

Cambio de hora. «A las tres serán las dos» decían antes los periódicos en una frase memorable, como si los Reyes Magos trajeran esa noche una hora más de vida. Al ir a la cama, he actualizado mis dos despertadores y he destinado el regalo a leer. Que se joda Houellebecq.

A VECES NO soy como el que escribe estas páginas. Incluso me produce extrañeza su autor. Pero releo algo de lo que dice y ya puedo seguir hablando como él.

Los S. son cinco hermanos mayores y solteros que viven juntos en Avilés. Cuatro mujeres y un hombre. Cultos, muy amables, inteligentes y alegres. Parecen felices. Tenían un gato, Violín, que se murió. Pasaron unos meses. Un día, Maribel no resistió decir en voz alta lo que todos pensaban: «¡Desde que murió Violín, esta casa está muerta!». Ahora tienen a Violín Segundo.

Borges ha llegado también a convertirse en el alma de esta casa. Es un animal, pero se ha transformado en un espíritu. Al menos, en algo más espiritual que nosotros. Esto sería digno del estudio de algún antropólogo dedicado a las religiones animistas primitivas, el chamanismo, el totemismo.

Siempre extraña enterarse de cómo te ven los demás. En realidad, lo que asombra es que te vean de alguna manera más o menos concreta, porque lo que tú ves de ti es algo bastante informe.

Recuerdo una de mis primeras sorpresas en este sentido. Ocurrió hace unos cuarenta años, pero puedo decir hasta el lugar en que sucedió. En un banco de la Gran Vía. Tendríamos poco más de veinte años y discutíamos sobre la vida en general. X dijo: «Es que Iñaki lo que quiere ser es un personaje de novela. Y yo, no». Ni entonces ni nunca he querido ser nada semejante, sino todo lo contrario. X es ahora uno de los empresarios más importantes de Bilbao. Y yo no he sido ningún personaje de novela. Todo lo más protagonista de estos apuntes sueltos que tomo desde hace unos años. De novela podría ser la historia de cómo un joven de veinte años llega a convertirse en un prominente empresario de su ciudad, y no la mía, que más o menos sigo sentado en aquel banco de la Gran Vía discutiendo sobre la vida en general.

No solo no me enfada que el gato arañe y deshilache la tapicería de los sillones o las alfombras. Hoy ha aparecido un siete en el kilim del fondo del pasillo. Espero que lo agrande día a día, tenazmente, felizmente, con esa maravillosa ignorancia de lo que Mari y María piensan de tales actividades. Da envidia.

El *Borges*, de Bioy Casares. Una selección de las entradas del diario de Bioy que se refieren a Borges. Este comió o cenó, o comió y cenó en su casa durante treinta años.

Es el libro de un par de maniáticos de las letras, de «sus letras».

Cuando lo compré y me lancé a él en tromba, me cabreé. Creía que sería como esos libros de entrevistas con Borges, sin desperdicio. Este tiene muchas sobras, aunque si vas leyéndolo poco a poco encuentras perlas a centenares. Richard Burgin contó que en cierta ocasión le hizo una entrevista de seis horas y media a Borges y que en cada minuto dijo algo interesante y bien dicho. (A mí me pasó lo mismo con Savater hace muchos años. Una vez lo entrevisté y no tuve más que transcribir palabra por palabra lo recogido en la cinta. Todo valía y todo venía ya en su orden).

Por sus obras los conoceréis. Tal vez en el caso de un fontanero o en el de un electricista. Pero si se trata de un escritor, no me bastan sus obras. Me gusta saber cómo es o cómo fue la persona. Al fin y al cabo, la literatura es eso. Narrar la historia de alguien que no es lo que parecería si solo se conocieran sus obras, su apariencia. Lo que hace el literato con sus personajes, lo hago yo con los escritores. Obtener una figura más rica y compleja de la que presentan sus libros. Un personaje de Proust cambia a medida que vas sabiendo cosas de él. Yo hago eso con el propio Proust. Al principio solo fue el autor de *En busca del tiempo perdido*. Ahora es algo mucho más completo.

El 16 de abril de 1977 Bioy y Borges comen juntos y terminan un prólogo para las obras de De Quincey. Según Bioy, ese prólogo incluye un párrafo que debería preceder a sus propias «reminiscencias» de Borges, si las llegara a publicar. Es este: «Fue amigo personal de Wordsworth, de Coleridge, de Charles Lamb y de Southey, hombres de letras cuya fama contemporánea excedía en mucho a la suya. Al describirlos, no vaciló en registrar sus pequeñas vanidades, sus flaquezas y aún el rasgo íntimo que puede parecer indiscreto o irrespetuoso, pero que nos permite conocerlos con vividez. Las reminiscencias de De Quincey son parte integral de la imagen que tenemos de ellos ahora. Si no fuera por él, los veríamos con menos precisión y encanto».

Borges sospechaba, o sabía con certeza, que Bioy estaba haciendo algo semejante con él. Quizás no pensaba que de una manera tan cruda. Y así, en el libro, Borges aparece atracándose de dulce de leche, meando fuera de la taza mientras recita un poema de Ronsard, o en esas Nocheviejas, todos medio dormidos a la espera del Año Nuevo, y él hablando sin parar de etimologías anglosajonas. O gritando: «A la mierda la novela policíaca».

Un mes empapado en este libro.

Ayer, mientras me afeitaba, pensé que me había cambiado la imagen que tenía de Borges, a peor. Hoy ya no estoy tan seguro.

Aunque ignoraba que Borges fuera tan racista. Y, de no conocer sus obras y sus libros de entrevistas, creo que el individuo que hubiese deducido del diario de Bioy no me sería tan simpático y querible como el Borges que yo imaginaba antes. En cuanto a su inteligencia, humor y sabiduría literaria, las admiro más tras la lectura de este libro, que preveo releeré a menudo.

Cómo me he reído. Creo que Bioy tenía un humor pasivo. Sus gracias no tienen ninguna gracia, pero las que registra de Borges son estupendas. Apunto, sin pensar mucho, tres momentos del diario que me han provocado una sonrisa, una risa y una carcajada.

Un día Borges habla de Sherlock Holmes y se pregunta si habrá sido escrito con intención «terrible o cómica»: «A lo mejor es gracioso porque Conan Doyle no se lo propuso. Si no, se le hubiera ido la mano». (Esto me hace pensar si no le habrá pasado lo mismo a Bioy).

Otro día. Los componentes del jurado de un premio literario se enfadan porque Bioy no acaba de llegar a la reunión. Borges intenta tranquilizarlos: «Hay dos cosas seguras; una, que Adolfo llegará; otra, que llegará tarde. Cuanto más tarde sea, más segura es su llegada: si llegara ahora, quizá no llegue». Los impacientes miembros del jurado no entienden la paradoja y siguen enfadándose cada vez más.

Y este párrafo, que tal vez sea el mejor que escribió Bioy en su vida y copio textualmente: «Gannon le refirió un cuento de gauchos entrerrianos. Están reunidos en el campo unos cuantos paisanos. Uno se levanta y dice: "Señores, discúlpenme, voy a mear". Se retira; muy pronto vuelve sobre sus pasos y anuncia gravemente: "Puede ser que también cague". Borges comenta: "A Gannon le gusta *for the wrong reasons*. Le gusta porque es sucio". Se pregunta si el cuento le gustaría a Lugones, a Ricardo Rojas, a Cicerón, a Aristóteles».

Me encuentro con Atxaga en la Isla del Loto.

Charlamos un rato mientras tomo un café y él espera a su editora. Es cariñoso, cálido, seductor. «A esta edad, la cara de buena persona que tiene no puede corresponder más que a una buena persona», pienso. Me conquista definitivamente cuando recuerda que tuve una pancreatitis. Hace años que no nos vemos. Yo también me muestro cordial. Me alegra verlo. Mientras charlamos, siento un poco de mala conciencia por alguna página de este archivo. Él sabe que no aprecio demasiado su obra. Le digo que leí *El hijo del acordeonista* y que me gustó. La leí el verano pasado y me parece de lo mejor que ha escrito. Ignacio Echevarría fue injusto en aquella famosa reseña de *El País* donde la criticó tan duramente. Lo fue, desde luego, al basarse sobre todo en denostar las ideas políticas de Atxaga. Sospecho que Echevarría estuvo contagiado por el brote epidémico de histeria con el nacionalismo vasco que afectó a la intelectualidad más «in» en la última época de Aznar.

Este es un recorte de *La Gaceta del Norte*, de 1966, que he visto hoy en una página de Internet.

«En el acto de la bendición del nuevo colegio, instalado en la calle de Elcano, 6, ofició monseñor Gúrpide, obispo de la diócesis, asistido por el capitular de la catedral, don José Madina, que representaba, también, a la parroquia de san Vicente, en cuya feligresía se ha instalado el nuevo colegio».

La tía Tere, una tal Julita Berrojálbiz y otras señoras muy religiosas y nacionalistas de Bilbao, unieron dos de los pisos que el tío Antón tenía en esta casa del número 6 de la calle Elcano y fundaron aquí la primera *ikastola* vizcaína. La tía Tere contaba que, mientras tramitaban el permiso, cuando venía alguna autoridad para investigar de qué iba todo aquello, colocaban una gran foto de Franco en la pared. Al irse, la quitaban.

Desde entonces ha aprendido mucha gente euskera. El negocio se ha ampliado. Incluso hay una tele exclusivamente en euskera, que entienden pocos y la miran aún menos. Nunca he visto que emitan por ella un programa para aprender euskera. Parecería lógico. Si lo consideran tan importante, ahí tendrían un excelente medio de educación. Pero ese negocio monumental de la enseñanza del euskera va por libre y da de comer a mucha gente.

Le he cogido un poco de manía al euskera. Me molesta cuando veo que monopoliza esa cadena de televisión, cuando se emplea como un fetiche en tantas actividades administrativas, cuando se pronuncian discursos ante audiencias que no lo comprenden, cuando lo exigen como primera lengua en la educación. Sin embargo, me gusta oír hablar en euskera por la calle. En Bilbao sucede muy poco. A lo largo del año, donde más euskera escucho es en Benidorm.

Misterios literarios.

Escribe en *El Mundo* una columna un día a la semana. Me cuenta que solo compra *El Mundo* ese día y solo para leer lo que él ha escrito.

Pedro me habla de los diarios de Miguel Torga. Ha leído parte de estas páginas de apuntes míos y dice que ha visto alguna similitud con lo de Torga. Le pido que me preste el libro. Lo abro al azar. Leo la entrada del 20 de junio de 1976: «No tengo moderación en nada. Trabajo en exceso, sufro en exceso, vivo en exceso. Voy a por todas en todo, como si cada minuto fuese decisivo en mi destino. Duermo despierto, ando a galope, muero por anticipación. Soy vector de muchas fuerzas y cuando una me frena, me empujan las demás. Y no tengo paz, no doy paz, no quiero paz. Soy un instrumento en las manos de Dios, del diablo o de la naturaleza».

Me da la risa.

(Alguien, que no es un escritor, pero al que no le importaría serlo, recopila una colección de citas de escritores. Pospone un epílogo: «Ahora, lector, imagínate un libro que fuera lo contrario de este»).

Esa sensación de que la persona que tienes enfrente es más adulta que tú. Por una parte, sabe más. Por otra, es pomposa y se toma la vida demasiado en serio.

DIJE QUE DE mayor me iba a hacer más anticlerical. Pablo creyó que era una decisión. Le contesté que era una debilidad mía. Porque ello me cabreará más.

Al llegar a casa me encontré con que María había comprado unas sábanas confeccionadas con un algodón que, según el vendedor, «lo usan en el Vaticano». No puede haber mejor reclamo. Si alguien te ofrece «la merluza que come el Papa», la compras sin dudar.

AYER TUVE DOS sueños muy vívidos de los que, como siempre, apenas recuerdo nada. Sí sé que estaban muy bien fotografiados. Habrían recibido una buena crítica de cine. Fueron en color. El primero, con unos rojos y azules como de Almodóvar. La textura del otro era más parecida a la de algunos *thrillers* de Hollywood. Abundaban los marrones. Había una mesa grande de madera donde brillaba la luz que entraba por una ventana. Las persianas estaban semicerradas. Me parece que en la realización de los dos se empleó la *steadicam* y algún efecto especial bastante novedoso. Tengo pocos sueños, pero estoy seguro de que estos dos no habrían sido posibles hace treinta años.

CADA VEZ QUE alaban a Chéjov, me pongo en guardia. Hay que tener un paladar muy en forma para degustar a Chéjov (con tanto tabaco y tanta Coca-Cola yo a menudo no noto nada). Y para componer relatos como los suyos, hay que haber escrito también cosas tan aéreas y vivas como sus obras de teatro.

«Conviene ser ligero, pero ligero como el pájaro, y no como la pluma», decía Valéry.

Ocuparse de los enfermos es una de las pocas cosas que da sentido a la vida.

A veces basta con un solo enfermo: tú mismo.

Hay días, como ayer, en que uno se convierte en el hombre de la Cruz Roja, en la monja, en la ambulancia de sí mismo. Ya sé que lo correcto es no dar demasiado la tabarra, ni armar mucho ruido con la sirena. Pero ahí hay un hombre accidentado, un enfermo, alguien a quien atender urgentemente. ¿No se dan cuenta?

Dos días en Madrid. Recorrido habitual por el elegante y cuidado barrio de Salamanca. Hacemos de mirones en las tiendas lujosas y compramos una lámpara para Joana en Becara. Preciosa la vista desde la Casa de América, con las luces de Navidad encendidas en Cibeles y el comienzo en cuesta de la Gran Vía. Digna de Londres, Nueva York o París. Cruzamos el paseo de Recoletos y como si hubiéramos cambiado de ciudad, o de continente. Por la Puerta del Sol y la Plaza Mayor no se puede ni caminar. En la Gran Vía, ante la Telefónica, le comento a María algo sobre *Metrópolis*, la película de Fritz Lang. Desproporción absurda entre el grandioso edificio y las masas de liliputienses que nos apretujamos en las aceras. Parece que estamos en *Metrópolis*, pero en el recreo. Qué buena y paciente es la gente, digo. Hay colas enormes para todo, los cines, las cafeterías, los comercios, los tenderetes, los quioscos de lotería. Tomamos un chocolate con churros en un barcito inmundo, «con espanto», como se dice de esos lugares «con encanto» que recomiendan las guías turísticas. Estos sitios «con espanto» muchas veces me encantan. Abro un ejemplar de *La Razón* que tienen sobre la barra y encuentro un largo artículo de X dedicado al novio de la Pantoja. Recuerdo que en el coche había venido leyendo una página entera de *El Correo* dedicada al Athletic, firmada por Y. Los dos son felices con lo que hacen. A ver quién hubiera adivinado esto hace quince años, en aquellas cenas de La República.

Ama dice a menudo: «Si se vive mucho, es asombroso lo que uno llega a ver». En *El País* de ayer venía que a Enrique Vila-Matas lo han nombrado Caballero de la Legión de Honor francesa, o algo parecido. En aquellas noches de copas en El Astoria, en Barcelona, esto hubiera sido más difícil de vaticinar que el número del Gordo. «¿Compramos un décimo?», dice María al pasar frente a Doña Manolita. «No».

Nunca he tenido la mínima *potestas*, pero creo que poseo una cierta *auctoritas*. No es la primera vez que lidero con naturalidad una cola en la parada de taxis. «Usted no está esperando un taxi, ¿verdad?». «Sí». «Pues entonces póngase allí detrás, por favor». El señor del pelo blanco, que intentaba colarse, baja la cabeza y me hace caso. Nadie se mueve cuando un joven intenta hacer trampa. Digo «¡Oye!», y retrocede a su sitio. Tal vez yo podría haber sido un gran general.

O una gran secretaria, a tenor del lío de llamadas telefónicas que estoy haciendo esta tarde para organizar la cena del próximo jueves. Si no fuera por mí, no sé qué sería de estas cenas. Sin embargo, no creo que los asistentes se den cuenta de ello, porque en la imagen que prevalece de mí, contradiciendo todos los datos de la realidad, no figura la virtud de «organizador de cenas de amigos», y ya no figurará nunca. Quede aquí, sin embargo, constancia de la verdad.

Gente interesante. Los buscadores de emociones. Los que viven peligrosamente. Les importas un bledo. Te aburrirán con sus historias hasta que te sientas mareado. No mostrarán la mínima curiosidad por tu vida. Al lado de un buen parapente, no eres nada. Estoy seguro de que las cumbres del Himalaya guardan muchos secretos y no pocos cadáveres bajo la nieve, con la cabeza pisoteada.

¿Cómo vivir? Esa es la gran pregunta. Y está mal planteada. Es como preguntar: ¿existe una única buena manera de pasar la tarde?

El gran adversario del primer capitalismo, según Max Weber, era «el trabajador tradicional». Aquel hombre que no veía la razón de trabajar toda una semana si podía subsistir con lo que ganaba en un día.

El gran adversario del capitalismo actual, según Bauman, es «el consumidor tradicional». Aquel que compra solo lo que necesita y no todo lo que le sugiere la vociferante publicidad.

Me identifico bastante con esos dos adversarios del capitalismo.

Sigue habiendo chavales que colocan explosivos por la noche en los cajeros de los bancos. Supongo que tratan de derribar el sistema. Pura estupidez, además de peligroso para cualquier paseante nocturno.

Una vez fui igual de estúpido. Es algo que no he contado más de dos o tres veces en mi vida. No por alguna razón particular, sino porque no suelo referir historias tan largas.

A Fernando lo conocí en el otoño de 1968. Compartíamos habitación en el misérrimo albergue de Euskal Etxea, en París. Residíamos en el acomodado barrio de Passy, en el distrito xvi, pero dormíamos en literas. Fernando había tenido que huir de España, de Barakaldo, creo, por su relación con ETA.

Eduardo había sido mi primer contacto en París. Era de Madrid. Me habían dado su nombre los Elguézabal. Lo conocían de Bakio, donde veraneaba la familia de su novia, una francesa. Eduardo había escrito un par de libros sobre marxismo de gran éxito. Recuerdo con asombro el maravilloso lugar en que vivía: un pequeño apartamento en la Place de la Sorbonne, justo a la entrada de la universidad. Entonces no me asombraba tanto. Entonces era lo mismo residir en un lugar espléndido que en un tugurio.

Ricardo vivía en las afueras de París. Un recuerdo absurdo es que en su casa comí por primera vez conejo. Ricardo había tenido que huir de Madrid por su participación en una escaramuza armada. Él y su comando habían intentado robar con fines revolucionarios en casa de la tía de uno de ellos. El botín fue de cero pesetas, un tiro en el culo de la criada y la huida a Francia de los sediciosos.

Un día de charla en una cafetería de la calle Mouffetard, los cuatro decidimos dejarnos de tanto libro y tanto mitin en La Mutualité y pasar a la acción. Concebimos el proyecto de colocar una bomba a la puerta de un banco español en París.

Fernando nos enseñó a fabricar el artefacto. Una bombona de butano vacía y rellena de pólvora, acoplada a un circuito eléctrico, que se encendería al unirse las agujas de un reloj despertador. No sé por qué, tal vez debido a mi candidez y buen ánimo, fui el encargado de conseguir las materias primas.

Compré en una droguería azufre, clorato potásico y carbón vegetal. Lo escondí todo encima del armario de mi habitación. Para entonces había cambiado de residencia y vivía en un cuarto que me alquilaba una señora mayor en su casa de la calle Monge. También robé un despertador en un supermercado de la calle de Rennes. Los despertadores todavía eran caros y yo no tenía un duro. Pasé una noche vigilando la sucursal bancaria elegida para el ataque.

Fabricamos la bomba y una tarde fuimos a probarla al Bois de Boulogne. La colocamos solo a unos metros del sendero donde habíamos aparcado. Ya nos marchábamos para alejarnos un poco cuando vimos que una furgoneta se acercaba despacio por el mismo camino. La bomba tenía que estallar en unos minutos, no recuerdo cuántos. Montamos en nuestro coche y huimos hacia París. No supimos nunca si explotó. Es casi seguro que, de hacerlo, no afectó a nadie.

Tras aquel fracaso, dejamos pasar el tiempo. Un día llegó Ricardo y dijo que creía que estábamos localizados por la CIA, la policía española, la Interpol o no sé qué otra temible organización del enemigo. Insinuó que tal vez uno de nosotros era un infiltrado. Decidimos abandonar el proyecto. Vino la Semana Santa y regresé unos días a San Sebastián. En esa semana, una bomba estalló a las puertas de un banco español en París. Cuando volví, los tres me dijeron que estaban seguros de que había sido yo.

Fernando, al que no he vuelto a ver, es ahora uno de los líderes de una charanga famosa en las Fiestas de San Fermín. Eduardo dejó el marxismo y la revolución, se casó con una chica muy guapa de Ibiza y abrió una escuela de esquí náutico. De Ricardo no sé nada.

VISITA SEMESTRAL A Piniés, el médico que me lleva la diabetes.

La cifra del azúcar, espléndida. 5,5 de hemoglobina glicosilada. «Como si no tuvieras diabetes».

La tensión arterial, sin embargo, un poco alta: 16/9. Dice que puede ser una subida puntual. No estoy muy seguro. Me da la impresión de que va a seguir subiendo. Ya veremos. He comprado un aparato para medírmela en casa. Ama ha tenido toda su vida la tensión alta, pero, con una pastilla diaria, sigue estupenda a los ochenta y ocho años. La abuelita murió, creo que a los cincuenta, de un ataque al corazón.

De lo que llaman los otros tres grandes factores de riesgo, el colesterol, la obesidad y el tabaquismo, estoy bien de los dos primeros. De la obesidad, demasiado bien para mí. He pesado un kilo menos que hace seis meses y eso no me gusta nada. Creía que había engordado. La verdad es que como poco, pero no necesito más. Sin embargo, después de la Navidad es posible que empiece a merendar algo a media tarde.

Del famoso tabaquismo, mal, muy mal. Lo que sucede es que no logra preocuparme. No toso, no noto nada malo. Es curioso que la descomunal campaña que existe en contra del tabaco no consiga amedrentarme. No acabo de ver que estén tan seguros de los efectos del tabaco como dicen. Todos los datos que aportan son de correlaciones estadísticas, y estas nunca son muy fiables, pues dejan de lado muchos factores. Una vez leí que los que más fuman son los pobres y atribuían el hecho de que se mueran antes que los ricos a que fuman, no a su pobreza y a todo lo que ello implica.

¿Ridiculez de apuntar esto? «Qué tonta costumbre la de anotar lo que uno mea» (Montaigne, en su *Journal de Voyage en Italie*, después de haber apuntado lo que meaba).

No sé. Ayer leí una de las «notas dispersas» de Pla: «De joven tuve una dentadura discreta, por no decir una buena dentadura. A partir de los treinta años tuve que ir de forma intermitente al dentista...», y así durante unas quince líneas hablando (¿a quién?) de su dentadura. Yo lo leí interesado.

Tal vez sea la edad. Con los años, la salud se convierte en obsesión.

HE SOÑADO QUE el gato se caía por el balcón. Cinco pisos. He bajado corriendo a la calle. No estaba. He comenzado a buscarlo por los alrededores y he entrado decidido en la primera librería. Se había refugiado allí. Este sueño le habría gustado al otro Borges.

No sé si la estricta María Kodama nos cobraría algún canon al conocer el nombre de nuestro gato. Ella tenía uno, pero no lo quería mucho. Según cuenta María Esther Vázquez, Kodama propuso un día a Borges que se dieran una mutua prueba de amor matando cada uno a su gato a la misma hora. Borges le dijo que no podía, porque el suyo era del nieto de Fani.

Cuando M. habla de sus escritos, siempre se las arregla para comentar lo que se esfuerza en hacerlo bien. Nunca menciona que se divierte.

Le contesto con Pla, más o menos de memoria: «La literatura no tendría sentido si no fuera por el placer de escribirla. Es lo más eficaz contra el tedio». O con Borges, que también habla de la escritura como «atenuante del curso del tiempo».

Pla y Borges, por coquetería, incluyen en sus opiniones el combate contra el tedio y la necesidad del tiempo en ser atenuado, pero creo que los dos escribieron no solo desde esa posición negativa, sino también por puro placer positivo, intransitivo, tal vez infantil, aunque quede menos elegante decirlo.

Lo que sí puedo asegurar es que si alguien se distrae con alguna de estas páginas no es gracias a lo que me ha costado escribirla, sino a lo que me ha entretenido.

A X le parece incomprensible que alguien (yo, por ejemplo) escriba sin intención de publicar. «Es como hablar solo», dice. Pero he adoptado la costumbre de escribir como una actividad más de mi vida. Como comer, o leer, o dar el paseo habitual de la mañana. O hablar con el gato. No pretendo nada con ello. Me parece normal hacerlo.

«¿Cuán frecuente y neciamente quizá, heme extendido en mi libro hablando de él?» (otra vez Montaigne).

Ya, pero es que son muchos los días en que le dedico un rato.

2007

Pasamos la Nochevieja en casa de Carlos, en Málaga. Allí nos tocó enterarnos de la vuelta de ETA a los atentados, con el coche bomba de Barajas y los dos ecuatorianos muertos. No me lo esperaba. Nunca acierto con estos fanáticos. En lo que acierto siempre es en prever la reacción de los más derechistas ante los movimientos de ETA. Si declara una tregua se sienten contrariados. Si vuelve a los atentados, se vivifican.

No tengo ni idea de lo que va a venir. Por ahora, no pienso ir a la manifestación que ha convocado Ibarretxe con el lema «Por el diálogo y la paz». Monsergas. Que digan claramente: contra ETA. La responsabilidad del PNV por no haberse opuesto drásticamente y siempre a esos anormales es innegable.

La decadencia del langostino.

Ayer leí un verso de Rubén Darío donde aparecen unos langostinos.

Se encuentran en un lujoso poema titulado «El faisán». En él hay también fresas, champán, «cristales llenos de aromados vinos» y «rosas francesas en vasos chinos». Todo ello podría seguir siendo presentado a la mesa en un poema de hoy, incluso el faisán. Pero los langostinos, los pobres, me parece que ya no.

Comento con Antón que hasta Stephen Hawking ha hablado de los males que presagia el famoso cambio climático, que a Antón no le parece ni tan cambio ni tan malo. «¿Y qué sabrá ese?», dice.

La ciencia es la receptora actual de las esperanzas que antes se ponían en la religión. Los científicos son sus sacerdotes, y Hawking uno de los cardenales más importantes. Las palabras de Antón me suenan a blasfemia. Me río, pero un científico de una rama determinada suele saber muy poco de las otras ramas de la ciencia.

Y aquella frase del protagonista de las *Memorias del subsuelo*, de Dostoyevski: «Reconozco que lo de dos y dos son cuatro es excelente cosa, pero de ahí a ponerla por las nubes...».

El paso del tiempo.

«Me ha dicho que estoy muy guapa».

«Me ha dicho que estoy muy joven».

«Me ha dicho que tengo los huesos mejor de lo que corresponde a mi edad».

«Dios hizo a los gatos para que los hombres puedan acariciar a los tigres». Desaparecería toda la gracia si intentáramos decir: «La evolución biológica hizo a los gatos para que los hombres puedan acariciar a los tigres». Esa faceta de Dios como genio de la lámpara de Aladino es una pérdida irreparable.

«Welcome iuriarte», me saluda el robot de *The New York Times*. Todavía me asusta un poco el trato personal que me dispensa esa máquina.

Una vez al mes, el robot me envía una lista de los diez artículos más leídos del periódico en los últimos treinta días. Hoy he visto que viene uno titulado «Libre albedrío: ahora lo tienes, ahora no lo tienes».

Es un asunto como para poner nervioso a cualquiera. Cada vez que leo algo sobre el libre albedrío, y siempre leo todo lo referido a ello, siento vértigo.

«No hay proceso físico del que se sepa que no sea determinista o aleatorio», dice un científico en el artículo de hoy.

¿Qué es, pues, el libre albedrío? ¿Algo mágico, fuera de las leyes de la física? No creo en el libre albedrío, esa es la verdad. Pero también es cierto que no sé muy bien cómo no creer en él durante más de dos minutos seguidos.

Spinoza explicaba que si una piedra lanzada al aire cobrase conciencia de sí misma, se imaginaría que estaba volando libremente. Pero allá las piedras con sus problemas. La cuestión es qué hace una persona consciente cuando piensa que Spinoza probablemente tenía razón. ¿Deberá considerarse a sí mismo igual que una piedra que va de aquí para allá a expensas de fuerzas que lo que llamamos «yo» no controla en absoluto?

Schopenhauer dijo: «Podemos hacer lo que queremos, pero no podemos querer lo que queremos». Y el autor del artículo de hoy escribe tan tranquilo: «Una serie de experimentos realizados durante los últimos años indica que la mente consciente es como un mono cabalgando un tigre de decisiones y acciones subconscientes e inventándose frenéticamente historias que cuentan que es él quien tiene el control».

A Einstein todo eso lo tranquilizaba: «El saber que la voluntad no es libre me protege de perder el buen humor y tomarme demasiado en serio a mí mismo y a los demás como individuos que actúan y juzgan». A ver si algún día llego a ser tan bien humorado como Einstein. Y me acostumbro a recibir mensajes de tú a tú del robot de *The New York Times*.

«Si hubieran triunfado los míos, por ejemplo, Cataluña habría sido una república popular maoísta», dice.

¿Hasta cuándo le duró a este lo del maoísmo? ¿Se cree lo que dice?

Nunca supe en qué consistía lo del maoísmo. Uno se hacía maoísta, o trotskista, o lo que fuera, porque por ahí andaban sus amigos, pero sin ninguna indagación intelectual ni convencimiento de nada. Otros, por lo visto, eran más severos. Recuerdo que Rosa Pereda le dijo a Marta: «¡Pero cómo te vas a liar con un maoísta! ¿Una trotskista con un prochino? ¡Imposible!».

El marxismo me duró no más de dos años. Entré en la cárcel en el setenta, ya sin ninguna convicción. Allí leí *El cero y el infinito*, de Arthur Koestler, y me reafirmé en mi incredulidad. Durante el año en Londres (1971) descubrí *La sociedad abierta y sus enemigos*, de Popper. Ninguno de estos dos libros, tal vez muy importantes en mi vida, me anuló la sensación de seguir siendo de izquierdas, aunque yo ya no estuviera dispuesto a militar ni a hacer casi nada de tipo político, salvo acudir a alguna manifestación antifranquista.

Desde los muy primeros setenta ya tenía la seguridad de que la democracia estaba llegando a España ineluctablemente y me inhibí casi por completo, no solo de pelear por ella, sino incluso de ver el mundo y la vida desde el punto de vista de la política. Había muchas cosas nuevas y excitantes por aquella época. Y así fue durante muchos años, y ahora otra vez no lo es.

Ha muerto Richard Rorty. Era uno de los pocos filósofos importantes de los últimos tiempos que yo podría haberle recomendado tranquilamente a André Breton, quien escribió: «Un filósofo a quien yo no entiendo es un cerdo».

Del viaje me han quedado sobre todo las primeras impresiones. La llegada en metro desde el aeropuerto a la estación de Saint Michel, la salida a la plaza arrastrando las maletas, el estallido de París en plena cara, la euforia en busca del hotel por las abarrotadas calles de la Huchette y de la Harpe, el primer contacto con la habitación, la vista desde la ventana, lo dicho por María al salir a la calle, que daban ganas de ponerse a bailar como en *Un americano en París*, el entusiasmo del primer recorrido por el Boulevard Saint Germain hasta la librería La Hune...

Fuimos con M., que no paró de hablar y llevarnos corriendo de aquí para allá. Conoce muy bien París y, entre su carácter tan activo, y el papel de guía que le concedimos, no nos dejó casi ni respirar. M. vive a un ritmo diferente del nuestro, mucho más rápido y expeditivo. Lo ve y lo registra todo, pero no se detiene a contemplar nada, ni siquiera a descansar. O a tomar un café: lo más importante que se puede hacer en París. Los tres días me han quedado un poco amontonados. Pero debo a M. las ostras que cené en Le Grand Colbert, una *brasserie* antigua y bonita junto al Palais Royal, y la curiosidad de haber conocido Le Procope, el café más viejo de París, donde se reunían los enciclopedistas y los protagonistas de la Revolución. En alguna de sus máximas Chamfort ya citaba Le Procope. En los cartelitos que distinguen las puertas de los baños pone: «Ciudadanos», «Ciudadanas». Meé con la máxima devoción posible.

En los veinte minutos de reloj que M. nos concedió para entrar en la monumental tienda Virgin de los Campos Elíseos, alcancé a comprar dos libros. Un tomo de cartas de Madame du Deffand y el *Journal de Voyage en Italie*, de Montaigne, que ya había leído, pero que no tenía en casa. Hojeando en el hotel el libro de Madame du Deffand, lo primero que encontré es una carta escrita a Walpole, en 1774, donde le da noticias de París y dice: «Aparecen los *Viajes*, de Montaigne. No he leído más que cincuenta páginas. No creo que deberían haberse publicado».

Y yo todavía comprándolos.

Montaigne no dictó y anotó aquellas páginas con vistas a su publicación. Ciento ochenta años después de haberlas escrito, un cura las encontró en un baúl que se conservaba en su castillo. Madame du Deffand echó un vistazo a la primera edición y no le interesó. Lo que no quita para que fuera una gran admiradora de Montaigne: «Es el único buen filósofo y el único buen metafísico que jamás haya existido», había escrito en otra carta a Walpole. ¿Cómo no le atrajo el *Journal*? Por esquemático, seco y narcisista que sea, al leerlo uno tiene la impresión de estar más cerca de Montaigne que nunca.

Leyendo a Madame, uno también parece encontrarse muy cerca de ella. Aunque sea difícil imaginar cómo eran y vivían aquellas señoras de la época en cuyos salones se formó poco a poco el llamado espíritu de las Luces, la prosa dictada de sus cartas es maravillosa. Se diría que casi no hace falta saber francés para entenderla.

Madame du Deffand ha pasado a la historia sobre todo por su aburrimiento. *«L'ennui»* aparece en cada uno de sus envíos a Voltaire, Montesquieu o Walpole, entre comentarios sobre los bailes, las comidas y las cenas a las que asistía u ofrecía en su casa. Nunca estaba sin gente alrededor, lo que más la aterraba era quedarse sola. La curiosidad por conocer sus cartas me viene de Cioran, quien la admiraba enormemente. Ciega e insomne, se escribía con Voltaire y Walpole, contándoles las minucias de la vida aristocrática de París y quejándose de su soledad y de su tedio. Era lista, lapidaria y maligna. Rousseau huyó de su salón porque le daba miedo. Alcanzó fama su acotación a un obispo que narraba la hazaña de san Dionisio. Al santo le cortaron la cabeza y recorrió dos leguas con ella en brazos hasta la iglesia que ahora lleva su nombre: «¡Ah!, monseñor, creo que, en situaciones como esa, lo único que cuesta es el primer paso».

Así como Madame du Deffand no soportaba la ausencia de compañía, Paul Léautaud, de quien también compré uno de los volúmenes de su diario en un *bouquiniste* del Sena, insiste a menudo en que las mejores horas de su vida fueron siempre las que pasó en su casa solo, de noche, entre sus papeles, lecturas y ensoñaciones. Pla se aburría leyéndolo. Le creo. Es exhaustivo en los detalles sobre el mundo literario parisino y menos jugoso que el propio Pla hablando de su grupo de amigos del Ampurdán. Pero como también dice este, a veces tiene mucha razón en sus opiniones. Y aunque no fuera una buena persona, le encantaban los gatos. Vivía solo con más de cincuenta.

No estoy pasando un invierno muy bueno. Tal vez se deba a un exceso de rutina en mi vida. Ayer tomé un Tepazepán y hoy también. El Tepazepán tiene un poco de diazepam, el componente del Valium, creo que 5 mg por pastilla. No es nada. Recuerdo que aita tenía siempre en la mesa junto a su sillón un Valium de 10 mg partido en cuatro trozos. Se los tomaba a lo largo del día, como chupitos. El Valium parece haber sido un amigo constante de los Uriarte. Cuando murió la tía Lola, Lolita o Conchita le propusieron a ama quedarse con algunas cajas de Valium que tenía, como ofreciéndole algún tipo de antiguas joyas de la familia. Ama no las cogió. Jamás ha necesitado pastillas tranquilizantes de ningún tipo. En esto se parece a María, que tampoco se encuentra nunca baja sin saber por qué. Ama habla de esa especie de nervios interiores (y hace un gesto como de frotarse el estómago y el pecho) que «les entran a veces a los Uriarte».

A veces he creído ver algunas semejanzas entre las parejas formadas por aita y ama, y María y yo. En los dos casos la unión se fraguó en un momento en que los chicos atravesaban una época depresiva. Y a lo mejor ha seguido siendo siempre así. Los unos con cierta tendencia a los bajones nerviosos y las otras con una dotación espiritual más animosa y constante.

No sé si acabaré como aita, con un Valium 10 al día, pero es probable.

Poseo la ventaja de haber conocido su evolución y estar atento. Con la edad, el parecido físico es creciente. ¿Lo será el psicológico?

¿CUÁNTO SE TARDA en ver un cuadro?

Miras a la gente en una exposición o un museo y lo primero que notas es que no saben muy bien lo que debe hacerse. Desde luego, lo que no saben es cuánto tiempo permanecer ante cada cuadro.

Una novela, una película, una sinfonía ocupan un tiempo determinado de atención. Tienen un principio y un final. Pero ¿un cuadro?

Pasa igual con los paisajes. Te llevan a un lugar famoso por sus vistas, miras, y a los pocos segundos ya no sabes muy bien qué más hacer. Exclamar: «¡Qué maravilla!», tal vez. Lo que resuelve bastante bien estas situaciones son las cámaras fotográficas.

Le pregunté un día a José Luis Merino: «¿Por qué hay tantos pintores y galerías de arte en Bilbao y tan pocos escritores y editoriales?». «Porque es más fácil», respondió.

Un profano en pintura, como yo, conoce los nombres de cientos de pintores y es capaz de identificar las obras e incluso el estilo de muchos de ellos. Un profano en literatura no sabe nada de literatura.

El otro día, en un concurso de televisión, que se precia de contar con participantes especialmente incultos, le presentaron a una chica una imagen del *Guernica* y le preguntaron por el nombre del cuadro. No lo sabía, pero dijo: «Por la manera de pintar, yo creo que es de Picasso».

A veces se habla del arte como sustituto de la religión. No tiene sentido. Por la religión se ha hecho, y se hace, cualquier cosa, desde matar a sacrificar la propia vida. Por el arte, viajes turísticos y, todo lo más, alguna cola.

Un profano en pintura, como yo, sabe quién es Tintoretto. Fuimos a Madrid con M. a ver una exposición en El Prado. Ni siquiera había cola y la visita no duró más de media hora. Tanto esfuerzo de aquel ímprobo trabajador para media hora de contemplación nuestra. Mientras María tuvo tiempo de descubrir que su influencia sobre El Greco fue mayor de la que ella suponía, yo, que a estas alturas de la vida aborrezco cualquier cuadro de tema religioso, sea de quien sea, me fijé en que Tintoretto pintaba fatal los gatos. Por lo menos vi dos absolutamente indignos de un buen artista. Los dos en cuadros que representan la última cena.

Los gatos andan por todas las esquinas de la historia de la pintura. Y no se han perdido un acontecimiento religioso. Ya estaban en *El paraíso* (en el grabado de Durero hay uno a los pies de Adán y Eva) y se ve que no faltaron a *La última cena*. A uno lo sorprendió incluso la *Anunciación*. Como es lógico, se dio un buen susto. Lo pintó Lorenzo Lotto.

VEO A TOMÁS, el de El Whisky Viejo. Son las doce del mediodía y han pasado muchos años desde aquellas noches. Entonces casi ni nos saludábamos. Hoy, el gesto de reconocimiento ha sido cariñoso, con una sonrisa algo triste, podría decirse que hasta tierna.

Existió algo así como una patria de la noche. Pelmazos, gente que no te caía bien, muchos a los que solo conocías de vista, ahora te resultan entrañables.

El caso más claro fue cuando le alquilamos a A. el piso de Indautxu. A. tiene pinta de chulo y se presentó en la inmobiliaria vestido de modo terrible, con tres botones de la camisa desabrochados y cargado de cadenas doradas al cuello. De haber estado presente, María se hubiera quedado aterrada. No sé si habríamos firmado el contrato. Parecía cualquier cosa menos solvente, un tipo a punto de ir a la cárcel. Pero a mí me sonaba su cara. Y aunque ni sabía su nombre, era un compatriota de las viejas noches. Ha pagado siempre puntualmente. No le he dado la más mínima lata.

A Miguel le parecen pretenciosos los libros de aforismos, de entradas cortas, de frases.

Pero a veces has garabateado dos páginas y observas que lo que querías decir cabe en tres líneas.

Recuerdo haber preguntado en más de una ocasión a algún articulista prolijo: «¿Pero tú qué querías decir?». Su respuesta era siempre concreta, breve y nítida. «Lo que yo quería decir era esto». «Pues eso no lo has dicho», concluía yo a menudo.

Semana Santa. Llueve. Veo por la tele que en Sevilla lloran porque no pueden sacar los tronos a la calle.

Como Adán comió una manzana que Dios le prohibió comer, Dios hizo venir al mundo a su propio hijo para que fuese torturado y muriese. Esa era la única forma que se le ocurrió de perdonar la desobediencia de Adán y las que pudieran cometer más tarde sus descendientes. El hijo de Dios se hizo hombre y murió en la cruz por nuestra culpa. Hay quien dice que esta idea de san Pablo es la más dañina que se le haya ocurrido nunca a un ser humano.

No sé si será para tanto, pero, desde luego, parece la idea de un loco. Séneca y san Pablo tenían la misma edad. ¿Cómo pudo ser que triunfaran las ideas del loco?

Mis *Cartas a Lucilio* están desencuadernadas de tanto usarlas (bien es verdad que no es una buena edición). ¿Buscaré consuelo en las epístolas de san Pablo?

Me pregunto si la cultura clásica griega y romana tendría hoy tanto prestigio si hubiera podido continuar su curso «natural». O si no fue la catástrofe milenaria que la sepultó lo que nos hace considerarla «un milagro».

Pompeya es hoy famosa gracias al Vesubio.

Al salir de tomar un café en el área de descanso de Tudanca, alguien había intentado robar el coche aparcado junto al nuestro. No consiguieron arrancarlo y allí lo dejaron, con la puerta rota. Era un gran BMW todo terreno, como el que le robaron a Beckham hace unos meses y apareció al cabo del tiempo en poder de una ministra de Macedonia. Una acción de profesionales.

Al reemprender el viaje hacia Bilbao, mantuvimos un rato de silencio, sobrecogidos al imaginar el horror que habría podido sucedernos unos momentos antes. Podría haber acabado en Macedonia. No el coche, con los ordenadores y las maletas y las bolsas. El gato, que estaba en el asiento de atrás.

Los jilgueros dicen con frecuencia «maría». En los concursos de canto de jilgueros se valora mucho las veces que repiten la palabra «maría» y la claridad de su dicción.

Yo también la digo muy a menudo. Pero a veces me encuentro como ladrándola, más que cantándola. La culpa es de la incipiente sordera de María. La voz no se puede ir subiendo como la radio. A medida que elevas el volumen cambia la entonación. Se vuelve más agresiva. La primera vez la llamo de modo suave. La segunda un poco más fuerte. La tercera a gritos. La siguiente como si la insultara.

Recuerdo los gritos de aita en Toni Etxea llamando a ama: «Lu», «¡Luu!», «¡¡Luuuu!!», «¡¡¡Luuuuu!!!». Daban miedo.

INDIGNACIÓN DE MIGUEL y Pedro con los blogs de Internet. «¿Qué pasa? ¿Que ahora todo el mundo se ha puesto a escribir cualquier cosa que se le ocurra?».

Tienen una relación con la escritura como de propietarios privados. Todavía ayer leía más o menos lo mismo en Llop: «No hay buenos y malos escritores, hay escritores y los que no lo son». Pedro y Miguel se consideran entre los primeros. Se enfadan cuando hablo de algún blog y parece que desearían que la gente no supiera ni escribir. Yo tengo una concepción más vulgar de la práctica de la escritura.

En realidad, no entiendo lo que les indigna tanto. A veces es como si les enfureciera que los blogs se puedan leer sin pasar por el filtro de los editores. «¿Y todos mis esfuerzos para ser editado?», parecen preguntarse.

SI HABLAMOS DE niños decimos entre risas que son «las típicas ganas de llamar la atención», o el famoso «afán de protagonismo», o que «es un chaval muy caprichoso», o «muy mandón». De mayores, resultan ser las características de los grandes hombres y ya no dan ninguna risa.

CUMPLEAÑOS DE MARÍA. Sesenta. Fallé. María llevaba tiempo diciendo que no quería celebrarlo. Ni siquiera salimos a cenar. Resultó que sí quería. «Yo decía que no, pero tenías que haber entendido que sí». El día anterior le había comprado una orquídea.

La tuve escondida hasta las doce de la noche detrás de un sillón. Pero teníamos que haber salido a cenar.

Los presentaron. Se reconocieron como en un espejo. No se gustaron. Lo resolvieron enfadándose.

Me ha emocionado que el negro que vende películas pirateadas se acordara de mí. «Te he traído esta que querías el otro día». Por poco le doy veinte euros. María suele decir que la gente me recuerda más a mí que a ella. Tal vez por mi aspecto un poco exótico. Quizás ha sucedido lo mismo con el negro. Me ha visto un poco negro.

El récord de reconocimiento ocurrió en Avilés. En una cafetería que se llamaba Robles y que ya no existe. El camarero se acercó a la mesa y nos dijo: «Dos escalopes y una ensalada ¿no?». Solo habíamos estado allí una vez, hacía más de un año. Lo bueno es que nosotros también nos acordábamos de él.

Día de elecciones. La media de la gente en el colegio electoral es la de un hospital, casi de un asilo de ancianos.

Tere me recuerda un artículo que escribí en *El Correo*, hace más de veinte años, justificando a los que no habían ido a votar y habían seguido con su vida normal. Los defendía. Creo que incluso los ponía por las nubes. Yo era entonces muy joven. Y tenía razón. No como ahora, pendiente otra vez de las elecciones, como si me fuera en ello algo importante. Cosas de viejo.

Entonces yo no votaba, porque no podía. Conservé la nacionalidad americana hasta muy tarde. Estaba acostumbrado a la abstención.

Esto debe de ser la célebre globalización. Financiada por la Comisión Europea, Joana va quince días a Nueva York a no sé qué seminario internacional sobre Ayuda Humanitaria en la Universidad de Columbia, y Johnny, un boliviano de Cochabamba, que vive con toda su familia en un pequeño piso del barrio de San Ignacio, por el que le cobran bastante más que a los bilbaínos nativos, está pintando las ventanas de atrás de esta casa e instalando un nuevo cañizo en la terraza.

«¡Desobediente!», le riñe a veces María a Borges. Sonrío.

Rousseau: ¿Le gustan los gatos?

Boswell: No.

Rousseau: Estaba seguro de ello. Es mi test para juzgar un carácter. Usted tiene el típico instinto despótico del hombre. No les gustan los gatos porque los gatos son libres y nunca consentirán en ser esclavos. Nunca harán nada que se les ordene, como hacen los otros animales.

Boswell: Tampoco las gallinas.

Rousseau: Una gallina obedecería sus órdenes si usted fuera capaz de hacérselas inteligibles. Pero un gato le entenderá a usted perfectamente, y no le obedecerá.

La capacidad para ser desobediente me parece una de las mayores virtudes que se pueden poseer.

Fragmento de un artículo mío de hace muchos años, hallado por María en una vieja carpeta.

«Estoy tumbado en el sofá, leyendo, cuando percibo un movimiento a mi derecha, sobre la alfombra. Miro de reojo y veo que es un gorrión. Ha entrado por la ventana abierta. Me emociono. Pienso en Arthur Waley y Li Po. Trato de quedarme muy quieto. Mi único gesto es volver lentamente la cabeza para contemplarlo mejor. El pájaro se da cuenta de mi presencia y sale volando. Arthur Waley, en su *Vida y obra de Li Po*, dice que en la antigua China se consideraba que los pájaros poseen una sensibilidad especial para percibir las impurezas de las intenciones y solo traban amistad con quienes son del todo intachables y desinteresados. Por lo visto, las personas que mantenían excelentes relaciones con los pájaros eran reclutadas como funcionarios y trasladadas a Pekín».

He pasado una hora releyendo el contenido de la carpeta encontrada por María. La mayor parte de los textos son de hace más de veinte años. No me acordaba de haber escrito casi ninguno de ellos. Me reconozco, pero con la extrañeza con que nos reconocemos en un álbum de fotos antiguas. En realidad, con una extrañeza más enojosa. Comprendo a los escritores que no se releen nunca. Adivino que, algún día, gran parte de estas páginas que escribo ahora me resultarán antipáticas y decidiré tirarlas a la basura.

Al ver una foto de otro tiempo, uno se pregunta: ¿cómo sería yo entonces? Y lo hace con ternura. Al leer un artículo de otro tiempo, lo sabe, despiadadamente. Uno quiere creer que solo es lo que es en el presente, en el último momento, ahora mismo. No le gusta oír hablar a viejos testigos inconvenientes, aunque esos testigos sean los «uno mismo» de otra época.

En cualquier caso, cuando uno escribe para publicar, siempre fuerza un poco la pose, ideológica y retóricamente. Lo que resulta desagradable al leer artículos antiguos es que uno percibe enseguida dónde tensó la expresión, en qué palabras se alejó del tono propio.

Lo que trato de hacer aquí ahora es un monólogo. De ahí mi esperanza de que esto resista mejor que los artículos publicados, no por las ideas ni su corrección literaria, sino por el tono. Ya veremos.

Algunos hablan de «la enfermedad moral de la sociedad vasca en los años ochenta». No recuerdo que en el resto de España hubiera una salud muy diferente.

Tenía ochenta y tantos años. Vivía solo. Estuvo obsesionado con el sexo hasta el final. Le dijo a X que había pagado mil euros a una enfermera del hospital para que le dejara tocarle el culo. X no nos ha querido ni contar la cantidad de literatura pornográfica que ha encontrado en su casa.

No creo que la gente, los hombres, tengan ahora en casa muchos libros o revistas pornográficas. Lo que tienen es el ordenador.

En una página de su diario, Samuel Pepys contó el lío que se trajo en el mes de enero de 1668 con un librito porno: *L'escholle des filles*. Lo anduvo manoseando en una librería sin atreverse a adquirirlo, volvió otro día, lo compró, llegó a casa y subió con él a su cuarto privado, lo leyó: *«It did hazer my prick para stand all the while, and una vez to décharger»* (mezclaba idiomas en su diario para que no se le entendiera lo más obsceno) y después lo quemó «para que no se encuentre, para vergüenza mía, en mi biblioteca».

Ni siquiera la «papelera de reciclaje» hace el efecto de una buena hoguera. Mi recomendación es que, en nuestros tiempos, los ordenadores de los muertos, ni tocarlos.

PREMIO PRÍNCIPE DE Asturias a Bob Dylan. Un señorón con corbata roja y traje azul marino dice al micrófono que se lo conceden por ser «Faro de una generación que tuvo el sueño de cambiar el mundo».

No dudo de que Bob Dylan ha sido fundamental en la historia de la música reciente. Todos los entendidos lo aseguran. Para mí, ignorante en la materia, ha quedado solo como parte esencial de la banda sonora de la película de aquellos tiempos. Una banda sonora cuya letra apenas entendíamos, salvo algún estribillo. Pero lo importante era la película: lo que vivíamos mientras sus canciones sonaban invariable y obsesivamente en los tocadiscos. Y todo eso, lo que nos reíamos, lo que imaginábamos y decíamos y hacíamos entonces, regresa a mi cerebro y a mi corazón cada vez que escucho una canción de Bob Dylan y me puede hacer llorar.

HOY SE CUMPLEN treinta años de las primeras elecciones democráticas. Tenía treinta años y no voté. En aquella época era todavía ciudadano de los Estados Unidos y no podía hacerlo. No sé si lo habría hecho. La política no era algo que me apasionara mucho. Pero sí recuerdo que lo que más me sorprendió de aquellas elecciones fue el segundo puesto del PSOE, con más de cinco millones de votantes. ¿De dónde había salido aquella enorme masa de supuestos antifranquistas a los que no se les había visto el pelo en la oposición al régimen?

Hace unos años compré un libro sobre el Tribunal de Orden Público, el famoso TOP, un tribunal especial creado en 1963. Lo hice porque incluía una lista con los nombres de todos los procesados durante aquellos años, incluido el mío. No sé por qué la obra no aclara cuánta gente del PSOE (o del PNV) fue detenida por la policía y procesada entre 1963 y 1977. Solo vienen un par de cuadros que resumen lo que sucedió entre 1961 y 1964. En 1961, de 1.335 detenidos por la Brigada Político Social, solo hubo 1 del PSOE; en 1962, de 2.438, 15; en 1963, de 598, 15; y en 1964, de 253, ninguno. Más o menos la proporción debió de ser igual hasta el final del franquismo. Cuando Álvaro y yo entramos en la cárcel de Basauri, en 1970, allí no había nadie del PSOE (por supuesto que tampoco del PNV). Y de repente, les habían votado más de cinco millones. Yo también les voto ahora.

CUANDO EN LAS encuestas sobre el grado de felicidad personal de que disfruta la gente, la mayoría concede siempre mucha importancia a llevar una activa vida social, supongo que a lo que se refieren es a la bebida.

JOANA ME DICE que está enseñando a Jon a andar en bici. Tanto ella como María se acaban de dar cuenta de que fui yo quien les enseñó a hacerlo a las dos. No lo recordaba. Siento alegría y orgullo por aquella actividad mía de pedagogo. Casi de mago. El primer día que te sueltan el sillín y tú sigues pedaleando tranquilamente con la vista alzada al frente es uno de los grandes días de la vida.

Joana dice que Jon es muy suyo y muy serio. Su hermano Ander es lo contrario: alegre y sociable. Para tranquilizar a Joana sobre el carácter de Jon, Tere le dice que no se preocupe, que yo también era así de pequeño y que aquí sigo. Alguna vez ama me ha contado que cuando el aña Teresa me sacaba a pasear al parque, las demás añas comentaban: «Qué serio es este niño». «Pero se ríe mucho en casa», les contestaba. Yo ya estaba allí entero.

Ahora llevo unos años siendo bastante simpático. Me queda aún sitio para ser más hosco, y llegar a ser el que era.

Cada vez hago menos faenas domésticas. María tiene tendencia a ocuparse de todo y yo voy dejándolo. Sin embargo, durante media vida fui un amo de casa relativamente capaz. Ahora ya no sé ni poner la lavadora. Acabamos de comprar una nueva y es posible que ya no aprenda a hacerlo nunca.

Espero no acabar como aita. En una rara ocasión entró en la cocina, que ama acababa de renovar en Toni Etxea, y exclamó, estupefacto: «Pero ¿qué es esto? ¿Un centro de la nasa?». Un día se quedó solo en casa y tuvo hambre. Se aventuró a bajar a la nasa, abrió el frigorífico y comió lo primero que encontró, un trozo de queso. «Ese queso que tienes ahí en la nevera está podrido», le dijo cuando ama volvió de la calle. No era queso lo que había mordisqueado, sino un cubito de caldo de carne.

«L'ange et la bête»

La bestia que llevo dentro es pacífica, soñadora, fuerte. El ángel que la cabalga es mucho más tortuoso, endeble, aguafiestas.

Ha pasado una mala época y ha jugado varias veces con la idea del suicidio. Me cuenta que un día lo intentó. Se ató una bolsa de plástico al cuello. «Me empezó a doler muchísimo la cabeza y me la quité. No es nada fácil morirse. Estuve unos días preocupado porque pensé que había perdido un poco de vista».

Estaba tristón por su discapacidad. Le conté la antigua historia china sobre el árbol viejo, retorcido, inútil para hacer tablas, que ningún leñador quería cortar y seguía incólume cuando todos los árboles de su alrededor ya habían sido talados. «¿Te lo has inventado tú?», preguntó con una sonrisa y un brillo fugaz en los ojos. «No. Creo que lo cuenta Chuang Tzu».

Una historia que atraviesa los siglos como una vieja tontería que no sirve para nada, hoy ha servido un poco.

SI TE OFRECEN para leer una novela y el diario de alguien, ¿por cuál empezarías? Sin embargo, los diarios ni se escriben, ni se publican, ni se venden.

LEO EL TERCER tomo de los diarios de Jünger, *Pasados los setenta*. El 27 de octubre de 1982 apunta que ha tenido «el honor de recibir y agasajar a Jorge Luis Borges» en su casa de Wilflingen. A María Kodama la llama «la señora que lo cuida».

Jünger cuenta la conversación. Borges ha recitado en alemán a Angelus Silesius y algunos versos en inglés antiguo. Luego han hablado de Schopenhauer, Kafka, don Quijote, Walt Whitman y Flaubert. No me cuesta nada imaginar la reunión. Allí no ha hablado más que Borges, sin parar, de todo lo que se le ha ocurrido. Solo hay un tema de Jünger: «Yo opiné que el Espíritu del Tiempo (no sé si Jünger hablaba con mayúsculas, pero me temo que sí) había resuelto el orden político de los insectos mejor que el nuestro». Borges contestó que «tal vez en lo relativo al Estado, pero la hormiga individual no cuenta». ¿A quién se le ocurre hablar a un ciego de insectos y de hormigas?

Anota el ingenuo Jünger: «Borges sigue mi evolución desde hace sesenta años».

Consulto los diarios de Bioy sobre Borges. Por aquellas fechas apunta que Borges ha vuelto de un viaje a Europa. Ninguna referencia al encuentro con Jünger, que estoy seguro de que Borges realizó más que nada por simple curiosidad. Y por provocar un poco.

Sigo leyendo unas cuatro o cinco páginas del libro de Bioy. En ellas encuentro todo lo que necesito para saber que a Borges no le importaba nada Jünger.

Borges le cuenta a Bioy que le han encargado una conferencia sobre la Cábala, pero que se ha puesto a leer sobre el tema y no ha encontrado más que «una sarta de disparates». Cita: «Las estrellas guardan misterios profundos que el vulgo no penetra». Comenta: «Es el lenguaje de la charlatanería».

Pero ese es el lenguaje habitual de Jünger, que creía en la astrología, en los misterios profundos de las estrellas, en la adivinación, en los arcanos de las fuerzas telúricas y en lo que se terciara.

Aunque luego resultase que las dos novelas que más le habían impresionado mientras escribía este tercer tomo de su diario fueran *El nombre de la rosa* y *El perfume*. Como a la dependienta del supermercado.

Cuánto más sabio Borges, «uno de los espíritus menos graves que han existido», según Cioran, que el famoso brujo Jünger, tan solemne y plomizo. Víctor Farías tiene todo un libro sobre este encuentro, que él considera como la reunión de dos fascistas. Bobadas.

Jünger me pone de mal humor. Saco muy poco en limpio. Es un tío rarísimo al que he leído mucho y no sé por qué.

Una de las pocas frases de Jünger que recuerdo es: «¿En qué consiste el éxito de un diario? En el monólogo bien logrado». Creo que él lo logra muy bien, aunque yo no lo entienda mucho.

La frase está en *El autor y la escritura*, un libro del que tengo en casa dos ejemplares. Uno muy manoseado y subrayado, y el otro sin usar, impoluto, aunque con el papel ya un poco viejo, firmado por Jünger.

Jünger estuvo en Bilbao hace muchos años para recibir un doctorado *honoris causa* por la Universidad del País Vasco y asistí a la comida de celebración. Olvidé llevar alguno de sus libros para que me lo firmara y alguien me dio un ejemplar de *El autor y la escritura*. Es el que sigue sin usar, aunque da la impresión de hallarse más envejecido que el que hojeo a veces. Cuanto más lees un libro y más se le deteriora el físico, más vivo parece. No entiendo a los que se empeñan en leer libros procurando maniáticamente que no se estropeen.

Tres y media de la madrugada. Desvelado. En un asiento de la terraza de Benidorm. Descalzo, con la chaqueta del pijama desabotonada y en calzoncillos. Están regando las copas de los plátanos de la calle. Son muy altos, alcanzan por lo menos hasta el quinto piso. Estoy en el segundo. Bebo una taza de té y tomo medio Valium. Me acuerdo de los plátanos siameses de Villa Izarra, con sus ramas injertadas unas en otras, bajo las que jugábamos al fútbol y a veces comíamos. Recuerdo los grandes plátanos de la carretera a San Juan de Luz, y los de la Provenza. Me gusta tener estos plátanos enfrente. Me gusta ver cómo los riegan. Son mi árbol del verano. Luis dice que son sus árboles favoritos. Un día leí que daban sombra en la zona del mercado del ágora de Atenas. No sé de dónde les viene el nombre. Termino el té. Acaricio al gato. «*And so to bed*».

Me he desvelado varias veces este verano. María dice que es porque me gusta el plan de la terraza, el té y el Valium a las cuatro de la madrugada, sin nadie en la calle. Es posible que tenga razón.

«Somos como nos ven los demás». No creo que nadie esté de acuerdo. Y menos yo, porque la mayor parte del tiempo no me ven el pelo.

La luz del amanecer es para mí como la luz de otro planeta. Apenas la conozco. Y casi siempre la he visto en situaciones en que no me ha agradado: al ir al colegio, o a las clases de la universidad, o al salir de algún bar de madrugada.

A veces pienso que no debería anotar aquí más que mis rarezas.

Un día, de repente, eres el más viejo de la playa. Pese a la fama de geriátrico que tiene Benidorm, ayer éramos los antepenúltimos de la lista. Solo nos superaban en edad «los franceses» y la pareja de viejitos que suelen llegar a última hora de la tarde.

Hace muchos años nos daban por la calle invitaciones para las discotecas. Más tarde, las invitaciones pasaron a ser de clubes para gente madurita. El otro día una chica le ofreció a María la tarjeta de una clínica de cirugía estética.

Por mi modo de vida, sin obligaciones de trabajo, y con una gran facilidad para quedarme sentado o tumbado bastante tiempo mirando al techo, por mi afición a leer, un observador externo podría deducir que soy alguien que piensa mucho. Solo estoy distraído, en los dos sentidos de la palabra.

Johnson perteneció a un siglo, el xviii, en que los ingleses todavía hablaban y discutían mucho en las numerosas *coffeehouses* que había en el país, sobre todo en Londres. Se comprueba en el espléndido libro de Boswell, recién traducido de modo integral al castellano y que acabo de leer. Lo curioso es que en el siglo siguiente los ingleses se volvieron taciturnos. Dicen que por llevar la contraria a los franceses, que tenían fama de haber ascendido el arte de la conversación a su máximo nivel. Luego, han seguido siendo bastante introvertidos.

Con el Johnson de Boswell pasa un poco como con esos cuadros de Campin o Van Eyck que uno se encuentra al avanzar en la historia del arte. Me refiero a esa experiencia que se produce de forma tan notable en el museo Thyssen de Madrid cuando, después de recorrer las primeras salas, de pronto, al dar la vuelta a una esquina y entrar en la sala siguiente, te das cuenta de que acaba de suceder algo asombroso. La figura del *Hombre robusto*, de Campin, es insólita. Nada parecido se había visto en muchísimo tiempo hasta entonces. Lo tienes delante. Un hombre de verdad, una cara que podrías encontrar en la calle hoy día. Casi una foto. Gil y Gil.

Boswell escribe en algún lugar que lo que intenta hacer con su obra es un «cuadro de estilo flamenco» de su amigo. Consigue casi un holograma. Ni Montaigne, ni Rousseau, que se autorretrataba por la misma época, están más presentes en sus libros que Johnson en el de Boswell. No es extraño que algunos lo consideren no solo la primera biografía moderna, sino la mejor.

Una a una, como suceden las cosas, no exigen ninguna hipótesis de conjunto para tener sentido.

El chaval informático de casa de Angelinos. El placer de aprender de alguien más joven. Y de que te trate de tú a tú, sin desdén ni reverencia.

Médicos e hipocondríacos. A Luis le duele la espalda. Está deprimido. Le han realizado todo tipo de análisis y no debe de ser más que una muy común artrosis. Él cree que es algo peor, pero el médico le ha dicho que ya le han hecho de todo: «Solo te falta que te hagan la autopsia».

Cuenta Tere que el médico del tío Gabriel, ante la insistencia de este en saber qué tal estaba, le dijo: «Usted está clínicamente muerto».

Si alguien dice: «Todos los vascos son unos sinvergüenzas», los nacionalistas se quedan contentos. Lo importante es el «todos».

Las dos hermanas hablan sin parar de todo. Ama, de ochenta y ocho años, y la tía Josefina, de ochenta y cuatro. Dos cabezas magníficas. Es gracioso comprobar cómo la mayor se dirige a la pequeña con cierto desdén, con la autoridad que le concede la diferencia de edad.

A veces me han acusado de mostrarme poco generoso por callar y no elogiar cuando lo que yo habría hecho es abuchear.

El lunes hizo un día espléndido. A media mañana, María llamó desde la calle y decidimos ir a comer a la playa de Berria, junto a Santoña. Al llegar al garaje, antes de subir al coche, nos miramos por encima del capó. María tenía una sonrisa bobalicona. Supongo que yo también. Era un plan insólito, en cierto modo vertiginoso. Nunca habíamos hecho nada parecido.

3 de septiembre, lunes, primer día de la jubilación de María. La temperatura y el sol eran inmejorables. La playa y el restaurante estaban casi vacíos. Nada más sentarnos, dije: «¿Te has fijado en la gente?». María se sobresaltó. Tres parejas de edad más que madura caminaban a paso gimnástico por la orilla del agua. Otra pareja de señores mayores había colocado sus sillitas entre las dunas. Ella tomaba el sol en traje de baño y él leía el periódico en pantalón corto, con la camisa abierta. Otras cuatro parejas de pelo blanco se repartían las mesas del comedor del restaurante.

«¿Nosotros somos como estos?», pregunté. María dijo: «¡No puede ser! ¡Dios mío! Creo que no vamos a repetir mucho este plan. No, no somos así».

Murió repentinamente en los mares de China, en el Amazonas, en un poblado del desierto de Gobi. Así terminaban antes algunas biografías legendarias. Ahora es una cosa que le puede pasar a cualquiera. Sobre todo a nuestra edad.

Cada vez oigo más historias de gente que enfermó en viajes a lugares lejanos. No de diarreas o catarros, sino de cosas graves. En estos últimos meses, a Sol tuvieron que operarla de urgencia de los ovarios en Argentina, Sito Pinedo murió en Turquía, la hermana de Brezo tuvo un desprendimiento de retina en Miami y un amigo de Miguel acaba de quedarse tetrapléjico en un fiordo noruego. Estas cosas no pasaban antes, o no me acuerdo.

«¿Por qué voy a tener que condenar yo el franquismo si hubo muchas familias que lo vivieron con naturalidad y normalidad? Era una situación de extraordinaria placidez. Dejemos las disquisiciones sobre el franquismo a los historiadores» (Jaime Mayor Oreja en una entrevista a *La Voz de Galicia*).

Estuvo en mi colegio de los Marianistas de San Sebastián. No sé si en la clase de Antón o una después. Dicen que no es un hombre de muchas luces. Ya lo aclararán los historiadores, como también dirán si el tío Iñaki durmió una plácida temporada en la cárcel de Martutene, si Antón pasó unos días en la comisaría del Antiguo y si a mí me encerraron en Basauri cuatro meses. Dejemos las disquisiciones a los historiadores. Yo solo puedo aportar el dato de lo repeinado y elegante que andaba durante el franquismo por la playa de Ondarreta el tío de Jaime Mayor Oreja, Marcelino Oreja. No sé por qué guardo de él un recuerdo indeleble. Era pequeñito y se movía y hablaba mucho. Hasta en traje de baño parecía que iba de etiqueta y con gomina. No sé si lo confirmarán los historiadores.

No he conocido a ningún antisemita visceral, pero sí a muchos islamófobos. Yo mismo, en cuanto me descuido, que es casi siempre.

Yo sabía que tenía mal oído, pero no tanto. El profesor nos hizo una prueba para elegir a los miembros del coro de la clase. Había que entonar la escala. Dije: «Do» y él dijo: «Fuera».

Cuando yo creía tener vocación de cura, una de las cosas que más me preocupaban era pensar que nunca sería capaz de cantar una misa sin hacer el ridículo.

A partir de aquella prueba para el coro del colegio le tomé miedo a la música. No hay duda de que, sin aquel complejo, yo podría haberme interesado más por ella y haber disfrutado más en la vida.

Me he tenido que contentar con disfrutar cada vez que he leído comentarios de algunos grandes hombres para quienes la música tampoco fue una de las mejores cosas de su vida.

Suelen ser excusas más o menos brillantes. Desde la del engreído Nabokov, quien aseguraba que para él la música no era sino «una arbitraria sucesión de sonidos más o menos irritantes», hasta la del racionalista Freud, que se declaraba incapaz de obtener ningún placer de ella y decía que había algo analítico en él que se rebelaba ante el hecho de ser conmovido sin saber por qué.

El doctor Johnson, inmune también a la música, se lo explicó con más gracia a Boswell. Este le dijo un día que la música le excitaba los nervios «dolorosamente», produciendo en su espíritu «sensaciones alternas de abatimiento patético, hasta las lágrimas, y de valerosa resolución a irrumpir en el más recio fragor de la batalla». «Señor —replicó Johnson—, jamás oiría yo música alguna si me indujera a ese estado de locura».

En fin, decía Tolstói en sus diarios que la música no es gran cosa. El 21 de agosto de 1892 apuntó: «Estuve hablando de música. Una vez más digo que es un placer apenas más elevado que la comida. No quiero ofender a la música, pero quiero claridad. Y no puedo admitir lo que la gente dice de manera tan poco clara y tan poco precisa: que de algún modo la música enaltece el alma».

El martes 13 de junio de 1967, Borges le dio a Bioy Casares esta definición de la música: «La música es una serie de inquietantes sonidos, que inexplicablemente expresan estados emocionales que no se sabe qué mierda expresan».

Ayer cené con dos prohombres de España, uno de la rama de Filosofía y otro de la de Medios de Comunicación. La conferencia del primero había estado bien, pero la conversación durante la cena fue un mejunje indescriptible.

El cerebro del metafísico se deshacía entre sonrisas y algo que me pareció un poco de saliva mientras el otro le ofrecía no sé qué cargo en su periódico. «Zapatero ha puesto a España patas arriba», aseguraba el ontólogo. O: «Por supuesto, por supuesto. Yo también creo en la doctrina del pecado original», concedía a las beaterías del de los Medios de Comunicación.

«Se transmite por el semen, como dijo san Agustín», ilustraba yo mientras daba un bocado al helado de chocolate.

Roth (*Everyman*), Coetzee (*Diario de un mal año*), García Márquez (*Memoria de mis putas tristes*). Los viejos y el deseo de las jovencitas. Cada vez serán más frecuentes estas doloridas fantasías de ancianos en las novelas. Antes los escritores no vivían tanto. Cada vez habrá más escritores viejos verdes.

No consigo romper el bloqueo y anotar unas líneas sobre algo muy bueno que me sucedió hace ya más de dos semanas. Por lo visto, las cosas buenas no se dejan escribir. A ver si ahora.

Le dije a Pablo que de vez en cuando me entraba el deseo de enviar algunas de las páginas de este diario a José Luis García Martín para que diera su opinión sobre ellas. Decidimos enviarle las cincuenta primeras, las correspondientes al año 1999.

Pablo las mandó por correo electrónico y, al día siguiente, recibió la respuesta de García Martín. Le habían gustado y ya había hecho una primera selección para publicar en su revista *Clarín*. García Martín es la persona a la que más me tentaba enseñarle lo que apunto, porque me parece un crítico inflexible y un buen conocedor de este tipo de textos, que él también escribe. Lo mejor fue lo rápido que lo leyó y su decisión unilateral de publicar algo sin que Pablo le hubiera sugerido nada sobre ello. Solo se trataba de obtener una opinión, de saber si a él le entretenía leer estas cosas. Mi alegría no viene de que vayan a salir algunas páginas en su revista, lo que me da apuro, sino de que las aprobara, con lo que yo me otorgo a mí mismo ya desde ahora algo así como una «licenciatura en Diarios».

Después de los percebes, frente a la playa de Isla, cada uno hemos peleado como mejor hemos sabido con el caparazón de nuestro bogavante. Al llevarse los restos el camarero, Luis ha dicho: «En estos casos siempre pienso que, al llegar mi plato a la cocina, alguno va a comentar: "Mira este tonto. Se ha dejado lo mejor sin comer"».

Tú llegas de un viaje a una legendaria ciudad de la Toscana, o de la China, y siempre hay alguien que pregunta algo parecido a esto: «¿Viste aquello que está medio escondido en no sé qué iglesia o museo de no sé qué calle en no sé dónde?». «No». «Pues entonces te has perdido lo mejor».

Sin embargo, recuerdo a Gabino, casero de Ochandiano y compañero de celda, cuando explicó que lo más rico del pollo era el alita derecha. Recuerdo mis carcajadas. Evoqué durante años lo que solo me pareció la excentricidad de un maniático. Hasta que un día, no sé en qué novela, tal vez de Dickens, leí que la parte más sabrosa del pollo es el ala derecha, porque está pegada al hígado.

Por culpa de Pedro y Domingo de Aguirre me mandaron a estudiar a la Universidad Comercial de Deusto lo que yo no tenía ninguna gana de estudiar.

Pedro y Domingo de Aguirre fueron hermanos de nuestra bisabuela Mercedes. Nacieron en Berango, a mediados del siglo xix. A los quince años, emigraron a México a trabajar con un tío suyo. Allí se hicieron muy ricos. Volvieron a Bilbao a comienzos del siglo xx y, al morir, testaron de modo que un tercio de su fortuna se dedicara a obras sociales. Su sobrino Pedro Icaza, que se casó con la tía Mercedes, hermana de amama, fundó con ese dinero la Universidad Comercial de Deusto y el hospital infantil (ahora no es infantil) de San Juan de Dios, en Santurce.

Los Icaza organizaron ayer una fiesta por todo lo alto en un palacio que se alquila en Algorta para bodas, congresos y otras solemnidades. Se trataba de conmemorar el centenario de la muerte de Pedro y Domingo de Aguirre. Nos reunieron a sus descendientes, mejor dicho, a los descendientes de sus hermanas, pues ellos murieron solteros. Estuvimos unos doscientos.

Nos dieron un medallón conmemorativo y un libro con la historia y el árbol genealógico de los Aguirre. Al leerlo, he visto que Pedro y Domingo, de los que apenas sabía nada hasta ayer, parece que fueron dos buenas personas y, desde luego, unos emprendedores y trabajadores de campeonato, en condiciones muy difíciles. En su mejor momento, la Casa Comercial Aguirre llegó a contar con doscientas veinte mil hectáreas de tierra mexicana, equivalentes a la superficie de Vizcaya, y quince mil cabezas de ganado. Del número de trabajadores no pone nada. Sus negocios principales consistían en la producción de azúcar y algodón. También el suministro eléctrico de la región de Tepic y servicios bancarios. No sé si me habrá llegado alguna de las pesetas que ganaron. De sus industriosos genes, ninguno.

Carta de su primo Juan Víctor, ya de regreso en Bilbao, hecho un potentado, más o menos de mi edad actual, a Pedro de Aguirre, escrita en 1867:

«... Por el momento, mi vida en Bilbao, te la contaré en cuatro palabras, es la siguiente: Me levanto a las nueve, tomo una taza de té. A las once almuerzo y enseguida salgo a dar una vuelta al Arenal. A las dos a casa y vuelta a escribir o a jugar con los chiquitos del tío. A las cinco a comer y a las seis a pasear hasta las diez, hora en que me acuesto. Esta función es la de todos los días, salvo alguno de romería y toros».

Aquí seguimos. Sin tanta aventura ni tanto dinero, ni toros, pero parecido.

Topetazo con la reina Sofía en el *hall* del Museo Británico. Yo iba medio dormido y, según María, la reina tuvo que apartarse y ponerse de lado para evitar que me diera de bruces con ella. Caminaba sin ningún gran aparato de escoltas, con su hermana Irene. Como uno más de los miles de españoles que estábamos en la ciudad aprovechando el puente de la Constitución. Iba sonriente, con un traje pantalón de tela gruesa y jaspeada que le caía grande. Es más baja y tiene el pelo más gris de lo que sale en las fotos. Confieso que me hizo mayor ilusión tropezarme con ella que con Asurbanipal.

Dejé a María haciendo diapositivas para sus clases y salí fuera a fumar un pitillo. Me senté en un banco. A mi lado, una china de edad mediana leía un libro en chino moviendo la cabeza de arriba abajo mientras comía un sándwich. De vez en cuando les tiraba unas migas de pan a tres o cuatro palomas que correteaban por allí. Pasó un soberbio bedel negro con un uniforme azul marino muy elegante, sonrió a la china y dijo: «*Thank you for feeding them*». «Gracias por alimentarlas». Siguió su camino, di una calada y pensé: «Esto es viajar. Esto es estar en otro mundo». Terminé mi pitillo, entré de nuevo al museo y deposité en la gran hucha del *hall* mi contribución para que puedan seguir pagando el sueldo a estos bedeles señoriales que lo mismo pasan el plumero a una cariátide del Partenón que se preocupan por las palomas de la entrada.

Acaba de publicarse una nueva traducción de los *Ensayos*. Al leer las reseñas y ver a otros hurgando en el libro casi siento invadida mi intimidad. «Este hombre está que arrasa», ha dicho la librera al darme el último ejemplar de que disponía. Él calculaba que su libro sería leído durante unos cincuenta años. Lo he comprado para regalárselo por Navidad a Tere. Iba a comprarme otro para mí, pero he hojeado el prólogo del traductor y he decidido no hacerlo. Son unas páginas de erudito, de funcionario de Montaigne, sin afecto.

Supongo que los *Ensayos* es el libro más importante de mi vida. Me sentiría inseguro si alguien me dijera que ya no podré volver a abrirlo nunca. Si yo no supiera que existió un hombre como Montaigne, creo que no me habría atrevido a hacer algunas de las cosas que he hecho.

F. ESTABA DESESPERADO. «¡Cada hombre tiene la pareja que se merece! ¡Y mira la mía!».

MICHEL TOURNIER MUESTRA en una entrevista su entusiasmo por los *Tres cuentos*, de Flaubert. Dice que si alguien tuviera que leer solo un libro de toda la literatura francesa, él le recomendaría ese.

Vuelvo a leer *«Un coeur simple»*. Es puro Flaubert. Al final no sabes si reír o llorar. Tournier dice que es «un cuento místico». Yo creo que Flaubert no puede resistirse a sí mismo y lo que empieza siendo la historia de la criada Felicidad, «un alma sencilla», destinada a emocionar nuestras fibras más sensibles, acaba convirtiéndose en una gamberrada que no puede provocar sino la risa. Todos han muerto, hasta el loro Lulú, cuyo cuerpo disecado Felicidad confunde con el Espíritu Santo. Ella también muere, lentamente, «y cuando exhaló el último suspiro, creyó ver en el cielo entreabierto un loro gigantesco planeando sobre su cabeza». Flaubert aseguró en una carta a George Sand que no pretendía ser grotesco, sino conmovedor. Pero estaba en su naturaleza no poder impedir dejar en el aire la duda.

TERE Y PATXUKO se casaron en la ermita del pueblo de Igeldo. Al comenzar la ceremonia, un hombre ya bastante mayor entró en la iglesia y se colocó al fondo, de pie. No era un convidado. Solo quería ver el vestido de la novia. La madre de Margot Pradera conocía al hombre y le había dicho el día anterior: «Mañana, en la ermita de enfrente de tu casa, se casa una amiga de mi hija a la que le he cosido el traje». Moriría al año siguiente, pero, curioso hasta el final, Cristóbal Balenciaga asistió a la boda de Tere.

Estaban ama y Antón en la sala de Toni Etxea. Sonó el timbre de la calle. Antón pensó que la policía venía por él. Se levantó del sofá y abrió la puerta. Eran dos hombres que, en efecto, se presentaron como policías. «Pasen, pasen», les dijo Antón y, mientras entraban a la sala a presentarse a ama, él se escapó por la puerta de atrás de casa. Pero no iban por él. Venían a hacer un registro porque me acababan de detener a mí en Bilbao. Necesitaban un testigo y ama llamó al padre de los Unceta, el marqués de Casajara, que vivía en la misma calle. El hombre llegó y, al ver que tendría que estar un rato, pidió permiso a los agentes y telefoneó a la doncella para que apagara el televisor, que había dejado encendido. Los policías registraron el cuarto de Antón, que tenía solo dos libros sobre su escritorio, el *Libro Rojo*, de Mao, y el *Kamasutra*. Se limitaron a abrir y hojear el *Kamasutra*, y le dijeron a ama: «Vea, vea lo que tiene su hijo aquí». El marqués hizo un gesto de comprensión. «Cosas de jóvenes», comentó. Más que preocupada, ama estaba perpleja, pues Antón estudiaba en aquella época para cura en el seminario. Debía de ser el año 1970.

Estas son dos de las cosas que se recordaron ayer en la cena de Navidad, en San Sebastián. Todos los años resultan estupendas, alegres, discutidoras, brillantes. Nos juntamos catorce en total, desde ama hasta Ander. Para mí es una de las mejores noches del año. La vuelta por la playa en la mañana del día siguiente y la comida posterior también son felices.

2008

PABLO ME REGALÓ *El cuaderno rojo*, una breve y graciosa autobiografía de Benjamin Constant. Compré también su *Diario íntimo*, recién traducido.

Un año después de haber comenzado el diario, Constant lo relee. «Me divierte pasablemente hacerlo», dice. Y añade: «Al comenzar me había prometido no hablar sino para mí, y sin embargo es tal la influencia del hábito de hablar para la galería, que por momentos lo he olvidado».

Yo estoy seguro de que ahora escribo menos páginas en estos archivos porque tengo galería. A los tres amigos habituados a leer lo que selecciono cada año se han sumado en estos días los lectores de *Clarín*.

Constant no permitió leer el diario a nadie y no se preocupó de que se conservara tras su muerte. Solo se publicó en 1952. Era lo habitual entonces, en la «época del secreto», como la llama Lejeune, un siglo que va desde los años 1780 hasta principios de los años 1860, cuando los Goncourt editaron su *Journal*. En aquel siglo se escribían muchos diarios íntimos, pero a nadie se le pasaba por la cabeza la idea de publicarlos o de que algún día fueran publicados. Lejeune dice que el diario de Constant es al diario moderno lo que las *Confesiones* de Rousseau a la autobiografía moderna. Su origen y modelo. Añade que el diario íntimo le sirvió a Constant para «examinarse en secreto», «construirse una memoria» y «afrontar el futuro». Lo de «examinarse en secreto» a mí ya no me vale. Tengo galería.

La aparición de mis páginas en *Clarín* me da un poco la sensación de misión cumplida. Aunque no sé de qué misión se trataba ni creía yo que me hubiera autoasignado ninguna misión cuyo incumplimiento pudiese acarrearme algún mal. Publicar algunas páginas de este diario en una revista es una contradicción espectacular del lema de Epicuro, «Esconde tu vida», que yo decía que me gustaba tanto.

Días buenos en los que apenas he hecho nada. Días de los que, si yo fuera a vivir quinientos años, obtendrían un notable. Pero, como no es el caso, entran prisas de no sé qué.

«¡Y esto se paga con mis impuestos!», repite a menudo X. La gente ni se imagina la cantidad de cosas que se pagan con los impuestos de X. Habría que hacerle una estatua, o darle su nombre a un parque.

Pillado al vuelo en un bar. «Mi primer destino fue Huesca. Allí me abrí camino con una maleta repleta de centollos». Es un buen comienzo. El mío podría haber sido: «Mi primer destino fue Barcelona. Allí me abrí camino por medio de una monja». Como a Roland Barthes, me gusta encontrar y escribir comienzos, fragmentos.

Dennett: «A mí también me admira y sobrecoge el universo. Es maravilloso, estoy tan feliz de estar aquí. Creo que es un gran lugar, pese a sus fallos. Adoro estar vivo».

Dawkins: «No siento ningún vacío. Creo que el mundo es un lugar encantador y amistoso y disfruto estando en él».

Estos científicos tan darwinistas y tan ateos exageran. Parece que necesitaran justificarse, o tienen miedo de algo todavía.

Cuentan que Beckett paseaba por el parque con un amigo y celebraba el espléndido tiempo que hacía. «Sí», dijo el amigo, «es ese tipo de día que te hace sentirte feliz por estar vivo». «Bueno», replicó Beckett, «yo no iría tan lejos».

He borrado de estos archivos bastantes páginas en que criticaba a algunas personas. Siempre he sentido malestar al releerlas. Además, provocan otro efecto pernicioso. Ocurre con ellas lo mismo que cuando publicaba críticas de libros. Una vez escribí una reseña terrible de una novela de Fernando Schwartz y luego me sentí obligado a tenerle ojeriza. Cada vez que contemplaba a Schwartz por televisión (y era a menudo), o leía su nombre en algún periódico, más manía le tomaba. Buscaba indicios que me reafirmaran en mi mal concepto de él. Los encontraba, pero me perdía lo que ese señor pueda tener de bueno.

Los clásicos. Dicen que son pocos, pero son una multitud. Conocemos cientos, miles de nombres de autores clásicos, en todas las materias, de los que no sabemos nada. Luis cuenta que el tío Gabriel, preguntado por uno de ellos en un examen, solo supo responder: «Nació, vivió y murió, y sus obras pasaron a la posteridad». Es una definición bastante ajustada a lo que significa ser un clásico.

Chillida. Siempre he encontrado elegantes sus obras. Oteiza me parece más ortopédico. Pero ignoro por qué Chillida esculpía ni cómo lo hacía. Por qué un trozo de hierro va para un lado y el otro va para el otro, y no al revés. Y eso que sigo su obra desde hace cuarenta años. En 1969, cuando yo vivía en París, y él todavía no era tan conocido, recuerdo haber visitado una exposición suya en la galería Maeght, en la calle de Teheran. Recuerdo haber pensado con orgullo de donostiarra: «¡Uno de San Sebastián! ¡Y aquí!».

Mucho más tarde le hice una entrevista para *El Correo* en su casa de Ategorrieta. Era muy amable. Estuvimos más de una hora hablando. No dijo nada de interés. Tal vez si yo hubiera actuado como un buen entrevistador habría obtenido respuestas como estas: «El límite es el verdadero protagonista del espacio, como el presente, otro límite, es el verdadero protagonista del tiempo». «Cada escultura tiene un lugar ideal. Se puede decir que son las esculturas las que buscan el lugar exacto. Lo que tienes que hacer tú es estar atento a eso que te está *pidiendo* la escultura». «Lo que es de uno no es de nadie...». Son palabras escritas y publicadas por él, mera farfolla, me parece.

Aita y ama lo conocían del golf de Fuenterrabía. Luego vino a vivir a una villa en la falda del monte Igueldo. Supongo que fue por entonces cuando se le ocurrió lo de *El peine del viento*. No voy a decir que en mala hora, pues quedó relativamente bien, pero entre él y el arquitecto Peña Ganchegui me borraron para siempre de la faz de la tierra el paseo del Tenis original, el mío, en el que crecí.

Una vez escribió: «Mi escultura *El peine del viento* es la solución a una ecuación que en lugar de números tiene elementos: el mar, el viento, los acantilados, el horizonte y la luz. Las formas de acero se mezclan con las fuerzas y los aspectos de la naturaleza, dialogan con ellos; son preguntas y afirmaciones. Quizás están ahí para simbolizar a los vascos y a su país, situado entre dos extremos, el punto en el que acaban los Pirineos y empieza el océano». Hay gente a la que parrafadas como esta le parecen bien. Tal vez no muy claras, pero bien, incluso de sabio.

Le digo que ya me he dado cuenta de que el artículo que firmaba X en el periódico, en realidad lo escribió él. Añado que me gustó mucho. «Se lo diré a X. Se va a poner muy contento», me responde.

Al gato no solo le hablamos. «¡Qué pensativo estás hoy!», acaba de decirle Mari.

Antón dice que las «energías renovables» son un bluf. Pero hay millones de euros invertidos en ellas. Antón, que tiene un blog escéptico sobre el cambio climático bastante influyente y que visitan más de mil personas al día, pronuncia una conferencia en el IESE y cena en el hotel Wellington de Madrid con dos altos ejecutivos de una gran empresa eléctrica española, muy elegantes. Le advierten, como si nada, de que tenga cuidado con sus teorías. Alguien podría hacerle algo, «partirle las piernas», dicen, por ejemplo. La famosa «mano invisible» a veces te puede hacer estas cosas.

Me da un efusivo beso y habla durante un cuarto de hora sobre su última novela. Estoy a punto de marearme. ¿No ve en mi expresión que no me interesa nada de lo que dice? No. No sé poner mala cara, lo que hago es poner mal la cara.

«Profesiones delirantes»: «Llamo así —escribió Valéry— a todos estos oficios cuya materia prima es la opinión que los otros tienen de uno. Las personas que los ejercen, abocadas a una eterna candidatura, están siempre necesariamente afligidas de cierto delirio de grandezas que un cierto delirio de persecución atraviesa y retuerce sin cesar».

Borges es el escritor al que menos imagino en el acto de escribir. Él mismo aconsejaba no tomar el asunto demasiado en serio y practicarlo solo en los ratos libres de la vida *(«spare time»)*. A veces parece como si hubiera encontrado sus textos en el cajón de alguna mesa.

Un caso contrario es Proust, quien, durante los últimos años, daba por perdido todo el tiempo en que no escribía. Nos dejó la imagen de un trabajador obsesionado con su obra hasta el punto de poner en peligro la salud. Borges, poseído también por la literatura, consiguió que pensemos que creó sus libros casi como quien juega. Se reía de su amiga Susana Bombal cuando, al empezar a escribir, ordenaba al servicio informar a las visitas de que la señora no recibía porque tenía trabajo. Le habría regocijado saber que el conde de Montesquiou, el aparatoso inspirador de Charlus, el personaje de Proust, advertía a sus criados al recluirse en su cuarto: «Si me oís gemir, dejadme en paz. Ya sabéis que estoy escribiendo». Silvina Ocampo habló varias veces de las risas que se escuchaban tras las puertas de la habitación donde Borges y Bioy se encerraban para escribir.

Hace días que no apunto nada. Esta es una frase tan repetida aquí que me recuerda a aquella con la que el protagonista de *El resplandor* iba llenando su novela.

El otro día explicaban en el periódico que a un jugador de fútbol lo van a someter a un régimen alimenticio y de entrenamiento mediante el que conseguirá aumentar la friolera de dos kilos de peso en un período de seis meses. Si tratara de engordar este dietario rápidamente no desarrollaría sino grasa.

También es posible que lleve días sin anotar nada porque casi todas las entradas son originalmente contra algo. En su arranque suele hallarse un sentimiento de defensa, o un contraataque agresivo, que luego queda más o menos disimulado por la corrección, realizada siempre de mejor humor. Y llevo unas semanas muy tranquilo y feliz.

Pero vete tú a saber. Luis XVI escribió en su diario el día de la toma de la Bastilla: «Hoy, nada».

Por apuntar algo. Tres citas de entre lo leído esta tarde:

«En la colina de Bomma, en la desembocadura del río Congo», nos dice Frazier en una frase que parece resolver todos los problemas, «vive Namvulu, rey de la lluvia y la tormenta» (Logan Pearsall Smith).

«No hay normas. Todos los hombres son excepciones a una regla que no existe» (Pessoa).

«A los escritores les gustan los gatos por ser criaturas tranquilas, adorables y sabias, y a los gatos les gustan los escritores por las mismas razones» (Robertson Davies).

A VECES ABRO un cuaderno viejo y encuentro apuntes en los que todavía reconozco vagamente «mi letra». Voy a copiar aquí algunos como quien recuerda anécdotas de otros tiempos. No están fechados, pero calculo que tienen más de veinte años.

> DA IGUAL QUE el restaurante sea bueno o malo. X disfruta con el mismo entusiasmo quejándose de las cosas malas como festejando las buenas.
>
> ·
>
> MANERAS DE SER. J. ha traído a la cena las fotos de su viaje a India y R. las del suyo a Portugal. Todas son de mala calidad. Las de J. son unas cincuenta imágenes vulgares de paisajes, templos, niños, viejos, mercados, monos. No se le ve a él en ninguna. En las de R. no se ve Portugal. Son siete fotos de él y de su novia, seis de ellas tomadas en la habitación del hotel.

·

Me asombran esos que miran descaradamente a la mujer que viene conmigo. Cuando veo a una mujer que me gusta, mi primer movimiento es dirigir la mirada hacia el hombre que la acompaña, como para disimular. A veces repito tanto ese gesto que deben de creer que me interesan ellos.

·

M. quería que la besara y la cogiera de la mano en el bar donde nos encontrábamos. No soy partidario de grandes efusiones en lugares públicos. Al llegar a casa, cuando empecé a besarla y acariciarla, exclamó indignada: «Conque aquí sí, ¿no? ¡Lo tuyo es puro teatro!».

·

C. no sirve para el adulterio. Venía en mi coche con una chica a la que acababa de conocer y con la que quería acostarse. Se fijaba asustado en todos los coches con que nos cruzábamos, como si temiera ser descubierto.

—¡Cuidado! ¡La policía! —dijo de pronto.

·

«¡Qué cara de bueno tienes!». Esa frase, escuchada de labios de la madre de un amigo mío cuando tenía quince años, ha marcado como una maldición casi toda mi vida. Ayer me libré de ella. Un compañero de universidad a quien no veía desde hace tiempo, me dijo: «Estás igual. Con más cara de cabrón, pero igual».

·

Una historia con final feliz. X me cuenta que se sintió generoso y dejó en el sombrero de un mendigo un billete de 100 francos. El mendigo no reaccionó. X siguió andando y al cabo de unos metros se giró para sorprender la alegría del hombre. Pero este permanecía impávido. X se ocultó entonces detrás de un árbol y continuó un rato al acecho del mendigo. Nada.

·

A quien lleva un diario se le despierta a veces la vocación de inspector de la Guía Michelin. «Ahora se van a enterar». Es absurdo que la «sugerencia del chef» en este parador de Jarandilla de la Vera sean los salmonetes. Pido paletilla de cordero y, como era de suponer, mala. Tal vez les conceda una estrella por su «postre especial para diabéticos»: crema de yogur con helado de leche merengada. Está rico y es un detalle que debería extenderse más en la hostelería.

Hemos estado unos días en Extremadura. Dicen que es pobre, pero es preciosa. Sus campos de dehesas son uno de los paisajes que prefiero, lo más parecido que conozco a mi imagen del paraíso terrenal. María y yo nos dijimos que, si viviéramos en un lugar con tantos animales alrededor, probablemente dejaríamos de comer carne. (Que se sepa, Adán y Eva solo comían fruta).

Recepción calurosa del gato. La tarde anterior habíamos visto un gatito jugando en el puente romano de Hervás. Se repitió la pregunta de María: «¿Y qué tal si lo lleváramos a casa? ¿Qué le parecería a Borges?». «¿Y qué te parecería a ti si nos lleváramos a vivir a Bilbao a esa señora que está ahí, y que se sentara en tu sofá, te quitara el ordenador, pusiera los programas de la tele a su gusto, se subiera a nuestra cama cada noche y se comiera tu comida?».

Apaga el móvil y dice: «Hoy he hecho un millón de cosas. Estoy trabajando sin parar desde las ocho de la mañana. No te lo digo por hacerme el interesante».

Qué poco me conoce.

40 ANIVERSARIO DE Mayo del 68.

Yo estudiaba quinto de la Comercial y de Derecho, aquí en Bilbao, y vivía con unos amigos en una pensión de la calle Elcano. Se acercaban los exámenes, pero pasábamos la noche sin estudiar, centraminados y escuchando en directo por una emisora de radio francesa las algaradas de París. Me entusiasmé con la revuelta. Decidí no presentarme a los exámenes y marcharme a París al año siguiente. En alguna noche de euforia unos pocos amigos fundamos algo así como el «Movimiento 22 de mayo», en honor al «Movimiento 22 de marzo», de Cohn-Bendit. Éramos tres o cuatro. No nos examinaríamos nunca más. Lo cumplimos en julio. En septiembre todos menos yo se presentaron a los exámenes. Y me fui a París. Estoy harto de los análisis sociológicos sobre aquellas fechas. Sobre si fueron importantes o no lo fueron históricamente. Yo creo que, cuarenta años después, se puede decir que sí lo fueron, al menos porque no dejan de citarse todo el tiempo, para bien o para mal. Pero a mí me importa lo que me pasó a mí. Cualquier día es decisivo en el curso de una vida, pero algunos parecen serlo más que otros, como lo fue en mi caso aquel 22 de mayo de 1968.

A VECES SE echa en falta un poco más de agresividad en las críticas literarias que se publican en los periódicos y un poco menos en las conversaciones sobre los mismos libros.

«¡Es que es un imbécil, un cretino, un pueblerino con ínfulas! Qué me va a hablar a mí ese de *jazz* ¡si yo fui un *jazzman*, si yo tocaba el saxofón a los dieciséis años! Pero cómo se puede decir esto —y me cita unas palabras textuales—. ¡Es un cursi, un idiota integral!».

Su voz suena en el teléfono como si estuviera a punto de sufrir un síncope. No está hablando de alguien que conozcamos. Se refiere al autor de una novela que no le ha gustado.

Tal vez sea verdad que no soy muy dado al elogio. No he adquirido esa habilidad. Si me tuviera que defender, diría que no la he necesitado mucho.

Estoy en el bar de la playa tomando una Coca-Cola y leyendo el periódico. Bostezo. Buena señal. Siempre he pensado que bostezar es un síntoma de serenidad espiritual. Los bostezos son una de las cosas más misteriosas que existen. No se sabe por qué se producen ni para qué sirven. He leído hipotéticas explicaciones de todo tipo. La mía la he deducido basándome en mí y en mi gato. Ha tenido que pasar una semana para que ya me encuentre a gusto en San Sebastián. Tal vez hayan contribuido el pantalón beis, que por fin me he puesto hoy, y el niqui rojo. El otro día, cuando aún seguía con el pantalón azul oscuro y una camisa blanca, uno de los camareros me dijo: «Oiga, jefe, si nos falta un camarero, usted podría dar el pego perfectamente». Ellos van con pantalón negro y camisa blanca. El caso es que el trozo de la playa que miro desde el bar ya no me recuerda a «un Sorolla de esos sobre Zarauz que hay en el museo de Madrid», como dije cursilonamente el primer día, sino que la siento como la playa de toda la vida. Bostezo.

No estoy acostumbrado a los conflictos personales. Una discusión puede entristecerme varios días, cosa que no creo que sucede a los más habituados a ellas. La paz con que llevo mis escasas relaciones sociales es buena y es mala. Es buena porque me permite vivir mucho tiempo en calma. Es mala porque soy débil cuando surge el conflicto.

Ayer, durante la comida en su casa, F. y H. comenzaron a discutir entre ellos sin importarles nuestra presencia. Primero con ciertas bromas irónicas, y luego de modo más áspero. Terminaron a gritos. Al final, F. se levantó de la mesa furioso, apuntó con el dedo a H. y chilló: «¡Pues entonces me separo! ¡Me separo!». Y aún tuvo tiempo de aullar, dejándome pasmado: «¡Y ahora me voy a echar la siesta!».

Las páginas que más me gusta leer son las que vuelven insignificantes las mías. Nunca habría podido pretender ser un escritor. Tantos buenos libros me hubieran disuadido de ello.

Esto que escribo aquí, sin embargo, puede que no carezca de un cierto valor documental, testamentario. Dentro de no sé cuántos años siempre podrá interesar a algún curioso, por lo menos a alguien de mi familia. Es un espejismo, pero de lo que se trata al tomar estas notas es de imaginar que su autor va a sobrevivirse un poco. Y encima con buen aspecto, pues soy consciente de que cualquiera de estos apuntes tiene algo de aquellos tramposos cien mil escudos que, según cuenta Chamfort, legó un santo para que se invirtieran en su canonización.

Pero Richelieu: «*Qu'on me donne six lignes écrites de la main du plus honnête homme, j'y trouverai de quoi le faire pendre*». («Dadme seis líneas escritas por la mano del hombre más honrado, encontraré un motivo para colgarlo»).

Al llegar a San Sebastián por la tarde y comprobar que estaban comenzando a tirar Villa Izarra, llamé a Luis, que venía desde Bilbao al día siguiente. «Trae la máquina de fotos. Han empezado a tirar Villa Izarra», le dije. Pero, al levantarme por la mañana, ya la habían derribado. El escenario de tantas horas de mi niñez, desaparecido, convertido en cascotes, como arrasado por un misil, de un día para otro. Adiós a Villa Izarra, adiós a Villa Astur. Cuando éramos pequeños, Villa Izarra se llamaba Villa Astur. Al hacer una reforma, el tío Iñaki y la tía Lola le cambiaron el nombre en recuerdo de la Villa Izarra de Bayona, que había sido una mítica sede del PNV en el exilio. Adiós a Villa Izarra, al zulo de Juan Ajuriaguerra durante el franquismo y al lugar de mi primera comunión. A los partidos de fútbol con Álex bajo los plátanos y al juego de las cuatro esquinas en que también participaban las chicas. A tantas Nochebuenas y Nocheviejas memorables. A los macarrones con tomate y chorizo de todos los jueves y a las paellas y el pollo de los domingos, a la mesa camilla que presidía amama y al jardín del perro Txuri Beltza. A los besos pringosos de anís del tío Gabriel. (El anís del tío Gabriel. Una vez tuvo que llamar a Villa Izarra desde una cabina telefónica de Nueva York para preguntar el nombre del hotel en que se alojaba).

MARÍA HA PASADO diez días en el hotel Palacio de Ferrera de Avilés porque la han operado de tensión ocular. Una tarde nos encontramos con Paulo Coelho en un pasillo. Presentaba uno de sus libros en el centro Niemeyer. Lo saludamos y bajamos charlando con él hasta la recepción como si fuera un conocido de toda la vida. Estaba muy moreno y llevaba un traje negro ligero, camiseta negra y unas enormes zapatillas de deporte blancas. Es simpático y creo que un gran pícaro, un pícaro monumental, al que le han salido muy bien las cosas. A la puerta esperaba una caravana de tres cochazos oscuros para llevarlo a cenar. Se subió a uno de ellos rodeado de varias chicas jóvenes que hablaban en brasileño. Tiene un año menos que yo, pero creo que parece más viejo, aunque más ágil. Siempre he querido comprarme unas zapatillas de deporte. ¿Cómo se sentirá un tipo así? ¿Un escritor con millones de lectores por todo el planeta, viajando constantemente adonde quiere y siendo recibido y acompañado por un séquito de admiradores? Me gustaría creer que como un impostor, por lo menos en sus horas más lúcidas.

Lo contrario que José Luis García Martín, tomando su café en soledad en el bar Cueto's, junto al parque del quiosco, como todos los sábados, sintiéndose tal vez un poco Pessoa. Aunque ahora recuerdo haber leído hace tiempo una frase sobre Pessoa que se me quedó grabada: «*Chain smoking and probably virgin*». Y JLGM no fuma. Ni lo otro. Le encanta viajar. A Pessoa viajar le producía «náuseas».

Llego puntual, a las seis. Mi objetivo es obtener algún comentario sobre el conjunto de estas páginas. Por la mañana nos habíamos encontrado en el Parche. «Ya he leído lo tuyo —había dicho—. ¿Qué es eso de que tengo "pinta de profe"?». Ahora, en el Cueto's, lo primero que dice en tono malicioso es: «¿Cuántas veces escribes que eras guapo? ¿Cuatro? ¿Cinco?». «Bueno, es que hace muchos años lo era», respondo riéndome. «Pues habría que aportar ilustraciones», dice, como sorprendido y hasta enfadado de que ya no se note nada. En cualquier caso, lo gracioso es que es la segunda riña del día. Y apenas nos conocemos. «¿Pero qué es esto, *Guerra y paz*?, me preguntó hace un mes, al sopesar alarmado el manuscrito que le entregué.

Me doy cuenta de que no ha leído entero el diario, del que apenas hablamos durante la conversación. No es muy fácil hablar con JLGM, porque tiende a hacerlo solo él y salta velozmente de un tema a otro. Dice: «Deberías publicarlo. En dos volúmenes. Primero uno, y a ver qué pasa». Pero advierto que no lo ha leído completo y eso me decepciona un poco. De todas formas, estoy muy contento por haber logrado lo que buscaba al contactar con él. Más o menos, un sello de «visto bueno» de alguien de quien me fío y que no me conoce. La verdad es que lo de publicar sigue sin entrar en mis deseos y continúo pensando que sería ascender hasta mi nivel de incompetencia. Hablamos una hora y media y me entretengo mucho. No me atrevo a hacer preguntas sobre lo mío. A salto de mata, pillo dos o tres observaciones que me interesan. «En un libro como este no tienes que quitar nada. Ni censurar». No le haré caso.

A las siete y cuarto pienso que a lo mejor quiere quedarse solo y hago un amago de levantarme. Mira el reloj y dice que su autobús a Oviedo no sale hasta las ocho menos cuarto. Parece una orden de que me quede hasta esa hora. Luego insinúa que lo acompañe hasta la estación, cosa que hago encantado. Sus últimas palabras son: «Bueno. Y ahora te dejo dos deberes. Tienes que buscar un título y escribir un prólogo». Se ríe, supongo que se ha acordado de que el primer saludo de la mañana había sido: «¿Qué es eso de que tengo pinta de profe?».

Del coma profundo en que se encuentra Peru en una clínica de Madrid no hablo, aunque lo tenga todo el tiempo en la cabeza. Esto empieza a ser de verdad escalofriante. Nadie debería lamentarse por llevar una vida gris y sin grandes emociones. Que espere un poco. A partir de cierta edad todos llegamos al Far West. «Silban las balas», como dijo el otro día P.

Llamo a Miguel desde Tourtour. «¿Ya tomas apuntes?», pregunta. No, le digo, no tomo ninguna nota. Llevo un año sin apenas tomar notas de nada. «Esto apúntalo para el diario», me había dicho también María en el hotelito Domain de Bel Air, donde dormimos la primera noche.

¿Qué fue lo del Domain de Bel Air que María quería que apuntara?

Existe, al sur de Toulouse, una especie de triángulo de las Bermudas que nos traga cada vez que salimos de la autopista para acortar el trayecto hacia la Provenza. Yo creo que su centro perverso es un pueblo llamado Auterive. Una vez llegados allí, no hay forma de encontrar el camino de salida. Pero esta vez, como hemos comprado hace poco un artilugio GPS, confiábamos en no extraviarnos y llegar con facilidad al lugar que yo había reservado por Internet, un atractivo hotelito rural sin pretensiones. No obstante, cuando la voz de la señorita del GPS dijo: «Ha llegado usted a su destino», nos encontrábamos en una carretera en mitad del campo sin ningún hotel ni nada semejante a la vista. Después de dar unas vueltas con el coche, conseguimos hallar una floristería donde supieron indicarnos el camino. Tuvimos que salir de la calzada y adentrarnos por un sendero de tierra. Al cabo de unos cien metros llegamos al lugar, una gran casona de ladrillo con una explanada de hierba delante y otra detrás, y el comienzo de un bosque a cincuenta o sesenta metros. En la puerta, que se encontraba entornada, había clavado un trozo de papel con un mensaje escrito a bolígrafo: «Cuando lleguen, avisen a este teléfono. Estoy a diez minutos. Fanny». Llamamos y Fanny apareció a los diez minutos montada en una bicicleta roja. Era una chica preciosa, de unos veinte años, muy tostada por el sol y vestida con una camiseta sin mangas y unos pantaloncitos cortos. Estuvo tímida y simpática, nos enseñó nuestra habitación, que se llamaba Double Orient, y se despidió hasta la hora del desayuno, advirtiéndonos de que la puerta exterior de la casa debería permanecer abierta toda la noche. Y allí nos quedamos, con una mansión de unas diez habitaciones solo para nosotros, en medio de la nada. Supusimos que ningún otro cliente iba a aparecer esa noche, si es que alguna vez había aparecido alguno. Nuestra habitación, la llamada Double Orient, estaba decorada efectivamente a la oriental, con unos cuadros de odaliscas espantosos y una luz muy débil de tonos rojizos. No había televisor. Al baño se accedía por un arco abierto en la pared. Fuimos a dar una vuelta en el coche y cenar algo. De regreso al hotel, al aparcar en medio de aquel bonito y solitario paisaje, quise exclamar algo así como «¡Qué maravilla!», o «¡Qué estupendo!», pero tuve un lapsus y me salió: «¡Qué acojono!». Bajamos del coche y dimos un paseo por nuestras propiedades campestres. Y allí aparecieron a recibirnos dos gatos negros, uno ya crecido y el otro todavía un pequeñín. Jugamos con ellos y nos fuimos a dormir, sin olvidarnos de dejar la puerta entornada. A la mañana siguiente, volvió a llegar en su bici la guapa Fanny, nos sirvió el desayuno en una cocina muy coqueta (aunque María no dejó de observar que había un cubo de basura abierto), hablamos un poco con ella, le pagamos al contado, pues nuestra anfitriona no parecía disponer de esa máquina necesaria para operar con tarjetas de crédito, y nos fuimos tan contentos. Al arrancar el coche, comenté: «Qué buena entrada en Francia. Ha sido como entrar a través de una película de Rohmer». María exclamó: «¡Estaba pensando lo mismo, puro Rohmer!». Todavía estábamos en el sendero de tierra, sin haber llegado a la carretera, cuando tuve la revelación: «Pero creo que hemos dormido en una casa de citas», dije. «Es posible», dijo María.

Parece que Montaigne sigue siendo muy moderno, eso dicen todos. Pero hoy he abierto al azar en la playa el tercero de sus libros y me ha surgido el capítulo «De la vanidad» (quizás no tan al azar, pues el libro está ya muy sobado y me conoce tan bien a mí como yo a él) y en menos de diez páginas he encontrado estas dos frases: «Mi principal oficio en esta vida ha sido pasarla dulcemente y más bien apática que afanosamente»; «Nada me es tan odioso como la preocupación y el esfuerzo, y solo busco vivir con indolencia y dejadez». ¿De verdad que una vida «más bien apática», que huye de «preocupaciones» y es vivida con «indolencia» y «dejadez» es lo moderno? Trata de hacer ese tipo de recomendaciones en un artículo de periódico y verás.

He recordado aquella noche en Ribadesella y la carcajada en la cama al leer un libro de Pierre Villey, gran especialista en Montaigne, que me había regalado Mariluz. Decía Villey que un poco de mayor dureza y rigor en la liberalísima educación que Montaigne recibió de su padre no le habría venido nada mal al hijo. Hoy se diría que no le inculcó suficientemente «la cultura del esfuerzo», o del «sufrimiento». ¿Se daba cuenta el eminente Villey de que a lo mejor nos hubiéramos quedado sin Montaigne y él sin trabajo? Aunque es cierto, claro, que Montaigne fue un mimado y que nunca se propuso a sí mismo como modelo de nada.

AMA ESTUDIÓ EN el Hunter College de la Universidad de Columbia, en Nueva York. A veces suele acordarse de una representación de *Mariana Pineda* en la que interpretó un papelito de monja. Debía de ser el año 41 o 42. Ella tendría unos veintitrés. Dirigió la obra Fernando de los Ríos.

Lo que recuerda ama, que no sabría entonces quién era Lorca, y nadie lo sabía aún de verdad, es que «la que hizo de Mariana Pineda era una judía que pronunciaba fatal el español. Tenía un mérito tremendo. Al final de los ensayos venía a buscarla una especie de novio con un camión enorme».

Sin embargo, no es difícil imaginar que toda la familia de García Lorca, exiliada entonces en Nueva York, asistiera a la representación. Probablemente estaba Isabel, la hermana pequeña, profesora de español en el mismo Hunter College. Y probablemente felicitó a las actrices y le dio un beso a ama.

ANTÓN, SOBRINO, HA ido a Viena y otros lugares de Europa en un viaje con unos amigos. «Tengo que aprovechar ahora», ha dicho muy serio. «Cuando empiece a trabajar, solo tendré tres semanas de vacaciones al año». Me recuerdo a mí mismo a su edad. También estudiaba en la Comercial, pero lo que yo deseaba entonces era acabar de una vez la carrera para dejar de «trabajar» y cogerme unas vacaciones perpetuas.

Desde pequeño he carecido de eso que llaman «ética del trabajo». Yo «trabajé» muy poco en el colegio. Ni se me castigó ni se me premió por ello. Ni se me exigió nada en casa, ni se alabaron jamás mis buenas notas. (Sucedía lo mismo en las actividades deportivas. Cuando gané un importante campeonato infantil de tenis, ni aita ni ama vinieron a la final. En realidad, no sé si llegaron a verme jugar al tenis nunca. Entonces no me parecía nada raro. Pero ahora, ante la locura que les ha entrado a los padres con los deportes de sus hijos, suena extraño. Comentándolo un día con Luis, me dijo que él también ganó una vez un campeonato y que, al llegar a casa, como se le había perdido la raqueta, lo único que se llevó fue una buena bronca).

Al empezar la universidad, comprobé que mis calificaciones ya no eran tan altas como en el bachillerato. Me pareció normal. La media había ascendido mucho. Todos los de la Comercial habían sido los mejores en sus colegios. Y algunos, encima, «trabajaban». Recuerdo a José Ignacio Uranga, mi compañero de pupitre. Creo que en los exámenes del primer mes (teníamos exámenes todos los meses) sacó el primer puesto. Me explicó que había estudiado los apuntes desde la tarde inicial del curso. Recuerdo que pensé algo parecido a «Hombre, claro, pero así no vale». La última vez que vi a Uranga era decano del Colegio de Notarios de Bilbao. «Hola, periodista», me dijo con retranca (quiero pensar que cariñosa) al coincidir en un semáforo.

PASA POR DELANTE de casa el Tren Txu-Txu, cargado de turistas. Infante Don Juan es una de esas calles ante las que uno suele decirse: «¿Quién vivirá aquí? Vaya suerte. Menudo sitio». Cuando venimos a San Sebastián en invierno hasta yo mismo me hago esa reflexión. Toni Etxea no es una villa grande ni espectacular, pero parece muy acogedora. Y el barrio es precioso. Hoy se ha abierto la puerta del jardincito que da a la calle y he salido yo en traje de baño, descalzo y con una toalla al hombro. Como si nada, como si fuera lo más normal del mundo vivir aquí y emplear la bahía de la Concha a modo de piscina o de bañera. Los del Tren Txu-Txu me han mirado con curiosidad. Estoy seguro de que a ninguno se le ha ocurrido que yo podía tener un mal día.

Me doy un baño en la playa, vuelvo rápido, me ducho, abro una Coca-Cola y me siento al ordenador.

Llaman a la puerta del jardín de atrás. Veo la cara de María Luisa a través de la cortina. Me suena, pero al principio no me acuerdo de su nombre. Solo sé que es un fantasma del pasado. Es lo que tiene esta casa. Fantasmas por todos lados. Igual que la sopera plateada donde Angelines nos sirvió ayer las lentejas, la misma en que hace cincuenta años llegaban las alubias rojas casi cada día. Y ahora, María Luisa.

María Luisa y su hermana Ana eran asturianas y vivían y trabajaban en Toni Etxea cuando éramos pequeños. María Luisa me sigue pareciendo muy guapa y de una gran dulzura. Me saluda muy cariñosa. Luego me comenta que está deprimida desde la muerte de su marido, que ocurrió hace dos años y medio. Se llamaba Faustino y era chófer en alguna de las casas del barrio. No me acuerdo de él. «Murió con mucha paz, mucha tranquilidad y mucho humor», dice Maria Luisa. Nunca había oído nada semejante. Me cuenta una de las bromas que hizo Faustino en el lecho de muerte. Ni Sócrates. Hablamos un rato. Al ir a marcharse, María Luisa señala la hierba del jardín. «¿Te acuerdas de cuando jugabais ahí». «No. No me acuerdo de nada». «Erais muy buenos. Tere un poco la más brujilla. Cuando yo estaba aquí nació Luis. Siempre fue mi predilecto. Tú eras el favorito de Ana. Entonces debías de tener seis años». Dios santo. No me acuerdo de Ana. Solo de una foto de ella conmigo en brazos que guarda ama. Empecé en los brazos de una asturiana y sigo agarrado a los de otra asturiana. «Te quería tanto que a su hijo le puso Iñaki». Y yo no me acuerdo de nada.

Según ama, Ana nos cuidaba de manera extraordinaria. Una madrileña ricachona, la mujer de algún diplomático, la vio en los jardines de Ondarreta y le gustó tanto su actitud con nosotros que la contrató para llevársela a Dinamarca ofreciéndole un sueldo con el que ama no podía competir. La señora vino a casa con sus tres hijitas para disculparse del «robo». Al cabo de un rato de charla explicó: «Ya sé que a usted le hago una faena, pero no sé si se ha fijado en que aquella —señaló a una de las tres niñas— es ciega». Ama no se había fijado. Ana se fue a Dinamarca y se casó con un danés. El matrimonio volvió más tarde a Madrid, a trabajar en una mansión de Puerta de Hierro. Iván, el marido, murió un día de Nochebuena mientras preparaba la mesa para la cena de los señores. «Y no sabes cómo preparan las mesas los daneses. Una maravilla. Una Nochebuena. Fíjate. Qué día más malo. Los dejó colgados», me dice María Luisa.

María Luisa plantó tomates en el jardín de atrás y trajo un gallo que alborotaba al vecindario a las cinco de la mañana. Lo tuvo que sustituir por una gallina, que ponía un huevo cada día y María Luisa se lo daba de comer a Luis.

Comemos solos ama y yo. Angelines ha puesto coliflor con patatas hervidas y carne frita con pimientos rojos. Ama vuelve a repetir que la mesa del comedor era de la bisabuela de aita. Seis generaciones de la familia nos hemos sentado a ella. «Es de caoba de Cuba», dice ama, «y no ha tenido nunca polilla ni nada». Un venerable altar. Contemplo la mesa y los dos aparadores que la acompañan con algo de aprensión. Tienen pinta de durar otras seis generaciones.

Ama dice que cuando Franco venía cada año a San Sebastián, en septiembre, quitaban los patos de la plaza de Guipúzcoa y los subían a un estanque del Palacio de Ayete. No creo que esto salga en ningún libro.

Luego hablamos de Matilde Enea, la casa de enfrente de Toni Etxea. «Esa casa, como toda la calle, tiene mucha historia», dice ama.

Cuando éramos pequeños, Matilde Enea era de Álvaro y Carlos Bea, que vivían en California y la tenían alquilada a la señora de Delfino, única hija reconocida del prolífico dictador venezolano Juan Vicente Gómez, inspirador del «patriarca» de la novela *El otoño del patriarca*, de García Márquez. Nosotros éramos amigos de los nietos del sátrapa, Juan Vicente y Gonzalo, que vivían al lado de nuestra casa. La señora de Delfino era viuda y vivía sola en Matilde Enea, un caserón enorme y muy abandonado, sin calefacción central, que es como cinco veces Toni Etxea de grande. Vestía siempre de negro y ocupaba sus horas rezando el rosario en el balcón y yendo y viniendo a la parroquia. Una vez, el párroco, don Marcelino, trajo a predicar a un misionero que empezó a decir barbaridades sobre la dictadura de Juan Vicente Gómez en Venezuela. Una hora después de la misa, don Marcelino llegó a Matilde Enea para presentar sus excusas a la que sin duda era una gran contribuyente de la parroquia. La señora de Delfino estaba siempre acompañada por don Antonio, un cura muy atildado, que tenía coche, cosa sorprendente en aquellos tiempos. Cuando los Bea le rescindieron el contrato de alquiler, la señora de Delfino, Josefina Gómez de soltera, se fue a vivir a Biarritz y se llevó al cura con ella.

Al marcharse la señora de Delfino, Matilde Enea volvió a ser ocupada durante el verano por sus dueños, Álvaro y Carlos Bea. De madre española y padre cubano, los dos nacieron en ella, y cuando eran pequeños emigraron a Cuba y luego a California. Álvaro murió y algunos de su familia y de la de Carlos siguen viniendo todavía. Carlos Bea también viene a pasar unos días en el verano. Es el más importante de todos ellos. Fue jugador de la selección cubana de baloncesto en los Juegos Olímpicos de Helsinki de 1952 y hoy es juez federal de los Estados Unidos en el Tribunal del Noveno Circuito de Apelación. Dentro de la carrera judicial, creo que solo existe un puesto por encima del suyo, el de miembro del Tribunal Supremo.

Matilde Enea es monumental y está muy dejada. Durante el invierno, Angelines se encarga de mantenerla. Recoge las cartas y las envía a California. También emplea un fax. Estaría bien que Angelines acabara manteniendo correspondencia con el Tribunal Supremo de los Estados Unidos, concretamente con el juez Carlos T. Bea, es decir, Carlos Tiburcio Bea, que es como se llama nuestro ilustre vecino.

Hoy han dejado en el buzón dos folletos de propaganda. Uno de un cocinero japonés a domicilio. «¿Quieres comer en casa tranquilamente y no hacer nada?». Firma Hirotomo Sunada. Proporciona su teléfono y su *email.* El otro prospecto llega desde el Gobierno vasco. Es publicidad de la famosa «consulta» de Ibarretxe. No trae teléfono ni *email.* También pregunta algo. Lo rompemos y guardamos el de Hirotomo Sunada, que parece menos tramposo y redactado en un lenguaje más claro.

El papa ha estado en Australia y ha pedido perdón por ciertas actitudes sexuales de los curas con los niños. Nunca diría que cuando el padre Manuel me llamaba a su despacho y colocaba su mano sobre la mía mientras me ayudaba con alguna asignatura, se estaba comportando como un corruptor de menores. El verdadero intento de corrupción fue su sugerencia de que yo tenía vocación de cura.

«Tu gozo en un pozo». La vida tiene una propensión irrefrenable a cumplir el apotegma. Imagino a Javier Marías leyendo la entrevista a George Steiner en *El País Semanal* de ayer. En la primera página Steiner dice que Marías «es uno de los grandes escritores europeos de hoy». Dos páginas más adelante sentencia: «Los grandes maestros europeos escriben de manera breve».

Claro que Steiner es uno de esos grandes sabios a los que casi nunca se puede hacer caso. En la misma entrevista le preguntan su opinión sobre ETA. «No sé —responde—. Ese idioma tan misterioso es muy raro, muy poderoso. Quizás por eso a alguna de esa gente le resulta tan imposible aceptar el mundo exterior». La tontería del verano.

Soy poco observador y torpe en describir físicamente a otra persona. Hay algunos que lo hacen muy bien. Y están los escritores. Muchos se creen obligados a pormenorizar con gran detalle la fisonomía de sus personajes. Después el lector imagina a esas criaturas tan minuciosamente elaboradas como se le ocurre.

Nabokov, haciéndose el interesante una vez más, exigía en sus exámenes de literatura respuestas a cuestiones como esta: «Describa los ojos, el pelo, las manos y la piel de Madame Bovary». Luego resulta que Flaubert ofrece en su novela tres versiones diferentes de los ojos de Madame Bovary.

Pero, para descripciones de personajes imaginarios, recuerdo la que nos dijo Gabino que dio a la policía cuando le preguntaron por el aspecto físico de su contacto en ETA: «Un hombre alto, bajo y con bigote». Estábamos Álvaro, Gabino y yo aislados en una celda, era nuestro primer día en la cárcel y supe que también allí uno se podía reír a carcajadas.

Rosa Montero: «Los escritores son personas que escriben para esconderse pero cada vez más son obligados a aparecer, hablar, estar en la televisión y en los festivales. Nos convertimos en actores, somos los leones del circo».

Y yo que me he encontrado con tantos que aseguraban querer ser escritores y lo último que deseaban era llevar una vida escondida y lo que en verdad ansiaban era ser domadores.

A X le dijimos que dejara entreabierta la puerta de su cuarto al ir a dormir. El gato podría haberse escondido debajo de su cama. «No me importa», dijo. No sabía que nosotros razonamos ya al revés. Nuestra preocupación no era la posible incomodidad de X, sino la angustia del pobre Borges, confinado en aquella habitación toda la noche.

Borges no quedó encerrado, pero pasó la noche lo suficientemente atemorizado como para hacer sus cacas en la bañera de nuestro cuarto de baño y no en su caja habitual. Esto nos produjo una gran pena y ternura por él, incluso mayores que las que nos había suscitado X al contarnos sus tremebundos problemas antes de irse a la cama.

Al principio de salir con María los animales me daban igual. No había tenido trato próximo con ninguno de ellos. María se paraba en la calle cada vez que veía un gato y le hablaba y hacía cariños. Yo me irritaba, aunque no decía nada. Me parecía que aquello no era más que un gesto de teatral coquetería femenina, una actitud fingida para que yo pensase que ella era una persona muy sensible.

«La vida es cháchara —dijo Montaigne—, y no he conocido a nadie que no hablara más de lo que debiera».

«Cada maestrillo tiene su librillo. Más vale maestrillo de menos que librillo de más», ha escrito no sé dónde Sánchez Ferlosio.

Soy un erudito en citas que me desaniman a publicar.

«Tienes que ir a...», «tienes que leer...», «tienes que ver...». Mi aversión a los deberes va en aumento y ya no soporto ni siquiera sus formas gramaticales. En el momento en que las escucho, juro que ni iré..., ni leeré..., ni veré...

Releo en Benidorm *A la sombra de las muchachas en flor* y con lo que más disfruto esta vez es con el humor de Proust. Llevaba tiempo sin leer una novela tan graciosa. No sé por qué es algo que no se suele resaltar, el humor estupendo de Proust.

Entro en el mundo del neurasténico y privilegiado Marcel con toda familiaridad. Lo conozco bien. Asisto de nuevo con él por primera vez a una función de la Berma, nos presentan a Bergotte, ligamos con Gilberta detrás de unos matorrales de los Campos Elíseos («¿Quiere usted que luchemos otro poco?»), paseamos con Swann y Odette (yo algo impaciente con la maniática atención de Marcel a los vestidos), nos vamos a Balbec con la abuela y Francisca, nos emborrachamos en el tren para no sufrir ahogos. La visión del mar, de una lechera que se aleja por un camino, o de unas simples ciruelas y albaricoques, hacen que a Marcel se le ocurran unas cosas extraordinarias. Las relaciones con la gente del Gran Hotel nos dan muchísimo que pensar. Conocemos a Saint-Loup y al barón de Charlus, de quien nos reímos a carcajadas, y observamos maravillados a la bandada de las amigas de Albertine en el paseo de la playa, yo atentísimo a los comentarios de Marcel, hechizado por sus descripciones y comparaciones, pues sirven lo mismo para la selecta Balbec que para el malecón de Benidorm.

Dicen que Marcel es un esnob y lo apartan de sí. No saben de él lo que él sabe de ellos.

Leer a Proust debe de ser un mazazo para un escritor. Ahora está de moda leer a Chéjov, a Hemingway, a Carver, y pensar, engañosamente: «Esto lo hago yo». Al leer a Proust no creo que haya muchos que no se digan: «Esto no lo hago yo ni loco».

Termino *A la sombra de las muchachas en flor* y releo algunas cartas de Proust y sus amigos. «La bajeza era una de las condiciones de su genio», escribe Lucien Daudet. Yo creo que fue, simplemente, un amoral.

YA EN EL hospital, Cioran le dijo a Clément Rosset que el suicidio no le parecía elegante. Es un buen argumento. Pero a ver qué más elegante que estas palabras de Séneca: «La cosa mejor que ha hecho la ley eterna es que, habiéndonos dado una sola entrada a la vida, nos ha procurado miles de salidas [...] Si te place, vive; si no te place, estás perfectamente autorizado para volverte al lugar de donde viniste». Tal vez tendríamos que volver a vestir toga.

A. NOS HA entregado las llaves de la casa de Particular de Indautxu, que vamos a vender. Hemos sentido alivio. Decidió por su cuenta no pagar los tres últimos meses del alquiler y teníamos cierto miedo a lo que pudiera ocurrir. Hace dos semanas llamé a su bar a las doce de la noche y la encantadora encargada argentina me dijo que no estaba, que tal vez estuviera andando en moto o recibiendo clases de francés. ¿Clases de francés a las doce de la noche? Mucha gente nos ha contado anécdotas de gente cercana que ha tenido conflictos con los inquilinos de sus casas. Pero esta vez, pese a los tres meses que se ha ahorrado, parece que la gran faena se la hemos hecho nosotros a él. La chica del bar me dijo que el fin del contrato lo había desequilibrado bastante. A. está durmiendo ahora en casa de su madre y, por lo visto, somos los responsables de que haya decidido abandonar Bilbao e irse a trabajar a África, a Gabón, «de capataz de negros», según ella. «Su madre y yo pensamos que le vendrá bien cambiar de aires», me contó.

María ha llorado al ver en el portal el letrero de «Se vende». Vivió allí más de treinta años, los últimos cinco ya casada conmigo.

Ahora publican de vez en cuando los periódicos artículos sobre parejas que viven en casas diferentes. En general, suele deberse a condicionamientos geográficos impuestos por el trabajo. Lo que hicimos nosotros hace tanto tiempo, vivir cada uno en su sitio aun en la misma ciudad, sigue pareciendo una excentricidad, algo que suena raro y que debe de tener gato encerrado. Algunos dicen que es una opción solo para ricos. Nosotros lo hicimos por pobres. Y nos parecía de sentido común. Nuestras dos casas de entonces eran muy pequeñas y hubiera sido un problema económico comprar un piso mayor. Formábamos pareja desde hacía tiempo. Estábamos acostumbrados a vivir bajo dos techos. Para nosotros no era nada raro. Había surgido así. Yo iba todos los días a cenar a casa de María y los fines de semana me quedaba a dormir allí. El día de nuestra boda pasamos la noche cada uno en su casa. Solíamos poner el ejemplo de Woody Allen y Mia Farrow, que vivían en apartamentos separados, a ambos lados de Central Park, en Nueva York. Yo solo tenía que atravesar el parque de Doña Casilda para llegar a casa de María en diez minutos.

Catalina la Grande le regala al príncipe de Ligne unas tierras cerca de la actual Yalta, frente al mar Negro. Ligne las visita. Están pobladas por cuarenta y seis familias que viven de unos pocos corderos y algunos frutales. «Apruebo la indolencia de mis buenos musulmanes, sentados con los brazos y las piernas cruzados en las azoteas de sus casas, desde donde divisan tantas regiones de ensueño». El príncipe habla con uno de ellos. Este le dice que son felices, que no saben muy bien qué significa que sus tierras hayan cambiado de dueño, pero que, si les molestan a los nuevos, tomarán dos barcos que han construido y se irán a otra parte. Ligne les dice que le gusta la gente indolente. «Les prometo impedir que les perturben».

Tenemos un palacio en Avilés, siempre abierto, con un amplio servicio permanente. Vamos de vez en cuando. Es el Palacio de Ferrera, un hotel espléndido que es como un palacio que tenemos en Avilés.

Esta vez hemos visto varios gatos cerca del palacio ganándose la vida en la calle Rivero. Ahora miro a Borges y pienso: «Este es un gato millonario, y va a vivir su vejez rodeado de lujos». Tres personas como servidumbre y una casa de doscientos metros, probablemente tan amplia como la sala de Versalles donde vivía el gato de Luis XV, son suficientes para decir que Borges es un auténtico millonario.

Apagué la tele y me fui a la cama cuando el público del plató dedicó un aplauso al excomisario Amedo, que actuaba como contertulio. Pero no por indignación, sino porque ya era tarde y con el tiempo he ido reconvirtiendo mis reacciones de enfado en estados de perplejidad o indiferencia. No pensé tanto en la colaboración de este policía con los asesinatos del GAL durante uno de los gobiernos socialistas. Pero sí recordé, como si fuera ayer, aquel día en la facultad de Sarriko, más o menos hacia 1967, cuando aún gobernaba Franco, y yo había ido con una caja de huevos para tirárselos a no sé qué conferenciante. Tuve que salir corriendo porque alguien me advirtió de que Amedo, Mariflor, como lo llamaba todo el mundo entonces, me había visto lanzar el primero y estaba al acecho. Recordé también aquella otra mañana en que un coche de la policía paró a mi altura en la plaza Elíptica y de él descendió Amedo, con sus aires de matón de película, para pedirme el carné de identidad. Y también una noche, en la comisaría de Indautxu, cuando dos policías me llevaban a empujones por un pasillo a un interrogatorio y nos cruzamos con él, que venía en dirección contraria. Al verme, se detuvo un momento, llevó aparte a los que me trasladaban y les dijo algo en voz baja. Qué miedo. Y lo que me contó Santiago. Aquella tarde de copas, ya en la famosa Transición, en el Bluesville, cuando Amedo colocó su pitillo encendido sobre la chaqueta de J. D. y presionó hasta que se hizo un agujero humeante. A ver quién iba a decirle nada en aquel tiempo. Ahora le aplauden en la tele.

Tras contemplar a una vecina cuidando sus flores, Virginia Woolf escribió en su diario: «Madame Charasse en su jardín: tal vez eso sea la verdad». ¿Cómo va a ser eso la verdad? Hubo épocas de mi vida en que frases como esa me ponían de los nervios. Ahora ya no.

A Madrid. A pasar dos días en un hotel muy bueno y muy moderno y ver una exposición de Rembrandt en el Prado (esto de ver cuadros y cuadros creo que ocupa un lugar extravagantemente notable en eso que llaman Cultura, pero allá vamos).

«Ayer hice unos cálculos», le dije a María en el coche. «Imagínate Ámsterdam en el año 1649. La ciudad más floreciente del mundo. Del tamaño de San Sebastián. Unos 130.000 habitantes. Y ahora piensa en una calle llena de gente, a media mañana. Y en cuatro hombres que caminan por separado. Cada uno va a lo suyo. El primero tiene cincuenta y seis años. Es Descartes. El segundo, cuarenta y dos. Es Rembrandt. No lejos de ellos, mirando en direcciones distintas, hay dos jóvenes. Los dos tienen diecisiete años. Uno es Vermeer y el otro Spinoza. Todos en la misma calle, en una ciudad del tamaño de San Sebastián, en la Avenida, por ejemplo».

Me fijé en cuatro o cinco cuadros y especialmente en los dos autorretratos. Aseguran que el que cierra la exposición, *Autorretrato como Zeuxis (o como Demócrito)*, es el último que pintó Rembrandt. Desde luego es aquel en que se reflejó más envejecido. La sonrisa es perfecta, la de alguien que quiere reírse pero que ya no tiene fuerza para hacerlo abiertamente. Es una despedida, me parece. Como si Rembrandt hubiera muerto sonriendo.

El otro cuadro me suscitó la duda que siempre he sentido ante sus reproducciones. ¿Por qué no he leído nunca que en *Autorretrato con traje oriental* Rembrandt parece un enano? Al salir de la exposición vi que lo habían elegido para la portada del catálogo.

Cenamos en un sitio de moda. Había gente conocida. En Madrid hay famosos por todas partes. Casi todos los famosos de España viven en Madrid. No sé de qué «descentralización» del país se quejan algunos. El hotel era tan moderno que por poco tuvimos que dormir con la luz encendida. En el último instante, sin saber cómo, logré apagar todas las lámparas de la habitación, incluidas las «luces sexi», dos tubos fluorescentes que daban una luz rosada, como de puticlub, y que nunca había visto en un hotel.

En «Obituarios» de *El País* viene un artículo sobre Anabel Ochoa, «sexóloga bilbaína», que vivía en México desde hace veintidós años. Fuimos muy amigos. No sabía que se había dedicado a eso con gran éxito y que a través de la radio llegó a convertirse en «la voz de la sexualidad en México», según dice el periódico. He estado mirando cosas por Internet y asombrándome. Anabel era muy simpática. María y yo fuimos a la fiesta de su boda con el jovencito Yosu en el Bluesville. Pasaron su primera noche de casados en este piso. Se lo prestó Santiago, a quien yo lo tenía alquilado. Un tiempo después Anabel y Yosu se fueron de Bilbao de un día para otro por problemas económicos. Desaparecieron de la noche a la mañana sin avisar a nadie. Anabel, la pobre Anabel, más de veinte años sin vernos, convertida en la voz de la sexualidad mexicana. Caray. Juntar las anécdotas curiosas de toda una vida da para mucho. Como esos que se presentan en tu casa después de un largo viaje y te lo cuentan todo en una tarde. (Y al día siguiente te repiten lo mismo).

ETA MATA A un empresario. Asusta leer algunas condenas. En *Izaronews*, un blog nacionalista próximo a Arzalluz, un tal Juan de Etxano se pregunta cómo han podido cometer semejante atrocidad «en el día del euskera» y «en un pueblo sin contaminar». Se refiere a Azpeitia, el lugar del asesinato, donde todos los concejales son nacionalistas de una u otra facción. Vivo tan alejado de estos fanáticos sin armas que se me olvida que existen.

Vivo más cerca de otros que también me indignan. *El Mundo* coloca en portada una foto de los amigos del empresario jugando una partida de cartas el mismo día del asesinato. Es evidente que lo hacen para rendir un homenaje al muerto. Tal vez un poco torpe, pero un homenaje. Una especie de «no nos moverán». Tienen los ojos llorosos. Sin embargo, el periódico presenta la foto como un ejemplo de monstruosa insensibilidad.

DICEN QUE EN el origen de las religiones y de las filosofías se encuentra el miedo a la muerte. No hace falta tanto. En la muerte pensamos poco. Es el sufrimiento lo que cuenta. Lo que está por todas partes. El alivio de un dolor de muelas justificaría la existencia de cualquier religión o filosofía.

O el hallazgo de un remedio para la vejez. Hoy un señor mayor se ha caído al suelo en la tienda de los periódicos. No le ha pasado nada. Se ha levantado con la expresión un poco aturdida. He salido a la calle pensando en lo que Tere me contó ayer. Su encuentro en el parque con X, otro señor mayor al que ella conoce desde hace mucho tiempo. Se saludaron efusivamente y charlaron un rato. Él le explicó con gran detalle sus diversas penalidades físicas y varias operaciones a las que se había sometido recientemente. Estuvieron hablando así un rato largo. Hasta que él le dijo: «Y lo peor de todo no es lo que te he contado. Lo peor es que no sé quién eres».

«No ofende quien quiere, sino quien puede». En mi caso, basta con que quiera.

Al leer una biografía de Salinger me fijo en que nació en 1919, solo un año después que ama. Y resulta que, entre los nueve y trece años, Salinger vivió al lado de ama, en la misma calle, a dos manzanas de la pensión que tenía el abuelito Moisés en los números 11 y 15 de la 82 Oeste. Si de la pensión a Central Park hay cien metros, desde la casa de Salinger habría unos doscientos (lo he mirado en Google). No hay duda de que ese era el parque al que los llevaban a jugar a los dos. ¿Se tropezarían alguna vez aquellos niños?

Se lo cuento a ama y me dice que un día, en un autobús en el East Side, una señora le preguntó: *«Aren't you an O'Neill?»*. Ama se parecía a Oona O'Neill, la novia que Chaplin le birló a Salinger.

(Releo unos días después los *Nueve cuentos* y me hace gracia ver que el cuarto, titulado «El hombre que ríe», comienza así: «En 1928, a los nueve años, yo formaba parte...». Y el narrador cuenta entonces cómo, en aquellas fechas, todos los días, al salir del colegio, le llevaban a Central Park a jugar al rugby, al fútbol o al béisbol. Cuando llovía, dice, iban al Museo de Historia Natural o al Museo Metropolitano de Arte. En 1928, Salinger tenía nueve años, los mismos que el protagonista del relato, y ama diez. Vivían a dos manzanas el uno del otro. Y ama siempre cuenta cómo la llevaban a ella también muchas veces a jugar entre los dinosaurios del cercano Museo de Historia Natural. «Aquellos esqueletos tan enormes. No sabíamos que se llamaban dinosaurios. Entonces no estaban tan de moda como ahora».

Cuando escucho a alguien expresar como elogio de un escritor que basta con leer uno de sus párrafos para saber que es suyo, me acuerdo siempre de X, el peor escritor del mundo, pero del que me basta una frase para saber que le pertenece.

Saludo al famoso escritor X en el Carlton. Como sería de mala educación poner alguna pega a sus libros, toda la energía de la conversación deriva hacia el polo positivo, y empiezo a halagar y halagar. De permanecer diez minutos más allí creo que hubiera acabado llamándole el Shakespeare de nuestros días. Me largué corriendo.

Escucho «Donostiako Hiru Damatxo...». Escalofríos. Algún día me pondré a escuchar canciones que oía en la niñez, de las que no me sé ni la letra, ni entiendo nada, y me pondré a llorar.

Pedro me dice que soy bastante indulgente con mis lecturas. Le respondo que no soy indulgente. Lo que soy es tonto. Cuando veo que ensalzan a algún autor, aunque a mí no me guste, lo leo y lo leo con la intención de encontrar aquello que supuestamente se me escapa. He empleado en este ejercicio muchas de las horas más tontas de mi vida. Porque, al final, suelo seguir en mis trece.

Me sucedió en una época con Walter Benjamin. Lo encontraba citado por muchos intelectuales (siempre eran más o menos las mismas citas) y traté de leer algo suyo. No entendía apenas nada. Me empeñé en seguir leyéndolo, cada vez con mayor enojo. Terminé por comprar una biografía suya, para ver si me aclaraba algo. No entendí ni la biografía.

«What will be, will be». Aquel microsurco de Doris Day con la canción «¿Qué será, será?» fue uno de los primeros que entraron en casa. Lo trajo aita de un viaje a Canadá. No sé si mi propensión a leer y meditar sobre la libertad y el libre albedrío viene desde entonces. Mejor que a meditar, a ponerme nervioso con las enrevesadas discusiones sobre su existencia o no existencia.

En cuanto hago funcionar mi razón y mis lecturas sobre este asunto me convierto en un absoluto materialista, determinista, fatalista, reduccionista, naturalista, o como se quiera llamarlo. Hay quien dice que eso no es más que una creencia igual que otra cualquiera. Puede ser, finalmente *«que sais-je ?»*, pero mi tendencia es a pensar que no somos más que un conjunto de moléculas en movimiento sometidas a las leyes de la física. A veces me convenzo de ello de tal manera que me quedo completamente quieto, como mirando desde fuera y preguntándome: a ver qué hace este ahora.

Es obvio que, pensando como un determinista radical, no se puede vivir. Para vivir hay que proceder a aquello que Coleridge llamó la «suspensión de la incredulidad», indispensable para adentrarse en cualquier obra de ficción. Hay que inventarse una especie de novela en que la libertad exista. Y encima darle un papel de protagonista.

Gran parte de los titulares de los periódicos llevan sujetos colectivos y abstractos. Euskadi no admite..., España decide..., Barcelona es..., Túnez rechaza..., el islam quiere..., Europa no puede permitir..., el planeta se encamina... Ayer leí un artículo cuyo titular decía: «No dejemos solos a los árabes». Y recordé aquello de María Barranco en la película de Almodóvar: «Es que a mí el mundo árabe me ha tratado muy mal». En el cine todo el mundo se reía.

P., por ejemplo, suele hablar de «nuestra civilización» con absoluta naturalidad. Lo mismo dice «nosotros inventamos» la democracia que «nosotros gaseamos» a millones de judíos en el Holocausto. A mí ni siquiera me ha salido nunca un «hemos ganado» tras un triunfo de la Real. «Hemos comido arroz», o «fuimos al cine», hasta ahí suele llegar mi empleo de la primera persona del plural.

Sobre pocas cosas como sobre política puedes encontrar a gente muy inteligente y eficaz en sus profesiones opinando lo mismo que un tonto. No sé si hay nada más erróneo para medir la inteligencia de alguien que preguntarle por sus ideas políticas. Eso de que hay que llevar a la política a los mejores no sé muy bien qué significa. ¿A los mejores en qué?

En el viaje a Nueva York, A. entró a fumar en los lavabos del avión. Más tarde, una azafata se acercó a su asiento, la tocó en el hombro y le dijo en voz baja: «Ese señor de ahí detrás la ha denunciado por haber fumado un pitillo en los lavabos». «¿Quién? ¡Muéstremelo usted!», gritó A., indignada, girando la cabeza. «Aquel». «Pues dígale que es un mentiroso. No he fumado un pitillo. ¡He fumado seis!».

Siempre habrá alguien que pregunte: «¿Y si todos hiciéramos lo mismo?». No se preocupe usted por tal posibilidad, le contestaría yo, hacer esas cosas no está al alcance de cualquiera. Me gusta la gente excéntrica. Y creo haber encontrado en mi vida un porcentaje superior de mujeres que de hombres verdaderamente excéntricos. Hay sociedad de sobra. Los adoradores del orden, tan sufrientes en general, no deben preocuparse demasiado.

2009

Ya llevo diez años con este diario. Hay días en que pienso que podría dejarlo, pero creo que se ha convertido en una adicción. Según Lejeune, existen autores de diarios que el 1 de enero queman lo escrito el año anterior. Los entiendo. Yo tomo estas notas con la certeza de que luego eliminaré gran parte de ellas. A menudo se dice que nadie escribe para no ser leído. Esto es falso. Somos muchos los que a veces escribimos solo para ordenar nuestros pensamientos, guardar memoria de algo, calmar los nervios, o por mil otras razones que no tienen nada que ver con la ambición de ser leídos. Probablemente entre los diaristas neuróticos somos mayoría.

Ama y Angelines hablaban sobre los inmigrantes. «Usted también es una inmigrante», dijo Angelines. «¿Yo?». A ama se le había olvidado. A mí también se me olvida. Los dos nacimos en Nueva York y llegamos aquí en un barco, en 1947, ella con veintiséis años y yo con meses. En realidad, yo soy más inmigrante, pues mantuve la nacionalidad estadounidense hasta pasados los treinta. Nunca he podido ser ni remotamente «antiamericano». Aquí mismo, a mi espalda, en un estante de la biblioteca, tengo el idolillo de una pequeña Estatua de la Libertad.

Un día me nacionalicé español más que nada por el fastidio que suponía renovar la tarjeta de residencia. Siempre se me olvidaba hacerlo y la mayor parte del tiempo vivía como un «sin papeles». Recuerdo la inquietud y los malos ratos al cruzar la frontera con Francia. Y recuerdo mi inconsciente osadía al actuar en política durante los años franquistas. Podrían haberme expulsado de España. Tal vez mi vida hubiera sido muy diferente. Aunque un «sin papeles» americano no es lo mismo que un «sin papeles» de otro lugar. ¿Fue debido a mi nacionalidad por lo que no me tocaron en comisaría? ¿Fue por eso por lo que acabaron absolviéndome en el juicio ante el Tribunal de Orden Público, al que acudió un representante de la Embajada? Soy español, pero creo que sigo siendo también ciudadano de los Estados Unidos Al menos nunca les comuniqué que me había hecho español. Supongo que ahora mismo podría renovar mi pasaporte y votar a Obama.

El efecto Obama.

Jon, de siete años, cena en casa de su amama Tere: «Mi madre está enamorada de Obama», dice. Más tarde Tere lo encuentra mirándose al espejo del cuarto de baño, haciendo muecas y gritando: «¡Quiero ser el hombre más interesante del mundo! ¡Quiero ser negro!».

El otro día, mientras lavábamos el coche en un taller de las afueras de Benidorm, decidí publicar las primeras páginas de estos archivos. Hoy ya no estoy seguro. Tengo una docena de lectores que lo han pasado bien al leerlas, tengo la venia de dos críticos severos, tengo el ofrecimiento de una pequeña editorial medio anarquista de Logroño, que seguro será cuidadosa. La situación parece perfecta. Ahora, de vuelta en Bilbao, debería ponerme a repasar esas primeras páginas, pero siento una pereza enorme. Creo que les he tomado manía. Podría ser el motivo determinante para mandarlas de una vez a Logroño. Hay muchas razones para intentar publicar algo. Una de ellas es echarlo de casa.

ME SUELO LEVANTAR hacia las once. ¿He dormido demasiado en mi vida? ¿Me arrepiento? Nunca dormimos «demasiado», es imposible «dormir demasiado». Renard: *«Un chat qui dort vingt heures sur vingt-quatre, c'est peut-être ce que Dieu a fait de plus réussi»*. Recuerdo haber leído a algún neurobiólogo que si el dormir no constituyera una función vital de absoluta importancia, sería el mayor error cometido por el proceso de la evolución. ¿Cuánto dormiría la gente si la dejaran a su aire desde pequeños? No se sabe. Yo creo que se acercaría más a las trece horas que duermen los leones que a las tres de los burros. La realidad es que la gente duerme cada vez menos. Lo demuestran las encuestas. Al ya homologado elogio de «trabaja como un burro», tal vez pronto llegue a sumarse el de «duerme como un burro».

El orgullo de los madrugadores, su jactancia implícita. Y qué decir si encima se duchan con agua fría nada más salir de la cama. Solo hay una manera de contrarrestarlo. Exagerar. Decirles que tú te levantas no «a las once», sino a las dos o tres de la tarde. O a las cuatro. Ahí comienzan a perder pie.

«¿Y QUÉ ES lo que usted prefiere en un hombre?». «Que me haga reír». He leído innumerables entrevistas a mujeres que responden así. Los que dicen que la mujer es superior al hombre tienen aquí su mejor argumento. Debería haber una asignatura en los colegios: «Cómo hacer reír a las niñas».

DISCUSIÓN SOBRE EL aborto en una tertulia de televisión. Cada vez me sucede con mayor frecuencia y con más temas. Me da igual lo que digan unos u otros. Y lo último que tengo es una opinión que defender o recomendar. «No me meto a decir lo que se ha de hacer en el mundo, otros métense ya bastante, sino lo que yo hago». Cuando me hacen una encuesta, mi casilla favorita empieza a ser la de «no sabe, no contesta». P. vino a nuestra casa de Londres porque quería abortar y en España resultaba difícil y arriesgado. No la conocíamos. Era amiga de una amiga nuestra. La acogimos gustosos y a los tres o cuatro días regresó a Madrid. De lo que menos me acuerdo es de lo del aborto. Recuerdo en cambio el susto que nos dio cuando un día llegó a casa con algo que había robado en una tienda. A ver si nos iban a expulsar a todos de Inglaterra. P. ha sido luego durante muchos años presidenta de una de las organizaciones humanitarias de médicos más importantes de España. Estoy seguro de que miles de niños han salvado su vida gracias en parte a ella. Y es igual que hubiera sido otra cosa.

AYER VOTAMOS Y en la mesa se hicieron un lío con mi nombre. Me pasa siempre. Uno de los interventores leyó en voz alta en sus listas: «¡Ignacio Uriarte!», y otro, de acento más vasco, le hizo eco con un: «¡Iñaki Uriarte!». «¡Ignatius Uriarte!», tendría que haber zanjado yo. Porque así es como me llamo de verdad. El cura de la iglesia de Nueva York donde me bautizaron le dijo a ama: «¿Pero cómo va a ponerle usted a su hijo un nombre tan feo?».

HAN PASADO DOS noches en esta casa José Ramón, Cristina, Cristinita (embarazada) y Stefan, su novio alemán. El gato ha permanecido oculto casi todo el tiempo. ¿Sabe, por su experiencia, que estas visitas son pasajeras? Tal vez no. Me coloqué en su cabeza e imaginé que los cuatro se iban a quedar a vivir para siempre con nosotros. Que ya no volverían nunca a Fuengirola. Aunque sean muy buena gente, la conjetura de que ocurriera algo así me pareció infernal. Tal vez sea eso lo que atemorizó a Borges. Comencé a imaginar escondites, a envidiar la capacidad elusiva de los gatos, a verme pasar horas y horas debajo de una cama o metido en un armario.

Oigo la sirena de una ambulancia. Me asomo al balcón. Siempre he pensado que uno de los pocos signos esperanzadores sobre la condición humana es que todos los conductores procuran apartar sus coches y dejar paso a las ambulancias. (Lo que da más peso a mi argumento es que nunca falta alguien que aprovecha la estela para colarse entre el tráfico).

Agustín Fernández Mallo, que ayer quedó finalista del premio Anagrama de Ensayo, es uno de esos supermodernos obsesionados por vivir en su tiempo, el siglo xxi, como si alguien pudiera vivir en otro. Dice que la literatura es incapaz de retratar la realidad. Y añade: «El género biográfico tampoco logra la veracidad. Los personajes del xxi se definirán más por sus relaciones sociales y de consumo que por su psique».

Me temo que en estas páginas estoy quedando muy poco definido para ser un auténtico tipo del siglo xxi. Sepa, sin embargo, el posible lector, que hace poco compré un miniportátil fabricado en Taiwán, de la marca Asus. Y que la semana de Pascua tenemos pensado ir toda la familia a Baqueira, invitados por Patxuko. Ahora estoy consumiendo un trozo de queso manchego y una Coca-Cola Light. En cuanto a relaciones sociales, las de hoy han sido escasas. Esta mañana he hablado un poco con Tere en el portal y luego he intercambiado unas palabras con la enfermera que me ha firmado las recetas. «Una *baguette*», he dicho en la panadería. «Hola» y «Hasta luego», ha sido toda mi conversación en la tienda de los periódicos. No ha llamado nadie por teléfono ni he puesto ni recibido ningún correo electrónico. Ha venido Mari a hacer la comida. Hemos charlado sobre el piso que se acaba de comprar su hija. María lleva todo el día en la cama, porque tiene catarro y un poco de fiebre. Con el gato, bien.

Todo el día quejándose, toda la vida quejándose de una cosa u otra, como si esto fuera un hotel del que se pudiera decir: «Yo a este hotel no vuelvo». La gente anda por los pasillos quejándose unos a otros. No hay mostrador de recepción.

Acabo de hojear unas páginas de los *Cuadernos* de Cioran.

«Una semblanza solo es interesante —dice— si se consignan en ellas las ridiculeces. Por eso es tan difícil escribir sobre un amigo o sobre un autor contemporáneo al que respetamos. Las ridiculeces son las que humanizan a un personaje». Y también: «Un hombre solo es interesante si cuenta sus sufrimientos, sus fracasos, sus tormentos».

Si yo no voy a hablar de las ridiculeces de mis amigos, ni de mis sufrimientos, tormentos y fracasos, estas páginas mías no van a ser nada interesantes.

Sigo con los *Cuadernos* y leo: «Tengo la mala costumbre de responder a las cartas, lo que me ha hecho caer víctima de montones de pesados». Uno de ellos le escribió una en los años setenta. Fue un breve gesto de admiración y gratitud. Y, en efecto, me respondió. No entiendo cómo no guardé la respuesta. Creo que porque me corrigió algo de lo que le había dicho.

Hoy es Aberri Eguna y la Fiesta de El Bollo en Avilés. Hoy hace cuarenta y un años fue tal vez el día más grandioso en la vida de María. Desfiló como reina de las fiestas de su pueblo. Tenía veinte años. Fue en mayo de 1968, aquel mes tan decisivo en mi vida, o eso creo. Yo, de anarquista, y María en una carroza real, aclamada por el pueblo. María sustituyó como reina a la nieta de Franco,

Carmen Martínez-Bordiu, que no pudo acudir porque había sido nombrada también fallera mayor en Valencia. María llevó el traje más lujoso confeccionado nunca para las reinas de las fiestas de Avilés. Todo de azabaches. Lo tenemos en casa. Santiago se lo puso un día de carnaval en Bilbao.

«¡QUÉ MIERDA ES esta pluma!». Byron se dispone a anotar lo que ha cenado y algo le falla en la pluma. «¡Qué mierda es esta pluma!», escribe. Llevo casi un mes leyendo una biografía suya, de André Maurois, el poema «Lara», y sus diarios, pero es en esa entrada, en esa expresión, cuando lo siento más próximo. Es como si todo lo demás fuera artificioso y de pronto surgiera el auténtico Byron en mi habitación. Incluso me doy un pequeño susto. Como si se hubiera aparecido su fantasma y le oyera decir en voz alta: «¡Qué mierda es esta pluma!». Me acuerdo de que me sucedió algo parecido con los diarios de Katherine Mansfield y una entrada que comenzaba más o menos así: «¿Funciona esta pluma? Sí, funciona». Esos eran auténticos diarios.

EDITAR. QUE ALABEN tu comida casera no significa que por ello te creas con la capacidad de poner un restaurante.

MAÑANA, FINAL DE la copa: Athletic-Barcelona.

Ayer me encontré con Tere, que venía de comprar una camiseta del Athletic. Ella, Patxuko y María (sobrina) van en avión a Valencia a ver el partido. Salen a las ocho de la mañana. «Vamos una escuadrilla de aviones. Va a ser como lo de Pearl Harbor», comenta Patxuko. Miguel titula su artículo de hoy en *El Correo*: «Mañana en la batalla, pensad en nosotros». El fútbol es una versión cómica de la guerra, es como la guerra interpretada por los

Monty Python. Pero mejor no decirlo. De todos modos, estoy contagiado por el ambiente y espero el partido con ganas.

Copio dos citas de un artículo del siempre estupendo Benítez Reyes en *Clarín*.

Shelley, en una carta: «Lord Byron encarna todo cuanto encuentro de odioso y extenuante».

Byron, en otra carta: «Shelley fue, de todos los hombres, el que en mayor estima tuvo mi talento y acaso mi manera de ser».

Sabemos de estos malentendidos entre la gente famosa porque dejaron pruebas escritas. ¿Nos sucederá lo mismo con algunas de las personas corrientes que nos rodean?

Escribe Pascal: «Pocas amistades quedarían en este mundo si uno supiera lo que su amigo dice de él en ausencia suya, aun cuando sus palabras fueran sinceras y desapasionadas». A lo que yo contrapongo: Si no estuviera permitido criticar a los amigos a sus espaldas, sería insoportable y no tendríamos amigos.

Me hago un corte en un dedo. Y recuerdo dos citas. «No es contrario a la razón preferir la destrucción de todo el mundo a un arañazo en mi dedo» (Hume). «Es más habitual hacerse un corte en un dedo con un cuchillo poco afilado que con uno bien afilado» (Arguiñano). La de Arguiñano parece de algún sabio chino.

Asistimos a nuestra vida, no la hacemos.

Genio y figura. Ramiro Pinilla llama a Txani para felicitarla efusivamente por su novela, cuyo manuscrito le ha empezado a leer María Bengoa. Quince días después Ramiro vuelve a llamar a Txani para desdecirse y comunicarle que la novela no es tan buena como creyó al principio.

Alguna vez fui tan ingenuo de pensar que, con solo desearlo y el paulatino paso del tiempo, yo podría ir convirtiéndome poco a poco en una especie de apacible filósofo helenístico o en un viejo y sonriente sabio chino. Nada más quimérico. Y lo peor no es mi decepción, sino mi duda actual de que jamás haya habido en el mundo ningún sabio, ni griego, ni chino, ni nada, como aquellos con los que todavía soy capaz de fantasear.

A Schopenhauer le sorprendió la muerte sentado a la mesa del desayuno. Tenía setenta y dos años. Pensaba que la existencia humana era una desgracia, pero la vida lo trató bastante bien. Al contrario que a Nietzsche, devoto en su juventud de Schopenhauer y luego afirmador incondicional de la famosa vida, que le correspondió con todo tipo de males, volviéndole loco a los cuarenta y cinco años.

Al leer a Nietzsche, por muy certeras y luminosas que me parezcan algunas de sus palabras, la experiencia final es sombría. Su exaltación histérica de la vida y sus ataques crispados a todo lo que creía que iba en contra de ella, incluidos sentimientos como el de la piedad, son antipáticos. No me sucede lo mismo con Schopenhauer, el gran denostador del Universo, cuya biografía y obra me llevan a menudo a sonreír. Ayer, por ejemplo, leí lo que podría considerarse un sólido argumento en contra de la existencia de extraterrestres, al menos de extraterrestres superiores a los hombres.

Schopenhauer y su amigo Gwinner caminaban una noche bajo el cielo estrellado y a Gwinner se le ocurrió preguntarle si no pensaba que tal vez allá arriba podría haber formas de existencia más perfectas que la nuestra. El filósofo negó indignado tal posibilidad: «¿Acaso piensa usted de verdad que un ser sobrehumano desearía prolongar un día más esta mala comedia que es la vida?».

En el Partenón me sentí como en casa, aunque no dejaban fumar. Yo no había ido allí en busca de ningún trastorno estético. Simplemente quería pisar por donde pisaron los viejos griegos. El Partenón no es un monumento avasallador. Había mucha gente y vimos dos gatos que deben de pasar la noche entre las ruinas. Aquello parecía la plaza del pueblo, la plaza del pueblo de nuestra civilización.

Yo creía que Atenas era una ciudad pequeña, pero es inmensa. Johnlukas, el amigo de Antón que nos hizo de cicerone durante un par de días, dijo que debe de tener unos cinco millones de habitantes y sesenta kilómetros de punta a punta. Vimos lo que pudimos ver y me gustó el aspecto físico de los griegos. Me parecieron de rasgos faciales acentuados e intensos. Y me gustó también la fuerza un tanto sucia y destartalada que ofrece ahora la ciudad, en plena crisis. Me hinché a dar propinas espléndidas a ver si con ello conseguía mitigar el asedio al que la tienen sometida.

Johnlukas es ateniense y se llama Giannis, pero residió trece años en Estados Unidos, de donde volvió con ese nuevo nombre. Nómada y cosmopolita, es una especie de científico que trabaja por su cuenta. Ahora vive en Atenas con su mujer y un niño de once meses en una espléndida casa cerca del mar que le legaron sus padres. Una tarde nos paseó por el barrio rico de Kolonati y María y yo nos decíamos: «Estos no salen del euro». Por la mañana, al caminar por el degradado barrio central donde se encontraba nuestro hotel, nos habíamos dicho en varias ocasiones: «Estos salen mañana mismo del euro».

Llevaba a Demócrito, Epicuro y las *Vidas de los filósofos ilustres*, pero no llegué a abrirlos. Por la noche, antes de dormir, leí una novela policíaca de Petros Márkaris, ambientada en la Atenas actual.

Así que, salvo en los museos, me olvidé de los viejos griegos y me concentré en la Grecia inmediata. Y ello a pesar de la incomodidad de no entender ningún cartel y sentirme a veces un poco tuerto (no sabía hasta qué punto yo voy leyendo todo el tiempo por la calle), o a veces casi como un ciego, debido a la manía de los mapas de situar el lugar donde te encuentras precisamente en la juntura de uno de sus pliegues, lo que te obliga a desdoblarlos enteros a cada paso y armarte un lío de campeonato.

Lo más evocador de un Demócrito o un Protágoras que encontramos fue Jean Louis, un amigo de Johnlukas que estaba viviendo unos días en su casa. De cincuenta y muchos años, flaco, con un rostro lleno de serenidad y el pelo blanco y rizado, Jean Louis vive solo en Provenza, en una casa aislada en lo alto de un cerro que se ha construido él mismo. Fue matemático, músico y profesor de tango, entre otras cosas, y se dedica a la apicultura. Treinta años atrás vivió unos meses muy felices en las islas del Egeo y ahora estaba intentando encontrar a algunos de sus amigos de entonces. Viaja con una mochila grande, una bolsa pequeña y un violín. Johnlukas y yo nos mostramos intrigados por el contenido de la mochila. Sospechábamos que encerraría los únicos aperos imprescindibles y suficientes para viajar solo por el mundo, allá donde sea y por el tiempo que sea. ¿Cuáles serían? Jean Louis es muy delgado, pero fue el que más comió en el chiringuito de la playa donde estuvimos antes de que Johnlukas nos llevara a dar una vuelta hasta el cabo Sunion. Por lo visto come muchísimo si le ponen algo delante, porque a lo mejor luego no prueba bocado en uno o dos días. Nos despedimos de él y lo vimos alejarse como un gimnosofista, con su mochila, la bolsa y el violín, para coger el tranvía que lo llevaría a El Pireo y tomar desde allí un barco hacia Naxos.

Cuatro días muy buenos y cumplido por fin mi viaje a La Meca. ¿Peregrinación cultural? Más bien religiosa. «Toma tu barco, hombre feliz, y huye a vela desplegada de cualquier forma de cultura».

ENCONTRARSE CON ALGÚN establecimiento comercial cuyos dueños han colgado orgullosos en la puerta de la calle una placa donde pone «Fundado en 1953», por ejemplo, cuando tú ya llevabas algunos años por aquí.

ORTEGA DIJO: «Y es indudable que la división más radical que cabe hacer de la humanidad es en dos clases de criaturas: las que se exigen mucho y acumulan sobre sí mismas dificultades y deberes, y las que no se exigen nada especial, sino que para ellas vivir es ser en cada instante lo que ya son, sin esfuerzo de perfección sobre sí mismas, boyas que van a la deriva». «O buenos nadadores», dije yo. Y dijo Chuang-Tzu: «Entro cuando entra el agua y salgo cuando sale; sigo el camino del agua y no le impongo mi egoísmo. Así es como me mantengo a flote en ella».

TODAS LAS BUENAS metáforas tienen una pizca de humor. La primera que escuchó comparar sus dientes con las perlas sonrió, y no solo por el halago. El primero que escuchó que «nuestras vidas son los ríos que van a dar a la mar, que es el morir», sintió una especie de sonrisa interna ante el ingenio del autor.

ESE INSTANTE DE alarma y temor a no entenderlo cuando anuncian que te van a contar un chiste.

Mi irresistible tendencia a leer en Internet a gente que me disgusta y con la que no suelo estar de acuerdo. Este dice que cierra su blog durante un mes por vacaciones. Qué alivio.

A veces prolongo hasta muy tarde la lectura de un libro para acabar de una vez con él y no tener que continuarlo al día siguiente.

A quienes menos conviene conocer en persona de todos los tipos de hombres de letras es a los poetas. La impresión de patraña suele ser hasta cómica.

Gente tremendamente autoritaria en lo doméstico a la que el *laissez faire, laissez passer* le parece muy apropiado para el sistema económico.

En casa y solo me siento más estúpido e ignorante que hablando con gente en la calle.

Caso único. Se bañó en las aguas heladas del mar o de un río y no lo contó a nadie.

Es posible que en las semanas mejores deje de lado este diario y también que en las peores me esconda de él.

Al escribir un diario ya es una hazaña salir vivo de él.

En Avilés. Al apoyarme en una pared me manché el tabardo de cal. Alguien, a quien acababan de presentarme, me dio unos tremendos golpes en la espalda para limpiarlo y dijo: «Mira por dónde, una buena oportunidad para dar de hostias a un vasco».

Mari, la asistenta, se fracturó un brazo y estará varios meses sin venir a trabajar. Ya han pasado dos. «Estoy agobiado. Me ha afectado mucho», le digo a María. «¿Pero a ti te ha cambiado en algo la vida?», dice ella. «Sí, ahora me siento culpable por no ayudarte en los asuntos de la casa».

Durante el viaje me vinieron a la cabeza dos antiguas entradas de estos diarios y me hicieron sonreír. Es la primera vez que me ocurre. Así como dicen que solo ciertos esquizofrénicos son capaces de hacerse cosquillas a sí mismos, esto querría decir que ya soy otro que aquel que las escribió.

Leo en el tercer capítulo del libro *Siete noches*, de Borges: «Hay un verso de Juvenal, que yo habré leído hace más de cuarenta años y que, de pronto, me viene a la memoria. Para hablar de un lugar lejano, Juvenal dice: *"ultra Auroram et Gangem"* (más allá de la aurora y del Ganges)». Y a mí me viene a la memoria una línea de un poema de Borges dedicado a un gato y con la que yo solía piropear al nuestro: «más remoto que el Ganges y el poniente». Ahora sé de dónde la tomó Borges, transformándola.

Pero ni Ganges, ni auroras, ni ponientes. Este gato nuestro, después de tantos años, ya me es tan cercano como las gafas o el paquete de tabaco. Está aquí en el suelo, durmiendo. Ajeno a los dolorosos arañazos que me hizo ayer en el coche. Como aquel tigre también de Borges:

> Bajo la luna
> el tigre de oro y sombra
> mira sus garras.
> No sabe que en el alba
> han destrozado un hombre.

Volvíamos de Benidorm y la Guardia Civil levantó de improviso un control en la carretera. El gato iba suelto en el asiento de atrás. Me di la vuelta y lo introduje bruscamente en su traspontín. Le pillé el rabo. No le hice daño, pero la mera sensación de sentirse atrapado le enfureció y me arañó como un salvaje. Después de todo, es posible que él viva todavía más allá del Ganges y el poniente.

Sus libros me parecen malos. El éxito que obtienen me exaspera. Pero me alegro por él. Y exhibo orgulloso que soy su amigo.

A veces añoro no volver a emborracharme. ¿Qué diría? ¿Qué apuntaría aquí? Es cierto que nunca me caractericé por ser muy distinto con copas que sin ellas. Hay testigos. Muchos y de muchas ocasiones. Pero tengo la convicción de que hay cosas dentro de mí que solo saldrían tras una buena media botella de whisky y que nunca llegaré a conocer. Una vez anoté: «El ideal de un entrevistador es llegar a la cita y encontrar a su personaje borracho».

Como todas las tiendas, me agobian las librerías. Y recuerdo haber dejado de frecuentar una por culpa de las entusiastas e interminables sugerencias del librero. No voy a bibliotecas públicas. Me importa muy poco el olor y el tacto de los libros, los subrayo, escribo en sus márgenes, doblo las esquinas de las hojas. Algunos acaban destrozados. Los libros de viejo me dan aprensión e incluso un poco de asco. No me importa tirar libros a la basura. Cada vez tengo más.

«La ausencia total de humor en la Biblia permanece como la cosa más singular de toda la historia de la literatura» (Alfred North Whitehead).

No me quito de la cabeza al hombre de los patos. Creí entender que era ejecutivo de una sociedad de venta de instrumental médico. En la mesa se encontraba también su jefe, más joven que él, enérgico y cordial. No sé qué hacían allí. En cualquier caso, los dos habían conocido a Carlos, supongo que por motivos profesionales. Estábamos comiendo ocho personas después de la misa en el tanatorio. María, tristísima por la muerte de su hermano. El hombre de los patos hablaba de una cacería pagada por su empresa a un grupo de cirujanos en una finca próxima a Carcassonne. Por lo visto, según contaba, a los patos les dan comida seca durante setenta y dos horas, pero ni una gota de agua para beber. Cuando los sacan de sus jaulas, vuelan sedientos hacia una laguna donde se hallan apostados los cazadores. «Si se posan en el agua, ya no les puedes disparar. Está prohibido. Cazamos seiscientos. Los franceses lo organizan todo muy bien. Al irte, te entregan los patos en unas cajas, desplumados y troceados. Ya nos íbamos cuando me fijé en que un empleado tocaba un silbato en la orilla de la laguna. Los patos que se habían salvado salían del agua y le seguían de vuelta hacia las jaulas». No recuerdo si fue en ese momento o un poco después cuando María empezó a llorar y me dijo que quería irse de allí inmediatamente. Pedimos un taxi.

Después de cenar con Carlos Maqua y Ramón volvimos al hotel. En el pasillo que conducía a la habitación encontramos un gato rubio y blanco que se frotó en nuestras piernas. Le hicimos unas caricias y continuamos. María estaba desconsolada por la muerte de su hermano. Al cabo de unos minutos escuché maullar detrás de la puerta. «Está ahí», dije. María abrió y el gato entró. A María se le iluminó la cara. «Esto es como un regalo de Dios», dijo. Y le recité el poema de Darío Jaramillo que había leído unos días antes. «Cuando el espíritu juega a ser materia / entonces se convierte en gato». Durmió en nuestra cama. Al día siguiente supimos que se llamaba Fidel. San Fidel Arcángel.

Los filósofos locos: Deleuze a Claire Parnet: «... y lo que sucedió en mi caso es lo que sucede en muchas familias. Yo no tenía ni gato ni perro y, mira por dónde... uno de nuestros hijos (de Fanny y mío) trae en sus manitas un gato que no era más grande que su manita; se lo había encontrado, estábamos en el campo, lo había encontrado en un pajar o no sé dónde, y... a partir de ese momento fatal siempre he tenido un gato en casa. Y lo que me desagrada de esos bichos —bueno, no ha sido un calvario, puedo aguantarlo—, ¿qué es lo que me desagrada?... De primeras no me gustan los restregones: un gato se pasa el rato restregándose, restregándose contra ti, y eso no me gusta... un perro es distinto; lo que... lo que les reprocho ante todo a los perros es que ladren. El ladrido me parece de veras el grito más estúpido. Sabe Dios que hay gritos en la naturaleza, hay muchos tipos de gritos, pero el ladrido es sin duda la vergüenza del reino animal, vaya... Y además, desde que hace poco me enteré de que los perros y los gatos defraudaban a la Seguridad Social, mi antipatía ha aumentado más aún. Lo que quiero decir es que... es muy...».

Pedro lee el diario del año pasado y me dice que ha acabado «harto del puto gato». Recuerdo que la mujer de Jünger, creo que se llamaba Tabita, le preguntaba por qué hablaba tanto en los diarios de sus gatos y sus tortugas. Jünger le respondía que los gatos y las tortugas le parecían «el signo de algo». María Zambrano iba más allá: «Un gato es la perfección de algo».

¿Por qué no voy a proyectar sobre el gato mis emociones? ¿Por qué no voy a imaginar que siente de manera muy parecida a la mía? Mientras alguien no me demuestre que él no hace lo mismo conmigo, me permitiré seguir proyectándome en él. Estoy seguro de que desde su punto de vista yo soy un gato, muy grande y un poco raro, pero gato.

Uno es más misterioso para sí mismo que para los otros, que pasan de largo.

Las pequeñas cosas de la vida. La pequeña molestia en la rodilla al darme la vuelta en la cama, el pequeño catarro que no acaba de irse, el pequeño sonido de la fuga de agua que llega desde el cuarto de baño, el pequeño agravio de X esta mañana, que persiste en la memoria, el pequeño mosquito que zumba en la habitación, la pequeña picadura del mosquito en el hombro, el pequeño picor de la picadura, la pequeña pastilla que voy a tomar ahora mismo para olvidarme de las pequeñas cosas de la vida.

Málaga. Funeral con música religiosa cantada por la familia Castilla, amigos de Carlos. El cura, como siempre, desganado y soporífero. Y un momento de gran emoción colectiva, casi al final, al sonar los acordes de música brasileña interpretada por Baden-Powell, que había elegido María. Fue como si Carlos hubiera aparecido completamente vivo en la iglesia, rasgando la guitarra con sus dedos enormes y sonriéndonos a todos con un gesto de complicidad.

Medina Sidonia. Compramos unos dulces en un convento de clausura de agustinas. Nos atiende detrás de la reja y el torno una monja muy mayor, de León, que le canta a María el «Asturias, patria querida». Nos habla de la crisis. «Hay muchísima pobreza ahí fuera», dice. Me parece que su tono es de cierto regodeo. Nos cuenta que son veintidós monjas, seis de ellas jóvenes. Hay incluso una negrita recién llegada de Kenia que no sabe una palabra de español. Pienso en el puticlub Jamaica que hemos dejado atrás en la carretera.

El Puerto de Santa María. Medio perdidos, tras haber atravesado varias urbanizaciones, ya en pleno casco de la ciudad, preguntamos a un guardia: «¿El puerto? ¿Por dónde se va al puerto?». «Esto es El Puerto», nos responde muy ufano en medio de una plaza cruzada por coches y motos. «¿Pero para ir al puerto?». «Esto es El Puerto», repite un poco enfadado. Damos la vuelta y huimos.

«Se levantó a las seis de la mañana. Se puso una camiseta y unos pantalones cortos y salió a correr por el parque media hora. Volvió a casa, se duchó y preparó una gran cafetera. A las siete y media se sentó a trabajar y lo hizo hasta el mediodía...». Cada vez que leo algo parecido en una novela, siento una especie de envidia del personaje. Incluso frases como «trabajó durante cuatro horas seguidas» me parecen estupendas. Qué gente tan admirable, la gente. Yo estoy más cerca de Ander, de cuatro años, que le preguntó a Tere el otro día, al finalizar la función del circo: «Amama, ¿y esto lo hacen todos los días?».

16 de julio. Benidorm. En la cafetería de Les Dunes, 12:30 horas. El espacio es amplio, lujoso y con sombra. Apenas hay nadie. Yo estoy con mis periódicos y mi portátil, como enfrascado en alguna tarea de gran categoría. Tal vez realizando un negocio con mi sucursal de Hong Kong, o de París, tal vez escribiendo una novela extraordinaria. Alguien de edad madura con un ordenador en una cafetería compone una figura sugestiva. Con un libro, creo que ya no. El miniportátil es como un cuaderno. A ver si lo empleo más. Aunque solo sea para entradas breves. Telegramas. Desde las comidas hasta las dosis de insulina que me inyecto. El caso es entrar en este cuaderno. Ayer a la tarde, por ejemplo, baños sensacionales. Creo que lo mejor de este verano también serán los baños. El agua está limpísima. Por la tarde hay poca gente en la playa. Me he levantado a las once, nervioso. Se ha pasado en poco tiempo. Acabo de comprar una radio en la tienda de los chinos. Voy a casa a probarla y preparar la comida. María ha ido a bañarse. Levanto los ojos del teclado. ¿Hay alguien mirándome con interés?

«Un verano como los de antes», nos dicen cuando comentamos que pasamos casi dos meses a Benidorm. Un verano clásico, en efecto. Como mis lecturas de estos días. Recuerdo que Sánchez Ferlosio, probablemente en su libro *La hija de la guerra y la madre de la patria*, escribió que un efecto de los ejércitos formados por las falanges hoplitas fue nada menos que el nacimiento del sentimiento y la idea de patria. Hoy leo en un libro sobre el mundo clásico que el descubrimiento de la doble empuñadura con que los hoplitas sostenían sus enormes escudos cambió la historia. Asegura Robin Lane Fox que con las cohesionadas formaciones bélicas hoplitas se acabó el dominio de los aristócratas en aquella Grecia del siglo VII a. C., y que luego llegaron los tiranos y, poco a poco, los ciudadanos y la democracia. Todo debido a aquella hábil técnica de la doble empuñadura interior del escudo, que a alguien debió de ocurrírsele el primero.

El OBITUARIO ERA seco. Incluía aspectos de la vida de X que sus conocidos ya no recordábamos. Parecía un currículum para una solicitud de trabajo. El autor de la necrológica no mostraba el menor cariño por X. Solo parecía pretender, de modo frío y solemne, que constase en acta, en el acta final, todo lo que de socialmente honorable había realizado el fallecido en esta vida. En ningún momento lograba evocar la figura de X tal y como la habíamos sentido los demás: como la de un individuo muy particular e inolvidable, un cotilla alegre y dicharachero, transgresor de la moral convencional, gracioso y zascandil. Luego supe que el obituario lo había redactado con antelación el propio X.

«Yo YA NO leo. Solo releo». Parece una pedantería. Pero no lo es. A cierta edad uno, por lo menos yo, se da cuenta de que apenas recuerda nada de lo que leyó en otros tiempos. Y siente una especie de terror, y se pone a releer.

Relecturas de este verano.

Onetti, *El astillero*. Casi me mareo. Onetti estaba muy influido por Faulkner, es decir, por la teoría literaria de marear la perdiz. No he pasado de cuarenta páginas. Tengo que volver a leer algo de Faulkner, que, según creo recordar, siempre tenía algo brillante y poderoso en cada página.

Otra relectura: todo lo que Kafka publicó en vida. Lo leo completo, con interés y placer. ¿Por qué? No lo sé. Kafka tampoco se entiende, pero no es aburrido ni marea. «¿Llegas a descubrir algún sentido en *La condena*, algún sentido homogéneo, coherente, que el lector pueda seguir? Yo no lo encuentro, y tampoco puedo explicarlo» escribió el propio Kafka en una carta. Kafka es oscuro porque el mundo entero le parecía «kafkiano». No había en él esa pretensión de ser deliberadamente opaco que hay en Onetti y en tantos otros que consideran la opacidad como esencial a la literatura.

Al terminar *El fogonero* pienso que tiene algo de camarote de los hermanos Marx. Siempre hay humor en los textos de Kafka. Recuerdo la gran desilusión que me produjo la versión de Orson Wells de *El proceso*. Wells no había entendido nada. La película carecía del menor punto de gracia. Muchos chistes de Forges se acercan más a «lo kafkiano» que esa película.

Thomas Mann le prestó *El proceso* a Einstein y este se lo devolvió con estas palabras: «No he podido terminarlo. No lo entiendo. El mundo es complicado ¿pero tanto?». Una vez escribí un artículo en que reprochaba a Einstein su comentario. La verdad es que creo que tenía razón. Pero yo disfruto, y disfrutaré siempre, releyendo a Kafka. «Todo el arte de Kafka es obligar al lector a releer. Sus desenlaces o sus secuencias de desenlace sugieren explicaciones pero no se revelan claramente y exigen que la historia sea releída desde otro ángulo», dijo Camus. Confieso que esta vez he releído *Josefina la Cantora* y me ha venido a la cabeza Belén Esteban.

Es casi seguro que Einstein y Kafka se conocieron en persona. Los dos frecuentaron el salón de la señora Fanta, que congregaba a los intelectuales de Praga a primeros del siglo XX. Einstein tenía cuatro años más que Kafka y ya había publicado sus trabajos sobre la relatividad. Vivió en Praga en 1911 y 1912. Einstein iba siempre a aquellas reuniones con un violín. Kafka aseguró de sí mismo en su diario que era un negado para la música, pero se sabe que recibió clases de violín e incluso llegó a tocar con algún grupo. Una foto de Einstein y Kafka tocando juntos el violín habría sido una de las grandes imágenes del siglo XX.

FUE EL MOMENTO más impresionante del verano. Nos invitó a cenar a un buen restaurante situado en la última planta de un edificio de catorce pisos desde donde Benidorm parece cualquier gran metrópoli marítima del mundo. Habló él casi todo el tiempo. Narró sus viajes por Sudamérica y Estados Unidos. Explicó cómo lograba obtener los vuelos y alojamientos más baratos a través de intrincados recovecos de Internet. Al llegar a los postres María lo interrumpió: «Y en Zaragoza ¿qué haces?». Él vive en Zaragoza y, sin ninguna transición en el tono de voz, respondió: «Lo de Zaragoza es una batalla continua. Desde 2005 no ha habido ni un solo día en que alguien no haya entrado en mi casa, se haya introducido en mi ordenador o me haya seguido por la calle». Explicó de manera un poco imprecisa la existencia de una gran conjura de cinco familias y varios grupos de psiquiatras enfrentados por su causa. Y para que no dudáramos del asunto, dijo: «Incluso hubo dos psicólogos que vinieron desde Berlín. No os digo más. Es algo que todo el mundo conoce, pero de lo que no se habla». María, que no había entendido nada, dijo: «¡Lo que tienes que hacer es irte de Zaragoza!». Y pasamos a otra cosa, mientras yo medité por un momento en que estábamos en un piso catorce, en una terraza al aire libre, con las barandillas no demasiado altas.

Esta mañana he pensado que solo un incendio, una guerra, un ataque al corazón, podría sacarme del vacío desesperante en que me encontraba. Hay días atascados. Hay días, o por lo menos horas, en que me merezco aquello de «a picar piedra es a lo que te mandaría yo a ti». He optado por lo que tenía más a mano, una pastilla tranquilizante. Nunca me cansaré de admirar el poder de las pastillas. El tetrafarmakon de Epicuro no es más que una quimera piadosa al lado de lo que puede hacer Antonio el farmacéutico en la realidad.

Contrariamente a lo que sucede a muchos, yo no tendría ni la menor gana de escribir sobre mi infancia y mi adolescencia. Entre otras cosas, porque no me acuerdo de casi nada, y de lo que me acuerdo es muy vulgar. Pero ya puestos, y como es septiembre, rememoraré los bocadillos de queso frito y las Fantas de naranja del bar del Tenis, una clase de lugar que ya no existe en ninguna parte del mundo. A nuestros doce años, después de jugar en la pista siete, por ejemplo, que era de las malas, podíamos ir al bar a pedir un bocadillo de queso frito y una fanta de naranja y encontrarnos en la barra con Tony Trabert o Jack Kramer y ponernos luego a mirar cómo entrenaban en la pista tres Andrés Gimeno, John Newcombe, Rod Laver o Ken Rosewall, los mejores tenistas del mundo. Los Nadal, Federer o Djokovic de la época, que todos los septiembres jugaban un torneo internacional en San Sebastián y se duchaban y cambiaban en los mismos vestuarios que nosotros.

«Siempre estás hablando mal de X». «¡No! ¡Estoy hablando bien de mí!», me respondió con una inconsciente sinceridad que revela lo que suele estar sucediendo en general cuando hablamos mal de alguien o nos quejamos de algo.

Hay gente que tiene mucha facilidad para «ponerse en la piel del otro» y fastidiarlo mejor.

Esos que escriben como si en la literatura se tratara de escribir y no de leer.

Este escritor dice en una entrevista que él ha escrito y ha vivido. «Y no como otros, Pessoa o Borges, por ejemplo, que escribieron pero no vivieron». Ahora bien, si «la vida es lo que le pasa a uno por la cabeza en cada momento», como recuerdo que dijo no sé quién, y me parece una excelente definición de la vida, habría que matizar.

Cuando la gente habla de sus viajes próximos me da envidia. Y pereza al ponerme en su lugar. Y rabia de que me dé pereza. Lo mejor es que nadie me hable de sus viajes.

Batallitas.

—¿Cómo se llamaba aquel trotskista fanático de Basauri? —me pregunta Álvaro.

—No me acuerdo. Espera...

—Rivero... Rivera...

—Rovira.

—Eso. Rovira. Era un líder del PCI. Un obrero. Nos impresionaba mucho aquello de que fuera un obrero, un comunista de verdad, y ya mayor.

—A mí no tanto. Me parecía un chalado. Un día nos contó en el patio algunas cosas de su vida. Se había dedicado a repartir paquetes con una moto y, como el negocio le iba bien, se compró un motocarro. Y explicó muy serio: «Ahí ya entré en la fase imperialista del capitalismo». Un loco.

—No me acordaba de eso. Era un gurú en su grupo del PCI. Pero el pobre confesó todo cuando fue detenido. Para justificarse dijo que había sido el propio Creix quien lo había torturado.

—Creix. No había vuelto a escuchar ese nombre desde entonces.

—Tú desconfiaste y le preguntaste: «¿El mismo Creix? ¿Tiene gafas?». Rovira se calló y se puso rojo.

—No me acuerdo. Lo que recuerdo de Rovira es algo terrible. Durante años lo tuve por una de las cosas más espeluznantes de mi vida. Cuando nos metieron a celdas...

—Un mes. Aislados cada uno en una celda.

—Sí, por la huelga de hambre del juicio de Burgos... Una tarde, después de la comida, Rovira, que estaba al final del corredor, empezó a gritar: «¡Me quieren matar! ¡Me quieren matar! ¡Han intentado envenenarme con las lentejas!». Siguió chillando durante mucho rato. Terrorífico. Hasta que se lo llevaron. Al salir de celdas pregunté a un funcionario qué había pasado con él. Me dijo que estaba en la enfermería y se dedicaba a rezar y construir altares con estampitas de santos.

HACE TRES DÍAS fue mi cumpleaños. Algunas veces he leído que fumar acorta la vida diez años. También dicen que la diabetes la acorta otros diez. Por tanto, ahora debo de tener ochenta y tres. Aunque tal vez algunos menos, si es cierto el dictamen del gran higienista francés Arthur Armaingaud, que murió nonagenario: «Una persona que lee a Montaigne tiene una esperanza de vida diez a quince años superior a la de una que no lo ha leído».

Paseábamos por el puerto. Llevábamos apenas cinco o seis horas en San Sebastián y me daba la impresión de que habíamos salido de Bilbao hacía una semana. Una vez más atribuí el efecto a la edad. «Debe de ser cosa de la edad», le comenté a María. «A cierta edad» es una expresión con la que ahora inicio muchas frases. Cada vez responsabilizo de más cosas a los años. Esto sí que debe de ser cosa de la edad.

Mirábamos los barcos desde el muelle y me vino a la cabeza la imagen del Borrasca, aquella pequeña lancha azul a motor del tío Gabriel en la que el chófer Félix nos sacaba a bañarnos fuera de la bahía una o dos veces por verano cuando éramos pequeños.

En este diario, si lo continúo durante unos años, será curioso observar dos cosas. Las veces en que atribuya ideas y actitudes a la edad, y el afloramiento fulminante de recónditos recuerdos de la niñez y juventud. También, claro, y veremos hasta qué punto me doy cuenta de ello, su progresiva chochez.

El narrador de un relato de Borges, «El congreso», menosprecia a un tal Fermín Eguren por vanagloriarse de su estirpe vasca, «gente que al margen de la historia no ha hecho otra cosa que ordeñar vacas». Sin embargo, es posible que a los vascos se les pueda añadir algún otro mérito que el de ordeñadores de vacas, y entre ellos, el de proporcionar apellidos a los personajes de Borges. Hasta en su tumba del cementerio de Ginebra hay un Otálora grabado en la lápida. Pero existe un protagonista de un cuento de Borges, de ascendencia vasca, que me es especialmente cercano por razones obvias, un tal Maneco Uriarte, que aparece en el relato «El encuentro» y que tal vez acabe siendo el más perdurable de los Uriartes.

Maneco Uriarte es un cuchillero al que Borges pinta sin simpatía, pero con el que yo estoy siempre en la pelea. Cuando leo:

«Uriarte propuso a gritos a Duncan un póker mano a mano», me pongo en guardia y mi corazón se acelera. Cuando leo: «Uriarte vociferaba que su adversario le había hecho trampa», siento que se acerca el peligro. «Las injurias de Uriarte no cesaban, agudas y ya obscenas». Algo habría hecho el tal Duncan, me digo. «Uriarte era movedizo, moreno, acaso achinado, con un bigote petulante y escaso». Vaya pinta, pienso. Ya sería menos. Borges debió de tener algo en contra de un Uriarte. Menos mal que mi homónimo termina por vencer en la pelea y quien muere es el fullero de Duncan.

María ha comprado en El Corte Inglés una bolsa de patatas fritas aderezadas con sal rosa del Himalaya. María dice que la sal rosa del Himalaya está ahora bastante de moda. Lo cuento con una sonrisa y veo que a la gente no le hace gracia. Les parece normal que la sal rosa del Himalaya esté de moda.

«Los verdaderos amigos se conocen en las desgracias». No estoy seguro. Cuando te sucede algo bueno es cuando notas quién se alegra de verdad y quién no. A veces solo por un minúsculo tic en la ceja, o en la comisura de los labios, o en un movimiento de la pupila.

Tere dice que los cuatro hermanos tenemos algo de inocentes. Es posible, para lo bueno y para lo malo. ¿Ingenuos? ¿Incautos? ¿Cándidos? Paso un rato meditando. Por fin encuentro algo que contraponer a los conceptos anteriores, por acertados que sean (María me ha dicho que la observación de Tere es adecuada). Si tuviera que defenderme, lo que yo aduciría en nuestro descargo es que lo que tenemos es una cierta «cortesía moral» y una cierta indiferencia a «pasar por tontos» en la llamada «vida real».

Es mucho más joven que nosotros y lo ha dicho varias veces en las cenas: «Yo creía que los mayores eran personas ponderadas, tranquilas, con gestos y opiniones sosegadas, adquiridas después de una larga experiencia en la vida». Da un poco de vergüenza que no nos vea así, pero creo que su opinión también nos alegra un poco.

Dice Ostiz en su diario que lo que busca en sus frecuentes viajes, antes que ver cosas, es un estado de ánimo más alto, más alegre y más vivo. Dice que el sedentarismo induce a la rumia y los estados depresivos. Supongo que tiene razón. Lo fundamental de cualquier viaje es escapar del lugar donde te encuentras. María está en Florencia con unos amigos, Antón ha ido una semana a Portugal y yo voy dos días a San Sebastián para que ama no duerma sola. Taxi a la estación de autobuses de Garellano, autobús a San Sebastián, taxi desde la estación de autobuses de Amara a Toni Etxea, y a dar una vuelta por la playa. En solo dos horas ya tengo el ánimo más alegre y más vivo. Hay marea alta y el agua está muy tranquila. Paseo por la orilla. Tres chicos corren junto a un dálmata. Una pareja de novios se fotografía con la bahía al fondo. Se tumban, se abrazan, el fotógrafo toma más imágenes. Recojo un puñado de arena, la arena tan limpia y fina de Ondarreta, y la dejo caer entre los dedos. Siempre que hago ese gesto, en cualquier playa, pienso en Borges. Un día, junto a las pirámides de Egipto, hizo lo mismo y se le ocurrió: «Estoy modificando el Sahara». Voy hasta el bar y pido un café solo largo y un cruasán. Me siento eufórico. Otra vez Pascal. Qué poco nos hace desgraciados y qué poco nos hace felices. (En realidad, no sé si es eso lo que quería decir Pascal). Unos gorriones picotean las migas del cruasán sobre la mesa. Les hago una foto. Llamo a María a Florencia. Como las otras dos veces que la he llamado me dice que están caminando hacia el Ponte Vecchio. Imagino el Ponte Vecchio, lleno de tenderetes. El mundo está lleno de tenderetes. Veo documentales de viajes por televisión y noto que el mundo entero es un mercadillo, uno de esos mercadillos ante los que yo parezco un ciego. Me detengo, me detienen ante ellos, y no veo nada. Solo una gran masa indefinida salpicada de manchas de colores y de brillos. María y tanta gente distinguen enseguida la composición de ese engrudo. Identifican en un instante multitud de objetos distintos, como si tuvieran unas gafas especiales para mercadillos de las que yo no dispongo. Si algún día ponen alguna hilera de esos dichosos tenderetes en el malecón de esta playa, como han hecho en El Albir, juro que los quemo. Camino de nuevo hasta la orilla y paseo, me siento en la arena, miro las olas, que son exactamente las mismas e inconfundibles olas de mi niñez, cojo un palo arrastrado por la marea y lo devuelvo al agua, que me lo volverá a traer. Como un perro. «Estoy jugando con el océano Atlántico», me viene a la cabeza.

«Me muero el jueves», le comunicó a alguien por teléfono hace unos días. Hoy es viernes y vamos a su funeral. Llevaba tiempo con cuidados paliativos. Imagino que entre ella y los médicos decidieron poner fin a su vida el jueves. No he conocido ningún caso semejante. «Me muero el jueves». No sé si sus palabras fueron un acto de entereza y valentía o el último gesto de ese protagonismo que tanto le gustó ejercer siempre. En cualquier caso, es la frase que más me ha impresionado en mucho tiempo.

E. me agradece «el esfuerzo que sé que has hecho» para acudir a la presentación de su libro. F. me escribe, cuando le confirmo que iré a la cena del 40 aniversario de la graduación de mi curso de la universidad: «Todos sabemos el esfuerzo que haces...». Esto es igual a lo que le pasaba a aita. Si alguna vez decidía presentarse en un funeral o una fiesta de cumpleaños, se lo agradecían como si hubiera acudido el obispo. Tiene sus ventajas. La gente da por hecho que me cuesta ir a actos o reuniones sociales. Si no voy, no pasa nada, y si voy, me lo agradecen mucho. Como si fuera un inválido.

«No es una ocurrencia mía. Esto también lo piensa Dios». He aquí el misterio fundamental ante la gente religiosa.

No solo estoy de acuerdo con la transmisión hereditaria de la riqueza, aunque tal vez solo hasta cierta cantidad, sino que prohibiría tener descendencia a quien no dispusiera de alguna riqueza que transmitir. Al menos, mientras no exista una suficiente «renta básica» o algo parecido.

«Hola», dije al entrar en la pequeña sala de espera del ambulatorio. «Hola», dijo la mujer. Me senté enfrente. El hombre que estaba al lado de la mujer se inclinó hacia mí, me miró con cara de furia y gritó: «¡Buenos días!». «Sí. Ya he dicho hola», dije con una sonrisa. «Sí. Ha dicho hola. Soy testigo», dijo la mujer, irritada. El hombre movió la cabeza con aire de desconcierto. «No lo había oído», dijo. «Es que estoy muy nervioso. Soy como un niño, no soporto las inyecciones», añadió. «Me parece bien lo que usted ha hecho», dije. «De lo contrario ahora tal vez estaría pensando que yo soy un imbécil que no saluda a la gente». «Es que hay gente que no saluda», dijo el hombre. «Sí», dije. «Soy testigo de que ha saludado», zanjó la mujer, dirigiéndose con cara de enfado al hombre, que en ese momento supuse que era su marido.

«¡Y son de cera de verdad!». La chica tontaina de la película de Woody Allen, entusiasmada por lo bien hechas que están las esculturas del museo de cera. Esto es una metáfora de algo, pero no sé de qué. Solo yo me reí en el cine.

Cena y comida con mis compañeros de promoción de la universidad.

Me asombro de que no tenga nada que apuntar aquí, con lo aprensivo que llevaba unos días ante el reencuentro. Dos características del grupo: buena gente en su totalidad y más inteligencia de la normal. Esto de la inteligencia es lógico. Para entrar en la Comercial se exigía haber obtenido en los años de colegio unas notas excelentes. Había mucho más talento en los pupitres, no hablo del mío, que en la tarima. La Universidad de Deusto, sobre todo la Comercial, tenía un prestigio enorme, pero se debía a sus estudiantes, no a los profesores, muy mediocres casi todos.

Dos casos curiosos. Todos coincidimos en que F. V. estaba más joven que hace cuarenta años. Y de G. S., totalmente distinto de como era entonces, alguien insinuó que tal vez fuera un impostor. Al evocar alguna anécdota, no todos recordábamos lo mismo.

El tío Moi se cambió el nombre por el de Mark. En Estados Unidos, si te llamas Moisés (Moses), dan por supuesto que eres judío. Pero, para nosotros, siempre siguió siendo el tío Moi. Era el más pequeño de los hermanos, tenía ochenta y un años, vivía en Baltimore y acaba de morirse. Priscilla, su mujer, aunque no estaban casados, ha escrito una carta explicando el final. Llevaba algunos meses en una residencia, porque ya no se podían arreglar en casa. Él odiaba la residencia y decía a todo el mundo que quería volver con Priscilla y los gatos. Tenía dos gatos, creo, aunque me armo un lío con los gatos que tenía él y los que tiene Priscilla. Los adoraba. Las pocas veces que hablé con él por teléfono en los últimos años solo lo hicimos sobre gatos. Me contó un chiste. El de un perro que, al ver lo exquisitamente que lo tratan sus amos, se dice: «Estos deben de ser los dioses». Y el de un gato que, al ver lo exquisitamente que lo tratan sus amos, se dice: «Debo de ser un dios». No le he podido traducir a María la carta en inglés de Priscilla porque se me saltaban las lágrimas. Del tío Moi tengo excelentes recuerdos. Es el único de los cuatro hermanos que se quedó a vivir en Estados Unidos. Se jubiló muy joven. Había trabajado en el servicio diplomático de Estados Unidos y vivió en Nápoles y Sídney. Era muy inteligente, irónico, amabilísimo y muy pulcro. Cuando venía a Toni Etxea, el cuarto de baño se llenaba de jabones, máquinas de afeitar, lociones y colonias con vistosas etiquetas americanas. De muy pequeños, recuerdo que el tío Moi jugaba con nosotros en la sala de Toni Etxea, arrastrándose por el suelo como le habían enseñado en el ejército.

Le digo a María que llevo bastante tiempo sin apuntar nada. «Oye. Eso no. Que esto es para nosotros», dice.

Pero ¿qué voy a apuntar? ¿Que he ido esta mañana al dentista porque me tocaba limpieza de boca? ¿Que ha venido el técnico de Canal Plus a instalarnos un descodificador de mayor calidad que nos permitirá grabar muchas películas? ¿Que el padre de Pablo está muy grave? ¿Que Álvaro ha sido abuelo? ¿Que nos hemos comprado una lámpara? ¿Que no tengo una opinión clara sobre la huelga de hambre que está haciendo una saharaui en el aeropuerto de Lanzarote? ¿Que tampoco tengo una opinión clara sobre las llamadas descargas ilegales de música y de películas por Internet? ¿Que cada vez tengo menos ideas claras sobre nada? ¿Que me sigue pareciendo un misterio el prestigio de la literatura de A., ahora que he intentado leer su última novela? ¿Que el gato se pasa el día debajo del árbol de Navidad? ¿Que hemos estado con Santiago y nos ha regalado un billete de lotería? ¿Que nos ha dicho que ayer estuvo en su restaurante la duquesa de Alba y hace quince días Jeanne Moreau? ¿Que ayer leí un artículo de Rorty y yo tampoco creo en ninguna de esas *«redemptives truths»* que han intentado suministrar siempre las religiones, las filosofías y ahora las ciencias? ¿Que no creo en ningún «secreto final»? ¿Que hemos comido alubias?

A veces tengo la sensación de que he llegado a un final de etapa. Al final de un propósito. Como si hubiera perdido la tensión que debería tener para apuntar cosas. Me gustaría colocarme en la actitud de quien empieza un diario. A ver si lo consigo con el año nuevo. Como si no hubiera escrito nada antes. Piensa, me digo, en las cuatrocientas o quinientas páginas que escribirás en los próximos diez años. Imagínate a ti mismo leyendo con curiosidad esta entrada en el futuro. Imagínate que a lo mejor te has convertido en budista, o en mahometano. Porque esto es para nosotros, como dice María.

CASI NUNCA ME acuerdo de mis sueños, apenas he tenido pesadillas en mi vida y jamás esos sueños que llaman recurrentes. No me gusta leer descripciones de sueños de otros. Hoy he soñado con Franco. Sentados en una salita, algunos familiares que no logro identificar y yo hablábamos con él. Estaba muy viejo. Mediada la conversación, observé que tenía en la pared un cuadro con su imagen. Me indigné. Le dije que cómo, a estas alturas, se puede tener un cuadro de Franco. Me atendió con calma. Al final de mi diatriba, larga y fogosa, me dio la razón y preguntó: «Y usted ¿dónde se gana el jornal? Es para decírselo a mi secretaria y que le avise cuando quitemos el cuadro». Todavía en el sueño, salíamos de la salita y pensé: «Esto lo apunto en el diario».

Nochebuena en San Sebastián. Todos. Nos sentamos a la mesa con cierta expectación. Siempre hay alguna discusión acalorada, divertida y sin mayores problemas. Este año tarda en surgir. Mediados los entremeses, casi sin darme cuenta, inicio yo el follón de la noche. Antón (sobrino) está en el último año de la carrera y con unas ganas enormes de empezar a trabajar. Le digo que es algo que me extraña. Hago algunas consideraciones sobre el trabajo. Lo comparo con la cárcel, etc. Le digo que ya está domesticado. La conversación se calienta. Me doy cuenta de que he tocado algo que no se puede tocar. Pero ya lo he hecho. «¿Nos estás tomando por tontos?», dice alguno de los trabajadores de la mesa. Me retraigo, pero no lo suficiente. En algún momento digo que, dentro de mil años, el sistema social de hoy será considerado como una variante más del esclavismo. «¿O sea, que tú eres el listo?». Avanzan en su exaltación del trabajo y casi están a punto de llamarme parásito de mierda. Pero todos nos contenemos. Me arrepiento de haber dicho nada. Si algo no se puede poner en cuestión en nuestro mundo, a riesgo de acabar lapidado, es el valor «sagrado» del trabajo, eso a lo que casi todo el mundo ha dedicado la mayor parte de las horas de su vida y que encima ahora escasea.

Solo por la curiosidad de leerme aquí el año que viene. Llega el año del libro. ¿Me traerá alguna satisfacción? Por ahora, pensar en ello me produce una cierta inquietud que no es agradable. Ya veremos. ¿Me echaría hoy para atrás si pudiera? No.

Ahora que voy a publicar entiendo por fin algo que dicen muchos escritores: «Uno siempre se queda descontento. Lo que ha escrito siempre queda lejos de la idea que uno tenía en la cabeza». En realidad, lo que desazona es ver que «lo que uno tenía en la cabeza» no era más que eso.

2010

LEO PÁGINAS DE años anteriores y las borro. El diario va en contra de mi memoria, que tiende a olvidar los momentos malos. No me interesa que me los recuerde. Esto no es un acta notarial de mi vida. Ni un testimonio exhaustivo. Ya he dicho alguna vez que no pasa de un tráiler. Y si escribes contra algo o contra alguien, aunque sea para desahogarte, tiendes a acordarte solo de ello. No sé a quién le leí hace poco que de su vida pasada no recuerda más que su diario. Creo que empieza a sucederme algo parecido. Voy eliminando entradas, pero siento pena por ellas. A veces no son sino citas o exageraciones insensatas que no me atrevo a guardar en estos archivos, asuntos que solo me importan a mí, y que, por eso, quizás, darían cuenta mejor de mí.

ME ABURRO. No sé si confesar esto a los sesenta y tres años es muy digno. No me costaría arreglarlo y encontrar alguna cita en Cioran, Schopenhauer, Leopardi o cualquier otro sabio que hable de la enorme dignidad del aburrimiento. De cómo solo los espíritus grandes, más grandes que todo los que les rodea, son capaces de aburrirse. Pero me aburro. Infantilmente. Llevo una temporada con la impresión de que me aburro y de que tengo que hacer algo para pasármelo mejor. Como un niño. Solo me tranquiliza pensar que seguro que es pasajero. Bastarán un par de libros que me interesen de verdad en este momento, un viaje corto.

He optado por leer a Leopardi.

«El título de amable no se adquiere sino a costa de padecimientos», dice. Para ser considerado amable hay que escuchar y callar bastante, lo que es muy aburrido, asegura. También explica que a los hombres lo que les gusta es hablar de sí mismos y de sus cosas «hasta tal punto que, una vez separados, unos se sienten contentísimos de sí mismos y otros aburridísimos de ellos». En una conversación, el placer de unos es el aburrimiento de los otros, dice. Pero yo le leo en silencio durante horas a él, tan listo y tan amargo, y no me aburro. Y luego apunto esto, para pasármelo bien hablando de mí mismo.

De todas formas, grabadora perpetua en mano, podría demostrarse científicamente que a lo largo de mi vida yo he escuchado más de lo que he hablado. Y aun así, no creo haberme ganado el título de amable. Tal vez el de «serio», o incluso el de «hosco».

A veces he pensado que este diario es un desquite. Hablaré y hablaré todo lo que me dé la gana. Y el que se aburra, que lo cierre. Ventajas de los libros. Pero me he dado cuenta de que también al diarista que lo escribe hay que extraerle las palabras con sacacorchos y que tampoco tiene mucho que decir.

«Era un conversador extraordinario», se lee a veces en alguna necrológica. Y yo siempre traduzco: «No callaba». Yo no me he encontrado con «un conversador extraordinario» en mi vida. Pero tal vez se deba a que un buen conversador de verdad no se hace notar. En el límite, el mejor conversador es aquel que no dice ni palabra y nos permite hablar a nosotros y de nosotros todo el tiempo. Un «buen conversador», como el de Leopardi y el de la necrológica, te deja hecho polvo, y a veces añade al despedirse: «Qué bien lo hemos pasado. Cómo me gusta hablar contigo».

No recuerdo que en la juventud o incluso en la primera madurez la gente me pareciera «pesada». Pero cada vez encuentro más pelmazos que no callan. Yo creo, y esto no sé si se podría justificar científicamente, que el problema empieza hacia los cincuenta años. A partir de esa edad hay algunos que se ponen a hablar y hablar y otros que se ven obligados a permanecer en silencio cada día más.

En esta ciudad hay gente que admira a Unamuno porque era de Bilbao.

Tere me cuenta que yo dije muy pronto que no pensaba tener hijos nunca. «¿A qué edad?». «Pues tendrías dieciocho o diecinueve años». No lo recordaba. Me ha extrañado.

¿Por qué diría yo aquello? Imagino que no me gustaba mucho a mí mismo y no veía la gracia de traer aquí a otro igual o parecido. Ya entonces debía de pensar que venir al mundo no era exactamente «un regalo». Es curioso que a los que no tienen hijos se les acuse a veces de «egoístas». Me da la impresión de que es todo lo contrario. No entiendo qué tipo de razonamiento o de experiencia lleva a alguien a pensar que tener un hijo es un acto de generosidad.

Después de algunas conversaciones con amigos sobre este asunto, yo había llegado a formarme la idea de que no he tenido hijos por casualidad. Porque las circunstancias de mi vida, inestables y económicamente precarias hasta casi los cincuenta años, habían hecho que en ningún momento me pareciera oportuno tenerlos. De cualquier modo, no recuerdo ni una sola vez en que se me ocurriera el proyecto o experimentara el deseo de tener descendencia. Y ahora Tere me ha dicho que es algo sobre lo que ya había expresado mi opinión cuando todavía era muy joven. Pero, por otra parte, tampoco recuerdo que en mi vida adulta «decidiera» alguna vez no tener hijos nunca. No los tuve y se acabó. A esta edad, y visto lo visto, no me arrepiento, sobre todo pensando en el que habría podido venir. Sigo con mi criterio de que la vida no es ningún «regalo».

Durante la cena en La Viña, a Pablo, mucho más joven que nosotros, no le viene a la cabeza el nombre de un famoso escritor. Miguel, María y yo nos reímos y aplaudimos a la vez. No solo a nosotros nos falla a veces la memoria. A cierta edad, es común que se multipliquen estos olvidos, que no suelen ser importantes, pero preocupan. Las estadísticas sobre la incidencia del Alzheimer en las personas mayores son aterradoras.

Copio aquí un párrafo de *Mi último suspiro*, el libro de memorias de Buñuel, que estoy releyendo estos días con el mismo gusto con que lo leí la primera vez. Empieza como una idea que podría ser de Borges, pero termina a la manera del más puro Buñuel. Dice este: «Con frecuencia, he pensado introducir en una película una escena en la que un hombre trata de contar una historia a un amigo; pero olvida una palabra de cada cuatro, generalmente una palabra muy simple: *coche*, *calle*, *guardia*... El hombre farfulla, titubea, gesticula, busca equivalencias patéticas, hasta que el amigo, furioso, le da un bofetón y se va».

Según Carlos Pujol, el siglo xx «canonizó el aburrimiento en la literatura». Si una obra no tiene algo, o un mucho, de aburrido, no puede ser buena. Incluye a Proust, Joyce y Kafka.

No sé por qué la imagen de alguien comiendo solo inspira a muchos una especie de piedad. Cuántas veces no se disfruta más de lo que se come comiendo solo que teniendo que atender a la conversación de los demás.

Leo en Renard:

«—¿Conoce usted Italia?

»—Ni de nombre —responde Guitry».

Inmediatamente incluyo a Guitry en mi lista de Grandes Viajeros. Irá justo detrás de un amigo de Camba al que este encontró una vez en una calle de Londres. «¿Y cómo así usted por aquí? ¿Qué hace en Londres?», le preguntó Camba. «¿Yo? Nada», respondió el hombre. «¿Y hace tiempo que está usted en Londres?», continuó Camba. «Tres meses». «¿Y a qué ha venido usted?». «A nada». «¿Y qué tal le va? ¿Le están saliendo bien los planes?». «Por ahora, sí».

Estos apuntes no dan cuenta de mi estado de ánimo general. Sobre todo, porque mi «ánimo general» no existe. Si hubiera anotado algo ayer, habría escrito que estaba descontento. Al hacerlo hoy, apunto que me encuentro tranquilo, pero algo perezoso.

Llevo casi un mes sin tomar una nota. No sé si eso indica que he pasado unas semanas buenas o malas. Estuvimos unos días en Benidorm y me vinieron muy bien. Ayer nevaba un poco en Bilbao. Tenía que haberme encontrado puerilmente excitado, pero estaba irritable. En general, creo que el hecho de que me vayan a publicar parte de los cinco primeros años de este diario no me ha producido un bien psicológico. He anotado menos entradas nuevas, las he escrito más forzado. Ahora mismo lo estoy haciendo así. Hace tiempo leí una entrevista a un escritor donde decía que las mejores épocas de su vida literaria eran las que transcurrían entre el momento en que entregaba un manuscrito a la editorial y el día de la publicación del libro. No es mi caso. Yo llevo ya unos meses en esa situación y no creo que haya sido en absoluto beneficiosa para mi estado de ánimo. Hay días que me cuesta dormir porque me pongo a pensar en que no se va a vender ni un ejemplar, o en que se va a enfadar alguna persona mencionada en el diario. Y hay días que me cuesta dormir porque estoy eufórico. Ayer nevaba en Bilbao y yo imaginaba lo bien que estaría ahora si estuviera aquí como hace cinco años, tomando notas al calorcito del ordenador, sin ningún propósito de publicarlas ni someterlas a la vista o el juicio de nadie. Viendo nevar afuera.

Me cruzo con el padre de M. por la calle. Nos saludamos, creo que con especial cordialidad. Los dos somos personajes importantes en el libro de cuentos que acaba de publicar su hijo. Los dos quedamos fatal.

Mirar para otro lado. Se ha empleado abusivamente esa expresión para hablar de cierta condescendencia de la sociedad con ETA. Como si los terroristas anduvieran a la vista de todos por la calle. Pero ¿y el camión de Aziz? Eso sí que fue mirar para otro lado, hace unos días, en Fuengirola. Aziz trabajaba en la construcción y ahora se encuentra en paro por la crisis. Unos familiares suyos le han dicho que hay trabajo abundante en Dakar. Están construyendo una nueva capital en su país y Aziz me enseñó a través de Internet los planes que tiene el Gobierno. Dijo que todo lo que necesitaba era un camión. Que con llegar a Senegal con un camión tendría trabajo para dar una buena vida a Gema y al precioso y vivaracho Ismael que tuvo hace diez meses con ella. ¿Cuánto cuesta un camión? Aziz está intentando conseguir un crédito.

X duerme mal. Lo atormenta el insomnio. Le dice a su mujer: «Cuando me muera, prométeme que harás una cosa. Prométeme que me dejarás una noche entera solo en mi cuarto. No hace falta que sea en una caja, basta con ponerme encima de una tabla y unos caballetes. Pero me dejas una noche entera solo en mi cuarto. Y al día siguiente me llevas al cementerio, o adonde sea. Prométemelo. Una noche entera solo en mi cuarto. Y sin pastillas».

Vamos a cambiar de coche. Ignoraba el lío que ello supone. Pienso en lo que se cuenta de los esquimales. Que tienen docenas de términos diferentes para nombrar la nieve. Yo no me daba cuenta de que hay cientos de modelos de coches entre los que escoger. Yo no sabía que vivo rodeado de gente que sabe miles de palabras y números distintos para designar un coche.

Coloco bien plegados y separados en la bolsa de viaje los cables que acompañan a los cargadores del ordenador, el teléfono móvil, la cámara fotográfica, etc. Al llegar, abro la bolsa y veo que están todos enredados y forman unos nudos complejísimos. Esto es una metáfora de algo.

Mi temperamento filosófico. No hay día en que no me pregunte en algún momento qué es esto de vivir, cómo lo llevo hoy, qué tal ahora. ¿Cómo era aquello de Sócrates de que una vida no examinada no vale la pena de ser vivida? Pero hay grados y grados. Yo soy un hipocondríaco de esos exámenes.

En la calle de la Cámara, en Avilés, nos encontramos con Marcelo Campanal, que iba con tres de sus nietos. María, que lo conoce porque era amigo de sus hermanos, lo felicitó por sus últimos éxitos en los campeonatos de España de atletismo para veteranos. Se mostró muy contento: «Lo que no pude hacer cuando era joven, lo estoy haciendo ahora, con setenta y ocho años. ¡Siete y ocho! ¡241 títulos de atletismo!». Era evidente que daba más importancia a estos premios que a aquello de jugar al fútbol en su juventud. Campanal es una leyenda del fútbol español (Di Stéfano aseguró que se despertaba aterrorizado por la noche cuando al día siguiente le tocaba Campanal como defensa del equipo contrario). Campanal jugó no sé cuántos partidos con la selección nacional. Pero el otro día no paró de hablar de que ahora es campeón de España de veteranos por haber saltado noventa y seis centímetros de altura. Su actitud me pareció una mezcla de ego desbocado y chifladura. A lo mejor no es más que sabiduría. Cuando María le comentó que sus éxitos actuales merecen un gran reportaje en el periódico, se acercó y le dijo en voz baja a la oreja: «Es que este es un pueblo de envidiosos». Se despidió con una mirada desafiante: «El año que viene voy a dedicarme a la pértiga».

CASA GERARDO, FABADA y arroz con leche. «Creo que aquí fue lo de Peru, aunque no estoy seguro» le digo a María. «Tengo que enterarme». Peru estaba escribiendo para *El País* una serie de reportajes sobre el narcotráfico en los que aparecía como figura principal un capo de origen asturiano emigrado a Colombia. En uno de sus regresos a Asturias, el capo quiso ir a comer «la mejor fabada del mundo», no sé si aquí o en La Máquina. Dicen que despachó cuatro grandes platos y, al salir del restaurante, sufrió un ataque al corazón y murió. Aquella misma noche, los compañeros narcos del asturiano comenzaron a llamar a casa de Peru acusándolo de haberlo asesinado. Lo amenazaron a él y a su familia. Con la complicidad del periódico, Peru tuvo que salir de España e instalarse en Roma como corresponsal de *El País*.

Peru murió hace un año, pero para mí sigue completamente vivo. Me llamaba desde Madrid a menudo y venía por casa cada vez que iba a Bilbao. Hablábamos de enfermedades (era un hipocondríaco tremendo), de viajes (le encantaba viajar y viajaba por todo el mundo como corresponsal), de las estupideces de los nacionalistas y de las de algunos de sus enemigos. Últimamente, de lo que iba a hacer cuando se jubilara.

Peru fue mi primer amigo de Bilbao. A los pocos días de empezar a estudiar en la Comercial, entablamos una amistad que ha durado toda la vida.

María y yo hablamos durante la comida de la vez que estuvimos en su casa de Roma. Recordamos sus manías, sus opiniones contundentes, más contundentes si eran erróneas, sus chifladuras, su adorable excentricidad. Vivía en el mismo edificio que Andreotti, muy cerca del castillo de Sant'Angelo, lo que le daba seguridad. Pero sus verdaderos problemas eran con el portero de la finca. Aseguraba que le hacía rayones en la carrocería de su viejo Volvo y, para evitarlo, lo aparcaba en la Academia de España, en el quinto pino. Cuando queríamos salir de Roma, había que tomar un taxi para ir a recoger el coche. Hablaba a los taxistas con más acento italiano que ellos.

«¿Qué tal?», me pregunta en el ascensor. «Bien, nada especial», respondo. «Ya. Pero yo me refiero al mundo en general, qué desastre ¿no?», dice. «Sí. Eso, como siempre», digo. Encerrados en el cubículo del ascensor, parecemos una obra de teatro de Beckett.

En el funeral María se fija en la larga cola de gente que va a comulgar y le murmura a Txema: «Qué envidia. Cómo me gustaría tener fe». «Pues a mí, ni fu ni fa», responde Txema. Esto debe de ser un agnóstico, esa palabra tan difícil.

Como el perro y el gato. Veo en un documental de televisión que el perro de Serrat se llama Sábato. Al fin entiendo por qué Serrat nunca me ha llegado a caer bien del todo.

Una vez más el famoso informe pisa certifica que los alumnos de quince años que han realizado todos sus estudios en euskera obtienen mucho mejores notas si hacen los exámenes en castellano. Aquí nadie respinga. Debe de parecer lo normal.

A mí también siempre me han resultado extrañas esas palabras del poema «Retrato», de Antonio Machado: «Y al cabo nada os debo; debéisme cuanto he escrito».

Me desequilibran no solo el poema, sino toda la figura de Machado que tengo en la cabeza. Me sucede con ese verso lo que con algunos episodios del Evangelio, como aquel en que Jesús maldijo y secó una higuera porque le apetecía comer un higo y el pobre árbol no disponía de ninguno. ¿Cómo? ¡Esto no me cuadra nada con el personaje que yo me he venido imaginado hasta ahora! ¿Será que no he entendido nada de él?

El Gran Jefe.

Hay días en que enciendo la televisión, leo los periódicos, paso las páginas de los libros, navego por Internet, y me digo: qué maravilla, cuánta gente trabajando afanosa, eficaz y brillantemente en el mundo para tenerme informado de todo, distraerme y conmoverme. Hay días en que veo la televisión, leo los periódicos, paso las páginas de los libros, navego por Internet, y me digo: otra vez lo mismo, nada nuevo, el aburrimiento de siempre. Si por mí fuera, todos a la calle, pandilla de inútiles. Hay días en que veo la televisión, leo los periódicos, paso las páginas de los libros, navego por Internet, y me digo: ¿pero qué queréis? ¿Que esté atento a todo, que yo me ocupe de todas y cada una de esas cosas con las que me apremiáis? ¿No sabéis que soy el Gran Jefe y no puedo andar perdiendo el tiempo?

La publicación de un libro, al menos en el caso de un novato, aunque tenga ya sesenta y cuatro años, ocupa demasiado la imaginación. Fuimos a Avilés para una revisión ocular de María y durante el trayecto apenas disfruté del paisaje desde la ventanilla del coche. Permanecí todo el tiempo especulando sobre la presentación, sobre qué dirán tal y cual cuando lo lean, si llegaré a vender cuatrocientos ejemplares, etc. Hoy, al cortarme el pelo, he pensado en si el peluquero, al que tacho de mal peluquero en el libro, llegará a enterarse de ello. También en que es una buena casualidad que me haya tocado cortarme el pelo hoy, porque así no lo tendré ni demasiado corto ni demasiado largo el día de la presentación.

Soy aprensivo. Si alguien me cuenta que ha sufrido una enfermedad grave, lo primero que le pregunto es qué sentía, qué síntomas precedieron al diagnóstico. Por eso, cuando M. dice que «ahora, justo ahora hace un año, me comunicaron que tenía una angina de pecho», le pregunto: «¿Y qué sentías? ¿Habías notado algo, alguna molestia previa?». M., que tiene unos setenta años, dice: «Yo estaba aquí, en Benidorm. Fue exactamente hace un año. Me encontraba triste y decidí ir a San Sebastián a pasar una semana. Al llegar allí, me di cuenta de que lo que en realidad quería era ir a comer unas croquetas buenísimas que cocinan dos hermanas en un bar de Fuenterrabía. ¿Sabes qué bar es ese? Bueno, da igual. Fui, las comí y me puse muy alegre. Pero, al volver a San Sebastián, seguía estando triste. Me alojaba en el hotel Londres, con la playa de la Concha delante, ya lo conoces. Un día bajé al bar a tomar un *gin-tonic*. En la mesa de al lado había dos señoras charlando. Una de ellas contaba que acababa de estar en París. "Está precioso", dijo, "y el hotel Meliá, baratísimo". Pensé que lo del hotel no podía ser verdad, pero resultó que sí. Solo costaba noventa euros por noche. Tomé un tren y me fui a París. Visité las tumbas de Modigliani y de Édith Piaf en el Père Lachaise. Delante de la de Édith Piaf empecé a canturrear en voz baja una de sus canciones (M. la canta con muchos gestos durante unos minutos). Luego, por lo visto, sin darme cuenta, fui subiendo el tono. Al terminar, un grupo de gente se había arremolinado en torno a mí y comenzó a aplaudir. Fue bonito. Estuve once días en París. Y luego seguí cuarenta y cinco por toda Europa. En Berlín se celebraba un congreso de cardiología, o algo parecido, y un médico mexicano al que conocí, me dijo: "No me gusta cómo respiras. Hazte una prueba de esfuerzo al volver a España". Anduve mucho en aquel viaje. A lo mejor catorce kilómetros al día. No usé los transportes públicos. Y los taxis no me gustan. Me dan miedo. No me atrevo a meterme en un coche conducido por un extraño que puede llevarte adonde se le ocurra. Una vez, en Viena, entré en una floristería y estuve un rato hablando con la dependienta. Al salir, me regaló una flor. Fue un momento muy emocionante, ¿no? Me fui con la flor al Sacher, que estaba en la esquina de enfrente. Me senté a una mesa y creí que me moría. Me sentí fatal y tuve la impresión de que me iba a morir allí mismo, en aquel momento. Pensé que no era un mal sitio para morirse, que no estaba mal morirse así. Al volver a España me hice la prueba de esfuerzo. "Tiene usted una angina de pecho", me dijo el médico. ¿Que si sentía algo? A veces me dolía el hombro (se toca el hombro), y el brazo (se toca el brazo)».

M. sigue muy guapa y es una diva. Fue una estrella del cine español, pero se retiró pronto. Interpretó a la madre de la protagonista en la película que María ha visto más veces en su vida. Tiene un apartamento en esta casa de Benidorm y la conocimos hace unos días. Hemos salido a cenar un par de noches con ella y nos ha contado muchas cosas de su vida con abundancia de detalles e interpretaciones dramáticas. Por ejemplo: «Iba por la Quinta Avenida. Noté que tenía la cara húmeda. Me pasé las manos. Eran lágrimas. Me di cuenta de que me daba lo mismo cruzar un semáforo hacia la izquierda que hacia la derecha...». Nos lo relataba el otro día. ¿Será verdad? ¿No es un poco demasiado literario? Hay personas con las que hablas y no sabes si te están contando fantasías o realidades. De todas formas, a M. no la creo capaz de inventar que llevaba cinco días durmiendo en la suite presidencial del Waldorf Astoria gracias a no sé qué tejemanejes de una empleada sudamericana del hotel de la que se hizo muy amiga. Ayer vino a casa y ha sido la única persona del mundo ante la que Borges no se ha escondido al verla por primera vez. Hoy ha llamado por teléfono y le ha dicho a María que Borges se parece a Antonio Gala y que le ha escrito una carta. Luego ha bajado con la carta en un sobre cerrado y nos ha contado algunas anécdotas de su gran amigo Cantinflas.

Aquellos salvajes brasileños que conoció Montaigne no entendían por qué los muchos pobres que mendigaban a las puertas de los ricos en Ruan no los agarraban por el cuello y prendían fuego a sus casas (I, XXI). Un poco de Montaigne, como cada verano. Y siempre tan actual.

Visita de X. Hablamos de sus poemas, los gatos, las plantas y su reciente apostasía de la Iglesia católica. «De Dios, mejor no decir nada, porque a lo mejor te arrea un zambombazo», me advierte. Luego hablamos de los cátaros, de Leopoldo María Panero y los asteroides que amenazan la Tierra. Le despido en la puerta. «Qué paz. Me voy como recién duchado. A ver si me dura hasta que llegue a casa». Me asombro y alegro de haberle servido para algo.

Si de alguna cosa pudiera preciarme en esta vida es de esos momentos en que he tenido y podido contagiar un poco de calma a mi alrededor. A diferencia de aquel que quería ser «dinamita», a mí me parece bien cumplir la función de Valium.

María pregunta el precio de un piso que se vende en una casa al lado de la nuestra, en Benidorm. Barato. Recuerdo hace unos años, cuando yo calculaba lo que gastábamos y lo que se revalorizaban nuestras propiedades. Siempre resultaba que gastábamos menos de lo que aumentaba el precio de los activos de nuestra pequeña inmobiliaria de tres pisos. Sin hacer nada, cada vez teníamos más dinero. Pero era un dinero por lo visto imaginario. La crisis ha dado un buen puñetazo a nuestras fantasías. Lo malo es que a muchos les ha dado un buen puñetazo en su realidad.

Con un pantalón claro y un Lacoste azul marino, me miro al espejo. Me recuerdo a aita. En verano vestía así a menudo. Ama le compraba los primeros Lacoste en San Juan de Luz. Todavía no los vendían en España. Aita mandaba a ama que les quitara el cocodrilo. Hay gente que ha tenido relaciones muy enrevesadas con su padre. Yo, no, aunque también es verdad que no lo conocí mucho. Y sin embargo, mi sensación es que aita soy yo mismo. Y a medida que pasan los años, más. Tal vez acabe diciéndole a María que me quite el cocodrilo.

Se habla a menudo de una generación que, por primera vez, va a vivir peor que la de sus padres. No creo que sea la primera vez. Y, desde luego, no lo es en los casos individuales. Yo siempre supe, y no me importó, que iba a vivir «peor» que mis padres, quiero decir, con una menor disponibilidad de dinero.

Maneras de ser.

La última vez que estuve en el Gran Hotel de Ribadesella vi una mesa en un rincón del bar presidida por una placa donde se leía que allí jugaba al dominó Gregorio Peces-Barba. Pensé que Peces-Barba ya no frecuentaba el lugar y que la placa sería un recordatorio conmemorativo de algo grande que allí sucedía en otros tiempos. Pero hoy he leído una entrevista en el periódico en la que Peces-Barba cuenta que sigue veraneando en Ribadesella y jugando al dominó todas las tardes en el Gran Hotel. Es decir, que Peces-Barba juega al dominó habitualmente debajo de una placa en la que pone que allí, en ese mismo sitio, suele jugar al dominó Peces-Barba.

Recuerdo que una vez leí que, en Coria, donde Sánchez Ferlosio tiene una casa, quisieron ponerle su nombre al instituto local y tuvo que acabar llevándolos a los tribunales.

Ese vagabundo sentado ahí abajo, en la acera, con su gran perro negro junto a él, a la expectativa de alguna limosna, como esas dos que le han caído en la hora que llevo mirándolo. ¿Por qué esta fascinación por los vagabundos, los *clochards*? ¿Es general esta especie de envidia que me producen, este sentimiento que me hace proyectar en ellos la posibilidad de una vida libérrima? A María no le pasa. Le digo que, sentado aquí, en la terraza, con Borges dormido a mi lado, pensando en las musarañas, compongo una imagen simétrica a la del vagabundo que está en la acera con su perro. «Sí, claro, solo que tú un poco más arriba». Pero yo sigo observando al vagabundo con mucha atención, con simpatía, incluso con cierta admiración, imaginándome en su lugar y pensando que tal vez eso es lo que yo debería estar haciendo ahora.

10 de agosto, en Benidorm.

Más o menos se cumplen tres meses desde que publiqué el libro y apenas he apuntado nada en ese tiempo. Un día consigné aquí en tono marcoaureliano: «Si escribes despreocupadamente, publica también despreocupadamente». Una tontería. He estado los tres últimos meses pendiente de los *Diarios*, sus presentaciones y su repercusión.

Ha resultado mejor de lo esperado, aunque ya no sé bien lo que esperaba. Por de pronto, pasar más desapercibido. Recuerdo las pegas que le ponía a Julián cuando él insistía en editarme. ¿Pero quién va a leer los diarios de un señor mayor y anónimo de Bilbao publicados en una pequeña editorial de Logroño?

La primera reseña la escribió Miguel, a traición, sin avisarme, para *El Correo*. Fue un estruendoso chupinazo inicial, cuando el libro ni siquiera había llegado a las librerías. Hasta tal punto se elevaba el panegírico que una amiga de María escuchó en un bar cómo una chica le decía a otra: «¡Mira! ¡Mira lo que ponen aquí de este libro! ¡Tenemos que comprarlo! ¡Y además dicen que va a tener una continuación!». A la reseña acompañaba una foto mía en la que estoy muy bien y que tomó Carlos Maqua en la orilla del nacimiento del Ebro hace más de cinco años. «Parece un actor», le comentó Ramiro Pinilla a María Bengoa. «No te he reconocido en la foto, ¿eras tú?», me dijo Elvira.

El libro llegó a las librerías y desde el principio me di cuenta de que gustaba a gente que me interesaba y a gente que no me importaba mucho. Yo estaba asombrado y en las nubes, aunque no con el ánimo tranquilamente feliz, sino ajetreado, arriba y abajo, entre la euforia y la preocupación. Pensaba que algunos podían sentirse heridos o molestos por ciertas entradas. Aquella exhibición pública de mi vida podría parecer ridícula a alguien. En cualquier caso, yo acababa de convertirme en una persona vulnerable y, tal vez, al publicar el diario, no había cometido más que una insensatez. Pero llegaban comentarios positivos de amigos y de gente a la que no conocía, pero que respetaba, críticas en periódicos importantes y entradas de blogueros a los que tengo en consideración.

Desde entonces, todo han sido buenas noticias (de las malas no me entero, claro). Guardo en un archivo una valiosa colección de cromos de este tipo que no me vendrá mal releer en los días bajos. No los pongo aquí para no caer en aquello tan tonto que le pasa a Saramago en sus diarios, donde no deja de anotar ninguno de los elogios que recibe. En su caso, no sé si era una muestra de vanidad o simplemente un rasgo de espontánea y mera ingenuidad, porque estoy seguro de que para cualquiera que publica un libro (no digamos si es un novato), lo más importante de todo lo que le sucede durante mucho tiempo, y lo que debería consignar en un diario natural y sincero, es lo que tiene que ver con su criatura. Pero queda mal.

Hice varias presentaciones y algunas entrevistas para la radio y los periódicos. No me quedé contento con ninguna. En general, han sido unos meses con el ánimo inquieto. A veces de buen humor y otras nervioso, incluso enfadado. Los días previos a las presentaciones estuve de muy mal genio.

Estoy sorprendido por la aceptación que ha tenido el libro entre personas de condición muy diferente. Desde gente que apenas lee hasta personas de sólido juicio literario. Yo pensaba haber publicado un diario «socialmente incorrecto», con unas cuantas opiniones no muy acordes a las ordenanzas, pero esto no parece haberse visto, o no se le ha dado importancia. Debe de haber algo en el tono, en el estilo, o en lo que sea, que me ha permitido decir que he vivido como un «okupa», tomo drogas, abomino del trabajo y creo que no hay que tener hijos, sin que por ello se me caiga el pelo.

En algunos lectores he descubierto algo más que una calificación de aprobado. He visto una cierta alegría, una mirada de simpatía. También hubo uno que le dijo a Julián: «¿Y a mí qué me importa lo que diga este gandul?». Y la primera reacción de ama al leer el libro: «Menos mal que todas mis amigas están muertas».

Matthieu Ricard. «En abril del 2007, fue considerado como el hombre más feliz de la tierra tras años de estudio de su cerebro mediante resonancias magnéticas en el laboratorio de neurociencia afectiva de la Universidad de Wisconsin» (Wikipedia). ¿Por qué, si te dicen que el hombre más feliz del mundo es un monje budista, no te produce envidia?

«¿Y a ti qué te parece Solón? Yo lo encuentro un hombre fascinante». Hay gente mayor que se ha puesto a estudiar cualquier cosa. Han llegado a una edad avanzada, tienen tiempo libre y se han percatado de que saben poco. Quieren conocer, adquirir cultura. Comienzan a leer o aprender lo que sea. A veces sueltan preguntas tan absurdas como la que X le hizo ayer a María. En general no tengo nada en contra de estas súbitas aficiones. Todo lo contrario. Pero hay algunos que, en cuanto te ven, comienzan a disertar sin reparos acerca de lo que leyeron hace dos días sobre la guerra de los Bóeres o el arte hitita.

«Me moriré sabiendo que por lo menos a este no le he fallado nunca», dice. «Sé que he podido fallar alguna vez a mis padres, a mis hermanos, a ti, a alguna gente, pero por lo menos a este, nunca». Y nada más que por eso, por decir eso, por la cara con que lo dice, mirando al gato, yo sé que entrará directa en el reino de los cielos.

Hojeo en una librería una nueva edición de *El hacedor*, de Borges. Llego a «Le regret d'Héraclite» y me sorprendo ante un cambio esencial en el famoso dístico que todos los aficionados a Borges recuerdan: «Yo, que tantos hombres he sido, no he sido nunca / aquel en cuyo abrazo desfallecía Matilde Urbach».

En esta versión la palabra abrazo viene sustituida por la palabra amor. ¿Cómo que amor? El *copyright* es de María Kodama. Imagino lo que ha sucedido y espero que no se perpetúe.

Tengo en casa dos ediciones de *El hacedor*, una de ellas de 1967. En las dos, el supuesto autor del dístico, un tal Gaspar Camerarius, se lamenta de no haber sido nunca aquel en cuyo «abrazo» desfallecía Matilde Urbach. Veo un vídeo en YouTube donde Borges recita esos versos. Sin la menor duda, pronuncia la palabra «abrazo», que proporciona a la idea un decisivo erotismo carnal.

(Y tanto que carnal. Jean Pierre Bernés cuenta en su libro *J. L. Borges: La vie commence...* que Borges le dijo un día que detrás de todo lo que escribió se hallaba siempre otra cosa. Y, a modo de ejemplo, Bernés explica la génesis de «Le regret d'Héraclite». Por lo visto, esas dos líneas tuvieron su origen en la foto de una mujer de brazos enormes que estaba colocada sobre un aparador en casa de Silvina Ocampo. Se lo contó la propia Silvina. Nadie sabía quién era aquella mujer, pero en la foto se encontraba escrito el nombre de una tal Matilde. Borges se reía a carcajadas cada vez que la veía. Asombrosamente, esta fiable historia de Bernés no está aún en Google, aunque sí las más inventivas y estrafalarias teorías sobre la ignota y ya legendaria Matilde Urbach, cuyo apellido Borges pronunciaba con acento en la primera sílaba, como se le puede escuchar en YouTube).

Diferir la gratificación. A veces leo artículos donde se lamentan de que los jóvenes de ahora no han llegado a adquirir esa técnica por lo visto tan provechosa. Yo tampoco la he dominado y ejercido mucho a lo largo de mi vida. Solo ahora, a esta edad, suelo decirme: «Ánimo, ve a esa comida con los amigos, a ese viaje, a esa boda, a esa fiesta, que luego no te arrepentirás de haber hecho el esfuerzo».

Hoy es el centenario de la muerte del perro de Darwin. Ayer fue el de su dueño.

«La idea de felicidad es inseparable de la de jardín», dice Cioran. Algunas de las horas más felices de mi vida han transcurrido en el jardín de la casa de Angelinos y Luis, en Denia, reclinado en una tumbona bajo un cocotero, tomando una Coca-Cola y fumando en lo que ellos llaman «el rincón de Iñaki», con la piscina a la izquierda y mirando el Montgó y el cielo, escuchando a alguna tórtola, pensando que en ese momento el mundo es hermosísimo y no me importaría desaparecer y disolverme en él como un azucarillo. Es algo parecido a uno de esos sentimientos «oceánicos» de los que hablaba Freud y que, no sé por qué, a mí me pillan siempre ataviado para la ocasión, en traje de baño.

Está siendo una época muy sombría socialmente. Ni mi acendrado optimismo resiste a la aprensión de que todo esto de la economía puede ir aún a peor. Nosotros no hemos cambiado demasiado nuestros hábitos de vida. Miramos un poco más el dinero, es cierto, pero lo malo es ese levantar la vista al horizonte y comprobar que tiene mala pinta.

Me había contagiado con la idea de que la economía podía sufrir algún parón, alguna desaceleración o algún revés cíclico (por más que nos asegurasen que los ciclos ya no existían), pero no intuía ni por asomo este desastre. Nunca me fie de los delirios financieros, pero no hasta el punto de que no conseguirían autorregularse. Ahora dudo si fiarme de nada de lo que leo. No sé si la famosa política de austeridad a todo trance y de recortes sociales es un buen método para arreglar el desaguisado, si es una estafa más de los privilegiados, un delirio de los estamentos y economistas neoliberales, o un camino que conduce a un mayor hundimiento general. Yo siempre he hecho nuestros cálculos económicos a la baja, pero veremos hasta dónde sigue bajando esto.

Lo curioso de esta gran crisis es que parece ser producto del neoliberalismo que viene triunfando desde los años de Thatcher y Reagan, pero que la que ha salido derrotada ideológicamente es la socialdemocracia. Recuerdo la frase del gurú Greenspan, no sé si al dejar la presidencia de la Reserva Federal o en una entrevista cuando publicó su libro de memorias. Más o menos: «Yo creía que el capitalismo se autorregulaba, pero me equivoqué». Y también la pregunta de la reina de Inglaterra a unos economistas de la London School: «¿Y cómo es que nadie se enteró de la que venía?».

UNA VIRTUD QUE sí tengo es la de que me gustan las películas de Woody Allen. En mi sistema de valores, que a alguien le guste Shakespeare, Bach, el fútbol, o los amaneceres, no es una virtud. Es algo neutro, tal vez una suerte. Que a alguien le gusten las películas de Woody Allen lo considero una señal de virtud. Creo que las personas a las que les gustan las películas de Woody Allen hacen el mundo más confortable.

ÓSCAR SE COMPRÓ y trasplantó un hígado en China. «Ahora no lo volvería a hacer», me cuenta. «Prefiero cascarla aquí que revivir todo aquello». Debió de ser una experiencia terrorífica, pero el único ejemplo que me cita es que una vez, en un hotel, quiso que le cambiaran la almohada, porque le parecía demasiado pequeña, pero no lo consiguió. Llegó a bajar a la recepción con la almohada en la mano y ni siquiera por gestos logró hacerse entender. Tuvo que volver a subir a su cuarto con la almohada en la mano.

Hoy es mi cumpleaños. Estaba tumbado en el sofá buscando un programa de televisión cuando una fecha en rojo ha llenado de pronto todo el espacio del televisor: 1 de octubre de 1946. Por un momento he pensado que sufría alguna clase de alucinación paranoica. El 1 de octubre de 1946 fue el día de mi nacimiento. ¿Me estaba la tele felicitando personalmente? ¿Me estaba yo volviendo loco? Solo era una casualidad. Había sintonizado un canal donde emitían un documental sobre Albert Speer, y el 1 de octubre de 1946 fue el día en que se pronunciaron las sentencias del juicio de Núremberg. El mismo día en que yo nací y del que algunos dicen que comenzó la época más apacible de toda la historia de Europa. La que ha coincidido con mi vida hasta ahora. Pero yo no soy Europa. En un acto de clarividencia prenatal, yo ya me negaba a venir al mundo, y aquel día de las sentencias de Núremberg me tuvieron que sacar con fórceps del útero de ama. Todavía no había dado mi primer respiro y ya tenía dos heridas, de las que guardo ligeras cicatrices en la cara, una encima de una ceja y otra en la mandíbula.

Me despido de Javi con las mismas palabras de siempre: «¡Y dale recuerdos a Juanma, que hace años que no lo veo!». En realidad, podría habérselos dado yo mismo el otro día, cuando vi a Juanma pasar por delante de la cafetería de la Gran Vía donde yo estaba sentado. No me levanté ni lo llamé para saludarlo. Me hizo ilusión verlo por allí, como un fantasma de otros tiempos cuyo recuerdo preferí mantener incorrupto.

Otra vez la matraca del carnicero y el panadero de Adam Smith. Qué tendrán que ver aquellos dos con estos financieros de Nueva York, Londres o Ginebra, aplicados a sus compraventas en una habitación llena de ordenadores, con sofisticadísimos algoritmos que les hacen obtener millones de dólares o euros en un minuto de altibajos en las bolsas de todo el mundo.

Alto el fuego de ETA. Nadie les hace ya ni caso. Total escepticismo en las declaraciones de los partidos políticos. En las encuestas de los periódicos, más del 85 % de los consultados dicen que no creen que esta sea la tregua definitiva. Yo estoy entre el 15 % restante. Yo sí creo que hoy, 5 de septiembre de 2010, es el último día de ETA como organización asesina. De que vaya a seguir condicionando la política española y vasca en los próximos años no tengo duda.

Un tipo con traje gris oscuro nos espera en el vestíbulo del aeropuerto de Tegel. Lleva un cartel donde pone mi nombre. María dice que se parece a Helmut Berger. En una furgoneta negra nos lleva hasta el hotel Meliá, en la Friedrichstrasse, junto al río. Mi primera impresión de la ciudad es que es tristona. Al bajar de la furgoneta lo achaco a que las ventanillas están tintadas. Al cabo de tres días seguiré pensando que es una ciudad con poca luz, con pocas farolas, con demasiadas bombillas de baja intensidad. «¿Quiere usted habitación de fumador?», me preguntan en recepción. No pensaba que dispusieran de ellas. «Claro», digo. «¿Hacia el patio o hacia la calle?». «La de la calle». Empieza bien Berlín. Nos dan una habitación estupenda en la tercera planta, que da a la Friedrichstrasse, casi encima del Spree. Yo ni sabía que Berlín tiene río. No he preparado nada el viaje. No sé si hace mucha falta preparar un viaje a Berlín. A Berlín se llega ya instruido, incluso sobrecogido por su mero nombre. Hace unos meses no me apetecía venir. Pero María quería ver los museos de arte antiguo, donde exhiben obras sobre las que ha hablado en clase durante años y no ha podido contemplar nunca de cerca. En el viaje descubrirá que algunas son mucho más pequeñas de lo que se imaginaba por las diapositivas y las láminas de los libros. Me hará fotos delante de ellas para que sus alumnos puedan evaluar las dimensiones.

Cenamos en una pizzería de la Gendarmenmarkt, una bonita plaza cercana, y volvemos al hotel. Se ven algunos restaurantes enormes, de techos altos, manteles blanquísimos, con camareros de mandiles impecables. Lugares muy sugerentes para observar desde fuera, pero en los que no apetece internarse. Su aspecto es macilento, con velitas en las mesas y poca luz en general. Entran y salen grupos de gente más bien mayor, muy bien vestida. Me siento raro. Lo primero que pienso, como siempre en estos casos, es que estoy raro por el viaje y por encontrarme en una ciudad extraña. «Me voy a medir el azúcar», le digo a María. Nos sentamos en unas sillas de mimbre en el exterior de una cafetería cerrada. Tengo la glucosa muy baja. Me tomo un par de azucarillos. Casi no pasan coches. Solo algunos ciclistas. Bajón de azúcar en la Friedrichstrasse. Un lugar distinguido. Recuerdo bajones en Oxford Street y en Trafalgar Square. Y una noche midiéndome el azúcar sentado en la acera del Quai Saint Augustin, en París. Con la cantidad de diabéticos que hay en el mundo, no he visto nunca a nadie utilizando el medidor en plena calle. La recuperación de mi estado normal me pone eufórico. Contemplo feliz la legendaria estación elevada del tren que cruza la Friedrichstrasse. Se acerca una vagabunda rubia de mediana edad, vestida de cuero, ya ajada, pero con aspecto de haber sido muy guapa. Me pide un pitillo. Se lo doy. Me habla durante diez minutos en alemán, sin hacerme ningún caso cuando le digo que no le entiendo. Es de noche, Friedrichstrasse está casi vacía, me siento como en una película (esta es una de la sensaciones que más me satisfacen de cualquier viaje) y me digo a mí mismo que me encanta Berlín. Pienso en que me gustaría ser director de cine, tener una cámara y empezar a filmar lo que veo. Volvemos al hotel. Me asomo a la ventana del cuarto. Al otro lado del río un círculo de neón rojo sobre un edificio enmarca dos palabras que me producen un escalofrío: «Berliner Ensemble». Ese par de horas de estancia en Berlín ya habrán valido el viaje. La cama está cubierta de almohadones y cojines. Creo que es algo muy alemán. Pero las cuatro noches pasaremos calor si nos tapamos con el edredón, y frío si nos lo quitamos. Nunca he entendido la teoría y la práctica del edredón.

Fin del viaje.

Pese a todo, pese a que impresiona subir a un taxi y decir: «Al Reichstag, *bitte*», pese a que conmueven el memorial del Holocausto, la puerta de Brandenburgo, la avenida Unter den Linden y el Checkpoint Charlie, pese al sentimiento reverencial con que devoré mi primer *currywurst* frente a la Humboldt-Universität, y a que sentí un estremecimiento físico al ver el rótulo de la Rudi-Dutschke-Strasse, pese a la maravillosa Nefertiti («Mira, tiene un poco de ojeras en el párpado derecho»), ¿no hay algo un poco siniestro, un poco mortecino en todo Berlín? Para mí sí, por mucho que repitan que es una de las ciudades más vivas de Europa. Probablemente no alcanzamos a visitar esos lugares donde se respira su famoso dinamismo. Lo que más me gusta de los viajes es mirar a la gente, ver la pinta que tiene. El aspecto de los berlineses no me hizo apenas volver la cabeza. Personas muy normales. Pocas que no fueran blancas, pese a lo que digan las estadísticas de inmigración. Y casi todas vestidas de negro o de oscuro. María llevaba un chaquetón de lanas de colores que compró una vez en Ezcaray. «Aquí pareces Tonetti», le dije.

La tranquilidad de ánimo, el bienestar psicológico, la felicidad, si se la quiere llamar de ese modo, no es un factor adaptativo en la evolución de nuestra especie. De lo contrario, no habríamos llegado hasta aquí tantos individuos casi siempre insatisfechos, enfadados, contrariados por la más mínima cosa. No habrían existido las religiones, ni las filosofías, ni las artes. Los linajes de seres felices no sirven de nada a la propagación de la vida y se extinguen.

Vino a casa. Llevaba un botellín de plástico medio lleno con un líquido de color marrón que no supe identificar. Me gritó durante media hora. Me dijo que cómo podía haber escrito yo en el libro que él era un borracho. Le repetí que yo no había dicho eso, le pedí perdón por si era eso lo que alguien podría haber deducido de mis palabras, casi me puse de rodillas. De repente se tumbó en el sofá y se durmió. No supe si se había desmayado, o muerto, y lo desperté al cabo de cinco minutos con un toque en la frente. Se levantó y me miró furioso. «El borracho eres tú», me gritó. Cogió el botellín y se fue dando un portazo. Hoy, un mes después, me ha llamado por teléfono desde Madrid con un tono muy amable. «He cambiado el número del móvil y quería que lo tuvieras». Y ha añadido: «Hace cosa de un mes estuve en Bilbao, está precioso».

Te regala un dibujo o un cuadro. El autor se disgustará si no lo coloca bien a la vista en la sala. ¿Cómo? No tienes más que levantarte para alcanzar en tu biblioteca los mejores libros del mundo. Apretar un botón te basta para escuchar la mejor música o ver las mejores películas. ¿Y tendrás que pasarte la vida contemplando en tus paredes el dibujo o el cuadro del amigo?

Tener buena letra significa en primer lugar tener una letra clara. Escribir bien debería significar en primer lugar lo mismo, ser claro. Que la letra y el estilo resulten además «personales», «originales», «bonitos», «artísticos» o «elegantes», vendría después. Recuerdo lo que le dijo Jon, que estaba entonces con sus primeras clases de caligrafía, cuando Tere le enseñó mi libro. Lo hojeó atentamente y dijo: «¿Y esto lo ha escrito el tío Iñaki? Pues le ha quedado perfecto».

En Vitoria no habré estado ni diez días en mi vida. En Pamplona, menos. Iparralde, para mí, seguirá siendo siempre Francia. ¿Mi identidad vasca? ¿Es vasco el que vive y trabaja en Euskadi? ¿Y si no trabajo? Por lo menos cobrarás el paro o tendrás pensión. Tampoco. ¿Sabes euskera? No. Pero conozco a Atxaga y a Ibon Sarasola. Y la historia y la cultura vascas, ¿las conoces?, ¿las sientes tuyas? No mucho, tirando a muy poco, salvo lo que se me quedó de pequeño. El tío Iñaki nos llevaba a ver a los *korrikalaris*, ¿tú sabes quién era Chikito de Arruitz?, los *aizkolaris*, los *harrijasotsaile*, el arrastre de bueyes... ¿Axular? No, no lo he leído ni sé nada de él. Me encanta Baroja y he leído mucho a Savater. ¿Quieres que Euskadi sea un país independiente? La verdad es que no. Estoy bien así. ¿Tú amas a este pueblo? ¿Qué? No entiendo, yo jugaba bien a pala y Errasti me enseñó en el frontón del colegio mayor de Deusto incluso a jugar a cesta punta. Y soy de la Real. Y José Antonio Arce, el que más o menos inventó la txalaparta con su hermano, estaba en mi clase y venía todos los días al colegio en tren desde Usúrbil. Vivo aquí, como toda mi familia y casi todos mis amigos. Detesto a la izquierda *abertzale*, como detesté a Franco. La ikurriña me deja frío. Me puedo emocionar al escuchar el «Gora ta Gora», pero también «La chanson de L'Auvergnat», y el «Tatiago» de la tamborrada de San Sebastián, y el «Je ne regrette rien», y el himno de san Ignacio, «Inazio gure patroi handia, Jesusen konpainia, fundatu eta duzu armatu...», que hace poco se lo escuché cantar en televisión a la duquesa de Alba. Se sabía la letra entera, mejor que yo...

Premio Nobel a Vargas Llosa. Todos parecen contentos, como si se lo hubieran dado a ellos. Las primeras entrevistas en televisión son a los políticos. De modo unánime, desde Felipe González hasta Aznar, hablan maravillas del premiado. Según la nota de la Academia sueca, le han concedido el premio por haber trazado muy bien «la cartografía del poder», o algo así, no recuerdo con exactitud. Vargas Llosa sabe mucho de la cartografía del poder, sobre todo desde arriba. No hay alcalde de España que no tenga una foto con él. Los que yo conozco, Antonio Masip e Iñaki Azkuna, desde luego. En Pamplona, como recuerda Miguel Sánchez Ostiz hoy en su blog, donde incluye una foto en la que Vargas Llosa aparece ridículamente disfrazado, lo nombraron «Copero Mayor del Reino de Navarra». Algo semejante le ha sucedido en casi todas partes. Ayer cenamos en El Perro Chico y Santiago nos enseñó la foto que tiene con él en la pared del restaurante. A Santiago le desagradó, le pareció muy frío, pese a su perpetua sonrisa. Pero es como si el premio nos lo hubieran dado a todos. Yo mismo lo saludé una vez en Benidorm, lo que demuestra su casi milagrosa ubicuidad. Y cómo en Benidorm, contrariamente a la opinión común, hay de todo, hasta *think tanks* neoliberales y futuros premios Nobel paseando junto al mar. Una noche, mientras caminaba por el paseo de la playa, me encontré con Germán Yanke y Vargas Llosa. Germán nos presentó. Vargas Llosa me estrechó la mano y sonrió, sonrió mucho. Me parece un buen escritor, pero no un gran escritor. Yo creo que su obra no emite esa resonancia propia de los mejores. Por poner ejemplos cercanos a él, no creo que produzca el eco de un Cortázar, un García Márquez, un Rulfo o un Onetti. No digamos nada de Borges. Lo que sí creo es que Vargas Llosa podría haberse dedicado a cualquier otra cosa y siempre habría llegado muy arriba.

LLEVAMOS VEINTIDÓS HORAS sin dormir. Pero estoy encantado. Me gusta viajar, el mismo hecho de viajar, incluso el tiempo que consiste en permanecer horas y horas en los aeropuertos o encerrado en un avión. No se me hace fastidioso. Todo me entretiene. Es de noche. Habitación en el tercer piso de The Samuel Sewall Inn, en Boston. Una puerta se abre a la escalera de incendios. Es una escalera de hierro preciosa que desciende hasta un jardincito con tres árboles. Salgo y fumo el último pitillo del día, sentado en un escalón. Si me caigo me mato. No sé si este pitillo es ilegal. He pasado casi todo el día sin fumar. No me ha importado. Si prohíben fumar en un sitio con gente, no me entra ansiedad. Si lo prohíben en un lugar donde no molesto a nadie, me irrito. Samuel Sewall fue un prohombre de Boston de finales del siglo XVII y principios del XVIII que intervino en el juicio de las brujas de Salem y más tarde pidió perdón. He tomado como buena señal enterarme de que escribió un extenso diario, como era habitual entre los puritanos de aquel tiempo. Tenían el libro en la recepción del hotel. He querido comprarlo, pero no lo vendían. Me lo han prestado. Para nosotros son las cuatro de la madrugada, pero aquí son las diez de la noche. No hemos experimentado la leyenda de las feroces aduanas americanas. Desde el asiento del avión hasta subir al taxi solo han pasado quince minutos. Ha venido a recogernos Mario, que está a cargo de la delegación del Cervantes en Boston. Después de dejar las maletas en el hotel, nos ha llevado a pasear y cenar en un lugar llamado The Beehive, muy bonito, muy de moda, lleno de gente. Boston es una ciudad con muchos jóvenes, se nota la proximidad de las universidades. Kirmen y yo nos hemos estrenado con dos chuletones. Nada del otro mundo. Los hemos pedido poco hechos, pero los han traído bastante hechos. The Samuel Sewall Inn es un hotelito familiar, con aires de otro tiempo. También parece de otro tiempo la cama de la habitación que nos han dado a María y a mí, muy alta y muy ancha.

Desayunamos en el saloncito de la planta baja. Autoservicio. Dos *bagels* y mucho café. Me gusta el café americano, aguado. Bebo tres tazas y salgo al jardín a fumar. Los árboles tienen los colores del otoño, nada menos que del otoño de Nueva Inglaterra. Es un maravilloso misterio que estemos aquí. Viene Mario y damos un largo paseo por Boston. Vemos parques, ardillas, barrios residenciales, lugares históricos. También nos hacemos una foto frente a Cheers. Llegamos al puerto. Les recuerdo a María y a Kirmen que aquí fue lo del Tea Party. Mario es agradable. Nos lleva a comer y luego a la estación. Cogemos el tren a Providence.

Apenas tres cuartos de hora de viaje. Van a buscarnos María Pizarro y David Colbert, dos estudiantes de doctorado que a la vez son profesores y nos acompañarán durante todo el tiempo que estemos aquí. Llegamos a la universidad y a la residencia donde dormiremos. Dejamos las maletas y salimos a pasear por el campus de Brown, que es como una pequeña ciudad. Edificios de dos o tres pisos, árboles de todos los colores, más ardillas, casas donde vivieron Lovecraft y Poe, un mapache, bibliotecas, estudiantes de aquí para allá, casi siempre solos, con el ordenador bajo el brazo. En general, nos dará la sensación de que aquí la gente estudia de verdad, no sé muy bien qué, pero con ahínco. En literatura, esta universidad es especialista en las ramas más experimentales, todo lo contrario del librito que yo traigo en la maleta. Cenamos en un restaurante japonés, por lo visto muy bueno, pero a María y a mí no nos gusta la comida japonesa. No nos atrevemos a poner ni una pega. Pasa una chica. «Esa es Cósima, la hija de Pedro Jota Ramírez», dice María Pizarro. También estudia aquí la hija de Cebrián.

Desayunamos a las nueve en un local que se llama Au Bon Pain. Se me hace complicado conseguir lo que quiero tomar, no sé dónde hay que pedir, dónde servirse, dónde pagar. Me tropiezo con un chico y se me derrama el café en una mano. No sabía que para agarrar sin quemarse esos grandes vasos de cartón llenos de café ardiente, hay que ponerles alrededor unos cartoncitos. Estaban plegados en un mostrador, junto al azúcar y la sacarina, y no los reconocí. María trae un vaso de agua fría y desayuno con dos dedos metidos en él. He elegido unos bollos semejantes a los *bagels* de ayer, pero llevan una especie de crema de queso que no me gusta. Me los como. Nos juntamos con Kirmen y David. Vamos hacia el edificio del Departamento de Estudios Franceses e Hispánicos, la Rochambeau House, una elegante construcción de 1929. En una pequeña y bonita biblioteca con vistas al verde del jardín y las copas anaranjadas y amarillas de unos árboles, Kirmen y yo hablamos hora y media a unos cuantos profesores y estudiantes. Sigo sin saber muy bien qué pinto en este lugar, en plena Ivy League (a aita le habría gustado), pero hablo sin miedo y lo paso muy bien. Conozco a Domingo Ródenas y le doy un ejemplar de mi libro. Terminamos y nos llevan derechos a la estación. Esto de que te recojan, te traigan y te lleven un poco como a un muñeco es estupendo. Hay que tomar el tren a Nueva York. Tres horas y media. «Lo más americano del viaje», así lo imaginé antes de venir aquí y así lo siento ahora. En medio de Rhode Island, en un tren hacia Nueva York, viniendo de Providence. Algo absolutamente inimaginable hace seis meses. Vamos en primera, con muchos asientos libres. No hay turistas en el vagón, que está viejo, por no decir destartalado. Salvo nosotros, nadie recurre al bar. Comemos unos sándwiches. El camarero es negro, y también la mayoría de los revisores. Árboles, fábricas, grandes extensiones de agua, muchas casas de madera pintadas de gris. María hace algunas fotos por la ventana del tren. Fotografía también a Kirmen, que está pensativo. Lleva sobre las rodillas *Némesis*, de Philip Roth. Luego nos dirá que justo en ese momento se le había ocurrido cuál será su segunda novela. «Nada moderna. Y larga. Cuatrocientas páginas», dice. A Kirmen no lo conocía antes de este viaje. Cuando me enteré de que íbamos a hacerlo juntos, le cité a comer en una pizzería de Bilbao. Me cayó bien desde el principio, pero pronto me di cuenta de que no había abierto mi libro. Yo había leído el suyo dos veces. En el vuelo de Madrid a Nueva York se acercó en varias ocasiones a nuestros asientos para comentar algo de mis diarios. Pensé que por fin había sentido la curiosidad de leerlos. Tuve la impresión de que le gustaron. Pennsylvania Station, taxi. Primera visión de Nueva York. Colosal, pasmoso. Un fogonazo de colores al final de una calle: Times Square. Tenemos media hora para llegar a tiempo al Cervantes. Dudamos si dirigirnos directamente hacia allí, pero Kirmen, que lleva una camisa a cuadros escoceses encima de una camiseta, dice que quiere cambiarse de ropa y ponerse un traje en el hotel. «Claro que sí», le dice María. «Así estás guapísimo», le dirá luego, mientras corremos excitados por la calle hacia el cercano Instituto. Llegamos. Les parece normal que lleguemos. A nosotros nos parece que lo hemos conseguido de milagro, algo así como Indiana Jones en el último segundo. Hablamos. La sala está llena. Todo muy bien. A lo mejor pego luego algo de lo que dije. Tomamos un vino en el patio del Cervantes y vamos a cenar a un restaurante mexicano con Eduardo Lago, que tiene un constipado tremendo y casi no puede ni hablar, Juan David Marina, Aizpea Goenaga, la traductora al inglés de Kirmen y otras tres o cuatro personas que no llego a saber quiénes son. María y yo nos despedimos a las doce y nos vamos al hotel. Es el Roger Smith, a cien metros del Waldorf.

En Nueva York no apunté casi nada. No leí un periódico y no entré en ninguna librería. Eso sí, compré un bolígrafo plateado en la tercera planta de Tiffany, donde los venden a un precio asequible. Casi no lo estreno.

La invitación a acudir al Cervantes fue algo asombroso. Al recibir el correo electrónico de Eduardo Lago, supuse que se estaba equivocando. Apunté entonces: «En un primer momento, pienso que no iré. Reenvío el correo de Lago a varios amigos. Todos me instan a ir. También ama y María. Acabaré yendo, sobre todo para no parecer un cobarde. Pero me siento un impostor. Alguien debe de haberse equivocado en algo. Yo no iría, pero la verdad es que este diario, si tuviera voz, diría: "Vete". Tengo el pasaporte caducado, me da miedo la frontera de los Estados Unidos (no sé si aún soy también norteamericano y me detendrán), no sé qué pinto allí, ni de qué tengo que hablar, ni si será una pesadez tremenda tanta relación social, no podré fumar apenas. Acabo de responderle a Lago para que me explique de qué va el asunto».

Pero como suele suceder, ahora estoy encantado de haber ido. Ha sido una semana extraordinariamente gozosa. Y yo no sé hablar bien de los gozos. Eduardo Lago me explicó de manera un tanto confusa la serie de casualidades que le habían llevado a invitarme. Le dije que sí y comenzaron dos meses de preparativos y excitación.

No me quedé descontento de la conferencia en el Cervantes. La preparé mucho. Hablé un poco del libro, leí unas cuantas entradas para dar una idea de él a los asistentes y conté algo de mi relación personal con Nueva York. Copio unos párrafos del papel que llevaba escrito, aunque no leí nada, porque me lo sabía de memoria:

> Yo nací aquí, en Nueva York, en 1946. Mi madre era entonces una joven neoyorquina de veintiséis años, hija de dos españoles, un santanderino y una gallega de condición humilde, que habían llegado como emigrantes a principios de siglo a través de la famosa Ellis Island. Regentaban una pensión, una *boarding house*, bastante conocida entre la comunidad hispana, en los números 11 y 15 de la calle 82 Oeste.
>
> Mi padre era un bilbaíno, hijo de dos vascos de estatus social acomodado, a quienes la Guerra Civil les sorprendió veraneando en Francia, en San Juan de Luz, donde se quedaron. Como tenían dinero, mis abuelos enviaron a mi padre a estudiar Química a la Universidad de Cornell.
>
> Mi padre y mi madre se conocieron en esta ciudad en la que estamos, se enamoraron, se casaron y me tuvieron a mí.
>
> Hay un dato que me hace sonreír, que aparece mencionado de pasada en mis diarios y que no voy a privarme de repetir hoy aquí. Mis padres se casaron el 28 de diciembre de 1945. Y en vez de ir de viaje de novios a las cataratas del Niágara, como hacía todo el mundo, y que era lo que quería mi madre, mi padre, más comodón, decidió que pasarían la luna de miel en el hotel Waldorf Astoria. Pues bien, justo nueve meses y tres días después de que se registraran en el hotel, nací yo, el 1 de octubre de 1946. Creo poder decir que mi entrada a este mundo tuvo lugar a través de una habitación del Waldorf Astoria, es decir, a dos manzanas de aquí. Creo que, sin faltar a la verdad, yo podría hacerme un tatuaje en el brazo con la siguiente inscripción: «*Made in the Waldorf Astoria*».

Hablé también de la pensión del abuelito, donde estuvo hospedado una temporada Rubén Darío y yo viví los tres primeros años de mi vida, y de las relaciones de aita con la comunidad vasca de Nueva York. Dije que estas procedían de dos canales. Vuelvo a copiar unos párrafos de la conferencia:

> Uno de esos canales era don Valentín Aguirre. ¿Quién era don Valentín Aguirre? Un vizcaíno emigrado aquí a finales del siglo XIX que se había convertido en algo así como el padrino de todos los vascos que llegaban a los Estados Unidos en la primera parte del siglo XX. Por su hotel Santa Lucía, su restaurante Jai Alai y su agencia de viajes, que estaba en Bank Street, en el Village, pasaban todos los vascos que arribaban a Nueva York para dirigirse luego a sus trabajos de pastores en Idaho, en Nevada, en el oeste en general. Don Valentín les aconsejaba, los alojaba, les hacía los papeles y, como digo, se convirtió en una especie de gran patriarca de la comunidad. Pues bien, un hijo de don Valentín, Peter Aguirre, era el amigo íntimo de mi padre y fue el padrino de su boda. Una vez vino a San Sebastián a pasar casi un año.
>
> Los lazos de mi padre con la comunidad vasca procedían también de otro lado. Don Valentín habría dicho, creo que con algún desdén, según me ha contado mi madre, que del lado de «los señoritos». Estos señoritos eran los miembros del Gobierno vasco en el exilio, que tenía su sede en un edificio de la Quinta Avenida y estaba en parte financiado por mis abuelos paternos. Mi padre no estaba muy introducido en la política, pero se acercaba por allí a menudo, incluso llegó a vivir en la delegación durante un tiempo. Era amigo del lehendakari José Antonio Aguirre, un mito en la Euskadi de entonces y en la actual, pues fue el primer presidente del Gobierno vasco y un nacionalista, dentro de lo que cabe, cuerdo y sensato. Y mi padre era amigo también de muchos otros políticos vascos, todos ellos con estrechas relaciones con el Departamento de Estado americano. Uno de ellos, muy significativo, fue Jesús de Galíndez.
>
> No sé si saben ustedes quién fue Galíndez, una persona real que hoy es casi una leyenda y, en cualquier caso, un personaje literario al que yo he visto citar en varias novelas muy premiadas. Aparece de refilón en la novela que Kirmen presenta hoy aquí, *Bilbao-New York-Bilbao*, pero había aparecido también, que yo sepa, en otras tres, *La maravillosa vida breve de Óscar Wao*, que le valió a Junot Díaz el premio Pulitzer, *La fiesta del chivo*, del reciente premio Nobel Vargas Llosa, y *Galíndez*, novela con la que Manuel Vázquez Montalbán obtuvo el Premio Nacional de Narrativa en España.
>
> No tengo tiempo de resumir el complejo caso Galíndez. En pocas palabras, para quien no lo conozca, diré que Galíndez fue un miembro

de la delegación del Gobierno vasco en Nueva York que escribió una tesis doctoral para la Universidad de Columbia sobre la dictadura de Leónidas Trujillo en la República Dominicana. Un día, al salir del metro, fue secuestrado por unos esbirros del dictador, trasladado en avión a Santo Domingo, torturado hasta la muerte y arrojado al mar. Nunca se encontró su cadáver. El caso fue muy relevante en su época, pues en él se hallaron implicados agentes de los servicios secretos norteamericanos, alguno de los cuales fue también asesinado luego por Trujillo para eliminar testigos.

Pues bien, en los álbumes de fotos que guarda mi madre en San Sebastián, hay varias imágenes en las que no solo están mis padres con Galíndez, sino en las que también estoy yo. Oculto, pero presente, ya que en el momento en que se tomaron las fotos mi madre estaba embarazada de mí.

La amistad de mis padres con Galíndez es uno de los componentes de mi particular mitología neoyorquina que hoy quiero citar aquí. Una de las fotos de las que les he hablado está descrita con pelos y señales en una página de la novela de Vázquez Montalbán, pues se la envié cuando supe que estaba escribiéndola. También incluyó algunos detalles personales de Galíndez que me había contado mi madre. Durante las cenas y comidas, Galíndez hacía figuritas de animales con las servilletas y en cuanto tomaba un par de copas se ponía a cantar la canción popular francesa *Alouettte, gentille alouette...*

No voy a pasar a limpio las escasísimas notas que tomé en Nueva York. Estoy escribiendo diez días después del viaje y no veo que tengan el mínimo interés recordatorio y den cuenta de lo bien que lo pasamos. A veces es mejor quedarse con esa especie de nebulosa de felicidad que proporcionan algunas experiencias y no dar muchos detalles que solo la jibarizan y empobrecen.

Solo copiaré la primera:

1. Con esta línea estreno el bolígrafo que he comprado por la tarde en el tercer piso de Tiffany, donde ofertan objetos no muy caros. Por la mañana, desayuno en el hotel y paseo hasta la Frick Collection. Saludos a Tomás Moro, a Cromwell, a Felipe IV y al conde de Montesquiou. Tres Vermeers. Comida en Le Chat Noir. Empleadas sudamericanas paseando perros. Tarde: caminatas por Madison Avenue y la Quinta Avenida. Tiendas. Me retraso un poco de María y Carlos,

que van más rápidos que yo. Carlos dice que si camina a mi paso se agota. Yo no. Así veo mucho más. Carlos Maqua nos ha acompañado al viaje, aprovechando que una sobrina suya vive y trabaja en Nueva York. Me mido el azúcar en una terracita con sillas de la Quinta Avenida, frente al hotel Plaza. Cuando hace mucho frío, el medidor no funciona bien y da una señal de error. Ya me pasó una vez en Londres. Mastico y trago un terrón, por si acaso. Miro a la gente con mucha atención. Quiénes serán, a qué se dedicarán, me digo. Y pienso que solo a unas manzanas de este lugar se produjo hace mucho tiempo un encuentro fortuito entre dos personas que no se conocían y fue el motivo primordial de que yo esté hoy aquí, sesenta y cinco años después. Era 1945, aita estaba deprimido y ama trabajaba de secretaria en la clínica del doctor Valenti, un médico muy reconocido al que acudían los españoles de Nueva York. Ama llegó incluso a ver un día en la consulta a Dalí y Gala («Gala era la mandona»). A aita le recomendaron a Valenti para aliviar su tristeza. La secretaria, y también medio enfermera, le pareció muy guapa. No sé hasta qué punto aita estaba deprimido, pues la invitó a tomar un café a la salida del trabajo. Ama aceptó...

Me despido de él. Estoy contento porque me ha halagado. Es una persona importante. Al cabo de unos pasos pienso: ¿pero por qué estoy tan contento, si es alguien que apenas me merece respeto intelectual? La relación con las personas importantes tiene siempre algo de penoso.

Cada vez que sube el precio del tabaco me siento más rico. Es como si todo lo demás hubiera bajado de precio.

He releído *La tentación del fracaso*, de Ribeyro. Empecé a saltos, pero creo que lo volví a leer entero. Y otra vez me ha gustado. Constituye un espléndido autorretrato. O por lo menos, el autorretrato que Ribeyro quiso hacerse. Solo hay un tono. ¿Lo eligió él o se le impuso naturalmente? ¿Por qué los diarios de alguien siempre tienen el mismo tono? El de Ribeyro es muy quejoso. ¿Lo quiso él así, o no pudo evitarlo?

Recuerdo los diarios que me dejó leer hace unos meses X. Doscientas páginas sin apenas un párrafo de humor. ¿Por qué, si X es un tipo gracioso y con mucha chispa?

Según Joana, en mis diarios parezco «más gracioso y más chulito» de lo que soy en realidad.

Qué bien hallarse aquí, lejos de casa, en esta cafetería de El Albir, en Alfaz del Pi. Y todavía puedo aumentar mi placer si me pongo en la piel de ese noruego. A lo mejor ahora mismo nieva en Noruega, y qué bien se está aquí con el frío que hace en Noruega.

Siempre que alguien menosprecia la «literatura de evasión» pienso que está haciendo un elogio de la cárcel.

«El deseo de autorretratarse es, por debajo de toda otra tendencia más superficial, el motivo real que lleva a escribir. Un deseo muy conectado con esa intimidad, esa moderna subjetividad, que podría llamarse el elemento "montaignesco" en la literatura» (Walter Pater).

Un personaje de Turguéniev, en *El hombre de las lentes grises*:

«—La literatura no es un arte —exclamó con despreocupada voz—. La literatura ante todo debe entretener. Y la única literatura que entretiene es la biográfica.

»—¿Tan aficionado es usted a las biografías?

»—No me ha comprendido usted bien. Me refiero a esas obras en las que el autor le habla al lector de sí mismo (se exhibe a sí mismo) para causar la risa. En realidad, la gente no puede comprender otra cosa... ¡Así es! Por eso el escritor más grande es Montaigne. No hay otro como él.

»—Tiene fama de ser un gran egoísta —observé.

»—Sí, y en eso reside su fuerza. Es el único que ha tenido el valor de ser un egoísta y un mamarracho hasta el final. Por eso me divierte. Leo una página, otra..., me río de él, de mí mismo..., y eso es todo».

Termina diciembre de 2010, el mes durante el que menos líneas he escrito desde que comencé estos archivos. Propósito de enmienda. Escribir algo cada día. Es absurdo el miedo que le he tomado a escribir. Como si cada línea que yo escribiera fuera a ser leída, escrutada y juzgada por todo el mundo. Corregir del 2004 al 2008, cuando todavía tomaba notas como si no fuera a publicar nunca. Comprobar si se puede hacer un segundo libro con ello. Y seguir anotando como si ese segundo libro fuera el último. Entrar aquí otra vez de forma habitual. Copiar citas, contar cosas que me afectan, escribir bobadas, banalidades, mis banalidades, pues sé que puedo haber leído veinte mil palabras en un día, pero me voy más contento a la cama si he apuntado en cualquier sitio una mía.

EPÍLOGO

HACEN BROMAS sobre la abundancia de fotos y vídeos de gatos en Internet. Yo pienso en la capacidad de supervivencia y multiplicación de estos animales que han conseguido aprovechar en su favor hasta la última de las nuevas tecnologías.

Dice Burroughs en su conmovedor libro *The cat inside* que los gatos no fueron domesticados en el Antiguo Egipto para cazar los roedores que se comían el trigo almacenado en los silos, sino como «compañeros psíquicos», animales cuya sola presencia aumentaba el bienestar emocional de los humanos. Y ahí siguen.

CLASE DE FÍSICA. En cuanto oigo hablar de la cultura del esfuerzo me acojo a la madre naturaleza. Incluso durante el mayor de los temporales, ella sigue siempre la ley del mínimo esfuerzo.

«TU MUJER ESTARÁ PREOCUPADA POR LO DE X», me ha dicho el peluquero. Al principio no he sabido a qué se refería. Pero enseguida me he dado cuenta. «No. Por lo que está preocupada es por los problemas del Centro Niemeyer de Avilés». X es un futbolista asturiano que tuvo una lesión grave. Y como María es asturiana, el peluquero ha debido de pensar que estaría sufriendo algún tipo de conmoción psicológica por la mala suerte del jugador. María no ha visto un partido en su vida y no se encuentra afectada por la pandemia actual de fútbol. María goza de la bendita inmunidad de aquel Ezkerra que un día de no hace tanto tiempo me preguntó, como a escondidas: «Oye, dime una cosa, ¿qué es exactamente un penalti?». O de aquel Borges que fue a un partido de fútbol con su amigo Enrique Amorim y se marcharon a casa al terminar la primera parte porque no sabían que hubiera una segunda.

PROVERBIO NO ÁRABE.

«Siéntate a la puerta de tu casa y verás pasar a tu enemigo en un Ferrari».

«AHORA VOY A DORMIR UN POQUITO MÁS». Se dio la vuelta en la cama y ya no despertó.

«Auar fader ju ar in jeben, jalou vidai neim, dai kindon cam, dai uil bi dan...». Así nos lo enseñó esta guapísima neoyorquina cuando casi no sabíamos ni hablar.

NO ME APETECÍA estar en casa ni estar en la calle. Hubiera pasado el día en el ascensor.

«¿HA SENTIDO A VECES EL LECTOR que pasó su vida entera como preparándose para defender una tesis de doctorado?», pregunta el narrador de *La soledad del lector*, de David Markson. Pues sí, a veces sí. ¿Qué miembro de qué tribunal ha dicho que yo tenía que haber visitado esa exposición sobre el arte ruso que lleva varios meses en el Guggenheim, a trescientos metros de mi casa, y he visto con gran alivio que por fin clausuraron ayer?

El amor a la vida. Pero como el amor que padecen los afectados por el síndrome de Estocolmo o algunas mujeres maltratadas, que puede ser lo intenso y apasionante que se quiera. O como aquello del viejo chiste judío que cuenta Woody Allen al principio de *Annie Hall.* Están dos hombres sentados a la mesa de un restaurante y uno dice: «La comida de este sitio es espantosa». Y el otro asiente: «Sí, y además las raciones son pequeñísimas».

La grandeza de S.

A la salida del funeral, que había sido multitudinario, María y Jose hablaban de él con lágrimas en los ojos. «Y pensar que a más de la mitad de los que están aquí les debía dinero», dijo Jose.

Rávena. Lo primero que hice al entrar en la habitación del hotel fue examinar con atención el suelo. El día anterior, en Siena, choqué con la pata de una cama y me di un batacazo. Nunca me había caído así. Menos mal que la vi venir desde el principio y fue una caída magnífica. Desde el primer momento supe lo que iba a pasar y me dejé ir con una rotación del cuerpo que me hizo sentir como un portero de fútbol. Casi no me hice daño y después no me dolió ningún hueso. María no se enteró porque estaba en la ducha. Ahora pienso que me he caído muy pocas veces en mi vida, al menos de mayor. Recuerdo aquella vez en que P., a la salida del colegio, durante una riña en el paseo de la Concha, me tiró al suelo de un empujón con una facilidad que me dejó pasmado. No me he vuelto a pelear nunca. Y también recuerdo aquel día, a mis doce o trece años, en que me caí al bajar de la Cafetera, el viejo autobús de color verde que nos llevaba al colegio, y me rompí un brazo. Con él enyesado, ama me llevó al cine, al Bellas Artes, y allí vi mi primera película para mayores, *Gigi*. Creo que la segunda fue *El manantial de la doncella*, en el Actualidades, donde nos colamos unos cuantos sin tener la edad requerida. Me estoy despistando. Le prometí a María apuntar algo sobre el viaje. Pero cuánta razón tenía, creo que fue Heine quien lo dijo, que no hay nada más aburrido que leer un viaje a Italia, salvo escribirlo. Aunque también añadía que lo más importante es que no aparezca mucho Italia. La visita a Rávena cumplía un gran deseo de María, que quería ver por fin en persona los mosaicos bizantinos después de tantos años estudiándolos y proyectándolos en diapositivas a sus alumnos. La verdad es que son preciosos, aunque yo no los contemplaba ni disfrutaba tanto. No soy muy conocedor, ni siquiera muy sensible al arte. Hizo mil fotos con su enorme cámara en la basílica de San Vitale mientras yo la esperaba sentado en un banco mirando de lejos las figuras como si estuviera viendo las imágenes creadas allí hace más de setecientos años por los visitantes de alguna civilización extraterrestre. Vírgenes flotantes, ángeles (uno se parecía a Antonio Masip), figuras con togas, Jesucristos en sillas voladoras. Memorable el pequeño mausoleo de Gala Placidia, con sus mosaicos de diminutas teselas azules y doradas, como un viejo platillo volante de algunos antiguos magos. Comparada con Siena, donde habíamos estado dos días, Rávena nos pareció una ciudad más realmente italiana, con muchos menos turistas. Caminamos, nos sentamos en terrazas y visité la tumba de Dante, un montículo de tierra cubierto de hiedra. No había nadie. María me hizo fotos, sospecho que irreverentes. No hay manera de hacerse fotos delante de una tumba. Colgó una en Facebook. Hubo reacciones inmediatas de amigos suyos, algunos de los cuales nos habían acompañado en cierto modo durante todo el tiempo. Esto no pasaba antes y no me gusta mucho. Detesto los viajes en grupo, aunque el grupo sea virtual. ¿Habrán desaparecido para siempre aquellos momentos en los que me gustaba tanto decirme en algún lugar insólito: ahora mismo no hay nadie de mis conocidos en el mundo que sepa dónde estoy y pueda localizarme? Nos sorprendimos y alegramos, sin embargo, al encontrarnos con Angelita W., una amiga de la infancia de María y que como ella fue también reina de las Fiestas de El Bollo de Avilés. Los italianos son más variados y entretenidos de observar que los turistas extranjeros. Cenamos en el exterior de una pizzería vulgar, pero bien situada para mirar a la gente. Me levanté a pagar y a la vuelta me detuve para fijarme en María. Movía la cabeza como si estuviera viendo un partido de tenis. Fue dificilísimo encontrar un taxi para volver al hotel. Un taxista con la mala pinta de los italianos que tienen mala pinta trató de engañarnos. Nos reímos, porque a aquellas alturas del viaje todo nos hacía gracia. Y aquí ya me paro, ¡oh Heine!

Como últimamente estamos viendo a poca gente, hablamos menos en casa.

Soy una persona más bien callada y sé que soy una persona más bien callada. ¿Saben los habladores imparables que son unos habladores imparables? No tienen pinta.

Mi agradecimiento para esta reseñista que recomienda mis libros e informa con exactitud a sus lectores de la condición social de su autor: un señor que no se dedica a escribir y que escribe lo que le da la gana.

«Lo que llaman liberalidad no es a menudo más que la vanidad de dar, que estimamos más que lo que damos», escribió La Rochefoucauld. A lo que yo añadiría un apéndice más prosaico: a menudo, la gente que hace muchos regalos es gente a la que le gusta mucho comprar.

Ha muerto el gran amor de María Bengoa. Tenía noventa y un años. Ella tendrá ahora cincuenta y pocos. Se enamoraron hace diez. Soy muy amigo de María y viví la historia de cerca. «Os doy seis meses», le dije rotundo cuando empezaron a salir. Han durado más de diez años. En su euforia amorosa, recuerdo que, durante una cena en el Guria, después de media hora de elogios a su novio, María nos dijo a Miguel y a mí: «Y además tiene una virtud maravillosa. Le gusta que le escuchen. No sabéis cómo le gusta ser escuchado». Debí de haberme dado cuenta de que el asunto iba en serio.

Apenas conocí a Ramiro, un buen escritor del que he leído poco. Comí un par de veces con él y otras personas. No le gustaban las sobremesas y sostenía que todo lo que la gente tiene que decirse se puede decir en el tiempo de la comida. Fue alguien singular y excepcionalmente honrado. Recuerdo que en una ocasión lo llamaron de un periódico para proponerle un premio. La dotación era muy sustanciosa y Ramiro solo tenía que escribir un artículo halagador sobre el País Vasco. Se negó a participar en un juego que le parecía una estafa. «Son unos mafiosos», dijo. El premio lo ganó otro escritor célebre con un artículo en el que contaba cómo sus tías de Santander venían a Bilbao a merendar chocolate con pastas.

Ramiro siempre dijo en las entrevistas que su gran influencia fue Faulkner. Aquí hay una cierta contradicción que nunca he acabado de entender, porque siempre defendió también que la prosa de un novelista debe ser clara y transparente. Tal vez se refiriera al hecho de que Faulkner lo inspiró para crear un mundo propio y ficticio en Getxo como él había creado su condado de Yoknapatawpha. Pinilla ha contado que el deslumbramiento con Faulkner provino de sus lecturas en una biblioteca americana que existía en el centro de Bilbao y que se trasladó luego a la Universidad de Deusto con el nombre de Biblioteca Kennedy. En mis años del Colegio Mayor frecuenté mucho la Kennedy. Y ahí conocí yo también a Faulkner. Y me gustó tanto que una vez tomé prestados dos libros y no los devolví. Me acompañaron desde entonces de casa en casa durante toda mi vida, provocando siempre un cierto sentimiento de culpa, por ser dos libros robados, con la ficha de la biblioteca pegada todavía en la página inicial. Y así, cuando Ramiro empezó a salir con María Bengoa, me dije que por fin iba a librarme de aquella maldición y le regalé los dos libros, los dos mismos ejemplares en que él leyó en su tiempo por primera vez a Faulkner. Imaginé que le haría ilusión, pero apenas reaccionó y no me dio las gracias. Es probable que pensara que yo era un ladrón y le estaba convirtiendo en cómplice de aquel robo de hacía cincuenta años.

Los miles de millones de neuronas de mi cerebro y los miles de millones de conexiones que las unen no consiguen despejar el aburrimiento y el desánimo de esta tarde, no sé qué otra cosa les puede parecer más importante, no sé en qué estarán pensando.

Ayer fue mi cumpleaños. Setenta. Llevaba unos meses aprensivo por la cercanía de la fecha. Hoy me parece normal. Estuvimos con Luis y Begoña comiendo langosta en Isla, en un paisaje precioso. Una familia de cormoranes jugaba entre las rocas. No comía langosta desde hace mucho tiempo. Pienso aumentar el ritmo. Setenta son muchos.

«Un hombre libre en nada piensa menos que en la muerte»: es una frase famosa de Spinoza. ¿Pero cuántos años tenía Spinoza al escribirla? Tal vez unos cuarenta. A los setenta, libre o no libre, se piensa a menudo en la muerte, aunque solo sea durante unos instantes, porque no hay mucho en qué pensar.

Lo más inmediato que me produce la idea de la muerte es extrañeza, estupor. Recuerdo al protagonista de la cuarteta de Borges: «¿Es posible que yo, súbdito de Yaqub Al-Mansur, muera como tuvieron que morir las rosas y Aristóteles?».

Una vez anoté: «El final. Lo malo es el numerito. Si uno pudiera irse a hurtadillas... Despedirse a la francesa... Con los zapatos en la mano». Lo grave es lo anterior, el envejecer, debilitarse, enfermar, sobrevivir hecho un asco, y a eso tal vez se puede aprender, o acostumbrarse. Y pienso en cuánto sufrimiento propio y ajeno se evitaría si al menos la mayoría de nosotros nos fuéramos tres o cuatro años antes de la fecha que nos tiene guardada el destino. Pero ¿a morir? ¿Qué es eso de morir? A morir no se puede aprender, no hay ocasión de ensayar. *«Nous y sommes tous apprentis quand nous y venons».*

Lo más cerca que he estado de la muerte fue hace unos meses. Pensé que tal vez me había llegado. Después resultó que solo era una infección de orina, pero me vi de pronto con una fiebre altísima y temblando como un epiléptico en el sofá. Quizás esto sea el fin, supuse. Es posible que esto sea la muerte. Lo pensé con absoluta convicción. Y no me importó. No recapacité en ningún momento en lo que pudiera venir después, no sentí ningún miedo al más allá o como se quiera nombrarlo. Ni pensé en ello. Solo me dije: pues bien, este es el final, de acuerdo, se acabó. Y me vinieron a la cabeza un par de ideas alegres. Pensé que estaba contento por haber escrito mi librito de diarios y que así, sin mis gastos, María dispondría de más dinero para el resto de su vida.

Ayer le leí a alguien, y ya no recuerdo a quién, que está mal quitar a los viejos sus obsesiones, como a los bebés sus osos de peluche. Esto debería hacerme menos cascarrabias con tantos intelectuales de mi edad que escriben en los periódicos y a los que leo con reincidente fidelidad.

Me hace reír este epitafio encontrado por Truman Capote en el cementerio de un pequeño pueblo del norte de California: «Sin comentarios». Vale por toda la *Antología Palatina*, me digo.

Sin embargo, leí en algún sitio que Pancho Villa fue herido de muerte en un atentado y quiso pronunciar unas últimas palabras. Como no se le ocurría nada, se impacientó y acabó pidiendo a un periodista que pasaba por allí: «¡Escriba usted que he dicho algo!». Y pienso que el origen de estos diarios fue semejante. Los empecé a los cincuenta y dos años, tras un ingreso hospitalario por una enfermedad grave. Los médicos temieron que fuera la definitiva. Yo nunca lo creí, pero, al volver a casa y cambiar mis hábitos de vida, comencé a escribir estas páginas (¡escribe que has dicho algo!), que se han convertido ya en unas larguísimas últimas palabras.

Honor a Montesquiou.

Me busca para dedicarme un ejemplar de su novela. Es una especie de *thriller* a lo Dan Brown que transcurre en Bilbao. Dice que uno de los personajes está inspirado en mí. Solo me conoce de los diarios, salgo poco en el libro, apenas me veo reflejado y, aunque soy uno de los buenos, termino asesinado.

Copio aquí parte de un artículo que escribí una vez para el periódico:

Proust negó a Sainte-Beuve que la obra de un escritor pudiera explicarse por su vida. Pero en una famosa conversación con Gide dijo: «Se puede contar todo, a condición de no decir nunca yo». ¿Y si no hablamos de uno mismo, sino de los otros personajes, se puede contar todo a condición de no decir los nombres de los individuos que los han inspirado? Al conde de Montesquiou, Proust lo destrozó. Lo convirtió en el hazmerreír de los salones. Tras la aparición del segundo y tercer tomo de *En busca del tiempo perdido* no hubo reunión o fiesta en la que alguien no imitara el tono y las conversaciones de Charlus-Montesquiou. El conde abandonó París y fue a instalarse en Menton, donde continuó ejerciendo su carácter y maldiciendo de «las desvergonzadas termitas que penetran arrastrándose en un mundo en ruinas». Alguna vez se le oyó decir: «Yo también reclamo mi parte de gloria. ¡Debería llamarme Montesproust!». Pero la humillación pudo con él. No es una exageración asegurar que murió de vergüenza. Y eso que no tuvo tiempo de leer lo peor, lo que venía en los tomos siguientes de la obra de su «*petit* Marcel». Proust lo sabía, le tenía pánico y desde hacía tiempo tiraba a la basura los ramos de flores y las cajas de bombones que le enviaba temiendo que estuvieran envenenados. Ni siquiera cuando estuvo seguro de su muerte descansó. Quedaban por publicarse las memorias póstumas del conde y Proust llamó al editor para tratar de suprimir hasta la mera mención de su nombre. No hubiera hecho falta. Resultaron un desastre de verborrea y vanidad sin interés. «No es esto lo que se espera de un muerto», dijo cierta malvada de la época. Montesquiou no se había vengado ni escrito casi nada sobre Proust. Una nota aludiendo al desorden de su cuarto, donde coexistían demasiados orinales con botes de mermelada, y la reivindicación de que él, y solo él, había sido su descubridor.

El conde debería haber aprendido algo del duque de Albuféra, otro damnificado. El propio Proust contó esta conversación telefónica:

PROUST: Pero mi querido Louis, ¿has leído mi libro?
ALBUFÉRA: ¿Leído tu libro? ¿Tú has escrito un libro?
PROUST: Pues claro que sí, Louis, incluso te lo he enviado.
ALBUFÉRA: ¡Ah! Mi pequeño Marcel, si me lo has enviado, seguro que lo he leído. Lo que pasa es que no estaba seguro de haberlo recibido.

A MENUDO LO QUE MÁS RECORDAMOS y comentamos de un viaje son los contratiempos. Todo relato de viaje debe contener un mínimo de odisea.

X HA EMPEZADO A IR AL PSIQUIATRA. Dice que el primero al que fue «¡era un mercader trotskista, un lacaniano!». Ahora va a uno freudiano. Le pregunto y me explica que la diferencia entre lacanianos y freudianos es que los primeros te piden el dinero directamente ellos y se lo tienes que entregar en mano. X ha comenzado a notar ciertos lapsus y obsesiones. Un día en que llovía salió a la calle y se dio cuenta de que no tenía ni para el taxi. Fue al banco, pero se olvidó el dinero en el cajero. No consigue encender el tocadiscos, aunque su hija le anotó las instrucciones en un papel. Dice que se le ha olvidado manejar el móvil. Al psiquiatra le ha explicado que tiene fijación con la lencería y que ahora, con la tripa que le ha salido, no se atreve a decirles a las chicas que se pongan nada. También va al psiquiatra para aprender a vender en bolsa. Solo sabe comprar. No se atreve a vender.

X, ENFADADO CON SU HIJO DESDE HACE CINCO MESES, me explicaba ayer por teléfono: «¡Es que tener un hijo de treinta años es la hostia! ¡Puede que sea un asesino en serie! ¿O es que los asesinos en serie no tienen padres?».

SIEMPRE SIENTO MALESTAR ante las narraciones que tratan del pasado cercano, ya sean de ficción o de no ficción, y que de alguna manera me incluyen. No reconozco mi vida en ellas. Hoy se cumplen cinco años del final de ETA. Todo el mundo parece muy preocupado por «el relato», por lo que dirá en el futuro doña Historia. Florencio Domínguez, probablemente el que más sabe de ETA en el mundo, dice en el periódico: «Es necesario que quede una versión pública y aceptada de que el terrorismo y su actuación contra el Estado de Derecho y las libertades fue ilegítimo». Creo que eso es lo que fue y creo que así quedará a grandes rasgos en el tiempo. Y algo peor que ilegítimo.

Sin olvidar las palabras de Valéry: «Historia son solo libros. Y arbitrarios. Para cada accidente y lugar hay infinitos puntos de vista». Y las de Emerson: «No existe la Historia, solo biografías». Y para colmo, las de Montaigne: «Nada puedo decir de mí, de forma total, entera y sólida, sin confusión ni mezcla, ni en una palabra».

LA HISTERIA DE QUE VIENEN A POR NOSOTROS, de que ya están llegando, de que ya están aquí... «Los tártaros se convertirán en nuestros amos. Esta revolución me parece infalible» (Rousseau). Tomo la cita de Cioran, que la recuerda para dejar constancia de que la leyenda de la decadencia y el fin de Europa, que él comparte con indisimulado entusiasmo, tiene ya sus añitos. Suele haber un cierto regocijo en quienes emiten este tipo de tremebundas profecías.

SCHOPENHAUER (I). Leo un par de horas a Schopenhauer. Qué saludables son esas enmiendas a la totalidad, cómo las comparto. Aunque tal vez debido a mi carácter prefiero que las expliciten otros y yo sonreír desde lejos y revitalizarme con ellas. La más completa es la de Schopenhauer. Su monumental berrinche contra el mundo en general, «una cosa que mejor no existiera», es como un libro de oración que reconforta y ayuda a aguantar las incesantes preocupaciones, incomodidades, molestias y desastres de que se compone principalmente la vida cotidiana de los particulares. Muy recomendables son también los libros de Cioran, que ya vienen cargados muchas veces de su propio humor: «Sin la idea de un universo fracasado, el espectáculo de la injusticia bajo todos los regímenes llevaría, incluso a un abúlico, a la camisa de fuerza». Y ese ansiolítico consejo de Clément Rosset: «Mi lema de sabiduría en la vida podría ser: tranquilicémonos, todo está mal».

Schopenhauer (2). Entro en la consulta de Piniés, nos saludamos y se sienta a su mesa con la analítica en la mano. Yo me siento enfrente. Lo miro a los ojos. Me mira. En ese momento se hace palpable aquello que escribió Schopenhauer sobre el determinismo y la vida en general: «Hemos de considerar los acontecimientos que tienen lugar con los mismos ojos con que leemos la letra impresa, sabiendo que estaba allí antes de que nosotros la leyéramos».

Schopenhauer (3). Nietzsche tituló «Schopenhauer como educador» una de sus *Consideraciones intempestivas*. Y está además lo que contó en sus memorias Lucia Franz, hija del último arrendador de Schopenhauer, que acabo de leer hoy. Según escribió Lucia, Schopenhauer, un par de años antes de su muerte, se trasladó a vivir desde el número 17 al número 16 de la misma calle de Fráncfort donde ella residía y que era propiedad del señor Franz. Cuando la niña y sus hermanos se portaban mal, el padre los amenazaba diciendo: «¡Que llamen a Schopenhauer! Iré a buscarlo y él os meterá en cintura con su bastón. ¡Menos mal que se ha instalado en el piso de abajo!». Salvo con el señor Franz y sus hijos, Schopenhauer no se hablaba con los vecinos de la finca, ni los saludaba. Una vez uno de ellos lo encerró en el baño de la casa, que estaba en el pasillo. Schopenhauer armó una gran bronca hasta que lo liberaron. En general, armaba muchas broncas. Se proclamaba cercano al budismo, aunque su carácter algo tempestuoso no corresponda a la imagen que solemos hacernos de los seguidores de Buda. Pero también es cierto que en lo poco que he leído sobre budismo aparecen sabios gruñones y más de un bastonazo. Las dotes pedagógicas de Schopenhauer no se detenían ahí. Lucia cuenta que entre él y su ama de llaves educaron al perro de casa para que hiciera la compra. El perro se llamaba Atma, «el alma del mundo» en sánscrito, tenía tres cestas a su disposición, y le enseñaron que la primera era para el panadero, la segunda para el carnicero y la tercera para la tienda de ultramarinos. Cuando le ponían delante una de ellas, Atma la tomaba en la boca, corría al lugar indicado y regresaba feliz con el pedido. Si alguien intentaba acompañarlo en su trayecto, se detenía y se quedaba inmóvil.

Cioran consideraba a Schopenhauer el Gran Patrón y Borges dijo de él que acaso descifró el universo.

Leo a Kahneman: «La observación de que el 90 % de los conductores cree que son mejores que la media es una conclusión psicológica bien establecida que forma parte ya de nuestra cultura y que a menudo aparece como un buen ejemplo del efecto, más general, de creer estar por encima de la media». A mí me ocurre eso con la pereza.

Ordenador nuevo. Cambio a Word 10. Mucho *hardware* y mucho *software*, pero a ver qué escribo ahora. Repaso lo del último mes y veo que solo hay dos folios. Y de esos dos folios, solo me quedo con tres frases. Una: «Marx le envió un ejemplar del tomo primero de *El Capital* a Darwin pidiéndole permiso para dedicarle el segundo, y el volumen fue descubierto con las páginas aún pegadas en la biblioteca que Darwin dejó a su muerte». Dos: «Amama le tiró un zapato por la ventana desde su piso en la plaza Circular al presidente de la República Niceto Alcalá-Zamora». Y tres, muy oportuna para la ocasión, de mi comodín favorito: *«Nulla dies sine mamotreto»*, dicha por Borges a Bioy cuando este le habló de alguien que escribía por sistema no sé cuántas carillas al día con el argumento de que «así tendré una obra».

Supongo que las leyes de la evolución nos determinaron para vivir más preocupados que despreocupados, más mal que bien, más infelices que felices. Y para no sentir una gran decepción por ello. Leo en el periódico que, según un estudio, los andaluces están satisfechos con sus condiciones actuales de vida. Les dan una puntuación de 8,22 sobre 10. A 1,78 puntos del paraíso.

Al aparcar en Oviedo le dije a María que, después de su visita al oftalmólogo, quizá podríamos comprar unas camisas en El Corte Inglés, que nos quedaba de paso. Cuando la dejé a la entrada de la consulta me senté junto al portal a tomar una Coca-Cola en una terraza. Enseguida recibí un wasap: «Voy a tardar un poco. Puedes ir a por las camisas». Mi idea era que fuéramos juntos, porque odio comprar ropa, es como una enfermedad. Pasados unos minutos de preocupación me dije: ¿«Pero es que no voy a ser capaz de comprar unas camisas solo?». Me puse en marcha, llegué a El Corte Inglés y a partir de ahí me conduje como un paleto de los que no deben de quedar muchos. Luego, en el hotel, me reía al contarle a María mi actuación, porque cada vez que hacía algo me daba cuenta un instante después de haber metido la pata. Lo primero fue dirigirme al guardia de seguridad de la puerta señalando el jersey, el paraguas y el periódico que llevaba en las manos:

«Perdone. Quería hacerle una pregunta. Yo vengo aquí a comprar un par de camisas, pero llevo todo esto encima, que es mío. ¿Puedo entrar sin que me digan algo, o suene algún pitido?». «No se preocupe. Pase y suba a la segunda planta». Al momento entendí que mi aprensión había sido ridícula. Y así fue todo el tiempo. Me acerqué a la sección de las famosas rebajas, porque a lo mejor iba a ser yo el único tonto que no se aprovechaba de ellas, pero entré al probador con tres camisas que no tenían descuento. Empecé a ponérmelas con la puerta abierta. Al darme cuenta de que estaba semidesnudo e intentar cerrar la puerta estirando el brazo, se me cayeron todas por el suelo. Salía de vez en cuando para pedirle al empleado su opinión sobre cómo me quedaban. En medio de aquel jaleo, sonó el teléfono. Era María. Empezamos a hablar de lo de su oculista, pero le dije: «Luego me lo cuentas, porque ahora estoy encerrado en un probador hecho un lío». «Era mi mujer, me ha dicho que viene para aquí, que llegará pronto, ¿puedo esperar con esta camisa puesta unos diez minutos?», le informé al hombre, que ya estaba de espaldas y había dejado de hacerme caso. «Por supuesto», dijo. La camisa me pareció carísima, pero la compré, porque era como las de toda la vida, incluso me llevé otra igual.

Del acto más indigno que he cometido en mi vida me acuerdo. Pero del que quizá me siento más orgulloso me he olvidado. Incluso puede que no ocurriera y solo sea una fantasía de Álvaro, que volvió a evocarlo ayer durante la comida. En la celda de la cárcel de Basauri estábamos tres y cada día uno de nosotros se encargaba de la limpieza. La mañana en que me llegó la notificación de libertad, en vez de despedirme apresuradamente, hacer la maleta y salir corriendo, como debía de ser lo habitual, cogí el cubo y la fregona y me puse a limpiar la celda. Era mi turno. No me acuerdo de aquello. Ojalá sucediera. Modestia aparte, lo dejo aquí apuntado por si acaso y en la versión de Álvaro, que es un poco peliculero.

La dentista me anima. «Lo que pasa es que esto me va a salir carísimo». «Pero te va a durar hasta...». «¡Hasta que me muera!». «¡Y más!».

Aburrimiento indescriptible. Nietzsche escribió: «Más que felices, los humanos quieren estar ocupados. Todo el que les procura ocupación es, por tanto, un *bienhechor*. ¡La huida del aburrimiento! En Oriente la sabiduría se acomoda al aburrimiento, hazaña que a los europeos les resulta tan difícil que les parece imposible».

Ya tiempo antes el doctor Johnson había dicho que todo lo que hacemos, lo hacemos para estar ocupados.

«Aburrimiento indescriptible» es una expresión que Pla empleaba a menudo en las notas de sus agendas privadas recogidas en *La vida lenta*. Y como en esas estamos, decido leer sobre el aburrimiento a través de Internet. Empiezo por la Wikipedia y termino con Heidegger, que lo redime y ensalza. Heidegger consideraba el aburrimiento como un estado de ánimo privilegiado que nos lleva directamente a los complejos temas del ser y el tiempo. Hay muchos estudios académicos sobre el aburrimiento. Existe incluso un término para nombrar a sus especialistas: aburrimientólogos. Todos los años se celebra en Varsovia un congreso dedicado a la aburrimientología. De todos modos, las causas de mi aburrimiento, al que nunca me he atrevido a ascender a tedio por respeto a mis maestros, las tengo bastante claras. El aburrimiento es una parte sustancial de mi vida. No debo desesperarme cuando llega. Ninguna sabiduría que no incluya entre sus componentes el aburrimiento, o por lo menos la desocupación sin angustia, está destinada a mí. Debería orientalizarme un poco. Mi aburrimiento es la consecuencia de evitar obsesivamente las incomodidades, las obligaciones, las cosas que hay que hacer. Me aíslo. Me comunico poco, me autoobservo, acabo hasta las narices de mí, y, si me falla la lectura, me aburro, o algo peor, aunque suelo terminar saliendo, como esta tarde en la que una vez más me ha vuelto a salvar la lectura y que voy a conmemorar con esta parrafada de Thomas Bernhard en un artículo sobre Rimbaud al que me ha llevado mi viaje por el ciberespacio.

> ... Está otra vez en Marsella vendiendo llaveros, va a Egipto, vuelve a Francia y se embarca finalmente hacia Arabia, para comprar café y perfumes. En noviembre deja Arabia y llega a Zeila. En la primera mitad de diciembre, tras cabalgar veinte días por el desierto somalí, se encuentra en Harar, colonia inglesa. Allí se convierte en agente general de una empresa británica «con un sueldo de 330 francos, mantenimiento, gastos de viaje y una comisión del 2 %». Sin embargo, antes de dejar Adén, escribe a su madre pidiéndole libros científicos. Había tirado por la borda el arte y se ocupaba de otras cuestiones intelectuales, cualquiera que fuera su importancia, estudiando en lo sucesivo metalurgia, navegación, hidráulica, mineralogía, albañilería, carpintería, maquinaria agrícola, serrerías, minería, vidriería, alfarería y fundición metálica, pozos artesianos... Quiere asimilarlo todo, tiene más hambre que nunca ¡incluso siendo agente general! La filial de la empresa comercial de Harar prospera bajo la dirección del poeta Rimbaud. A él los negocios le van muy mal. En sus cartas escribe de dinero y oro que habría que buscar. Se impacienta de nuevo y quiere ir a Tonkín, a la India y al canal de Panamá. Y no hace más que negocios, quizá solo para aturdirse, comercia con café y armas que envía al mar Rojo, con algodón y fruta... Había regalado a Francia los poemas juveniles más bellos. Y, lleno de infelicidad, escribe: «Me aburro mucho, nunca he conocido a nadie que se aburriera tanto como yo».

Poema.

Mari y yo comentamos la extraordinaria floración del rosal. «Es que este invierno no le he podado», digo. Me suena raro el leísmo, pero lleva con nosotros quince años.

Viene Mari. Limpia y cocina. Qué maravilla. Qué misterio. Hígado encebollado y una gran fuente de macarrones con tomate.

Nadie se ríe de uno mismo en serio.

Microrrelato.

Rachmaninov pasó dos años trabajando en su primera sinfonía. El estreno fue una noche de 1897. El director estaba borracho.

Drama.

(Sube el telón.

Un hombre está tumbado en un sofá fumando un pitillo. Una mujer está de pie y mira fijamente un punto del suelo).

Ella: No puede ser. ¡No puede ser!

Él: Ya. Ya. Pido perdón. Perdón... *(Pensativo, mirando al techo).* Pero a la vez también es verdad que esto le da solera a la casa.

Ella: ¿Qué le da solera a qué?

Él: ¿Tú te crees que las alfombras de la casa de Churchill no tenían quemaduras?

Ella: Tú no eres Churchill.

Él: No estamos hablando de Churchill.

(Cae el telón).

En la sala de espera de la consulta. Sentía aprensión por los resultados de los análisis. Tenía el Kindle. Toda una biblioteca en el bolsillo. ¿Qué escogí para leer? ¿Algún libro de aforismos y pensamientos profundos? No. Un *thriller* de los considerados vulgares y con mucha acción. Pasó el tiempo rápido. Los resultados fueron buenos. Por la noche, al ir a la cama, pensé con gratitud en la novela que me evitó la ansiedad de la espera y la retomé con gusto. ¿Qué leería yo si me anunciaran mi pronta muerte? ¿Libros sapienciales? ¿Poesía? Probablemente *thrillers* y novelas policíacas. Empecé a machetazos y duelos a espada con Sandokán y Dick Turpin y acabaré a tiros en un suburbio de Los Ángeles o Estocolmo.

Tras cinco horas de parloteo en una reunión de unas diez personas, vuelvo a casa. Me tumbo en el sofá y abro un libro. Qué descanso, qué orden, qué puntos, qué comas, qué comillas.

Ayer murió Borges, mientras dormitaba en su cuna de siempre, la que le compramos el primer día que llegó a esta casa, hace poco más de quince años. Llevaba unos meses mal, había adelgazado mucho, pero, ayudado por la cortisona que le inyectaba el veterinario cada dos semanas, creíamos que podría continuar viviendo una vida digna. Durante este último tiempo ha estado tranquilo, sin ningún dolor aparente y muy cariñoso con nosotros, todo el rato encima.

Hace una semana dejó de beber y de comer, y se ensimismó. Comenzó a casi no poder andar, porque le fallaban las patas, primero las traseras y después también las delanteras, debido probablemente al efecto de la cortisona. Decidimos llevarlo por última vez al veterinario. Fijamos la fecha para ayer.

Hace cuatro noches nos fuimos a la cama y lo dejamos tumbado en un sofá del salón, donde pasaba mucho tiempo. Al cabo de unos diez minutos vi aparecer su cabecita en la puerta de nuestro dormitorio. Venía a vernos, a estar con nosotros. No sé cómo había llegado hasta allí, seguro que con alguna parada en el camino. Miró hacia la cama, dudó y se resignó a no intentar subir. Sabía que ya no tenía fuerzas para ello. Él, que en sus buenos tiempos podía correr más rápido que Usain Bolt. María se levantó, sacó del armario su cuna y la colocó en el suelo, de mi lado de la cama, junto a la mesilla. Él entró en ella y se tendió satisfecho, con la mirada algo perdida. Así ha pasado las tres últimas noches. Como ya no podía ni cambiar de postura, María y yo le ayudábamos cada pocas horas. La última vez lo hizo María ayer, hacia las once de la mañana. Después ella y yo salimos a hacer unos recados, cada uno por nuestra cuenta. Cuando volví a casa, a la una y media, María, que ya había regresado, me recibió con lágrimas en los ojos. «Creo que se ha muerto». Y así era, lo comprobé mirándole las pupilas, ya apagadas, observando que no se le notaba respirar, cogiéndolo en brazos y dándole los últimos besos.

«Quien me oiga asegurar que ese gato que está jugando ahí es el mismo que brincaba y corría en ese lugar hace trescientos años pensará de mí lo que quiera, pero locura más extraña es imaginar que fundamentalmente es otro», escribió Schopenhauer. Sí, como aquel ruiseñor que Keats escuchó en un jardín de Hampstead y del que dijo que también lo pudo escuchar cantar en su jardín Ruth la moabita. Falso. Cursiladas metafísicas. El gato Borges fue un individuo con todas las características de un ser particular e igual de irrepetible dentro de su especie que nosotros en la nuestra de humanos.

Es verdad, sin embargo, que siento hoy alrededor no solo su gran ausencia, sino también de lo que podría llamarse una «gatunidad» en general. No digo ahora, pero dentro de unos meses me gustaría tener otro gato. María se opone radicalmente. Veremos.

«Está estupendo», comentan sobre un anciano que tiene un aspecto más joven del que le correspondería por su edad. En estos tiempos se puede estar estupendamente y como una cabra.

Mi talento literario.

Bajando desde Teruel a Sagunto por la autopista me emocioné al ver unos cuantos almendros llenos de flores blancas y rosas entre las palmeras y los naranjos. «¡Qué preciosidad!» es todo lo que se me ocurrió decir. Y lo maticé con un: «¡Puf!». Me acordé de las decenas de páginas de Proust sobre los espinos blancos y las comparé con mi talento expresivo. Me reí y, luego, ya serio, le dije a María: «Para». Me bajé del coche y corté una rama para llevarla a casa.

Hofbräuhaus. Es una de las puertas del infierno. La reconstruyeron tras la guerra, pero no debieron de sellar bien el suelo y me fijé en que alguien había vuelto a marcar con sus pezuñas la mesa de madera a la que estábamos sentados comiendo unas salchichas muy ricas. Constantemente leemos que no hay que olvidar. Nadie se preocupe por nosotros dos. Llevamos el horror a aquello embebido en cada célula. Incluso a veces demasiado. Un rato antes, un hombre vestido con un traje tradicional de bávaro se había subido a una silla en Marienplatz para cantar alegremente acompañándose de un acordeón. María y yo comentamos después que los dos habíamos experimentado una cierta aprensión y recordado aquella escena de la película *Cabaret*.

Había ido a renovar el carnet de conducir y estaba tratando de explicarle al médico del centro que ya no tenía diabetes. Que había desaparecido. Esperaba que así me concedieran el permiso para más de tres años de duración. Pero el médico tenía delante el informe de la vez anterior y movía la cabeza. Me hizo ciertas preguntas de sentido común en las que entraba la palabra insulina y dije: «La verdad es que le estoy metiendo una bola». «Estoy acostumbrado», respondió sin ni mirarme a la cara. Y pasamos a otra prueba.

«Llueve en Bilbao y llueve, llueve, llueve...». Txani cita en un artículo este primer verso del soneto de Blas de Otero. Y me acuerdo de una columna que escribí una vez en el periódico y titulé «Gimiendo bajo la lluvia». Intento buscarla entre los archivos del ordenador y no aparece. Venía a decir que la estadística demuestra que todo ciudadano bilbaíno que se precia de poeta resuelve un día escribir un poema lacrimoso en que habla un rato sobre la ría, exhibe durante unos cuantos versos su *«odi et amo»* a la ciudad y asegura que está lloviendo. Decía yo que no creía que existiera en toda la lírica universal un sector en que cayeran más litros de agua por verso cuadrado que en la poesía bilbaína. Y que había muchos poemas que, más que al corazón, podían acabar afectándote a los bronquios.

X camina un par de horas todas las mañanas. «Es maravilloso. Mi cabeza se convierte en un hervidero de ideas, no sabes todas las cosas que se me ocurren», dice. Y no las sé, en efecto, porque nunca se las he oído ni las ha expuesto por escrito. Un día, Nietzsche, que fue un gran andarín, se encontró con esta cita de Flaubert: «No se puede pensar ni escribir más que sentado». Y anotó: «¡Con esto te tengo, nihilista!». Yo soy más de la escuela de Flaubert, sección de los que opinan que también se piensa bastante bien tumbado. Y echo en falta algo que, mediante telepatía, o algún moderno dispositivo de *bluetooth* intracraneal, pudiera enviar desde el sofá todo el barullo que uno tiene en la cabeza al traductor de Google y clicar «Traducir al español».

Un día raro.

Comer lentejas es siempre algo más que comer lentejas. Ya estaban en la Biblia y ayer me sentí directamente Abraham. Pero ayer fue un día raro. Me costó levantarme de la cama porque quería continuar con los agradables sueños que estaba teniendo. Mientras desayunaba sentí que me apetecía seguir con el café y las tostadas durante un par de horas más. Algo semejante me sucedió con la Coca-Cola cuando leía el periódico en una cafetería de la plaza Triangular. Pero esperaban las lentejas. Las de ayer me supieron tan ricas (salen mejor con la Thermomix), tan serias y primordiales como las de Abraham, Esaú o Jacob. Por la tarde fui a la playa a bañarme y tomar el sol y pensé que me gustaría quedarme a vivir allí toda la vida. Oscureció, comenzó a hacer un poco de frío y volvimos a casa. Cené, vi la televisión y luego estuve leyendo y fumando en la terraza mientras escuchaba el ruido de algún coche y las charlas alegres de los noctámbulos, y pensé que querría continuar así y no irme a la cama a dormir nunca.

Honor a J., escapándose al inicio de aquella boda después de decirle a su vecina de mesa: «Mire, señora, todo lo que me cuenta usted no me interesa lo más mínimo. Adiós».

Solo me llama para darme buenas noticias. «¡Iñaki! ¡Tengo una noticia estupenda!». ¿Será posible que después de tantos años yo piense todavía durante unos segundos que las buenas noticias son para mí y no para él?

«Llego al aeropuerto a las cinco y tengo que coger un taxi por mi cuenta», me dice por teléfono. Esto es ser un escritor de categoría. Alguien a quien le parece relevante comunicarte que tiene que coger un taxi «por su cuenta».

«Se puede ser un gran escritor llevando una sencilla vida de oficinista, como Kafka, por ejemplo», me dice. ¿Sencilla? Vuelvo a repetirle que eso que llaman «la vida» consiste en lo que uno tiene en la cabeza, ya esté cazando elefantes, sentado ante un escritorio de oficina o tumbado en la cama. ¿Sencilla la vida de Kafka?

Una gran bendición de la playa es que no hay espejos. ¿Cuándo se deja de ir a la playa?

El mejor libro del año. El que leo en enero y está compuesto de modo automático por los subrayados de mis lecturas del año anterior en el Kindle. Suelen ser unas cien o doscientas páginas de las que ya no me acordaba y que parecen escritas expresamente para mí por algún autor mágico.

Jueves Santo. Me levanté un poco nervioso. Fui a la playa. Me marché porque apareció un hombre con una gran cámara de profesional y comenzó a instalar el trípode muy cerca de mi silla. Temí que me enfocara y acabar saliendo en alguna televisión, vestido con pantalón de pana y chaqueta, sentado en una silla cerca del agua, rodeado de gente en traje de baño. Ya he dicho alguna vez que en Benidorm hay de todo.

Por ejemplo, hace dos días conocí a Vicent Alonso, el traductor de Montaigne al catalán. Es amigo de la infancia de Vicente, que nos alquila desde hace mucho tiempo una plaza de aparcamiento durante el verano. Los dos estaban comiendo con sus mujeres en la playa de Poniente y Vicente nos preguntó si queríamos pasar a tomar un café. Allí fuimos. Saludé con emoción a Vicent, me gustó su aspecto, nos sentamos a la mesa, tomamos nuestro café y hablamos en general de temas variados. Es decir, estuve con la persona más próxima a Montaigne —iba a decir a Almotásim— que he conocido en mi vida y probablemente vaya a conocer nunca. ¿Hay alguien que sepa más de un autor y de su libro que quien lo ha traducido a otro idioma? Apenas le pregunté nada sobre Montaigne, no era el momento, y creo que hablé más que él durante la conversación. Me limité a pasarle la mano por el brazo un par de veces y a observar atentamente su cara.

«El acercamiento a Almotásim» es uno de los cuentos de Borges que prefiero. Es el segundo que escribió. Lo editó disimulado en su libro de ensayos *Historia de la eternidad*. El texto fingía ser la recensión de una novela místico-detectivesca publicada en Bombay tres años antes. Y coló. Alguno de los amigos de Borges la encargó a su librero. La reseña son apenas cinco páginas en las que cabe una formidable cantidad de cosas y que prefigura la obra posterior de Borges. En esencia, el argumento de la novela india es la busca de un alma a través de los delicados reflejos que ha ido dejando en otras por las que habría pasado.

Me escribe una chica de veinte años muy interesada por mis diarios. Esto es haber entrado en la posteridad. Más de cincuenta años nos separan. Ahora a ver qué le respondo yo sin que suene a voz de ultratumba.

El párrafo anterior lo escribí ayer. Hoy he recibido un segundo mensaje en el que la chica me dice que le gustan mucho Pío Baroja, Azorín y Julio Camba, y me pregunta si tuve la ocasión de conocerlos personalmente.

Mientras caminaba a su encuentro para darle mi opinión sobre el manuscrito que me había dejado a leer, pensé en el doctor Johnson. Decía Johnson que una persona es rica o pobre según la proporción entre sus deseos y el cumplimiento de ellos. Y que alentar en alguien el deseo de algo que no va a conseguir es como robarle parte de su patrimonio. Le robé un poco, pero luego pagué los cafés.

Era el 5 de enero por la noche, estábamos viendo una serie en la televisión y se me ocurrió una idea terrible. «¿Tú no me habrás comprado un regalo de Reyes?», le pregunté a María. Puso cara de extrañeza y respondió: «No, nosotros nunca nos hemos hecho regalos de Reyes», dijo. Menos mal. Más tarde, al meterme en la cama, pensé: «¿Y quién ha hecho esta cama, quién me ha comprado el tubo de pasta de dientes que acabo de estrenar, quién compró la manzana que he comido hace un rato en la cocina, quién ha fregado los platos de la cena? Bueno, yo preparé la ensalada *gourmet* que compré hace unos días en el chino, pero ¿qué es lo que yo le regalo a María al lado de la multitud de cosas que ella me regala cada día? ¿El pan y los periódicos? Con el tiempo hemos conseguido entre los dos (y con el trabajo de Mari) convertirme en un pachá que apenas hace nada referente a las cuestiones de la casa. Y repito que eso es algo a lo que hemos llegado entre los dos. Nunca hemos planificado las tareas ni hemos discutido por ello. Bueno, sí, algunas veces me echa unas broncas tremendas porque se me han caído unas gotas de agua en el suelo de la cocina. Yo he vivido muchos años solo y me las apañaba más o menos bien con esos asuntos. Es cierto que no tenía todo siempre muy limpio, que no me hacía la cama a diario, que solo me planchaba los cuellos, los puños y la pechera de las camisas y que una de las primeras veces que nos acostamos en mi casa apareció una cucaracha entre las sábanas, pero es que hacía poco se había incendiado la casa de al lado y en la mía comenzaron a aparecer muchas.

La filósofa Elizabeth Anderson se sorprende en su libro *Private Government* de que, en un país tan obsesionado con la libertad y tan reticente a las intromisiones del Gobierno en la vida privada de los individuos como Estados Unidos, la mayoría de las empresas en las que esos individuos trabajan y ocupan su tiempo sean una especie de dictaduras comunistas. Comunistas, porque las empresas son las propietarias de los medios de producción y funcionan mediante una planificación centralizada. Y dictaduras, porque los jefes pueden despedir a sus empleados casi por cualquier razón, muchas de las cuales serían consideradas terribles violaciones de los derechos individuales si las adujera el Estado. Anderson cree que una gran parte de los trabajadores americanos viven constreñidos por reglas que serían inconstitucionales si un Gobierno democrático las impusiera a ciudadanos que no fueran convictos o militares. Y dice que los economistas suelen explicar que los empleados pueden marcharse a otra empresa si no les gusta su situación, pero que eso sería como decir que Mussolini no era un dictador fascista porque los italianos podían emigrar.

«Como aquella vez que quería abrir una bolsa de patatas fritas Granny Goose, pero al final se rindió. "La vida es demasiado dura, maldita sea", dijo, y lanzó la bolsa de patatas por los aires», subrayé el otro día en el cuento «Mamá», de Lucia Berlin. No hace falta meditar largo tiempo sobre las grandes catástrofes de la enfermedad, la vejez y la muerte, como el Buda bajo el árbol. Bastaría con prestar atención a cada minuto de un solo día y certificar el sinnúmero de detalles y minucias irritantes que los pueblan. ¿Detalles? ¿Minucias? ¡Pero si son como una plaga y están por todas partes!

X pasa por una buena época y ayer me aseguraba al teléfono: «Soy feliz cada minuto de mi vida. No lo suelo decir porque hay muchos envidiosos». Cinco minutos después estallaba indignado despotricando sobre su hija y las multas de tráfico que le tiene que pagar porque la chica deja el coche en cualquier sitio.

Cicerón explicó que «el silencio es una de las grandes artes de la conversación». Y Miguel suele contar que dejó de salir con una novia un día en que se encontraban los dos callados y ella dijo: «Saca un tema».

Cicerón pronosticó de algún modo esta tarde de hoy en la que, mientras leía una biografía suya, he anotado la broma anterior. «La fama es lo único que compensa la brevedad de la vida con el recuerdo de la posteridad y hace que, ausentes, estemos presentes, y muertos ya, vivamos... De mí siempre hablarán todos, no hay porvenir, por remoto que sea, que haya de pasar en silencio mi nombre».

Cómo se puede ser tan vanidoso y tener razón.

Ya estoy como amama. «Todas estas pastillas ¿ya sabrán adónde tiene que ir cada una?».

A todos los sabios del mundo yo les pediría que dejaran de atosigar al «momento presente» con encargos que el pobre no suele estar en disposición de cumplir.

En dos párrafos.

> Puede ser —dice Olga—. Es solo una idea, Mateo. Pienso que sería mejor si, en vez de estar orgullosas de lo que son, las personas transportaran sus capacidades como algo que han encontrado dentro de sí, si las transportaran con asombro.
>
> *Quédate este día y esta noche conmigo*, Belén Gopegui.

> Mi propia carrera ha sido indudablemente determinada no por mi propia voluntad, sino por variados factores sobre los que no tengo ningún control... Soy determinista. Y como tal, no creo en el libre albedrío... No reclamo el honor de nada... Todo está determinado, tanto el principio como el final, por fuerzas que no controlo yo...
>
> Entrevista a Einstein en *The Saturday Evening Post,* 1929.

Capri. Mientras María, Begoña y Luis paseaban y miraban tiendas, yo me había quedado a tomar un café en uno de los bares de la plaza. Pronto llegó Luis, se sentó y pidió un whisky. Entonces vi que Richard Ford entraba en el ayuntamiento. «Mira. Ahí va Richard Ford», dije. Al llegar por la mañana en el ferri me había llevado una emocionante sorpresa al reconocer al hombre que estaba justo delante de mí en la cola de los taxis. *«¿Are you Richard Ford?»*, le pregunté. Me dijo que sí, sonreímos los dos, hice algunos aspavientos, nos dimos la mano y le pedí que me dejara hacerme una foto con él. Hablamos un poco, muy poco. «Es la primera vez que vengo aquí», dijo sonriente y cordial. «Yo también», dije. «¿Estás haciendo un viaje por Italia?». «No. Vengo a dar una conferencia». Llevaba un polo de color rosa y unos pantalones vaqueros. Se pasaba de mano en mano una enorme bolsa de cuero que inmediatamente asocié con la piel de alguna vaca de Montana. Le pregunté dónde era la conferencia, se lo preguntó al hombre que había ido al puerto a recogerlo, se giró hacia mí y me dijo algo que no entendí. Había llegado su taxi y nos despedimos. *«We wait for you»*, dijo el acompañante. Mientras le servían el whisky a Luis, me resonó en la cabeza lo que me había dicho Ford en el muelle por la mañana y yo no había entendido: *«In the Town Hall»*, en el ayuntamiento. Al cabo de un rato, Luis pidió un segundo whisky. «No le digas a Begoña que he tomado dos». «No». Las terrazas estaban llenas de gente canosa y con pinta de ricos. «Sigo insistiendo en que en todo el viaje, ni en Nápoles, ni en Sorrento, ni en Positano, he visto ninguna chica verdaderamente guapa», dijo Luis. Atravesaban la plaza carritos con montones de maletas que los conserjes de los hoteles empujaban entre los hoteles y las paradas de taxis. Hablamos de Ford, de la utilidad de los pequeños bolsos que teníamos cruzados a la espalda y que yo no había llevado nunca, y de la gente que pasaba. Al fin llegaron María y Begoña. Luis pidió la cuenta. Abrió con precaución su bolso y sacó la cartera y un pequeño diccionario que consultó torpemente. «¿Qué buscas?». «A ver cómo se dice muchas gracias en italiano». Luego repitió, ya delante de Begoña: «Yo, en mis viajes, tengo, entre otros, dos objetivos fundamentales: que no me roben y ver tías. Soy un *voyeur*. Y ni una, pero es que no he visto ni una chica guapa en este viaje». Begoña sonrió mirando hacia la copa vacía de Luis sobre la mesa y yo pensé que los tres hermanos somos bastante *voyeurs*, aunque Antón y Luis más que yo. Cuando vinieron las vueltas, Luis las ocultó con cuidado en su cartera y en el bolso, y se despidió del camarero con gran seriedad: «Muche grazie». Me dio un ataque de risa como no me había dado uno así desde hacía años.

Meditación en el dentista. Si preguntas a alguien por las virtudes del progreso, es muy probable que lo primero que te señale sea la invención de la anestesia. Aspiramos a la anestesia. J. R. me contó que algunos de los momentos más agradables de su vida los pasó en la uci, atiborrado de morfina.

¿Qué hacía yo en una página del periódico indio *Bangalore Mirror*? Cosas de Internet. No sé cómo había llegado hasta allí en busca de un artículo titulado «*Ethics in translation*». Leía la anécdota de un funcionario de la China medieval que se quejaba de los recortes en el presupuesto destinado a las traducciones. «En los tiempos antiguos cien traductores trabajaban juntos en una vasta habitación para traducir un texto. Ese número se ha reducido ahora a cuarenta». Y entonces me sorprendió darme cuenta de que, entre los anuncios en inglés de la página, había uno en español. «¿Quiere inmigrar a los Estados Unidos? Aprenda cómo». ¿Qué era aquello? ¿Se habían dado cuenta de que yo andaba merodeando por la zona? ¿Me habían cazado en pleno Indostán? Cosas de Internet. Nos espían, nos controlan, nos estudian, nos analizan y clasifican con el fin de vendernos todo tipo de productos o influir en nuestras opiniones, dicen. Leo a menudo artículos sobre ello. Pero no me parece que estas técnicas de los Big Data se encuentren todavía tan avanzadas como aseguran. ¿Pero por qué voy a querer inmigrar a los Estados Unidos si justo hace un año renuncié a la nacionalidad americana que ya poseía? No andan muy actualizados estos mineros de los grandes datos, aunque a lo mejor en este caso habían oído campanas. No sé si lo he contado alguna vez aquí. Tomé la decisión de dejar de ser estadounidense el año pasado para evitarme ciertas incomodidades administrativas a las que una nueva y abusona directiva «imperial» bancaria me iba a someter en adelante por el mero hecho de haber nacido en Nueva York. Creí que no habría problemas, pero así como debe de ser muy difícil adquirir el estatus de estadounidense tampoco fue tan fácil desprenderme de él y abandonar mi «destino manifiesto». Por fin, nervioso, enfadado, y después de un complejo proceso de correos electrónicos y dos visitas a la Embajada en Madrid, lo conseguí. Recuerdo el pequeño placer que sentí ante las caras de los funcionarios, a quienes se les notaba que no les gustaba nada mi decisión. Tal vez habrían preferido encerrarme en Guantánamo. Pero llegó el día en que, detrás de un cristal antibalas, levanté muy serio la mano derecha frente al vicecónsul, juré en mi chapucero inglés la declaración de renuncia, entregué a través de una ranura el viejo y hace tiempo caducado pasaporte azul, pagué los 2.000 dólares que me exigieron por abandonar aquella gloriosa ciudadanía y salí a la calle encantado. Eso sí, la figurita de la Estatua de la Libertad que tengo aquí a mi espalda en un estante de la biblioteca seguirá en su sitio. Y nunca me han sacado ni me sacarán ya una foto tan expresiva y resplandeciente como la que alguien me tomó a mis dos años jugando feliz y riéndome en la nieve y en cuyo borde inferior se lee la nota de ama escrita con su clara y redondeada caligrafía que he visto en tantas películas americanas: «Central Park, New York '48».

Estuvo listo A. al describir a E. como alguien que, si naufragara contigo en una isla desierta, poblada solo por orangutanes, no pasaría mucho tiempo sin aliarse con los orangutanes en tu contra.

«Ya sé que tengo muchos defectos, pero entre ellos no está el de equivocarme». ¿De quién son estas palabras? ¿De algún personaje de novela? No lo sé, pero no me olvido de la frase porque cada vez que me encuentro con X la recuerdo.

El malísimo actor Helmut Berger en una malísima película sobre la Guerra Civil: «¡Se presenta el capitán Rodríguez, de la Tercera Compañía!». El grito de X en el silencio del cine Gran Vía: «¡Tú qué vas a ser el capitán Rodríguez!». Cuántas veces en alguna conferencia, al leer algún artículo...

El periodista entrevista al autor extranjero. La entrevista termina porque el escritor quiere acudir al Museo del Prado para contemplar una vez más su cuadro favorito, *El perro semihundido*, de Goya, «acaso una expresión del pesimismo en todos los tiempos», según dice. Pero ese cuadro no es el que pintó Goya ni tuvo nada de triste en su origen. Hay fotos de la obra original y en ellas el perro no está «semihundido». Lo único que hace es espiar tras un talud a un par de pajarillos que sobrevuelan una roca. El traslado desde la Quinta del Sordo hasta El Prado, una mala restauración o el mero paso del tiempo borraron los pajaritos y crearon el cuadro que hoy podemos contemplar. Todo esto se puede consultar en la Wikipedia. Cuando yo me enteré de ello hace años por un artículo de *El Correo*, me pareció una extraordinaria noticia en mi vida.

En un pueblo de cuatro casas, al final del mundo, donde empieza el monte, oí un grito imperioso que llegaba desde el último cobertizo: «¡A mí me pones los huevos de esta!». Miré y era un hombre más bien pequeño, vestido de traje y corbata, que estaba a la puerta de un cubículo de bloques de hormigón con techo de uralita. Señalaba algo con el dedo y se movía con cuidado en el barro para no mancharse los zapatos. Chupaba una colilla de puro todavía encendida y tenía un gran bigote. Se dirigía a alguien del interior. Me acerqué, le di la mano y le pregunté si se acordaba de Álvaro, con quien yo sabía que había convivido en una pensión mientras estudiaban en Bilbao. Se pasó una hora hablando de Álvaro y de mil cosas más. No callaba. Nos explicó que estaba en ese lugar porque había ido a recoger los huevos de dos yemas que pone una determinada gallina. Nosotros sabíamos que el dueño de la gallina es un capo del pueblo que tiene la afición de atropellar perros con su coche. Él nos dijo que el jueves salía en un programa de cocina de televisión y quería preparar un revuelto de setas campurrianas con esos huevos de dos yemas. «Voy a decir que todas las gallinas de esta región ponen huevos de dos yemas». Nos lo contaba como un niño haciendo gracias. Se las reíamos. Iba con su familia y sin guardaespaldas. Le alabábamos su naturalidad. Aceptaba nuestra simpatía de idiotas, encantados de habernos encontrado y charlado con él en un lugar tan insólito. Entre otras cosas, dijo satisfecho: «El no sé cuántos del mes que viene es nuestro día en la Feria de Turismo de Madrid. Coincide con el de Asturias y el del País Vasco. Ya veréis cómo esos no llevan ni a un director general. Yo ya tengo a ocho ministros. ¡Ocho! Y a Florentino Pérez, y a Botín, y... ¡a media España!». Volvíamos a reír, siempre se sonríe al popular y poderoso en estas ocasiones. La verdad es que la situación era grotesca y graciosa. Y un poco siniestra, por la callada presencia del mataperros.

Me ha faltado poner algo más de gravedad, de seriedad, de pasión, de poesía, de imaginación en lo que he escrito. Pero no sé hacerlo. Me es materialmente imposible hacerlo.

Los avances de la Humanidad. ¿Y quién es esa moza? Leo que hay 1.600 millones de personas en el mundo sin electricidad en casa. Breve consulta sobre demografía en Wikipedia. Lo que me temía. Existen ahora en el mundo más individuos sin electricidad en casa que cuando se inventó. Convendría, pues, matizar esos avances.

Ayer, entrevista por teléfono con Ayanta Barilli para su nuevo programa nocturno en la radio. Se emitirá en septiembre. Termino alegre. Claro, unos veinte minutos en los que Ayanta me elogia y me tira de la lengua, unos veinte minutos hablando de mí mismo. Siempre he pensado que si vuelvo a casa muy contento después de una reunión social es que he hablado demasiado. Al cabo de dos horas de la entrevista ya empiezo a pensar en algunas tonterías que he dicho, en si se me habrá entendido, en que he hablado muy rápido o muy bajo, en que... En que, por si acaso, no la escucharé cuando se emita.

(Dos meses después).

Pero la escucho. Qué raro es oír tu propia voz grabada. Qué desagradable, incluso, pero dicen que así es como nos oyen los demás, ya que nosotros oímos nuestra voz distorsionada por su reverberación en el cráneo. Resumo la génesis del libro y Ayanta me pregunta: «¿Cómo es la vida sin beber?». Me quedo callado unos segundos y respondo: «Pues no lo sé. Después de veinte años sin hacerlo se me ha olvidado el efecto que produce beber. Recuerdo que era estupendo, pero no mucho más». No llego a decirle que creo que en algunas de las horas más felices de mi vida estaba borracho. Hablamos de gatos y de Benidorm. Ya estoy cansado de defender mi aprecio por la ciudad. Esta vez contraataco con algo que creo no haber mencionado aquí. La invitación que recibí hace un par de años para asistir a unas jornadas de apología de Benidorm que organizaron Oscar Tusquets y el alcalde. No acepté hablar ni que me pagaran el viaje, pero allí estuve y lo pasé muy bien. Hay pocos textos defensores de Benidorm que no sean de urbanistas, sociólogos o arquitectos, y eligieron uno mío para el folleto de presentación. Le proporcioné a Tusquets un artículo de Rafael Chirbes, que también incluyeron en el folleto y en el que se lee: «Benidorm es una ciudad que exige de cierto rigor de la inteligencia para ser apreciada en su verdadera dimensión». Asistieron varios arquitectos muy reconocidos de Barcelona. Estaba también Javier Mariscal, que ofreció una ponencia magistral cantando y bailando, y estuvo muy afectuoso conmigo. Ayanta, como tantos otros, piensa, por la abundancia de citas en los diarios, que yo soy una suerte de erudito. Le explico que no, que solo soy un semiculto, y que no hay que deducir de la introducción de una cita en un texto que el citador conoce perfectamente la obra del citado. Como sale varias veces lo de mi edad al empezar a escribir el diario y la fecha de su publicación, Ayanta me dice: «Tú has sido siempre un poco tardío, ¿no?». Le digo que para algunas cosas, sí. Y le cuento lo que estuve pensando hace unos días después de releer el cuento de Borges «El otro». En él, un Borges ya mayor, de unos setenta años, se encuentra a orillas del Ródano con el Borges que fue a los veinte y le resume a grandes rasgos lo que será su vida. Estuve meditando sobre qué sería lo más asombroso para mi joven «yo» veinteañero si el viejo «yo» de ahora le avanzara vagamente su futuro. Y me quedé con estas dos frases: «A los cincuenta y dos años te convertirás en un entusiasta de los gatos» y «A los sesenta y cuatro años publicarás un libro de diarios y hasta te harán entrevistas en los periódicos y en la radio». Esto no le cabría en la cabeza. Ayanta suelta una carcajada de contento, porque dentro de unos días cumple cincuenta. «¿O sea que a partir de los cincuenta todavía te pueden pasar cosas de importancia en la vida?».

Cada vez que hago algo que dicen que «alarga la vida» me da aprensión. Me veo a los cien años, en la cama, hecho un desastre, sin acabar de morirme porque a lo largo de mi vida comí, por ejemplo, demasiadas legumbres.

¿He inventado un personaje de ficción? ¿Es un personaje de ficción el autor de los diarios que me atribuyo? Miguel dice que estoy en ellos al 90 % y que el 10 % es pose. Pero creo que es bastante menos del 90 %. Un ejemplo: en más de una reseña o comentario sobre mis libros el autor me imagina en pijama y zapatillas, relajado y feliz de la vida. Lo del pijama y las zapatillas lo he leído varias veces. Pero yo no uso zapatillas ni estoy nunca en pijama. Ninguna zapatilla ni ningún pijama aparecen mencionados en el diario. Ahora mismo, como casi siempre en invierno, escribo esto con un jersey de pico y un chaleco de lana encima, y con corbata. Sin embargo, estoy seguro de que, aunque escribiera de esmoquin y en la mayor de las angustias, aparecería después el relajado hombre de las zapatillas y el pijama que, por lo visto, es quien selecciona y corrige estas notas si voy a enseñárselas a alguien.

Se sale al exterior a fumar, pero también a descansar de la conversación y de la compañía. A sentirse solo. Y si hace mucho frío o está lloviendo, mejor. Y si la calle está en Nueva York, la gloria. Ya estoy disfrutando al imaginar esos momentos en que saldré de la casa de Carlos y Ramón en Campoo el fin de semana que viene, y será de noche, y a lo mejor hay estrellas, o muge alguna vaca, y no quiero ni pensar en que haya nevado.

Con la gracia que me hacían las páginas de *El tiempo recobrado* en las que Proust se ensaña magistralmente con el aspecto envejecido de todos los personajes de su novela en la fiesta del príncipe de Guermantes, ahora ya no me han hecho ninguna gracia. Y mientras me afeitaba me ha venido a la memoria aquella frase de Conrad que leí no sé dónde y que creo haber citado alguna vez aquí sobre «la facilidad para la expresión gráfica de las personas de condición moral turbia».

En el prólogo de su última novela, *La hora de despertarnos juntos*, Kirmen Uribe dice que la idea de escribirla se le ocurrió hace tiempo mientras viajaba en un tren desde Boston a Providence. Pero fue en un tren que iba de Providence a Nueva York. Y lo sé porque María y yo estábamos con él, así nos lo comentó y así lo apunte en mi diario. Ahora acabo de leer el libro, aunque tal vez no con la atención debida, pues me he fijado sobre todo en uno de sus personajes principales, Manu Sota, un amigo de aita en el Nueva York de principios de los años cuarenta. Manu Sota estaba muy ligado al *lehendakari* José Antonio Aguirre y fue uno de los que organizó la sede del Gobierno vasco en el exilio, en un piso de la Quinta Avenida. Aita vivió allí una temporada. Desde esa delegación, Sota hizo muchas cosas, y entre ellas, la de espía para el FBI, la OSS (antecesora de la CIA) y mi abuela. Por aquel entonces, durante los primeros tiempos de la Segunda Guerra Mundial, aita apenas pasaba de los veinte años y Manu Sota tenía cuarenta y tantos. Aita había empezado a salir con ama, una chica neoyorquina, hija de un santanderino y una gallega que regentaban una pensión-hotel en Nueva York. Cuando amama se enteró de la relación y quiso conocer algo sobre la novia de su hijo, una maketa al fin y al cabo, le encargó a Manu Sota que saliera a cenar con la pareja y averiguara lo que pudiera. Así lo hizo el espía. El informe remitido a Villa Izarra debió de ser favorable. Los homosexuales son grandes expertos en chicas. Ama contaba a veces su estado de ánimo antes de aquella cena. Sabía que el visto bueno de Sota era importante, pues no solo se trataba de un pez gordo del nacionalismo, sino de la sociedad vasca en general. Su padre, el famoso sir Ramón de la Sota, había sido uno de los hombres más ricos de Europa hasta que Franco se lo quitó todo. Ama debió de estar esplendorosa.

«Un hombre sentado tranquilamente en una terraza al sol leyendo el periódico con interés y levantando la cabeza de vez en cuando para mirar a la gente que pasa. Ese es el que me gustaría ser», apunté un día. No parece una descripción muy difícil de cumplir. Y esa pinta tenía yo esta mañana, sentado en la terraza del Mónaco, cuando ha pasado Inés y me ha dicho: «Qué bien estás aquí. Pareces un parisino tomando un café y leyendo el periódico tranquilamente». «Pues lo que me acabo de tomar es un Valium», le he dicho.

Los viajes de la gente. Es lo primero que cuentan al tropezarte con ellos: «He estado en...», «Voy a ir a...». Como si los hubieras sorprendido en falta al no estar de viaje. Prototípico es lo que me pasó con X hace ya muchos años. «Me han invitado a dar una conferencia en Buenos Aires», me dijo nada más verme en la calle. Nos veíamos muy de vez en cuando. Pasó un mes y volvimos a encontrarnos. Lo primero que dijo fue: «Me han invitado a dar una conferencia en Buenos Aires». Pasaron tal vez seis meses. «He estado dando una conferencia en Buenos Aires», dijo aquella vez. Y al mes siguiente: «Estuve dando una conferencia en Buenos Aires». Y así durante mucho tiempo, no recuerdo cuánto. Jugando a exagerar un poco, diría que llegó un momento en que me perdí y ya no supe si X estaba a punto de ir a Buenos Aires, si había vuelto, o si se había quedado a vivir allí y Bilbao era una ciudad de paso en la que yo me lo había encontrado por casualidad. Lo que fuera con tal de no estar en una calle cualquiera de Bilbao un día cualquiera.

El hincha esencial. No sabe el nombre de ninguno de los jugadores. Tampoco el del entrenador. Suele vivir en otra ciudad. No se acuesta ningún domingo sin enterarse del resultado de su equipo. Somos muchos así.

No dije que aquel hombre fuera un malvado, un explotador, un codicioso insensible, ni nada parecido. Me limité a describirlo como un tipo sin duda inteligente y muy espabilado para ganar dinero. Aun así, sonó a herejía en aquella conversación en la que el hombre del que hablábamos parecía ser ensalzado a los cielos como una admirable persona misericordiosa cuyo gran objetivo en la vida hubiera sido crear puestos de trabajo. Insistieron a gritos en relatarme sus humildes orígenes y me explicaron que había sido un extraordinario trabajador. Yo pregunté cuántas horas trabajaba. Me miraban como si estuviera trastornado. Había un jardinero por allí recortando unos setos.

No me creo a ninguno de esos escritores que dicen que cuando escriben no piensan nunca en el lector. Hasta cuando escribía sin el propósito de publicar yo pensaba en el lector, aunque este no fuera más que un espíritu fantasmal, sin consistencia física, sin cara, o con una cara bastante parecida a la mía. Ahora, eso sí, en cuanto empecé a publicar, el famoso lector se convirtió en un ser tan real e intimidante que hasta dejé de tomar notas, o casi. Con la Advertencia Miranda en la cabeza: «Tiene el derecho a guardar silencio. Cualquier cosa que diga puede ser y será usada en su contra...». «Pero eso es de psiquiatra», me dijo un día Ramiro Pinilla riéndose. «Probablemente», le contesté riéndome.

Este año no hemos puesto el árbol de Navidad. Tom y Woody podrían haber hecho cualquier cosa con él. Ya tiraron un ficus el otro día y han roto una maceta que llevaba aquí diez años. El tan recordado gato Borges acabó convirtiendo esta casa en un templo dedicado a él. Estos dos hermanos de unos seis meses la han transformado en un escenario de película de dibujos animados. Y todos tan felices. Solo Mari comentó el otro día ante una de sus fechorías: «¡Cómo viene la juventud!».

Por cierto, ayer me escribió Ricardo desde Nueva York y me contó que Paz había comido con María Kodama. En la conversación salió nuestro Borges, lo que le hizo gracia a Kodama.

Si no escribo más aquí es porque no se me ocurre nada que apuntar, por vagancia y por no repetir y estirar los temas. «El tema»: «Yo» hablando de «Mí». Quién pudiera cambiar y pasar a escribir una novela. Una novela, por ejemplo, que fuera una copia de una copia de una copia de la última de Elmore Leonard que terminé ayer por la noche.

A propósito de mi encuentro con X, lo que ahora iba a anotar es algo sobre aquellos que se acuerdan de todo y lo relatan todo minuciosamente una y otra vez. Pero es un asunto viejo y de viejos. Un clásico. Ya Montaigne, que se tenía a sí mismo como «digno de adquirir fama y reputación» por su falta de memoria, se quejaba de esos pesados. También me viene a la cabeza aquella máxima cuyo autor se preguntaba por qué será que recordamos hasta la menor particularidad de la historia que contamos y no recordamos la cantidad de veces que la hemos repetido a la misma persona. Aunque para decir toda la verdad, lo que yo quería hacer hoy es una nota en la que pudiera introducir el párrafo de la cabra, de Logan Pearsall Smith, que acabo de releer y que, como es algo que también empiezo a preguntarme a veces, me ha impulsado a tomar este apunte: «La cabra. A media anécdota una duda repentina me produjo un escalofrío. ¿Ya les había hablado antes de esa cabra? Y entonces mientras hablaba me asaltó (un abismo que se abre bajo otro abismo) una especulación aún más tenebrosa: ¿cuando se menciona a las cabras siempre cuento automáticamente la historia de la cabra de Portsmouth?».

Decían que después de diez años de restauración, la apertura plena de la tumba de Tutankamón, con la momia protegida por una vitrina hermética, atraería a un gran número de visitantes. Pero apenas había nadie, cinco o seis personas, cuando entramos en ella. Se fueron pronto y María me hizo una foto ante el sarcófago del faraón. Luego continuó haciendo fotos y yo me di la vuelta para investigar otros rincones del recinto. Y al llegar a la antecámara, me encontré con la momia de Tutankamón en absoluta soledad. Solos ella y yo. Supongo que fue el encuentro en privado más extraordinario de mi vida. La miré unos segundos y me fui. No hubo foto. Ni a mí se me ocurrió pedirla, ni María, que considera una profanación contemplar momias, me la hubiera hecho. Al salir de la semioscuridad de la tumba a la luz del desierto fue cuando me di cuenta de lo que me había sucedido. ¿Sería posible que yo hubiera estado a solas, cara a cara (la suya, tres mil años más viejita), con la momia de Tutankamón? Pues sí, así había sido.

Esto no viene en las guías. A menudo, cuando un comerciante o un vendedor callejero en El Cairo o Luxor descubre que eres español y no habla tu lengua, dice muy sonriente: «Hola,

hola, Pepsi-Cola». Yo respondía también cada vez con una sonrisa al escuchar el saludo, pero sintiendo que aquello era una falta de respeto. Y como alguna brizna de patriotismo español debe de quedar dentro de mí, me dediqué a dar propinas a todo el mundo para que los egipcios se enteraran de que la gente que vive en España es altamente generosa.

Al ver por primera vez el Nilo desde la terraza de nuestra habitación en el Sheraton de El Cairo, un verso empezó a repetirse cada cierto tiempo en mi cabeza: «Y todo el Nilo en la palabra "Nilo"». Sin duda era de Borges, pero yo no lo ubicaba. Solo al salir al balcón al atardecer en la habitación del Old Winter Palace, en Luxor, y contemplar el río mientras sonaba imponente y grave desde una mezquita la llamada a la oración del ocaso, me decidí a buscar en Internet el endecasílabo. Cada vez que aquellas palabras resonaban en mi cabeza, yo había venido pensando: ¿Desaparecerá desde ahora toda la potencia que la palabra Nilo poseía en mi imaginación después de haber visto el Nilo en la realidad, aunque solo sea un pedacito? Y supuse que sí, que aquello ya no volverá, pero guardo un vídeo tomado desde el hotel con el canto del muecín de fondo que, ya en Bilbao, abro al menos un par de veces al día en el ordenador. Y pienso seguir haciéndolo mientras dure su gran poder de evocación.

El verso pertenece a la primera estrofa del poema «El Golem», de Borges:

> Si (como afirma el griego en el Cratilo)
> el nombre es arquetipo de la cosa,
> en las letras de «rosa» está la rosa
> y todo el Nilo en la palabra «Nilo».

La verdad es que yo no tenía muchas ganas de ir a Egipto. Me daba pereza un viaje del que todo el mundo dice que es maravilloso y enseguida empiezan a hablar de vuelos en globo, cruceros por el río unánimemente exaltados por sus figuritas, «como de Nacimiento», trabajando en las orillas, y de los madrugones tremendos que hay que darse para ir a ver una multitud de templos que están en el quinto pino. Pero a la egiptóloga le hacía una ilusión enorme y fuimos. Vencida la pereza inicial, todo fue estupendo. Mi entrada a Egipto no se produjo a través del aeropuerto, ni siquiera durante la visita al museo que hicimos en la primera mañana, sino por la tarde, en el viejísimo café El Fishawy, de El Cairo, al que nos llevó nuestro guía Khaled. Creo que tiene doscientos años y hay tantos posos de humanidad suspendidos en su espacio, en los marcos de sus espejos, en sus paredes de oscura madera, en sus diminutas mesitas de latón, en sus lámparas y bancos cubiertos con mantas, como posos en suspensión tenía el denso y riquísimo café turco que allí me tomé. Ese fue mi primer templo egipcio, y donde tuve mi primera epifanía. Luego, también resultó importante para adentrarme en el país el encuentro con el tráfico indescriptible de la ciudad, un atasco perpetuo y un concierto de bocinazos que yo no he visto en mi vida. Y la miseria, la enorme miseria e insalubridad de las afueras de El Cairo, que contemplamos al día siguiente cuando hicimos el trayecto de treinta kilómetros hasta Saqqara. Pero allí estaba mi primera pirámide, la primera pirámide conservada de la historia, la del faraón Zoser, con su irregular construcción escalonada, frente a lo que luego me parecería una cierta arrogancia y sensación de *déjà vu* (el «efecto turifel», que diría Ferlosio) de las tres abrumadoras y arquetípicas pirámides de Guiza. Al abandonar la tumba de Zoser y echarle una última mirada, un gesto automático comenzó a impulsar mi mano derecha hacia la frente. Me detuve. ¿Estaba empezando a santiguarme? Sí. Y sí, decidí completar la señal de la cruz con el mayor respeto del mundo.

Regateo con un pesado (ser pesado es su oficio) que me aborda mientras camino medio hipnotizado hacia el magnífico templo de Hatshepsut y los enormes cerros a su espalda. Ni lo miro a la cara ni sé lo que me ofrece. «Cinco euros». «No». «Cuatro». «No». «Tres». «No». «Dos». «No». «Uno». «No». «Cero». «No».

Supongo que los grupos de los cruceros que hacían el recorrido turístico por el hotel nos miraban a los huéspedes fijos como si fuéramos ricachones. Pero solo pagábamos por nuestra habitación lo mismo que en el hotel Ferrera de Avilés. Cuestión de fechas y de suerte. Yo le había puesto a María tres condiciones para viajar a Egipto: que fuéramos solos, nada de grupos, que no hubiera madrugones y que las tres noches de Luxor las pasáramos en el espléndido y legendario Old Winter Palace. La experiencia fue estupenda. En el Winter Palace, un gran y lujoso hotel de estilo colonial al borde del Nilo, viejo y apenas restaurado desde 1907, han estado todos los privilegiados del mundo que han visitado Luxor. Pero lo que a mí me hacía ilusión era pensar que también André Gide vivió en él unos días, cuando ya contaba con más de setenta años. Y todo por una deslavazada nota que encontré un día en los *Cuadernos* de Valéry, que me hizo mucha gracia y dice así: «Visita de Gide. Habla de su viaje –Egipto, donde ha permanecido en su hotel de Luxor– en calma (?). No muy seducido por las cosas faraónicas. Ese arte en el que –dice– ponen una mano izquierda a la derecha, etc.». Leí antes del viaje los breves *Carnets d'Égypte*, de Gide, que son muy entretenidos y en los que el signo de interrogación de Valéry se muestra muy certero. Pero es verdad que, además de algunas correrías nada calmadas que cuenta Gide sin la menor vergüenza, también hay un momento en el que, sentado en el gran jardín del Winter, frente a una palmera, se dice a sí mismo que quién pudiera ser como ella y quedarse quieto, sin la menor necesidad de ver Luxor ni ninguno de los monumentos que hay por allí. Antes del viaje pensé que tal vez eso es lo que me pasaría a mí. Pero no fue el caso, pues todas las salidas que hicimos del hotel, desde las diez de la mañana hasta las cinco de la tarde, acompañados por el serio y amable Mohamed y el conductor del coche, resultaron excitantes. ¿Cuál sería la palmera a la que se refería Gide? ¿Volveremos? María dice que los camellos, los adorables camellos de pachorra infinita, se acuerdan de todas las personas con las que han estado. Volveremos, aunque solo sea para ver si es verdad que mi camello Ramsés y su camellero Abdul me reconocen. «Los echaremos de menos», nos dijo el *maître* de uno de los restaurantes del hotel donde habíamos cenado las tres noches: «Nosotros también», le dije.

Índice

1999 9
2000 57
2001 91
2002 123
2003 149
2004 187
2005 225
2006 273
2007 331
2008 367
2009 405
2010 443
EPÍLOGO 483

Otros libros de Iñaki Uriarte

Diarios
(1999-2003)
PRIMER VOLUMEN, QUINTA EDICIÓN

Diarios
(2004-2007)
SEGUNDO VOLUMEN, TERCERA EDICIÓN

Diarios
(2008-2010)
TERCER VOLUMEN

Epílogo

Pepitas | No ficción | Otros títulos

1 | 3. *Las tendencias de la modestia.* Aleksander Ilić

2 | 8. *Insulario.* Bruno Belmonte Alamañac

3 | 11. *La ciudad en el ombligo.*
José Ignacio Foronda & Bernardo Sánchez

4 | 23. *H.* Eugenio Castro

5 | 24. *Nuestra necesidad de consuelo es insaciable.*
Stig Dagerman

6 | 30. *Impresiones de un viaje por España en tiempos de Revolución*. Elias Reclus

7 | 34. *Resaca crónica.* Pablo Martínez Zarracina

8 | 50. *Diarios (1999-2003).* Iñaki Uriarte

9 | 52. *Moralidades actuales.* Rafael Barrett

10 | 58. *«Esa mala fama...».* Guy Debord

11 | 61. *Diarios (2004-2007).* Iñaki Uriarte

12 | 62. *Irse a Madrid.* Manuel Jabois

13 | 67. *Días bajo el cielo.* José Ignacio Foronda

14 | 70. *Gitanas.* Claire Auzias

15 | 76. *Mis páginas mejores.* Julio Camba

16 | 78. *Una declaración de humor.* Fernando Iwasaki

17 | 83. *Las heridas.* Norman Bethune

18 | 87. *Alpinismo bisexual y otros escritos de altura.* Simón Elías Barasoain

19 | 91. *Conversación con Albert Cossery.* Michel Mitrani

20 | 93. *Manu.* Manuel Jabois

21 | 95. *Los santuarios del abismo.* Nadine y Thierry Ribault

22 | 97. *Contra los pastores, contra los rebaños.* Albert Libertad

23 | 98. *Hertzainak.* Elena López Aguirre & Pedro Espinosa Ortiz de Arri

24 | 101. *Discurso sobre el Hijo-De-Puta.* Alberto Pimenta

25 | 103. *«¡Oh, justo, sutil y poderoso veneno!».* Julio Camba

26 | 107. *Partir para contar.* Mahmud Traoré & Bruno Le Dantec

27 | 108. *Escrito en negro.* Martín Olmos Medina

28 | 119. *Diarios (2008-2010).* Iñaki Uriarte

29 | 120. *Palabras mayores.* Emilio Gancedo

30 | 121. *Nunca llegaré a Santiago.* Gregorio Morán

31 | 131. *Es muy raro todo esto.* Pablo Martínez Zarracina

32 | 137. *Volar.* Henry David Thoreau

33 | 143. *"Me noto muy cambiá".* José Luis Cuerda

34 | 147. *El desapercibido.* Antonio Cabrera

35 | 148. *Entrevistas.* Santiago Sierra

36 | 155. *Los últimos.* Paco Cerdà

37 | 161. *Trincheras permanente.* Carolina León

38 | 162. *Algunos mensajes personales. ¡Abrid las puertas de las prisiones!* Pierre Clémenti

39 | 163. *Un casa en Walden. Sobre Thoreau y cultura contemporánea.* Antonio Casado

40 | 168. *Cuidados paliativos.* José Antonio Llera

41 | 175. *La violencia ilustrada.* Nanni Balestrini

42 | 176. *Breve relación de vidas extraordinarias.* Martín Olmos

43 | 188. *Conversaciones con Isidoro Valcárcel Medina.* Eugenio Castro

44 | 197. *Las ventajas de ser antipático.* Simón Elías

45 | 198. *Diario rural.* Susan Fenimore Cooper

46 | 201. *El minuto y el año.* Antonio Cabrera

47 | 225. *Paraguas en llamas.* Jordi Mestre